हिंदू राजतरंगिणी

सांस्कृतिक ज्ञानगंगा

Prof. Ratnakar Narale

PUSTAK BHARATI
BOOKS-INDIA

Author :Dr. Ratnakar Narale, Ph.D (IIT), Ph.D. (Kalidas Sanskrit Univ.)
Prof. Hindi, Ryerson University, Toronto
web : www.books-india.com * email : books.india.books@gmail.com

Title : हिंदू राजतरंगिणी, सांस्कृतिक ज्ञानगंगा

भारत की स्वतंत्रता के पूर्व एक हजार वर्ष और स्वातंत्र्य के बाद भी 70 साल तक दिव्य हिंदू सकृति और इतिहास को दबाया, छुपाया, झुठलाया, नजरअंदाज, अप्रकाशित और बदनाम किया गया है. मगर अब हमारी आँखें खुल गई हैं और समय आगया है कि सचाई प्रकाशित करने का अहम सत्कार्य हम अपना दायित्व समझ कर करें. यह हमारा आद्य कर्तव्य है, अत: यह पुस्तक लिखी है. आशा है कि यह अनुसंधान पूर्वक ज्ञानगंगा अज्ञाता और ज्ञाता पाठकों की ज्ञान वृद्धि करे और रिसर्च स्कालर्स के लिए अमर्याद सामग्री का अतुलनीय योगदान हो.

Published by :
Pustak Bharati (Books-India),
Division of PC PLUS Ltd.

Web : www.books-india.com

For :
Sanskrit Hindi Research Institute, Toronto

Dedicated to

My Loving Grandchildren
Samay, Sahas, Saanjh, Saaya, Naksh, Nyra, Navay Narale

INDIA , THE CENTER OF THE EARTH

वामे च दक्षिणे यस्या रत्नाकरोऽस्ति पादयो: ।

हिमाद्रिमुकुटो शुभ्रो वन्दे भारतमातरम् ॥

शरणोऽस्मि गिरे तुभ्यं नतशीर्ष: कृताञ्जलि: ।

त्वत्त: प्राप्तुं दिशं मार्गं रत्नाकर: पदे पदे ॥

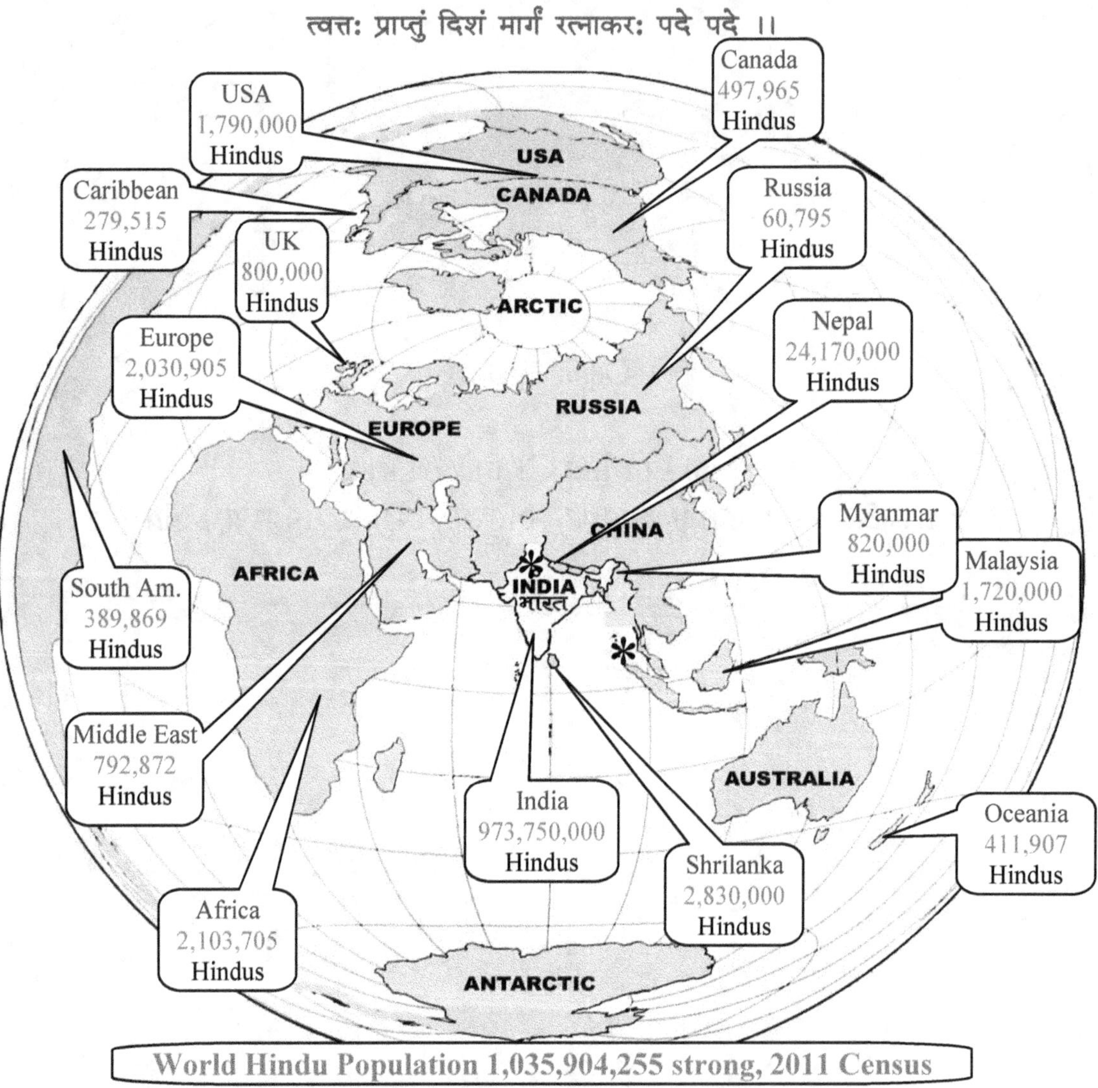

On the left and the right side, As well as at your feet,
There is an ocean and the Himalaya is your crown,
I pray to you at every step, With my folded hands,
I bow my head humbly at your feet, O Mother India!

वर्णमाला क्रम से राजवंश सूची

1. अत्री राजवंश (सनातन काल)
2. अजमीढ़ राजवंश (सनातन काल)
3. अवंती बाई रानी, रामगढ़, मध्य प्रदेश **(1831-1858)**
4. आंग्रे राजवंश, कुलाबा, महाराष्ट्र **(1680-1844)**
5. आहोम राजवंश, कामरूप, असम **(355-1826)**
6. इक्ष्वाकु राजवंश (सनातन काल)
7. शैलेन्द्र राजवंश, जावा **(674-947)**
8. सिंहश्री राजवंश, जावा **(1222-1478)**
9. श्रीविजय राजवंश, सुमात्रा **(683-1405)**
10. उच्छकल्प राजवंश, उच्छकल्प (पन्ना), बागेलखंड **(400-533)**
11. उत्पल राजवंश, अवंतिपूर-श्रीनगर, काश्मीर **(855-949)**
12. कछवाहा राजवंश, अंबर-जयपुर, राजस्थान **(1036-1948)**
13. कण्व राजवंश, पाटलिपुत्र **(72-27 BC)**
14. कदंब राजवंश, वैजयंती, कर्नाटिक **(340-610)**
15. महिष्मति के कलचुरी **(550-620)** :
16. कलचुरी राजवंश, त्रिपुरी **(675-1210)** :
17. कलचुरी राजवंश, कल्याणी **(1156-1184)** :
18. काकतीय राजवंश, वरंगल, दख्खन **(1000-1323)**
19. कारकोट राजवंश, श्रीनगर, काश्मीर **(631-855)**
20. चन्नम्मा रानी, किट्टुर, कर्नाटिक **(1778-1829)**

21. कुकुर राजवंश (सनातन काल)

22. कुरु राजवंश (सनातन काल)

23. कुषान राजघराना, पुरुषापुर–मथुरा **(30-244)**

24. कौरव राजवंश (सनातन काल)

25. क्षत्रप राजघराना, गिरनार–उज्जैन–नासीक **(78-395)**

26. गंग राजवंश **(पूर्व)**, तोशाली–कलिंगनगर, कलिंग **(700-1264)**

27. गंग राजवंश (पश्चिम), तलकाड, कर्नाटक **(350-1024)**

28. गजपति राजवंश, कटक, कलिंग **(1434-1541)**

29. गांधार राजवंश (सनातन काल)

30. गायकवाड़ राजवंश, बड़ौदा, गुजरात **(1720-1951)**

31. गुत्त राजवंश, गुत्तल, कर्नाटक **(1080-1262)**

32. गुप्त राजवंश, पाटलिपुत्र–उज्जैन **(240-730)**

33. गुर्जर राजवंश, भिनमाल, राजस्थान **(400-725)**

34. गुहिल राजवंश, चित्तौड़, मेवाड़ **(550-1303)**

35. गोंड राजघराना, मंडला **(900-1781)** :

36. गोंड बल्लाळ राजवंश, विदर्भ (चंद्रपुर) **(1200-1550)**

37. गोनादित्य राजवंश, काश्मीर **(1182 BC-631 AD)**

38. चंदेला राजवंश, खजुराहो, (जेताभुक्ति) बुंदेलखंड **(830-1289)**

9. चाच राजवंश, अलोर, सिंध **(631-712)**

40. चापोत्कट राजवंश, अन्हिलवाड–पाटण, गुजरात **(690-942)**

41. चालुक्य राजवंश (पश्चिम), बादामी, कर्नाटक–आंध्र **(525-753)**

42. चालुक्य राजवंश (पश्चिम), कल्याणी, कर्नाटक–आंध्र **(696-1189)**

43. चालुक्य राजवंश (पश्चिम), लाट, गुजरात **(590-750)**

44. चालुक्य राजवंश (पश्चिम), काठियवाड़, सौराष्ट्र **(750-900)**

45. चालुक्य राजवंश (पूर्व), वेंगी (राजमहेंद्री) **(440-1070)**

46. चुडासमा राजवंश, जुनागड, सौराष्ट्र **(875-1505)**

47. चेर पेरुमल राजवंश, कोल्लम, केरल **(800-1102)**

48. चोल राजवंश, तंजावर **(50-1279)**

49. चौहान राजवंश, साकंभरी–अजयमेरु, राजस्थान **(684-1194)**

50. चौहान राजवंश, नाडोल, राजस्थान **(950-1200)**

51. चौहान राजवंश, रणथंभौर, राजस्थान **(1194-1301)**

52. चौहान राजवंश, जालौर, राजस्थान **(1182-1311)**

53. चौहान राजवंश, सिरोही, राजस्थान **(1311-1527)**

54. चौहान राजवंश, हाड़ौती, राजस्थान **(1382-1631)**

55. चौहान राजवंश, बुंदी **(1343-1948)**

56. चौहान राजवंश, कोटा **(1631-1948)**

57. छिंदक नाग राजवंश, चक्रकोट, बस्तर **(760-1324)**

58. जाडेजा राजवंश, कच्छ–सौराष्ट्र **(1203-1948)**

59. डोगरा राजवंश, जम्मू–काश्मीर **(1812-1947)**

60. तोमर राजवंश, दिल्ली **(736-1192)**

61. तोमर राजवंश, ग्वालियर **(1375-1523)**

62. माणिक्य राजवंश, अगरतला, त्रिपुरा **(1400-1948)**

63. त्रैकूटक राजवंश, जुन्नर, महाराष्ट्र **(388-492)**

64. थाईलैंड, फूनान राजवंश, व्याधपुर **(50-627)**

65. थाईलैंड, इन्द्रादित्य राजवंश, सुखदाई **(1238-1438)**

66. थाईलैंड, अयोध्या *(Ayuthia)* **(1351-1782)**

67. थाईलैंड, राम राजवंश, बैंगकोक **(1782-1948)**

68. विएतनाम, श्रीमार राजवंश, चंपा **(192-645)**

69. विएतनाम, भववर्मा राजवंश, चेनला **(550-788)**

70. कम्बोडिया, वर्मा राजवंश, यशोदापुर **(802-1353)**

71. लाओस, लैन–झांग राजवंश, व्याधपुर **(1353-1706)**

72. नंद राजवंश, पाटलिपुत्र **(344-322 BC)**

73. नल राजवंश, पुष्करी, छत्तीसगढ़ **(290-960)**

74. नाग राजवंश, रातूगड, झारखंड **(83-1948)**

75. नायक, संगम राजघराना **(1336-1485)** :

76. नायक, सालुव राजघराना **(1485-1503)** :

77. नायक, तुलुव राजघराना **(1503-1565)** :

78. नायक, अराविदू राजघराना **(1565-1649)** :

79. नायक, मुसुनुरी राजघराना **(1325-1368)** :

80. नायक, पेम्मसनी राजघराना **(1423-1685)** :

81. नायक, जिंजी राजघराना **(1491-1649)** :

82. नायक, केलाडी राजघराना **(1499-1763)** :

83. नायक, मदूरा राजघराना **(1509-1736)** :

84. नायक, वेल्लोर राजघराना **(1526-1595)** :

85. नायक, तंजावर राजघराना **(1532-1673)** :

86. नायक, पेनुकोंडा राजघराना **(1565-1616)** :

87. नायक, चेन्नई राजघराना **(1572–)** :

88. नायक, चित्रदुर्ग राजवंश **(1588–1779)** :

89. नायक, केंडी राजवंश **(1739–1815)** :

90. नायक, रेड्डी कोंडाविडु राजघराना **(1325–1448)** :

91. हलेरी राजघराना, कूर्ग **(1633–1834)** :

92. नारायण राजवंश, काशी–वराणसी **(1737-1948)**

93. निमि जनक राजवंश **(सनातन काल)**

94. नेपाल का गोपाल अहीर राजवंश **(सनातन काल)**

95. नेपाल का किरात राजवंश **(900 BC-205 AD)**

96. नेपाल का सोम राजवंश **(205-305)**

97. नेपाल का लिच्छवी राजवंश **(305-605)**

98. नेपाल का अंशुवर्मा राजवंश **(605-879)**

99. नेपाल का राघव राजवंश, काठमांडु **(879-1046)**

100. नेपाल का ठाकुर राजवंश, काठमांडु **(1046-1200)**

101. नेपाल का मल्ल राजवंश, काठमांडु **(1200-1768)**

102. नेपाल का गुरखा शाह राजवंश **(1768-1948)**

103. नेवालकर राजवंश, झाँसी **(1838-1858)**

104. परमार राजवंश, धार, मालवा **(800-1305)**

105. परिव्राजक राजवंश, बागेलखंड **(400-528)**

106. पल्लव राजवंश, कांचीपुरम् **(315-897)**

107. पांडव राजवंश **(सनातन काल)**

108. पांड्य राजवंश, मदूरा **(50-1422)**

109.	पाल राजवंश, मुदागिरी **(मुंगेर)**, बंगाल **(750-1174)**
110.	पुदुकोट्टई, सेतुपति राजघराना, तमिलनाडु **(1673-1948)**
111.	पुरु राजवंश **(सनातन काल)**
111.	पुलस्त्य राजवंश **(सनातन काल)**
113.	पुष्यभूति **(वर्धन)** राजवंश, पाटलिपुत्र–उज्जैन **(505-647)**
114.	पेशवे राजवंश, पुणे, महाराष्ट्र **(1713-1818)**
115.	प्रतापादित्य राजवंश, श्रीनगर, काश्मीर **(167 BC-25 AD)**
116.	प्रवरगुप्त राजवंश, श्रीनगर, काश्मीर **(949-1003)**
117.	प्रतिहार–गुर्जर राजवंश, कन्नैज **(725-1036)**
118.	प्रद्योत राजवंश, अवंति **(546-413 BC)**
119.	फिलिपीन के हिंदू राजवंश **(50-1828)**
120.	बर्मा के हिंदू राजवंश **(50-1828)**
121.	बाण राजवंश, वनपुरम, आंध्र–केरल **(720-900)**
122.	बृहद्रथ राजवंश, मगध – राजगृह **(सनातन काल)**
123.	भरत राजवंश **(सनातन काल)**
124.	भाटी रावल राजवंश, जैसलमेर, राजस्थान **(731-1948)**
125.	भूटान का वांगचुक राजवंश, थिंफु **(1907-1948)**
109.	भौम राजवंश, बंगाल **(900-1100)**
126.	सिक्किम का नामग्याल राजवंश, गंगटोक **(1642-1948)**
127.	भोसले राजवंश, सातारा, महाराष्ट्र **(1594-1848)**
128.	भोसले राजवंश, कोल्हापुर, महाराष्ट्र **(1689-1940)**
129.	भोसले राजवंश, तंजावर, तामिल नाडु **(1675-1855)**

150. रोड़ राजवंश, रोरुक–सक्कर (सनातन काल)

151. लोहर राजवंश, श्रीनगर, काश्मीर **(1003-1172)**

152. वर्मा कुलशेखर राजवंश, वेनाड, केरल **(1102-1729)**

153. वर्मा राजवंश, कोचीन, केरल **(1500-1947)**

154. वर्मा राजवंश, त्रावणकोर, केरल **(1729-1948)**

155. वर्मा राजवंश, कामरूप, असम **(350-650)**

156. वाकाटक राजवंश, नंदिवर्धन (नांदेड), विदर्भ **(250-510)**

157. वाघेला राजवंश, अन्हिलवाड, गुजरात **(1243-1304)**

158. वाघेला राजवंश, रीवा, बघेलखंड **(1648-1948)**

159. वाडियार राजवंश, मैसूर, कर्नाटक **(1399-1947)**

160. विवस्वान राजवंश (सनातन काल)

161. वुप्पदेव राजवंश, श्रीनगर, काश्मीर **(1172-1301)**

162. वृष्णि राजवंश (सनातन काल)

163. वेलु नाच्चियार रानी, रमंद, तमिलनाडु **(1730-1790)**

164. शशांक राजवंश, कर्णसुवर्ण, बंगाल **(600-625)**

165. शाक्य गौतम राजवंश, कपिलवस्तु, मगध (सनातन काल)

166. शालस्तंभ राजवंश, कामरूप, असम **(665-990)**

167. शिलाहार राजवंश, उत्तर कोंकन **(800-1265)**

168. शिलाहार, दक्षिण कोंकन **(765-1024)**

169. शिलाहार, कोल्हापुर **(940-1212)**

170. शिशुनाग राजवंश, पाटलिपुत्र **(413-344 BC)**

171. शुंग राजवंश, विदिशा **(185-72 BC)**

काल क्रम से राजवंश सूची

आमुख

हिंदू राजतरंगिणी. हिंदू, और तरंगिणी. **(1) हिंदू :** हिंदू अर्थात् कोई एक मानव का लिमित या मानव के नाम पर रचित संप्रदाय नहीं, मगर सनातन सद्भाव की सांस्कृतिक जीवन प्रणाली है, एकमात्र परमोच्च जीवन पथ है. केवल इसी अर्थ में हिंदू शब्द को यहाँ हिंदू सदाचार, हिंदू धर्म या हिंदू संस्कृति कहा गया है. 'सनातन' का अर्थ है शाश्वत, जिसका न गणनीय आदि है न ही चिंतनीय अन्त है. अतः इसका का न कोई एक मानवी संस्थापक (founder) न ही कोई विनाशक है. जो हैं सो करता-हर्ता हमां हैं, बाह्य कुछ नहीं. हमारी ही सद्बुद्धि से विकास और हमारी ही निपरीत बुद्धि से हमारा विनाश. हमारी संस्कृति हमारे कोटि-कोटि महाऋषियों के सदियों के परम साक्षात्कार की दिव्य देन है. यह भारतीय शालीनता का मूलाधार है, जिसके पद चिह्न सिन्धु घाटी की आर्य सभ्यता में भौतिक रूप से अमर अंकित दृष्टि गोचर हुए. यह संपदा सम्प्रदाय के अर्थ में "धर्म" नहीं है. यह सभ्यता सदाचार, शील, कर्तव्य और दायित्व के अर्थ में भारतीय सनातन विचारधारा है और केवल इसी अर्थ में सनातन सभ्यता को धर्म अथवा आर्यधर्म कहा है, जिसका सुभाषित साहित्य वेद, पुराण, उपनिषद्, रामायण, महाभारत, गीता आदि संस्कृत श्रुति-स्मृति ग्रंथों में विद्यमान है. आत्मज्ञान इस तत्व का सत्य ज्ञान है. यह सत्य, अहिंसा, दया, क्षमा, शाँति, दान, जप, तप, यम-नियम, आदि सिद्धान्त प्रतिपादित करता है, जिसमें आकाश, वायु, जल, अग्नि और पृथ्वी और तीन गुण को प्रकृति और परमात्मा पुरुष को सत्य तत्व माने जाते हैं. जो मनुष्य इन सभी परम तत्वों को अपने मन से शिरोधार्य मानता है वही मानव यहाँ हिंदू कहा गया है और उसीका सद्भाव सदाचार हिंदुधर्म कहा है. उसी मार्ग पर चलते आरहे राजवंश प्रवाह यहाँ विदित किए जारहे हैं.

दोहा : हिंदू राजतरंगिणी, दीप्त सप्त रंगीन ।
      बैकुठ से जो चल पड़ी, नीर बहुत प्राचीन ।। 1

      हिंदू पावन संस्कृति, सदाचार का स्रोत ।
      मानव निमित पंथ ना, निसर्ग की है ज्योत ।। 2

      नीति-नियम पर जो बसी, सर्वसनातन रीत ।

ऋषियों ने दी सभ्यता, मानवता से प्रीत ।। 3

वेद वंद्य साहित्य में, कहा सत्युत्य जो काम ।
कार्य-कर्म सिद्धांत वो, भारत की है शान ।। 4

सत्य अहिंसा सादगी, दया क्षमा अरु दान ।
जप तप उच्च विचार से, करता शाँति प्रदान ।। 5

जविन यात्रा मोक्ष तक, करे सिद्ध यह यान ।
सांप्रत भाषा में उसे, हिंदुधर्म अभिधान ।। 6

वैकुंठ स्वर्गभूमि क्षिर सागर पर, श्री लक्ष्मीनारायण की नाभी से निकले हुए कमलासन पर स्थित ब्रह्माजी के चारों मुख से वेदों का उच्चारण करते हुए अपने एक-एक अंग से 21 प्रजापति निर्मित हो कर विविध जीव प्रजाएँ भूतल पर विद्यमान हुई और वैदिक संस्कार से जीवन यात्रा सफल करने लगी. यही हिंदू संस्कृति का, संस्थापन (foundation) नहीं, विकास क्रम (evolution) है. इस राजतरंगिणी के प्रवाह क्रम में श्री रामचंद्र प्रभु के रविकुल और श्रीकृष्ण प्रभु के चंद्रवंश को आदि मान रहे हैं. इन दो आदि राजवंशों की वंशावली की एक संयुक्त तालिका प्रदर्शन हेतु निम्न प्रस्तुत है.

दोहा : क्षिर सागर पर विष्णु-श्री, शेषशायि भगवान ।
        निकला नाभी से कमल, ब्रह्माजी का स्थान ।। 7

चार वेद मुख चार से, ऋचा मंत्र का जाप ।
सारी सृष्टि सुन रही, ब्रह्म वचन चुपचाप ।। 8

प्रशाँत ऐसे काल में, सृष्ट किए जगदीस ।
ब्रह्माजी के गात्र से, प्रजापति इक्कीस ।। 9

प्रजापतिन से फिर प्रजा, विविध गुणों के रूप ।
जीने लगे समाज में, कई बने नर भूप ।। 9

विकास का शुभ क्रम यही, मानवता की नींव ।
आदि सनातन काल से, बरत रहा हर जीव ।। 10

हिंदू राजतरंगिणी, के दो प्रधान स्रोत ।

रवि–शशि कुल के नृप यहाँ, हैं माला में प्रोत ।। 11

ब्रह्मविकसित इक्ष्वाकु के रविकुल और ययाति के चंद्र राजवंश प्रवाह की संयुक्त तालिका

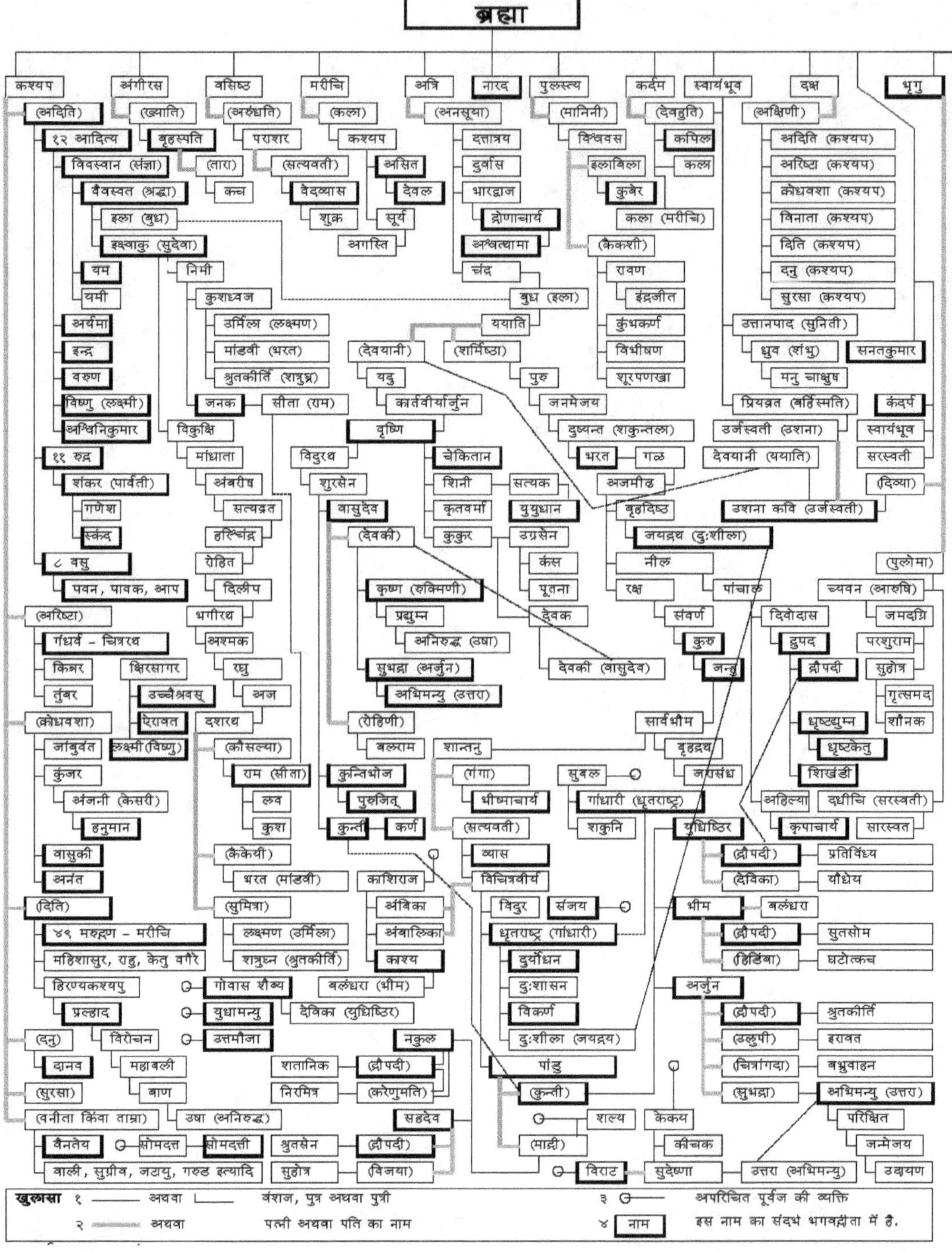

उस आदि काल में प्रभु रामचंद्र का राज्य पृथ्वी पर सदाचार का ऐसा शुभ आदर्श बन गया कि कोई भी स्वर्गसुखों के नीतियुक्त शासन "रामराज्य" कहा जाता था. इस सदाचार का प्रसार तलवार से नहीं मगर उसके सद्गुण के प्रभाव से चारों दिशा में स्वयंस्फूर्त बढ़ता गया और परिणामत: भारतवर्ष के पश्चिम, उत्तर, पूर्व एवं दक्षिण में एक विस्तृत रामराज्य–साम्राज्य बन गया, जिसका चित्रण निम्न मानचित्र में दिखाया है.

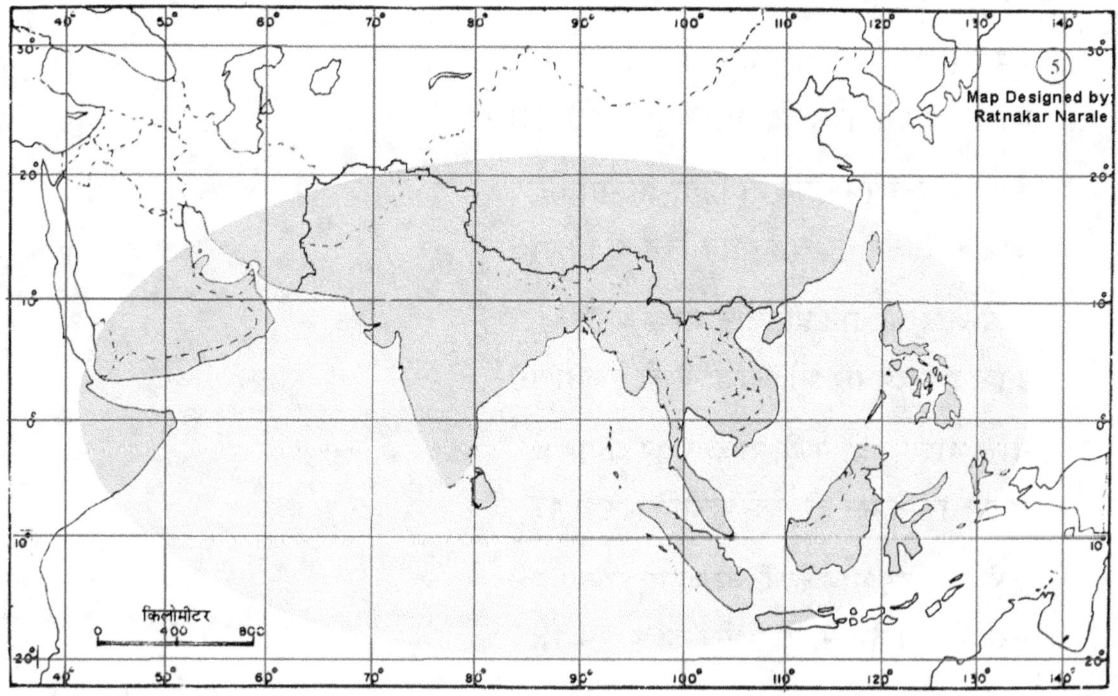

राजा कालस्य कारणम्. राज्य राज्य होता है और रामराज्य रामराज्य होता है. अंतर तात्विक है. अंतर सात्विक है. कलियुग के भारतीय इतिहास में यह बारंबार देखने को मिलता है कि राज्य का राजा तानाशाही, धरम का अंधा, करम का गंदा, अराजक, व्यभिचारी, बलात्कारी, अमानुष, चोर, लुटेरा फरेबी, धोखेबाज, चालबाज, अन्यायी, स्त्री लंपट, राक्षसी, लालची, क्रोधी, अपहर्ता, परधर्मविनाशी, तोड़फोड़ और आगजनी करने वाला हो तो शासन के लिए अयोग्य होता है और उसके काल में प्रजा सुख और सात्विकता से वंचित रहती है. **रामराज्य** में न ही ऐसा राजा होता है न ही ऐसा राज्यशासन होता है. अत: संगीत श्रीरामायण में कहा गया है :

दोहा : रामराज्य की नींव के, नीति नियम को जान ।
राजा प्रजा समाज को, सात्विक मिलता ज्ञान ॥ 12

दिये बचन को पालना, रघु कुल की है रीत ।
प्राण जाय पर बचन ना, उसकी होती जीत ॥ 13

नृप सद्गुण भंडार हो, पावन गंगा नीर ।
चाल चलन में सरल हो, यथा धनुष का तीर ॥ 14

भूप प्रजा का पुत्र हो, प्रजा पिता-अरु-मात ।
आज्ञाकारी नम्र हो, जन सेवक दिन-रात ॥ 15

शस्त्र-अस्त्र का ज्ञान हो, जाने शास्त्र अनेक ।
क्षात्र पात्र रणवीर भी, लाखों में हो एक ॥ 16

युक्ति वाद का हो गुणी, राजा चतुर अपार ।
बात-चीत से मन हरे, बूझे मनोविकार ॥ 17

लखे सत्य दृग् मात्र से, बिना बहाए स्वेद ।
जाने विद्युत वेग से, नीर-क्षीर का भेद ॥ 18

सागर हो सद्धर्म का, विद्या कला सुजान ।
राजधर्म में निपुण हो, क्षात्रधर्म विद्वान ॥ 19

कर्म कुशल नृप हो सदा, नीति निपुण निष्णात ।
बोल चाल से जान ले, अपर हृदय की बात ॥ 20

तन मन धन सेती करे, भला प्रजा का भूप ।
आपद् में अविचल रहे, यथा यज्ञ का यूप ॥ 21

दुर्गम करतब राज्य के, सुगम करन में लीन ।

राज काज की हो सदा, कीर्ति कभी ना क्षीण ॥ 22

वीर जनों में हीर हो, शूरों में बलबीर ।
धैर्यशील में धीर हो, निर्मल हृदय शरीर ॥ 23

मुख में वाणी मिष्ट हो, अमृत रस की धार ।
हिरदय दीन-दयाल हो, मनुज धर्म का सार ॥ 24

शरणागत पर कर क्षमा, दीन दुखी पर प्रेम ।
शरण पड़े को लो गले, पूछे सकुशल क्षेम ॥ 25

लोभ मोह मद को तजे, मत्सर का भी साथ ।
हिरदय में खल ना बसे, तभी बसत रघुनाथ ॥ 26

आर्त जनों के दुख हरे, कर सेवा उपकार ।
मृदु बचनन से शुभ करे, वह नृप है सुखकार ॥ 27

द्वेष दंभ छल कपट भी, वाणी कर्ण कठोर ।
घमैंड वाद वितंड का, राजा कहा निठोर ॥ 28

लंपट द्रोही भाव से, कलह अकारण होय ।
कुव्यसनी जिनका धनी, उनका तारक कोय ॥ 29

राग द्वेष से दूर जो, अहंकार से गैर ।
उस राजा के राज में, जनता की है खैर ॥ 30

नारी हरना पाप है, देत मृत्यु का दंड ।
कोई छल बल ना करे, ना ही करे घमंड ॥ 31

धर्म नीति मनु ने कही, पापी जो उद्दंड ।

पतिव्रता अगवा करे, उसे प्राण का दंड ।। 32

दुष्ट न लंपट भूप हो, धर्महीन व्यभिचार ।
क्रूरहृदय पापी न हो, ना हो भ्रष्टाचार ।। 33

कर्म धर्म व्रत में लगे, निश-दिन अपने आप ।
कर्महीन जन को मिले, रामराज्य में ताप ।। 34

धर्म उच्चतम है सदा, क्षात्रधर्म शुभ नाम ।
सत्य-धर्म का रूप है, कार्य कर्म निष्काम ।। 35

पलड़े शासन-तोल के, रखे भूप समतोल ।
नहीं दंड में रोष हो, निर्णय हो अनमोल ।। 36

नीति नियम के न्याय में, सब पाएँ संतोष ।
ढूँढे भी ना मिल सके, जिसमें कोई दोष ।। 37

पक्षपात से दूर हो, राग द्वेष को छोड़ ।
बैर भाव से हो परे, स्नेह प्रेम को जोड़ ।। 38

अत्याचारी और जो, करता स्वेच्छाचार ।
बलात्कार या जो करे, अधर्म से व्यवहार ।। 39

अधर्मचारी चार ये, वध्य कहे हैं गात्र ।
क्षात्र के लिए उचित हैं, कर्म-धर्म के पात्र ।। 40

अवध्य का जो वध करे, उसके सिर पर पाप ।
वध न करे जो वध्य का, वध्य कहा वह आप ।। 41

शरणागत को शरण दे, क्षमा त्राण वरदान ।
निर्वासित पर कर कृपा, मदद दान सम्मान ।। 42

घर से निस्कासित हुए, पामर पा कर ग्लान ।
शरण और की पाइके, कर देते हैं हान ।। 43

प्रजा न कोई क्षुधित हो, रोए कोई न मात ।
दाना पानी विपुल हो, कहीं न दुख की बात ।। 44

भूप प्रजा का दास हो, सेवा कर्म कठोर ।
नृप अत्याचारी न हो, दंभी और निठोर ।। 45

सदा राज्य में शाँति हो, रहें मेल से लोग ।
रोटी कपड़ा धाम हो, सभी करें उद्योग ।। 46

कोई भूखा ना रहे, ना बिरहा में रोय ।
रोटी कपड़ा घर मिले, जीवन सुखमय होय ।। 47

गंदी भाषा ना कहे, कोई मानव वीर ।
ना चोरी, ना छल करे, ना दे कोई पीर ।। 48

सब में ममता भाव हो, मुख में मीठे बोल ।
एक नीति में बद्ध हों, जनपद जन समतोल ।। 49

गुरु द्विज का सम्मान हो, मुक्त हस्त से दान ।
न्याय नीति से काम हो, अनुशासन पर ध्यान ।। 50

सबके प्रति सद्भावना, मानव प्राणी जीव ।
भूत मात्र सब एक ही, रामराज्य की नींव ।। 51

सत्य सौम्य सम सादगी, सबविध सुखी समाज ।
क्षमा शाँति करुणा जहाँ, वहीं राम-का-राज ।। 52

चारों वर्ण समान हों, भेद भाव बेकार ।
नर-नारी का विश्व में, समान हो अधिकार ।। 53

प्रजा जनों का नृप करे, परित्राण दिन-रात ।
राजा को चाहे प्रजा, नृप हो स्नेहिल तात ।। 54

रखवारा हो राज्य का, जनसेवा में लीन ।
तारा हो वह नैन का, राजा दोष विहीन ।। 55

फूलें खेती बाड़ियाँ, कभी पड़े न अकाल ।
नर-नारी सब ही रहें, कर्मठ शाम-सकाल ।। 56

नारी बालक नर सभी, निर्भय हो स्वच्छन्द ।
हाट-बाट घर के न हों, डर से ताले बंद ।। 57

सत्य शाँति सद्धर्म से, सदा सिद्धि सुख स्पष्ट ।
न्याय नीति निर्धार का, नर ना होवे नष्ट ।। 58

नास्तिक होता नष्ट है, आस्तिक की है जीत ।
सच्चे श्रद्धावान से, रहे सदा ही प्रीत ।। 59

सज्जन संतन साधु से, सदा लगा कर प्रीत ।
सत्यवान शुचि सौम्य जो, सदा उसी की जीत ।। 60

दीन हीन जो हैं दुखी, कर उनका उद्धार ।
सत्कर्मी नरवर वही, माना है हितकार ।। 61

दुराग्रही जो दुर्गुणी, दंभी दुर्मति दुष्ट ।
कुत्सित काले कर्म का, उसे कठिन दो कष्ट ।। 62

स्नेह सुधा से सब सनें, स्वजन सुजन सतनाम ।

सुखद सुमंगल सादगी, सभी समय सुखधाम ।। 63

कोई घूस न ले कभी, ना हो भ्रष्टाचार ।
कोई ना उत्कोच दें, न ही बने लाचार ।। 64

सुख-दुख में जो एक है, लाभ हानि को छोड़ ।
वीतराग उस धीर को, संकट सकै न तोड़ ।। 65

सच्चा संगी है वही, जो दुख में हो साथ ।
भाई सच्चा है वही, जो दे दुख में हाथ ।। 66

नारी हरना पाप है, मिले मृत्यु का दंड ।
अबला के सम्मान में, पड़े कभी ना खंड ।। 67

पर नारी को मानिये, बेटी भगिनी मात ।
अपनी दारा से रहो, सदा स्नेह के साथ ।। 68

नारी-रक्षा पुण्य है, मानत हैं जग-तीन ।
नारी हरना पाप है, कर्म बहुत ही हीन ।। 69

अबला भूषण भूषिता, अभय कर सके सैर ।
जनपद जन रक्षा करें, बिना मोह वा बैर ।। 70

ओम् स्वधा की शुभ ध्वनि, गृह मंदिर में होय ।
क्रन्दन का दुख रव कभी, नारी करे न कोय ।। 71

दावाग्नि में वन जले, वर्षा तारक होय ।
क्रोधाग्नि में जो जले, बचा सकै ना कोय ।। 72

पूजे संत महंत को, राजा प्रजा सुजान ।

चंदन रूप सुगंध हैं, जाने वेद पुरान ।। 73

उपरोक्त रामराज्य की धर्मनीति का पालन जान कर और "जान जाई पर बचन न जाई" तत्त्व समझ कर हमें फिर महर्षि व्यास जी के महाभारत महाकाव्य के भीष्मपर्व में देखने को मिलता है भगवान श्रीकृष्ण के मुख से धर्मयुद्ध के राजनीति-नियमों का प्रत्यक्षिक निवेदन :

दोहा : आम युद्ध में विजय ही, चाहे भट प्रत्येक ।
       नीति-युद्ध में जानिये, हार-जीत सब एक ।। 74

इसी नीति के युद्ध को, कहा धर्म का युद्ध ।
जीना मरना सम जहाँ, समबुद्धि है शुद्ध ।। 75

नियम नीति के कृष्ण ने, बोले सभी विशाल ।
और कहा, सब क्षत्रियों! पालन हो हर काल ।। 76

सूर्योदय से शाम तक, समय युद्ध का वैध ।
सूर्य अस्त से उदय तक, जानो अवधि अवैध ।। 77

संध्या से भिनसार तक, रहो सभी सह स्नेह ।
दोनों ही दल बंधु हों, यथा आतमा देह ।। 78

ना हो असावधान पर, डरे-थके पर वार ।
प्रवीणता पहले कहो, फिर लड़ने ललकार ।। 79

जिसका छूटा अस्त्र हो, या टूटी तलवार ।
जो आहत या शरण हो, उस पर करो न वार ।। 80

जो भागा हो युद्ध से, या नहिं लगता ढीठ ।
उस भट पर ना वार हो, जो दिखलावे पीठ ।। 81

वाणी का जो है पटु, ललकारे विद्वान ।
अश्व अश्वधर से लड़े, गज गज से घमसान ।। 82

रथ वाले रथ से लड़ें, पैदल पैदल साथ ।
जिसकी जैसी योग्यता, उससे दो-दो हाथ ।। 83

शस्त्र विषैला या छुपा, कभी करो न प्रयोग ।
समूह हत्या अग्नि से, करे न कोई लोग ।। 84

धर्मक्षेत्र पर सम सभी, लाभ-हानि जय हार ।
आज्ञा है यह शास्त्र की, नीति-युद्ध का सार ।। 85

रामायण-महाभारत युगीन इसवी सन पूर्व काल में सोलह भारतीय महाजनपद विद्यमान थे. उनके नाम और राजधानी स्थान इतिहास को ज्ञात है परंतु उन राजघरानों की राजवंशावली की कालगणना पूर्ण रूप से कहीं भी लिखित नहीं है. मात्र इतना ज्ञात है कि वे सोलह जनपद पश्चिम से पूर्व के क्रम से इस प्रकार थे : 1. गांधार, राजधानी तक्षशिला; 2. कंबोज, राजापुर; 3. अश्मक, प्रतिस्थान; 4. अवंती उज्जयिनी; 5. मत्स्य, विराट नगर; 6. कुरु, कुरुक्षेत्र; 7. शूरसेन, मथुरा; 8. पाँचाल, कंपिला; 9. चेदी, शुक्तमती; 10. वत्स, कौशांबी; 11. कोशल, साकेत (अयोध्या); 12. काशी, बनारसी; 13. मल्ल, पावा; 14. मगध, राजगृह; 15. विदेह, मिथिला; 16. अंग, चंपा. यह भारतवर्ष के ऐतिहासिक उत्कर्ष का सुनहरा काल था.

(2) **तरंगिणी :** तरंगिणी याने नदी. नदी केवल जल या हिम प्रवाह ही नहीं होता है. नदी का प्रवाह सीधा एक ही गति से और एक ही दिशा में नहीं बहता है, वरना वह झरना कहलाता है. नदी प्रवाह कभी तेज तो कभी मंद, कभी छिछला तो कभी गहरा, कभी सँकरा तो कभी चौड़ा, कभी सीधा तो कभी सर्पाकार, कभी उत्तर या पूरब या दक्षिण या पश्चिम दिशा में बहता है. कोई नदी बहुत लघु या कोई नदी बहुत दीर्घ होती है. नदी के किनारे कभी पहाड़ी, कभी नगर, कभी झाड़ियाँ, कभी खेत, कभी हरी घास कभी मैदान होता है. नदी में पानी में कहीं विभिन्न जलचर प्राणी जीव जंतु,

विभिन्न वनस्पति, मिट्टी या मैल होता है. किसी नदी का पानी मलीन तो किसी का जल निर्मल होता है. नदी पर कहीं नौका तो कहीं मछुआरे होते हैं. एक नदी कभी दूसरे नदी से मिलती है और दूसरी नदी तीसरी नदी में समाती है, मगर अंत में सभी नदियाँ सागर में विलीन होजाती हैं, **तटिन्यां पतितं तोयं सदा गच्छति सागरम्**. नदी नीर प्रवाहिनी हो सकती है और नदी ज्ञान की गंगा भी हो सकती है.

तरंगिणी के ये सभी गुणधर्म-प्रकार यहाँ इस हिंदू राजतरंगिणी में समाहित करने के उद्देश्य से इस राजतरंगिणी को पूर्णतया मात्र श्लोक, दोहा या किसी एक ही छंद में न लिखते हुए कभी गद्य प्रवाह से, कभी पद्य-राग-छंद प्रवाह से, कहीं वंशावली क्रम प्रवाह से तो कहीं चित्रांकन प्रवाह या नक्शा या सिक्कों के प्रस्तुति से बहाया गया है, ताकि नदी के सभी विविध गुण-प्रकार और नैसर्गिक स्वरूप इस हिंदू राजतरंगिणी में भी स्वाभाविक नदी-रूप में प्रकट हों.

जो सदियों से चलती आरही हैं और जो सर्वमान्य हिंदू राजवंश शृंखलाएँ हैं उनको इस ग्रंथ में अक्षर वर्णमाला के क्रम में दिया जारहा हैं. कोई राजघराना चाहे बहुत लघु हो या वह बहुत दीर्घ हो, उसे यहाँ नजरअंदाज नहीं किया गया है. राजघराने की पुरातन प्रथा विविध राजाओं के भ्रष्ट, धर्मांध और तानाशाही व्यवहार के कारण जनता को अमान्य होने लगी और लगभग इसवी सन 1920 तक कई देशों में पूर्णअतया अस्वीकृत होगई थी. क्रमश: भारत में 1948 के भारतीय स्वतंत्रता कानून के तहत पारिवारिक राजवंश तंत्र अवैध माना गया. अत: इस पुस्तक में हिंदू राजतरंगिणी का प्रवाह आदि काल से सन 1948 तक ही प्रस्तुत किया जा रहा है.

इस सरिता का मूल रूप ऐतिहासिक होकर भी इसमें अधिकाधिक हिंदू सांस्कृतिक सामग्री और संगीत का समावेश करके इसे जनगण के ज्ञान वर्धन के उद्देश्य से शैक्षणिक ज्ञानगंगा के स्वरूप में मनोरम बहाया है.

वैसे तो हजारों वर्षों के सनातन हिंदू संस्कृति के प्रचंड इतिहास में हजारों-हजारों हिंदू रजवंश होगए हैं, किन्तु वर्तमान इतिहास को केवल कुछ ही राजघरानों की वंशावलियाँ याद हैं. अत: प्रस्तुत ग्रंथ में उनमें से 195 राजवंश समाहित किए हैं. राजघरानों के वर्णन को शालीन और मर्यादित रखने के लिए हिंदू, बौद्ध, जैन और सिख मतों के व्यतिरिक्त किसी भी अन्य धर्म का नाम निर्देश नहीं किया गया है.

पाठकों की सुविधा के लिए पुस्तक के आरंभ में 195 राजघरानों को वर्णमाला के अनुक्रम में और फिर काल क्रम के अनुसार भी सूचित किया है.

xxxi

आशा है कि यह अनुसंधान पूर्वक ज्ञानगंगा अज्ञाता और ज्ञाता पाठकों की ज्ञान वृद्धि करे और रिसर्च स्कालर्स के लिए अमर्याद सामग्री का अतुलनीय योगदान करे.

भारत की स्वतंत्रता के पूर्व एक हजार वर्ष और स्वातंत्र्य के बाद भी पीछले 70 साल से दिव्य हिंदू सकृति और इतिहास को दबाया, छुपाया, झुठलाया, नगरअंदाज, अप्रकाशित और बदनाम किया गया है. मगर अब आँखें खुल गई हैं और समय आगया है कि हम यह अहम सत्कार्य दायित्व समझ कर करें. यह हमारा आद्य कर्तव्य है.

इसी महान शुभ कार्य में दिन-रात लगे हुए मुझे एक दिन अचानक महसूस हुआ कि धीरे धीरे मेरे हाथ-पाँव शिथिल होने लगे हैं और मेरी गर्दन सुन्न पड़ती जा रही है. डाक्टर के कहने पर मुझे तुरंत अस्पताल में भरती होना पड़ा और उसी दिन ब्रेन हैमेरज सर्जरी करवानी पड़ गई. मेरा भविष्य जीना-मरना-अपाहिजता के त्रिकोण में किसी भी तरफ झुकने की संभावना उत्पन्न होगई थी. मगर सौभाग्य वश चिकित्सकों की कुशलता, ईश्वर की कृपा और सुहृज्जनों की प्रार्थनाओं के बल पर फिसली हुई मेरे सौभाग्य की गाड़ी तीन-चार महीनों में दुबारा पटरी पर आगई और हर्ष की बात है कि इस पुस्तक की सिद्धि में जो रुकावट आगई थी वह सुलझ कर आज उसे सफलता प्राप्त हो गई है. हरि ओम्.

रत्नाकर
टोरंटो, कनाडा

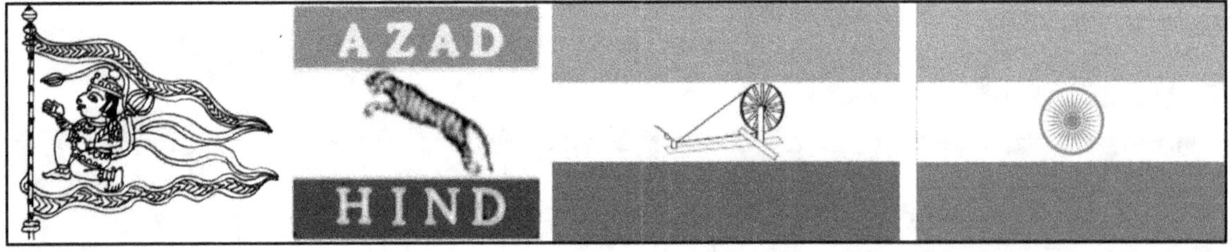

xxxii

अ-उ अक्षरारंभ के राजप्रवाह
1. अत्री राजवंश (सनातन काल)

1. ब्रह्म
2. ब्रह्मा
3. अत्रि प्रजापति
4. चंद्र
5. बुध
6. पुरुरव
7. आयु
7. नहुष
8. ययाति

आगे देखिए : ययाति राजवंश
(सनातन काल)

हिंदू तत्त्वज्ञान

हिंदू तत्त्वज्ञान के अनुसार यह विश्व ब्रह्म से विकसित (evolve) हुआ है, न कि ब्रह्म ने निर्माण किया (created) है. ब्रह्म ही द्वंद्व तत्त्व पुरुष-प्रकृति है. जीवित जंतु जिस किसी भी रूप में हो, स्थावर-जंगम-गोचर-अगोचर, सबका जीवन तत्त्व है आत्मा. पुरुष-प्रकृति और आत्मा मिलकर ब्रह्म है. इस भवसागर में पुरुष-प्रकृति नारायण-नारायणी स्वरूप हैं. नारायण की नाभि से निकले हुए कमल दल पर बैठे चतुरानन ब्रह्मा चार वेदों का निरंतर उच्चारण कर रहे हैं. प्रजा वृद्धि हेतु ब्रह्मा के भिन्न-भिन्न अंगों से 21 प्रजापति सृजित हुए उनमें नौ मानसपुत्र थे.

अत्री राजघराना

अत्रि महर्षि ब्रह्मा के नौ मानसपुत्र प्रजापतियों में एक थे. अन्य आठ प्रजापतियों के नाम थे भृगु, पुलस्त्य, पुलह, क्रतु, अंगिरस, मरीचि, दक्ष और वसिष्ठ (विष्णु पुराण 7.1). अत्रि प्रजापति अर्थात् प्रजा के राजाधिराज की पत्नी का नाम था अनसूया देवी. अन्य आठ प्रजापतिपत्नियों के नाम थे क्रमश: - ख्याति, भूति, संभूति, क्षमा, प्रीति, सन्नति, ऊर्जा और प्रसूति. अनसूया देवी के त्रिमुख पुत्र का नाम था दत्तात्रेय अथवा दत्त और दूसरे पुत्र का नाम था चंद्र. राजा चंद्र का पोता पुरुरव बहुत तेजस्वी आभा वाला राजा था. राजा पुरुरव और उसकी पत्नी उर्वशी का पुत्र था राजा आयु. राजा आयु और उसकी पत्नी इंदुमति को दत्तात्रेय के आशीर्वाद से प्राप्त पुत्र था राजा नहुष (महा. आदि. 7.24). सदाचारी राजा आयु विश्व में कीर्ति से विख्यात था. राजा नहुष इंद्र देव का रूप था और इंद्र के विमान में सैर करता था. राजा नहुष का इतिहासप्रसिद्ध पुत्र था महाराजा ययाति. महाराजा ययाति की दो पत्नियाँ थी. रानी देवयानी पुत्र राजा यदु और रानी शर्मिष्ठा पुत्र पुरु. इनके दोनों के राजघराने भारतीय इतिहास में प्रख्यात राजा हुए. अत्री कुल के राजा पुरुरव और उनकी पत्नी उर्वशी के पुत्र राजा अमावसु ने कान्यकुब्ज (कन्नौज) नगरी स्थापन करके उसे अपनी राजधानी बनाया था.

2. अजमीढ़ राजवंश (सनातन काल)

१. राजा कुरु का अजमीढ़ राजवंश
पूर्व देखिए : भरत राजवंश (सनातन काल)

1. अजमीढ़ ...
2. रक्ष
3. संवर्ण
4. कुरु

आगे देखिए : कुरु राजवंश (सनातन काल)

२. राजा द्रुपद का अजमीढ़ राजवंश

1. अजमीढ़ ...
2. नील
3. शांति
4. सुशांति
5. पुरुज
6. अर्क
7. भर्म्याश्व
8. पांचाल
9. मुद्गल
10. दिवोदास
11. मैत्रेयु
12. सुदास
13. सहदेव
14. सोमक
15. द्रुपद
    धृष्टद्युम्न
    द्रौपदी

अजमीढ़ राजवंश

राजा कुरु : महाराजा हस्ति के बाद राजा अजमीढ़ प्रयागराज एवं हस्तिनापुर के राजा बन गए, फिर भी प्रमुख राजधानी हस्तिनापुर ही रही. हस्तिनापुर न केवल राजनैतिक केंद्र ही था बल्कि जमुना किनारे एक लोकप्रिय तीर्थस्थान भी था. राजा अजमीढ़ का नील नाम का पुत्र अहिच्छपुर में उत्तर–पश्चिम विभाग का शासक बना और बृहत्सु नाम का पुत्र कम्पिला राजधानी बना कर दक्षिण पांचाल का राजा बना. अजमीढ़ की उज्ज्वल ऐतिहासिक छवि के कारण महाभारत के वन पर्व में विदुर जी को और राजा जन्हु को भी अजमीढ़वंशी कहा गया है.

राजा अजमीढ़ के पश्चात् राजा संवर्ण के महाप्रतापी सुपुत्र राजा कुरु से महान पांडव वंश और कौरव वंश बने. राजा कुरु ने हजारों यज्ञ करके कुरुक्षेत्र धर्मस्थान बनाया, जिसे सरस्वती नदी के जल से निर्मल करके धर्मस्थान बनाया था. अजमीढ़ राजा ने **अजयमेरु (अजमेर)** का तीर्थस्थान बनवाया था.

राजा द्रुपद : अजमीढ़ राजा के दूसरे पुत्र राजा नील के वंश में महान राजा द्रुपद हुए थे. राजा द्रुपद का धीमान (गीता 1.3) पुत्र धृष्टद्युम्न महायुद्ध में पांडवों का सरसेनापति था. पांडव पत्नी द्रौपदी राजा द्रुपद की महान पुत्री थी.

3. रानी अवंती बाई, रामगढ़, मध्य प्रदेश (1831-1858)

1. विक्रमजीत सिंह   1851–1857
2. अवंती बाई   1857–1858

> **दोहा छंद – रानी अवंती बाई**
> स्वतंत्रता संग्राम में, कूद पड़ी यह नार ।
> मँडला की वीरांगना, माने ना जो हार ।।

मध्य भारत के मंडला जिले के रामगढ़ क्षेत्र के राजा विक्रमजीत सिंह (1851–1857) थे. राजा विक्रमजीत सिंह का विवाह सिवनी जिले के मनेकहड़ी भूभाग के जागीरदार राव झुररसिंह की कन्या अवंती बाई से हुआ था. राजा विक्रमजीत सिंह और अवंती बाई के शेर सिंह और अमानसिंह नामक दो पुत्र हुए थे.

सन 1857 में राजा विक्रमजीत सिंह की मृत्यु होगई और रानी अवंतीबाई ने सत्ता हाथ में ले ली. उसने अंग्रेजों के हड़प नीति के विरोध में हल्ला बोल दिया.

रानी ने अपने समाज को एकत्रित करके अंग्रेजों के विरुद्ध सेना खड़ी कर दी. मंडला के शासक शंकर शाह ने उनका पक्ष लेकर नेतृत्व हाथ में ले लिया.

रानी अवंती बाई ने 1857 के स्वातंत्र्य संग्राम में झाँसी की रानी लक्ष्मीबाई (1853–1858) के साथ–साथ अग्रणी बन कर विद्रोह पुकार दिया. अंग्रेजों ने रानी के प्रेरक महोदय शंकर शाह को पकड़ कर मृत्यु दंड सुना कर मार डाला.

रानी अवंती बाई फिर अकेले ही संग्राम करने लगी. एक युद्ध में रानी हार कर अंग्रेजों के हाथ में पकड़े जाने ने वाली थी तब उस वीरांगना ने अपने ही तलवार से अपना गला काट कर गौरव के साथ स्वर्ग सिधार लिया और वीर गति प्राप्त कर ली.

4. आंग्रे राजवंश, कुलाबा, महाराष्ट्र (1680-1844)

1.	कान्होजी आंग्रे-1	1690-1729	
2.	शेखोजी	1729-1733	1 का पुत्र
3.	संभाजी	1734-1735	2 का भाई
4.	मानाजी-1	1735-1758*	3 का भाई
5.	रघुजी-1	1759-1793	4 का पुत्र
6.	मानाजी-2	1793-1799	5 का पुत्र
7.	बाबाराव	1799-1813	4 का भतीजा
8.	मानाजी-2	1813-1817	दूसरी बार
9.	रघुजी-2	1817-1838	8 का पुत्र
10.	कान्होजी-2	1838-1839	9 का पुत्र
11.	कान्होजी-3	1839-1844	दत्तक पुत्र

* बंधु तुलाजी आंग्रे के साथ सत्ताधीन (1735-1756)

आंग्रे राजघराना

मराठों के इतिहास में आंगरवाडी नामक ग्राम का यह एक प्रसिद्ध कुल था. सेखोजी आंग्रे का पुत्र तुकोजी आंग्रे शहाजी राजे भोसले के साथ लड़ाइयों में प्रसिद्ध हुआ. १६५९ में तुकोजी आंग्रे शिवाजी की सेना में समुद्री नौसेना के उच्च अधिकारी (सरखेल) बन गया. उसके निधन के बाद उसके सुपुत्र कान्होजी आंग्रे-राजघराने के संस्थापक माना गया. आंग्रे मराठा घराने का सर्वश्रेष्ठ महावीर था वीर कान्होजी, आंग्रे जिसने युद्ध में कभी भी हार नहीं मानी थी.

दोहा छंद – आंग्रे राजघराना

आंगरवाडी का धनी, आंग्रे कुल रणवीर ।
शूर सागरी युद्ध में, लड.ने में गंभीर ।। 1
नामवरी परिवार की, हुई प्रसारित शीघ्र ।
लिया शिवाजी नें उन्हें, अपने दल में क्षिप्र ।। 2
कोंकन सागर तीर पर, हुआ इन्हीं का राज ।
नौ सेना करके खड़ी, किया देश का काज ।। 3
कोंकन के तट पर इन्हें, मिला बहुत सम्मान ।
दर्यायी ना वीर था, आंग्रे वीर समान ।। 4
कोकण तट के सब किले, इन वीरों के हाथ ।
रखे मराठा राज्य में, बड़े धैर्य के साथ ।। 5
आंग्रे केल में श्रेष्ठ था, कान्होजी शुभ नाम ।
वंदन ऐसे वीर को, सदा हि जो कृतकाम ।। 6

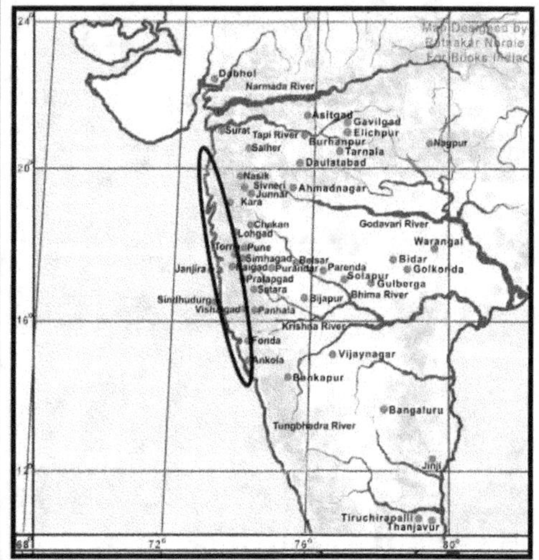

5. आहोम राजवंश, कामरूप, असम (355-1826)

<table>
<tr><td>1.</td><td>पुष्यवर्मा</td><td>355–380</td><td></td></tr>
<tr><td>2.</td><td>समुद्रवर्मा</td><td>380–405</td><td>पुष्यवर्मा का पुत्र</td></tr>
<tr><td>3.</td><td>बालवर्मा-1</td><td>405–420</td><td>समुद्रवर्मा का पुत्र</td></tr>
<tr><td>4.</td><td>कल्याणवर्मा</td><td>420–440</td><td>बालवर्मा-1 का पुत्र</td></tr>
<tr><td>5.</td><td>गणपतिवर्मा</td><td>440–450</td><td>कल्याणवर्मा का पुत्र</td></tr>
<tr><td>6.</td><td>महेंद्रवर्मा</td><td>450–480</td><td>गणपतिवर्मा का पुत्र</td></tr>
<tr><td>7.</td><td>नारायणवर्मा</td><td>480–510</td><td>महेंद्रवर्मा का पुत्र</td></tr>
<tr><td>7.</td><td>भूतिवर्मा</td><td>510–555</td><td>नारायणवर्मा का पुत्र</td></tr>
<tr><td>8.</td><td>चंद्रमुखवर्मा</td><td>555–565</td><td>भूतिवर्मा का पुत्र</td></tr>
<tr><td>9.</td><td>स्थितिवर्मा</td><td>555–585</td><td>चंद्रमुखवर्मा का पुत्र</td></tr>
<tr><td>10.</td><td>सुस्थितिवर्मा</td><td>585–593</td><td>स्थितिवर्मा का पुत्र</td></tr>
<tr><td>11.</td><td>सुप्रतिवर्मा</td><td>593–594</td><td>सुस्थितिवर्मा का पुत्र</td></tr>
<tr><td>12.</td><td>भास्करवर्मा</td><td>594–650</td><td>सुप्रतिवर्मा का भाई</td></tr>
<tr><td>13.</td><td>बुद्धि स्वर्गनारायण</td><td>1494–1539</td><td></td></tr>
<tr><td>14.</td><td>गार्गोयान राज</td><td>1539–1525</td><td>बुद्धि स्वर्गनारायण का पुत्र</td></tr>
<tr><td>15.</td><td>खुरा राज</td><td>1552–1603</td><td>गार्गोयान का पुत्र</td></tr>
<tr><td>16.</td><td>प्रताप सिंह</td><td>1603–1641</td><td>खुरा राज का पुत्र</td></tr>
<tr><td>17.</td><td>भाग राज</td><td>1641–1644</td><td>प्रताप सिंह का पुत्र</td></tr>
<tr><td>18.</td><td>नर राज</td><td>1644–1650</td><td>भाग राज का भाई</td></tr>
<tr><td>19.</td><td>जयध्वज सिंह</td><td>1650–1664</td><td>नर राज का पुत्र</td></tr>
<tr><td>20.</td><td>चक्रध्वज सिंह</td><td>1664–1670</td><td>जयध्वज का चचेरा भाई</td></tr>
<tr><td>21.</td><td>उदयादित्य सिंह</td><td>1670–1672</td><td>चक्रध्वज का भाई</td></tr>
<tr><td>22.</td><td>रामध्वज सिंह</td><td>1672–1674</td><td>उदयादित्य सिंह का भाई</td></tr>
<tr><td>23.</td><td>गोभर सिंह</td><td>1674–1675</td><td>रामध्वज का वंशज</td></tr>
<tr><td>24.</td><td>अर्जुन राज</td><td>1675–1677</td><td>प्रताप सिंह का पोता</td></tr>
<tr><td>25.</td><td>पर्वतीय सिंह</td><td>1677–1679</td><td>बद्धि स्वर्गनाराय का परपोता</td></tr>
<tr><td>26.</td><td>रत्नध्वज सिंह</td><td>1679–1681</td><td>गोभर सिंह का वंशज</td></tr>
<tr><td>27.</td><td>गदाधर सिंह</td><td>1681–1696</td><td>गोभर सिंह का पुत्र</td></tr>
<tr><td>28.</td><td>रुद्रसिंह स्वर्गदेव</td><td>1696–1714</td><td>गदाधर सिंह का पुत्र</td></tr>
</table>

आहोम राजघराना

आहोम, आखोम, आकाम, असम आदि नामों से जाने गए हुए ब्रह्मपुत्रा नदी की घाटी के विशाल प्रदेश का इतिहास सन 450 से अस्पष्ट रूप से यहाँ वहाँ पाया जाता है. पुरातन काल में नरक भगदत्त, माधव, जितारी, आर्शमत आदि वंश यहाँ होगए थे.

चौथे शतक में महेंद्रवर्मा (450–480) कामरूप का महान राजा था. छठे शतक में भास्करवर्मा (594–650) असम का प्रख्यात एवं बलाढय राजा होगया. तेरहवी सदी में गोविंददेव और ईशान्यदेव राजा हुआ तथा ही चौदहवी सदी में दुर्लभनारायण राजा होगया.

सन 1228 में असम में राजनैतिक क्रान्ति हुई तब शिल्पकला, कृषि संगोपन, वाङ्मय सृजन, सामाजिक, आर्थिक और राजनैतिक बदलाव लाने की मुहिम बड़े पैमाने पर आरंभ हुई थी.

29.	शिवसिंह	1714–1744	रुद्रसिंह का पुत्र
30.	प्रमत्त सिंह	1744–1751	शिवसिंह का भाई
31.	राजेश्वर सिंह	1751–1769	प्रमत्त सिंह का भाई
32.	लक्ष्मी सिंह	1769–1780	राजेश्वर सिंह का भाई
33.	गौरीनाथ सिंह	1780–1795	लक्ष्मी सिंह का पुत्र
34.	कमलेश्वर सिंह	1795–1811	रुद्रसिंह का भाई
35.	चंद्रकांत सिंह	1811–1818	कमलेश्वर सिंह का भाई
36.	पुरंदर सिंह	1818–1819	चंद्रकांत का वंशज
37.	चंद्रकांत सिंह	1819–1821	दूसरी बार
38.	योगेश्वर सिंह	1821–1826	

दोहा छंद – आहोम राजघराना

महान कुल असम का, जाना है आहोम ।
सत्ता में छह-शतक था, गाते जय शिव ओम् ।। 1

उद्रसिंह राजा बना, राज्य हुआ आबाद ।
भाग्य जगा असम का, रहे सभी को याद ।। 2

आहोम राजघराना, आगे

राजा बुद्धि स्वर्गनारायण (1494–1539) के शासन काल में असम में शांति और समृद्धि प्रस्थापित थी. उसने पड़ोसी मणिपुर राज्य से वैवाहिक संबंधों द्वारा प्रेम का नाता बनाया हुआ था. राजा बुद्धि स्वर्गनारायण की पत्नी वीरांगना मूला गाभारू असम की वीर रानी जानी गई थी.

राजा रुद्रसिंह (1696–1714) पहिला राजा था जिसने असम में स्वर्गदेव की उपाधि धारण की थी. उसके काल में शिव ढोल और देवी ढोल नामक शिव और दुर्गा देवी के दो उत्तुंग मंदिर बनाए गए थे और उनकी परम शक्ति की देवता के रूप में पूजा की जाती थी. राजा रुद्रसिंह के समय में असाम की समृद्धि चरम सीमा पर पहुँच गई थी.

राजा गौरीनाथ सिंह (1780–1795) के काल में असम की राजधानी कामरूप से जोरहाट में स्थानंतरित हुई थी. राजा योगेश्वर सिंह (1821–1826) के शासन काल में असम राज्य की राजधानी जोरहाट से गुवाहाटी में स्थानांतरित की गई थी.

हिंदू राजतरंगिणी, सांस्कृतिक ज्ञानगंगा

6. इक्ष्वाकु राजवंश (सनातन काल)

पूर्व देखिए : विवस्वान राजवंश (सनातन काल)

1. वैवस्वत मनु   ...
2. इक्ष्वाकु
3. शशाद
4. ककुत्स्थ
5. अनेन
6. पृथुलाश्व
7. प्रश्नजीत
8. युवनाश्व
9. मांधाता
10. पुरुकुत्स
11. त्रसदस्यु
12. अनारण्य
13. हर्यश्व
14. वसुमन
15. सुतन्व
16. त्रय्यरुण्य
17. सत्यव्रत
18. हरिश्चंद्र
19. रोहित
20. चंचु
21. सुदेव
22. भरुक
23. बाहुक
24. सगर
25. असमंजस
26. अंशुमान
27. भगीरथ

आगे देखिए : 1. रघुवंश. 2. निमी राजवंश

इक्ष्वाकु राजघराना

विवस्वान के सुत इक्ष्वाकु के पुत्र विकुक्षि से श्रीराम का रघुवंश हुआ था और इक्ष्वाकु के दूसरे पुत्र निमि से राजा जनक का विदेह राजवंश हुआ था. राजा ककुत्स वीरता और नीति के लिए अग्रग्य था अत: श्रीराम को काकुत्स्थ संज्ञा प्राप्त थी (रामरक्षा 22). राजा मांधाता सदाचार के शासन के लिए सुविख्यात था और राज्य समृद्धि के लिए चारों ओर बहुत प्रख्यात था. वह दानवीर और वाक्पटु था. वह बृहस्पति से आलाप करता था (महा. अनु. 4.76).

राजा सत्यव्रत का ही नाम त्रिशंकु था, जिनका महान पुत्र सत्यवचनी राजा हरिश्चंद्र था. राजा त्रिशंकु को इंद्र भगवान अपने विमान में यात्रा कराता था. राजा हरिश्चंद्र सत्य और सच्चाई की साक्षात् प्रतिभा माना जाता था, जिस पर ब्रह्मा–विष्णु–महेश की कृपा थी. सत्य की जब भी चर्चा होती है राजा हरिश्चंद्र का नाम अवश्य ही आता है और आता ही रहेगा. राजा हरिश्चंद्र और तारामती को वरुण देव की कृपा से जो पुत्र प्राप्त हुआ उसका नाम रोहिताश्व अथवा रोहित था, उनके कुलगुरु वसिष्ठ मुनि थे.

अयोध्या के महान राजा बाहुक और उनकी पत्नी यादवी का पुत्र महाराजा सगर एक दैवी व्यक्ति था. बाहुक अपने दरबार में यमराज की पूजा करता था (महा. सभा. 8.19). उसने अपने पुत्र असमंजस को दुराचारी होने के पाप से राज्य से निष्कासित कर दिया था (महा. वन. 107.89). सगर महाराजा सात्त्विक और शाकाहारी था (महा. अनु. 115.89). राजा सगर के नाम मात्र से ही पुण्य प्राप्ति होती है (महा. अनु. 165.49).

इक्ष्वाकु कुल के महान राजा थे महर्षि भगीरथ जिन्हें यमराज के दरबार में स्थान था (महा. सभा 8.11). महाराजा भगीरथ ने गंगा देवी को शंभु की जटा से पृथ्वी पर स्थान दिया था, जिसे राजा जन्हू ने पी कर अपने कान से विमोचित किया था।

गंगा मैया

(दादरा ताल)

गंगा मैया! तू मंगल है माता, तेरा अँचल है कितना सुहाना ।

तेरी लहरों में है गुनगुनाता, मैया! संगीत सरगम सुहाना ।। धृ.

निकली शंकर की काली जटा से, तुझको भगिरथ ने लाया धरा पे ।

तुझको जन्हू की कन्या है माना, तेरा इतिहास पावन पुराना ।। 1

तेरे जल में हिमालय की माया, तुझमें जमुना का पानी समाया ।

सरयु को भी गले से लगाया, तूने उनको भी दीन्ही गरिमा ।। 2

तेरा तीरथ है लीला जगाता, सारे पापों से मुक्ति दिलाता ।

है सनातन तेरा मेरा नाता, बड़ी पावन नदी तू मेरी माँ ।। 3

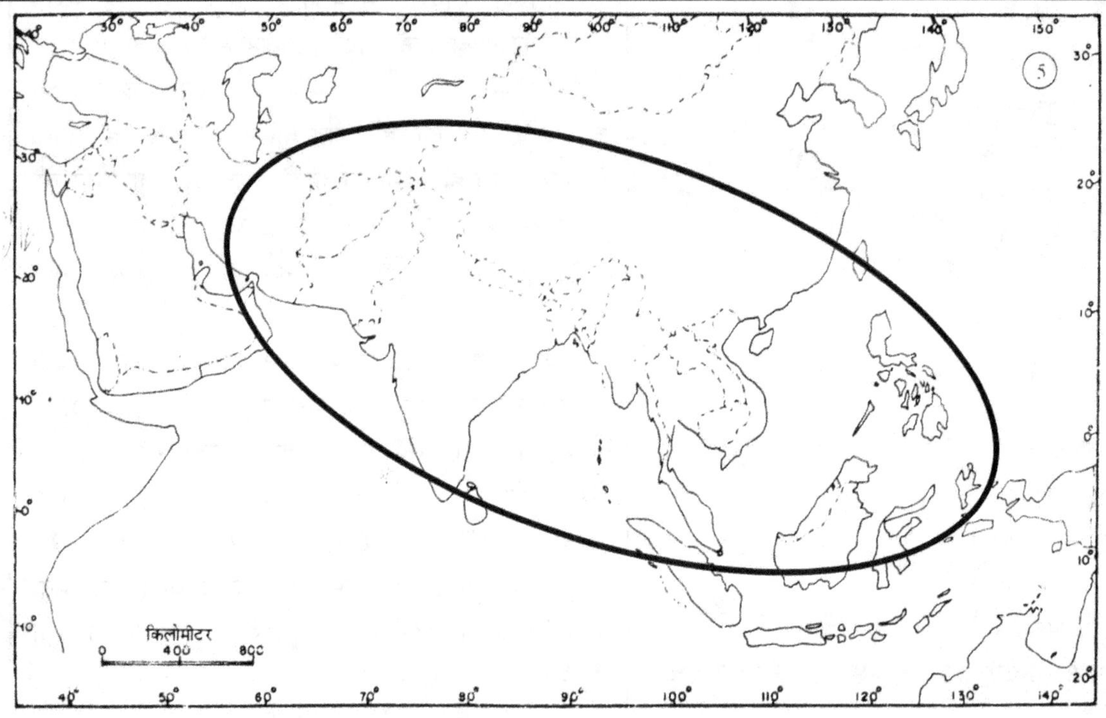

देवराज इन्द्र भगवान, (सनातन काल)

प्रजापति मारीचि के पुत्र कश्यप और उसकी पत्नी दक्ष-कन्या अदिति का पुत्र इन्द्र देव सुरों का राजा था. अदिति के 32 पुत्रों में इन्द्र सबसे बड़ा था (महा. आदि. 65–15). अदिति के अन्य 31 पुत्रों में बारह आदित्य, आठ वसु और ग्यारह रुद्र थे. इन्द्र का रथ आकाशगामी विमान होता था. इन्द्र का उद्यान नंदनवन था जिसमें कल्पवृक्ष होता था. इन्द्र के अन्य नाम शक्र और पुरंदर थे.

देवराज इन्द्र के हाथी का नाम ऐरावत (गीता 10.27), अश्वका नाम उच्छैश्रवा (गीता 10.27), अस्त्र का नाम वज्र, धनुष का नाम इन्द्रधनुष और तलवार का नाम परंजय था (महा. आदि. 18, अग्निपुराण 51). इन्द्रसभा दैदीष्यमान और मनोहर होती थी. इस राजसभा में उदालक, गालव, गौरशिरस, दीर्घतमास, दुर्वासा, पराशर, पवित्रपाणि, याज्ञवल्क्य, शंख, श्येन, श्वेतकेतु, सावर्णि, आदि ऋषि-मुनि विराजमान होते थे.

इन्द्र को बहुत अभिमान था कि वह देवताओं का राजा है, मगर जब वृंदावन में बालकृष्ण बहुत लोक प्रिय होने लगा तब कृष्ण और व्रजवासियों को सबक सिखाने के लिए इन्द्र ने एक दिन अचानक मूसलाधार वर्षा बरसाई. व्रज भूमि जलथल हो गई और व्रजवासी डर गए. तब बाल कृष्ण ने गोवर्धन पर्वत उठा कर गिरि के नीचे व्रज वासियों को बचा लिया. तब इन्द्र का गर्व खतम हो गया और इन्द्र श्रीकृष्ण की शरण में आगया था. इस हार का प्रसंग इन्द्र के जीवन का महान अपमान जनक था.

गीत राग : भैरवी, कहरवा ताल

गोवर्धनधारी

गोवर्धन उठाए हरि, देखो देखो जी लीला खरी ।
उँगली पर धरे, वो समूचा गिरी, और बजाए मिठी बाँसुरी ।।

मथुरा के परे पास में, मधुबन की हरी घास में ।
गोप गोपी सगे, खेल में जब लगे, साथ में थे सखा श्री हरि ।
मूसला वर्षा अचानक गिरी, व्रज में चिंता भयानक पड़ी ।। 1

व्रज वासी खड़े आस में, थे बड़े आज विश्वास में ।
सब गिरि के तले, लगे सुख से गले, सबने मन में थी आशा धरी ।
चाहे जितनी भी बारिश गिरी, दुख में सबको बचाए हरि ।। 2

इन्द्र भगवान जब थक गए, बरसा कर बादल अक गए ।
शक्र हार गए, शरमिंदा भये, झट से वर्षा फिर बंद करी ।
बोले तेरी हो जै जै हरि, तेरी लीला है जादू भरी ।
उँगली पर धरे, तू समूचा गिरी, और बजाए मिठी बाँसुरी ।। 3

9

इंडोनेशिया (हिंदेशिया) के हिंदू राजवंश (674-1478)

१. शैलेन्द्र राजवंश, जावा (674-947)

२. सिंहश्री राजवंश, जावा (1222-1478)

३. श्रीविजय राजवंश, सुमात्रा (683-1405)

४. श्री केसरी राजवंश, बाली (914-1119)

५. जय राजवंश, बाली (1133-1284)

7. शैलेन्द्र राजवंश, जावा (674-947)

पूर्व देखिए : चोल राजवंश (50-1279)

1.	शान्तनु	...
2.	शैलेन्द्र	674–717
3.	पंगकरन	760–780
4.	पनुंगलन	780–800
5.	समर प्रवीर	800–819
6.	गरुंग	819–838
7.	पिकतन	838–850
8.	लोकपाल	850–898
9.	बालितुंग	898–910
10.	दक्ष	910–919
11.	तुलोदंग	919–924
12.	वावा	924–929
13.	सिंडोक	929–947

8. सिंहश्री राजवंश, जावा (1222-1478)

1.	राजस	1222–1227
2.	अनुष्यति	1227–1248
3.	विष्णुवर्धन	1248–1268
4.	कीर्तनगर	1268–1292
5.	जयकत्वंग	1292–1293

जावा, सुमात्रा, बाली के राजघराने

हिंदू संस्कृति का प्रभाव जावा, सुमात्रा, बाली के टापू पर गुप्त सम्राट चंद्रगुप्त (319–350) के समय से इतिहास को ज्ञात है. रामायण की कथाओं द्वारा और तमिल समुद्री व्यापारियों अथवा कर्मचारियों के साथ यह प्रभाव निरंतर पड़ता गया.

नौवीं सदी में हिंदेशिया का सबसे बड़ा शिव मंदिर बनाया गया. पन्द्रहवीं सदी तक जावा-सुमात्रा में शैलेन्द्र, श्रीविजय, होलिंग, मेदंग, कोदेरी, सुंद, सिंहश्री, माजपहित, आदि अनेक हिंदू राजवंश होगए, मगर इन सब के स्पष्ट वृत्तांत ज्ञात अथवा कहीं लिखित नहीं हैं.

हर्षविजय में कहा गया है कि शिव-वैष्णव हिंदू संस्कृति का प्रभाव जावा, सुमात्रा, बाली आदि द्वीपों पर महाभारतीय समय से ही पड़ा है. और, कहा गया है कि श्रीकृष्ण हरि के ही वंशजों द्वारा बाली द्वीप पर वेद, उपनिषद्, शिव संहिता और भक्ति मार्ग का अमिट प्रभाव रहा है.

6.	जयवर्धन	1293–1309
7.	जयनगर	1309–1329
8.	त्रिभुवन	1329–1350
9.	राजसंगर	1350–1389
10.	विक्रमवर्धन	1389–1429
11.	सुहित	1429–1447
12.	कार्तविजय	1447–1451
13.	राजसवर्धन	1451–1456
14.	पूर्वविशेष	1456–1466
15.	पंदन	1466–1478

9. श्रीविजय राजवंश, सुमात्रा (683-1405)

1.	श्रीविजय	683–
2.	धर्मसेतु	725–
3.	समरतुंग	792–
4.	जयवर्मा	825
4.	बालपुत्र	835–
5.	चुडामणि	988–

चोल साम्राज्य के सामंत के रूप में श्रीविजय राजवंश सन 1405 तक आसनस्थ.

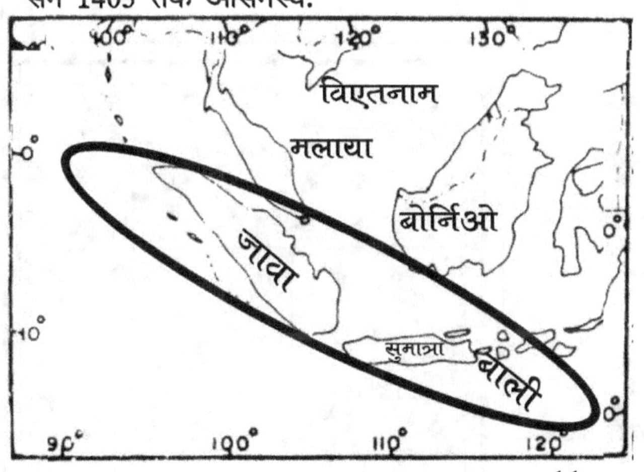

सुमात्रा के हिंदू राजघरानों ने श्रीविजय नामक राजधानी स्थापन करके हिंदेशिया में अपना झंडा ऊँचा कर दिया था. रामायण-महाभारत की कथाओं के माध्यम ने इंडोनेशिया (हिंदेशिया) के समस्त समाज के नाट्य-संगीत-वाङ्मय-कलाओं को उर्जित कर दिया था.

सन 856 में सुमात्रा के राजा जयवर्मा (825–835) के समय में बना हुआ परब्रह्म त्रिमूर्ति मंदिर समूह इसका जीता-जागता उदाहरण विद्यमान है. बाली के मंदिरों में शिव, विष्णु, गणेश, सरस्वती, दुर्गा, अर्जुन, आदि देव-देवताएँ सजी दिखाई देती हैं.

बाली के **श्री केसरी वामदेव राजवंश** (914-1119) और **जय राजवंश** (1133-1284) प्रमुख रूप से इतिहास को ज्ञात हैं.

दोहा छंद – हिंदेशिया के राजघराने

1

द्वीप यहाँ के सब, सखे! भरे पुण्य से पूर्ण ।
कहीं अमंगल ना दिखे, अधर्म सब थे चूर्ण ।।

2

हर्षविजय के हर्ष का, जावा में उत्सर्ग ।
हिंदुधर्म के स्पर्श से, भूमि होगई स्वर्ग ।।

3

जावा में मंदिर बने, हुआ शास्त्र अभ्यास ।
रामायण के पाठ से, बुझी ज्ञान की प्यास ।।

10. उच्छकल्प राजवंश, उच्छकल्प (पन्ना), बागेलखंड (400-533)

पूर्व देखिए : गुप्त राववंश (240–730)

1. ओघदेव   400
2. कुमारदेव
3. जयस्वामी
4. व्याघ्रदेव
5. जयनाथ   493–508
6. सर्वनाथ   508–533

आगे देखिए : पुष्यभूति राजवंश (505–647)

उच्छकल्प राजघराना

मध्य भारत का यह राज घराना बागेलखंड के परिव्रजक राजघराने का पूर्व दिशा में पड़ोसी था. परिव्राजक राजाओं की तरह उच्छकल्प घराने के राजा भी गुप्त सम्राटों के नीचे सामन्ती राजा थे. इनकी राजधानी उच्छकल्प नगरी थी.

मध्यभारत का यह उच्छकल्प घराना महाराजा ओघदेव ने पाँचवीं शती में बसाया था. राजा ओधदेव के पश्चात् और पाँच राजाओं के नाम इतिहास में ज्ञात हैं.

गुप्त युग के प्रस्तुत उच्छकल्प राजघराने का इतिहास केवल ताम्र पत्र और शिला लेखों से ही भारतीय इतिहास में ज्ञात हो रहा है.

दोहा छंद – उच्छकल्प राजघराना

उच्छकल्प में था बसा, क्षत्रिय जो परिवार ।
पला गुप्त साम्राज्य में, अधीनता स्वीकार ।। 1

ओघदेव ने स्थित किया, उच्छकल्प का वंश ।
"महाराजा" जाने गए, इस कुल के नृप हंस ।। 2

परिव्राजकों की तरह, गुप्तों के सामन्त ।
उच्छकल्प का वंश भी, जब तक हुआ न अंत ।। 3

पन्ना उनका क्षेत्र था, सिंहासन का केन्द्र ।
हुए वीर इस वंश में, छह थे प्रमुख नरेन्द्र ।। 4

गुप्त वंश आधीन था, उच्छकल्प का वंश ।
पुष्यभूति नृप ने किया, इस कुल का भी ध्वंस ।। 5

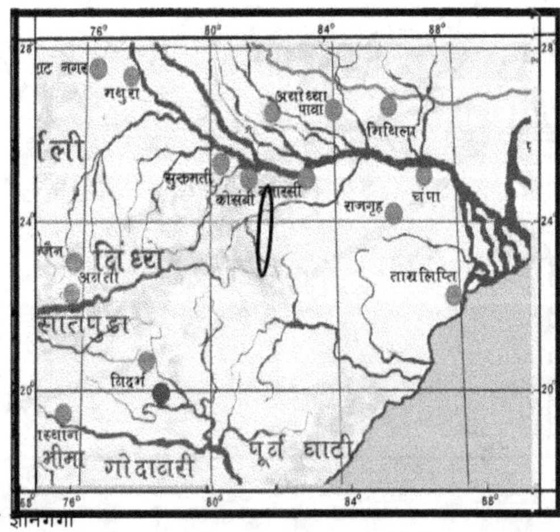

11. उत्पल राजवंश, अवंतिपुर-श्रीनगर, काश्मीर (855-949)

पूर्व देखिए : कारकोट राजवंश (631–855)

उत्पल राजघराना

काश्मीर के कारकोट घराने के अंतिम राजा उत्पलपीड (851–855) से सत्ता छीन कर अवंतीपुर के संस्थापक अवंतिवर्मा ने उत्पल राजवंश की स्थापना की. इस वंश के प्रथम दो राजा सर्वप्रधान थे.

राजा शूरवर्मा-2 (939–939) उन्मत्तवंती राजा का अनौरस पुत्र था अत: उसके मंत्री प्रभाकरदेव ने कुछ ही दिनों में अपने पुत्र यशस्करदेव (939–948) को सिंहासन पर विराजमान किया. कई इतिहासकार यशस्कर देव के आगे वाले कुल को स्वतंत्र यशस्कर राजघराने (939–949) में गिनते हैं.

1.	अवंतिवर्मा	855–883	अवंतीपुर के संस्थापक
2.	शंकरवर्मा	883–902	भविष्य रानीसुगंधा के पिता
3.	गोपालवर्मा	920–904	सुगंधा का पुत्र
4.	संकटवर्मा	904–904	गोपालवर्मा का भाई
5.	रानी सुगंधा	904–906	शंकरवर्मा की विधवा
6.	पार्थवर्मा (1)	906–920	गोपालवर्मा का भतीजा
7.	निर्जितवर्मा पंगु	920–922	पार्थवर्मा के पिता
8.	चक्रवर्मा (1)	922–933	पार्थवर्मा का भाई
9.	शूरवर्मा 1	933–934	निर्जितवर्मा का पुत्र
10.	पार्थवर्मा (2)	934–935	दूसरी बार
11.	चक्रवर्मा (2)	935–935	दूसरी बार
12.	शंभुवर्धन	935–935	मंत्री
13.	चक्रवर्मा (3)	935–935	तीसरी बार
14.	उन्मत्तवन्ती	937–939	पार्थवर्मा का पुत्र
15.	शूरवर्मा 2	939–939	उन्मतवन्ती का पुत्र
16.	यशस्करदेव	939–948	मंत्री प्रभाकरदेव का पुत्र
17.	संग्रामदेव	948–949	यशस्करदेव का पुत्र

आगे देखिए : प्रवरगुप्त राजवंश (949–1003)

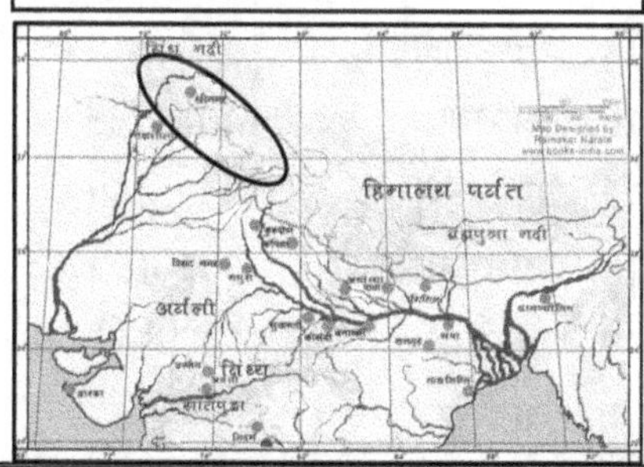

NOTE : काश्मीर के सभी राजवंशों की **दोहावली** के लिए आगे देखिए – लोहर राजवंश (1003–1165).

क-अक्षरारंभ के राजप्रवाह

12. कछवाहा राजवंश, अंबर-जयपुर, राजस्थान (1036-1948)

पूर्व देखिए : संग्रामसिंह-1, सिसोदिया राजवंश, चितौड़ (1473-1527)

1. सोढ़ासिंह	–	
2. दूल्हेराय	1036–1037	सोढ़ासिंह का पुत्र
3. कांकिल देव	1037–1038	दूल्हेराय का पुत्र
4. हून देव	1038–1053	कांकिल देव का पुत्र
5. जान्ह देव	1053–1070	हून देव का पुत्र
6. पूजन देव	1070–1084	जान्ह देव का पुत्र
7. मलसी देव	1084–1146	पूजन देव का पुत्र
8. जैतल देव	1146–1179	मलसी देव का पुत्र
9. राज देव	1179–1216	जैतल देव का पुत्र
10. किल्हण देव	1216–1276	राज देव का पुत्र
11. कुन्तल देव	1276–1317	किल्हण देव का पुत्र
12. जुणसी देव	1317–1366	कुन्तल देव का पुत्र
13. उदयकरण	1366–1388	जुणसी देव का पुत्र
14. नारोसिंह	1388–1413	उदयकरण का पुत्र
15. बनबीरसिंह	1413–1424	नारोसिंह का पुत्र
16. उधाराव	1424–1453	बनबीरसिंह का पुत्र
17. चंद्रसेन	1453–1502	उधाराव का पुत्र
18. पृवीराजसिंह-1	**1502–1527**	चन्द्रसेन का पुत्र
19. भीमसिंह	1527–1534	पृथ्वीराजसिंह-1 का भाई
20. रतनसिंह	1534–1537	भीमसिंह का भाई
21. भारमल	1537–1573	रतनसिंह का पुत्र
22. भगवानदास	1573–1589	भारमल का पुत्र
23. मानसिंह-1	1589–1614	भगवानदास का पुत्र
24. जगतसिंह-1	1614–1614	मानसिंह-1 का पुत्र

कछवाहा राजघराना

कछवाह वंश की स्थापना राजपूत नरवर शाखा के राजा दूल्हेराय (1036–1037) ने सन 1036 में की. उसके पुत्र राजा कांकिल देव (1037–1038) ने आमेर (अंबर) में अपनी राजधानी स्थापन की, जो अगले पाँच शतक तक वहीं रही.

कछवाहा राजा पृथ्वीराजसिंह-1 (1502–1527) चितौड़ के सिसोदिया महाराणा संग (1473–1527) के सामंत होते थे अत: सन 1527 के खानवा के युद्ध की असफलता के बाद उस संग्राम से लौटे हुए पृथ्वीराजसिंह ने माँची नामक स्थान में अपना स्वतंत्र स्थान जमाया.

राजा भगवानदास कछवाहा (1573–1589) के पश्चात् उसका पुत्र राजा मानसिंह-1 (1589–1614) मुगलों का दास बन गया था. मानसिंह के बाद मीर्जा राजा जयसिंह-1 (1621–1666) ने मुगलों का दास बन कर मराठा शिवाजी राजे (1630–1680) के साथ प्रसिद्ध पुरंदर की संधि की थी.

...आगे देखिए

25. भाओसिंह	1614–1621	जगतसिंह–1 का भाई
26. जयसिंह–1	1621–1666	जगतसिंह–1 का पोता
27. रामसिंह–1	1666–1688	जयसिंह–1 का पुत्र
28. बिशनसिंह	1688–1700	रामसिंह का पोता
29. सवाई जयसिंह–2	1700–1743	बिशनसिंह का पुत्र
30. ईश्वरीसिंह	1743–1750	सवाई जयसिंह–1 का भाई
31. मधोसिंह–1	1750–1768	ईश्वरीसिंह का पुत्र
32. पृथ्वीसिंह–2	1768–1778	मधोसिंह–1 का पुत्र
33. प्रताप सिंह	1778–1803	पृथ्वीसिंह–2 का भाई
34. जगतसिंह–2	1803–1818	प्रतापसिंह का पुत्र
35. जयसिंह–3	1818–1835	जगतसिंह–2 का पुत्र
36. रामसिंह–2	1835–1881	जयसिंह–2 का पुत्र
37. सवाई मधोसिंह–2	1881–1922	रामसिंह–2 का दत्तक पुत्र
38. सवाई मानसिंह–2	1922–1948	मधोसिंह–2 का दत्तक पुत्र

कछवाहा राजघराना, आगे

पुरंदर की संधि के बाद जयसिंह ने शिवाजी को आगरा दरबार जाने को मना लिया. मगर वहाँ, मुगलों ने शिवाजी को कैद कर लिया. तब जयसिंह के पुत्र राजा रामसिंह कछवाहा (1666–1688) की मदद से शिवाजी कैद से अचानक भाग कर रायगड वापस लौट आए थे.

शिवाजी को आगरा में सुलतान ने कैद में डाल दिया है और उसे मारने वाला है यह जान कर मीर्झा जयसिंह को मुगलों में अपनी हीन गुलामी अवस्था पर पछतावा और दुख का परम आघात होगया. सोच सोच कर उसे हृदय विकार होगया और बीमार पड़ कर धिक्कार प्राप्त उस राजपूत को लज्जा के साथ मृत्यु प्राप्त हुई.. **वह न इधर का था न ही उधर का.**

दोहा छंद – कछवाहा राजघराना

वंशज राणा संग के, सूर्यवंश के वीर ।
रघुकुल वंशज सूरमे, जाने थे रणधीर ।। 1
मुगलों ने फैला दिी, जब विनाश की आग ।
गुलाम उनके बन गए, स्वाभिमान को त्याग ।। 2
यथा कहा जयसिंह ने, आन बान को तान ।
गए शिवाजी आगरा, मिलने को सुलतान ।। 3
मगर शिवाजी का हुआ, घोर वहाँ अपमान ।
कैद शिवाजी को किया, धोखे में थे प्राण ।। 4
वादे सब जयसिंह के, निकले बिलकुल झूठ ।
दुखी हुआ जयसिंह था, और गया वह रूठ ।। 5
पछताया वह घोर था, कर न सका विश्वास ।
कितने पानी में खड़ा, उसे हुआ अहसास ।। 6
दिया हुआ तो है मुझे, "मीर्झा" का सम्मान ।
फिर भी मुगलों में मुझे, गुलाम का ही स्थान ।। 7

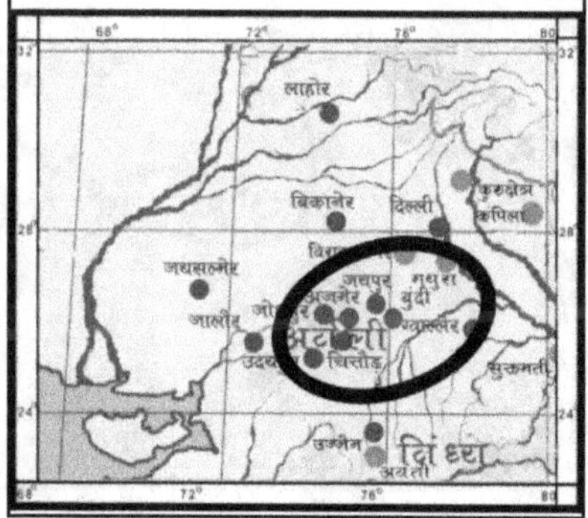

13. कण्व राजवंश, पाटलिपुत्र (72-27 BC)

पूर्व देखिए : शुंग राजवंश (185 ई.पू. – 72 ई.पू.)

1. वसुदेव   72–63 ई.पू.
2. भूमिमित्र   63–51 ई.पू.
3. नारायण   51–37 ई.पू.
4. सुशर्मा   37–27 ई.पू.

आगे देखिए : सातवाहन राजवंश (271 ई.पू.–195 ई.)

दोहा छंद – कण्व राजघराना

कण्व वंश स्थापन हुआ, शुंग अधिप को मार ।
कण्व वंश के नृप हुए, सौ वर्षों में चार ।।

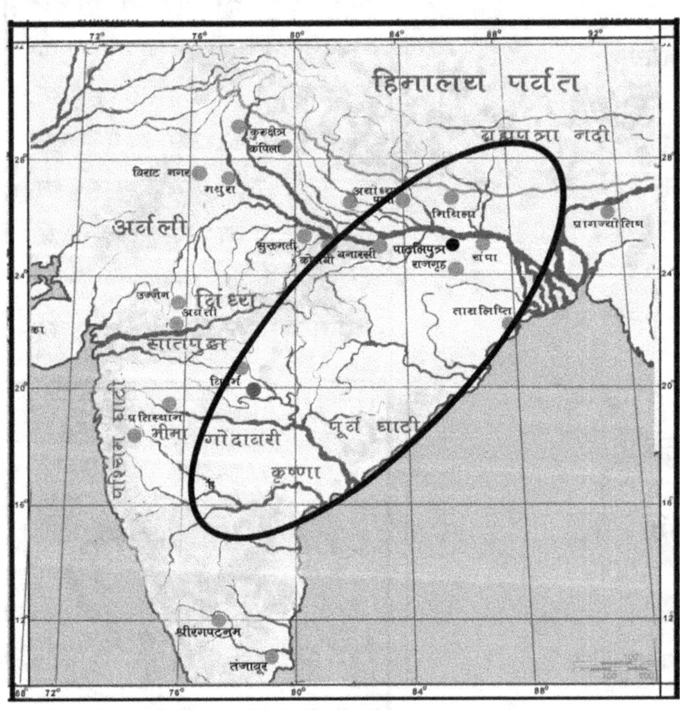

कण्व राजघराना

मगध के पुष्यमित्र राजघराने के नालायक शासक देवभूति (82–72 ई.पू.) को उसके मंत्री वसुदेव (72–63 ई.पू.) ने मार कर स्वयं राजा बन गया और पाटलिपुत्र में नया कण्व राजवंश (72–27 ई.पू.) स्थापन किया।

बुद्ध धर्म से वैदिक संस्कृति के पुनरोत्थापन की जो मुहिम पुष्यमित्र वंश ने आरंभ की थी उसे कण्व ऋषि के वंशज कण्व राजाओं ने आगे चलाई।

कण्व वंश का अंतिम शासक भी अत्यंत निकम्मा और अयोग्य होने के कारण यह उज्ज्वल वंश भी मात्र 55 वर्ष के शासन काल में समाप्त होगया।

मगध साम्राज्य बहुत तेजी से क्षीण और संकुचित होता गया और अंत में महाराष्ट्र के महा प्रबल सातवाहन (271 ई.पू.–195 ई.) राजघराने के राजा पुलुमावी-1 (43–07 ई.पू.) ने कण्व वंश के अंतिम राजा सुशर्मा (37–27 ई.पू.) को पदच्युत करके कण्व राज्य को आत्मसात कर लिया।

14. कदंब राजवंश, वैजयंती, कर्नाटक (340-610)

पूर्व देखिए : पल्लव राजघराना (315–897)

1. मयूरशर्मा	340–360	
2. कंगवर्मा	360–385	मयूरवर्मा का पुत्र
3. भागवर्मा	385–410	कंगवर्मा का पुत्र
4. रघुनाथवर्मा	410–425	भागवर्मा का पुत्र
5. काकुस्थवर्मा	425–450	रघुनाथवर्मा का भाई
6. शांतिवर्मा	450–475	काकुस्थवर्मा का पुत्र
7. मृगेंद्रवर्मा	475–490	शांतिवर्मा का पुत्र
8. मंधातृवर्मा	490–497	मृगेंद्रवर्मा का पुत्र
9. रविवर्मा	497–537	मंधातृवर्मा का पुत्र
10. हरिवर्मा	537–547	रविवर्मा का पुत्र
11. कृष्णवर्मा	547–565	हरिवर्मा का दूर का भतीजा
12. अजवर्मा	565–566	
13. भोगीवर्मा	566–610	

आगे देखिए : चालुक्य राजघराना, बादामी (525–753)

दोहा छंद – कदंब राजघराना

कदंब नामक राजसी, ब्राह्मण कुल का अंश ।
आया चौथे शतक में, करके पल्लव-ध्वंस ।।
मयूर शर्मा ख्यात था, वेद विशारद विप्र ।
उचित काल जब आगया, बना क्षात्र वह क्षिप्र ।।
"वनवासी" को जीत कर, किया वहाँ पर स्थान ।
टिका तीन-सौ साल तक, राज्य, सहित-सम्मान ।।

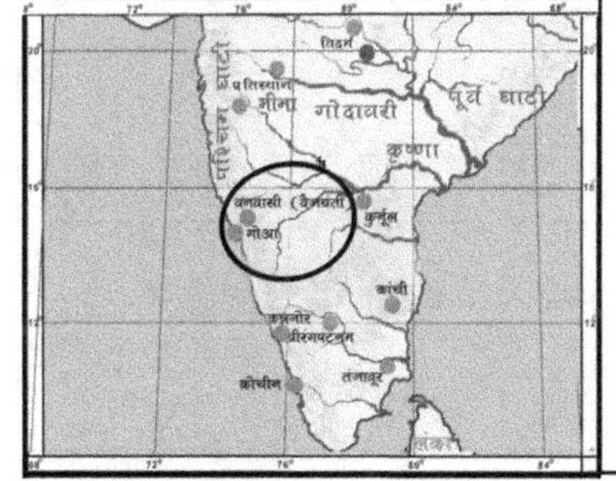

गोवा-हंगल के कदंब	
गुहल्ल	980–1007
षष्ठदेव-1	1007–1052
जयकेशी –1	1052–1080
विजयादित्य-1	1080–1110
जयकेशी-2	1110–1147
शिवचित्त	1147–1174
विजयादित्य-2	1174–1187
जयकेशी-3	1187–1220
त्रिभुवनमल्ल	1220–1146
षष्ठदेव-2	1246–1250

कदंब राजघराना

गुप्त राजवंश (240–730) के सम्राट चंद्रगुप्त-1 (319–350) के दक्षिण अभियान के बाद कांची के पल्लवों (315–897) की शक्ति दुर्बल होगई थी. तब, दक्षिणापथ के दक्षिण-पश्चिम भूभाग पर कदंब मयूरशर्मा (340–360) ने पल्लवों के विरुद्ध स्वातंत्र्य की घोषणा करके कदंब राजवंश (340–610) की स्थापना वैजयंती (वनवासी) में कर दी. मयूरशर्मा ने अठारह अश्वमेध यज्ञों का अनुष्ठान करके वैदिक संस्कृति और परंपरा दृढ़ कर दी थी. उसके वंशजों ने चालुक्य और राष्ट्रकूट राज्यों पर अधिकार प्राप्त करके पाँच-सौ से अधिक वर्ष राज्य किया और कदंब लोग **गोवा और हंगल** तक फैल गए थे.

कदंब राजा शिव और विष्णु भक्त ब्राह्मण थे मगर सत्ता की चाह से वे अपने आप को क्षत्रिय वीर मानते थे. उसी उदेश से वे वर्मा उपाधि भी धारण करते थे. कदंब शासकों की प्रशासनिक प्रणाली पुरातन सातवाहन (271ई.पू –195ई.) शासकों की तरह धर्म और शास्त्र पर आधारित और प्रशंसनीय होती थी.

हिंदू राजतरंगिणी, सांस्कृतिक ज्ञानगंगा

कलचुरी राजवंश, महिष्मति, त्रिपुरी, रत्नपुर, कल्याणी (550-1745)

पूर्व देखिए : वाकाटक राजघराना, नंदिवर्धन (250–510)

15. महिष्मति के कलचुरी (550–620) :

1.	कृष्णराज	550–575	
2.	शंकरगण	575–600	कृष्णराज का पुत्र
3.	बुद्धराज	600–620	शंकरगण का पुत्र

16. त्रिपुरी के कलचुरी (675–1210) :

1.	वामदेवराय	675–700	
2.	शंकरगणदेव-1	750–775	
3.	लक्ष्मणराय-1	825–850	वामदेवराय का भाई
4.	कोक्कलदेव-1	850–890	
5.	शंकरगणदेव-2	890–910	कोक्कल-1 का पुत्र
6.	बालहर्षदेव	910–925	शंकरगण-2 का पुत्र
7.	युवराजदेव-1	925–950	बालहर्षदेव का भाई
8.	लक्ष्मणराय-2	950–970	युवराजदेव-1 का पुत्र
9.	शंकरगणदेव-3	970–974	लक्ष्मणराय-2 का पुत्र
10.	युवराजदेव-2	974–1000	शंकरगणदेव-3 का भाई
11.	कोक्कलदेव-2	1000–1037	युवराजदेव-2 का पुत्र
12.	गंगेयदेव विक्रमादित्य	1037–1042	कोक्कलदेव-2 का पुत्र
13.	कर्णदेव	1042–1120	गंगेयदेव का पुत्र
14.	यशकर्णदेव	1120–1151	कर्णदेव का पुत्र
15.	गयाकर्णदेव	1151–1155	यशकर्णदेव का पुत्र
16.	नरसिंहदेव	1155–1175	गयाकर्णदेव का पुत्र
17.	जयसिंहदेव	1175–1180	नरसिंहदेव का भाई
18.	विजयसिंहदेव	1180–1210	जयसिंहदेव का पुत्र
19.	त्रैलोक्यमलदेव	1210–1212	विजयसिंहदेव का भाई

कलचुरी राजघराना

कलचुरी वंश के चार घराने सन 550 से 1745 तक राज कर रहे थे. पहली शाखा महिष्मति के कलचुरी (550–620), दूसरी शाखा त्रिपुरी के कलचुरी (675–1210), तीसरी शाखा रत्नपुर के कलचुरी (1000–1745) और चौथी शाखा कल्याणी के कलचुरी (1156–1184).

1. महिष्मति के कलचुरी :

वाकाटक (250–500) राजघराने के बाद नर्मदा नदी की घाटी में महिष्मति (महेश्वर) से राज करने वाली शाखा के शिवोपासक राजा कृष्णराज (550–575) ने स्थापन की और अपनी सत्ता कोंकन, पश्चिम महाराष्ट्र, गुजरात और मालवा तक विशाल कर दी.

बादामी चालुक्य (525–753) घराने की उन्नति के दौरान महिष्मति कलचुरी घराने का अंत होने लगा.

(3) रत्नपुर के कलचुरी (1000–1745) :

1.	कलिंगराज	1000–1020	कोक्कलदेव का वंशज
2.	कमलराज	1020–1045	कलिंगराज का पुत्र
3.	रत्नदेव–1	1045–1065	कमलराज का पुत्र
4.	पृथ्वीदेव–1	1065–1114	रत्नदेव का पुत्र
5.	जाजल्लदेव–1	1114–1141	पृथ्वीदेव का पुत्र
6.	रत्नदेव–2	1141–1145	जाजल्लदेव–1 का पुत्र
7.	पृथ्वीदेव–2	1145–1167	रत्नदेव–1 का पुत्र
8.	जाजल्लदेव–2	1167–1181	पृथ्वीदेव–2 का भाई
9.	रत्नदेव–3	1181–1190	जाजल्लदेव का पुत्र
10.	पृथ्वीदेव–3	1190–1220	रत्नदेव–3 का पुत्र
11.	प्रतापमल्ल	1220–1222	पृथ्वीदेव–3 का भाई

...

12.	बाहरेंद्र साय	1480–1535	
13.	कल्याणसाय		
14.	तख्तसिंह		
15.	राजसिंह		

...

16.	सरदारसिंह	1712–1732	
17.	रघुनाथसिंह	1732–1741	
18.	मोहनसिंह	1741–1745	

17. कल्याणी के कलचुरी (1156–1184) :

1.	बिज्जल	1156–1167	
2.	सोमेश्वर	1167–1177	बिज्जल का पुत्र
3.	शंकम	1177–1180	सोमेश्वर का पुत्र
4.	आहवमल्ल	1180–1183	शंकम का पुत्र
5.	सिंघण	1183–1184	आहवमल्ल का पुत्र

कलचुरी राजघराना, आगे

2. त्रिपुरी के कलचुरी :

त्रिपुरी के कालचुरी वंश को हैहय वंश भी कहा जाता है. सातवीं सदी में बादामी के चालुक्य (525–753) महाराष्ट्र, विदर्भ, गुजरात प्रदेश में प्रबल होने के कारण कलचुरी घराने को जबलपुर के पास कालंजर का किला जीत कर त्रिपुरी में राजधानी बसानी पड़ गई. त्रिपुरी शाखा के संस्थापक वामदेवराय (675–700) के इस महान कार्य के लिए त्रिपुरी के वंशज अपने आप को वामदेवपादानुध्यात कह कर वामदेव को नमन करते है. वामदेवराय के छोटे भाई लक्ष्मणराय (825–850) ने सरयु नदी तक प्रदेश जीत कर सरयु के पार राज्य का विस्तार किया था.

3. रत्नपुर के कलचुरी :

ग्यारहवीं सदी के आरंभ में त्रिपुरी के कलचुरी के राजा कोक्कलदेव–2 (1000–1037) के पुत्र कलिंगराज (1000–1020) ने छत्तीसगढ़ जीत कर रत्नपुर में कलचुरी की नई शाखा आरंभ की (1000–1745). यह शाखा नागपुर के भोसले राजा रघुजी–1 (1731–1755) के छत्तीसगढ़ जीतने तक कलचुरी सत्ता में थी.

राज घराना कलचुरी, बहुत भव्य विस्तार ।
वविध कुटुंबों में बँटा, बहुत बड़ा परिवार ।। 1
बारह-सदियों तक चला, इनका लंबा राज ।
सेवा रत रहते सदा, करने सात्त्विक काज ।। 2
महिष्मती, त्रिपुरी तथा, रत्नपुरी में वास ।
शाखा तीन महान थीं, तीन नगरियाँ खास ।। 3
अधिप कलचुरी श्रेष्ठ थे, शिल्पकर्म लवलीन ।
भक्त शंभु अरु विष्णु के, धर्मकर्म शालीन ।। 4
शिलालेख में कलचुरी, जाने गये महान ।
होता उनके राज में, नारी का सम्मान ।। 5

4. कल्याणी के कलचुरी :

कल्याणी के कलचुरी घराने का संस्थापक बिज्जल (1156–1167) महिष्मति के कलचुरी के संस्थापक कृष्णराज (550–575) का ही वंशज था. बिज्जल मूलत: कल्याणी चालुक्य तैलप-3 (1150–1183) का सामंत था, जिसने अपने स्वामी से सत्ता छीन कर कल्याणी पर अधिकार प्राप्त कर लिया था. मगर, बिज्जल (1156–1167) के बाद कल्याणी की चालुक्य सत्ता राजा सिंघण (1183–1184) को वापस लौटानी पड़ी थी.

18. काकतीय राजवंश, वरंगल, दख्खन (1000-1323)

पूर्व देखिए : राष्ट्रकूट राजवंश (600–973)
कल्याणी चालुक्य राजवंश (696–1189)

1. यर्रया वेतराज   1000–1030
2. प्रोदराज–1   1030–1075   यर्रया का पुत्र
3. वेतराज त्रिभुवनमल्ल   1075–1110   प्रोदराज का पुत्र
4. प्रोदराज–2   1110–1163   वेतराज का पुत्र
5. प्रतापरुद्रदेव–1   1163–1196   प्रोदराज–2 का पुत्र
6. महादेव–1   1196–1199   प्रतापरुद्रदेव–1 का पुत्र
7. गणपति   1199–1262   महादेव–1 का पुत्र
8. रानी रुद्रम्मा देवी   1262–1295   गणपति की कन्या
9. प्रतापरुद्रदेव–2   1295–1323   रुद्रम्मा देवी का पोता

दोहा छंद – काकतीय राजघराना

काकतीय चालुक्य थे, कल्याणी के नाथ ।
प्रोलराज ने तज दिया, चाल्भुक्यों का साथ ।। 1
रुद्रंबा के पौत्र ने, चालुक्यों के साथ ।
जोड़ा नाता लग्न का, पीले करके हाथ ।। 2
विष्णु और शिव भक्त को, आंध्र देश में स्थान ।
"लिंगायत" भी है जिन्हें, गौरव का अभिधान ।। 3

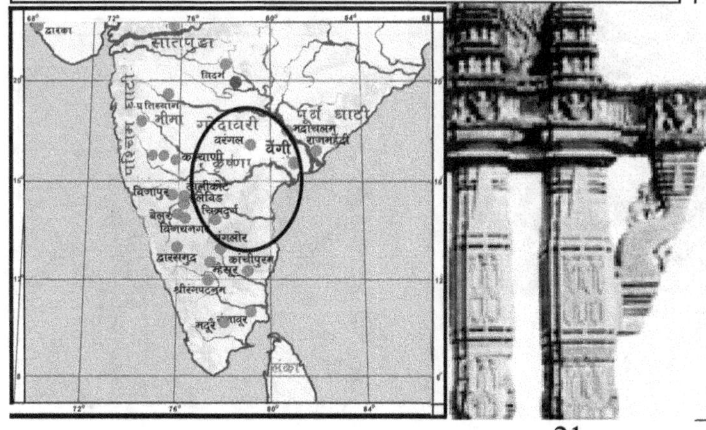

काकतीय राजघराना

सन 1190 के बाद जब कल्याणी चालुक्य का साम्राज्य विभाजित होने लगा तब उस विभाजित राज्य के प्रथम स्वामी वरंगल (ओरुगल्लु) के काकतीय राजा (1000–1323) हुए, दूसरे स्वामी द्वारसमुद्र के यादव (1026–1348) हुए और तीसरे देवगिरी के यादव (850–1131) हुए.

काकतीय तेलगु साम्राज्य आंध्र प्रदेश और विदर्भ के क्षेत्रों में सक्रिय था. काकतीय राजा प्रतापरुद्रदेव–1 (1163–1196) प्रसिद्ध शासक था जिसने गोदावरी के उत्तर तीर के पार राज्य विस्तृत कर दिया. राजा गणपति (1199–1262) सबसे श्रेष्ठ काकतीय शासक था, जिसे रायगजकेसरी उपाधि प्राप्त थी. उसने अपनी कन्या उद्रम्मा देवी (1262–1295) को रानी बना दिया था. उद्रम्मा का कोई पुत्र नहीं था उसने अपनी पुत्री मम्मडंबा का विवाह अन्हिलवाड गुजरात के चालुक्य राजकुमार महादेव से किया और चालुक्य-काकतीय संबंध एकता प्रस्थापित कर दी थी. रानी मम्मडम्बा का पुत्र अन्नदेव बस्तर के विख्यात महाराजा प्रवीरचंद्र भंजदेव (1929–1966) का पूर्वज था.

19. कारकोट राजवंश, श्रीनगर, काश्मीर (631-855)

पूर्व देखिए : गोनादित्य राजवंश, काश्मीर (1182 ई.पू.–631 ई.)

1.	दुर्लभवर्धन	631–680	
2.	प्रतापादित्य	680–712	दुर्लभवर्धन का पुत्र
3.	वज्रादित्य चंद्रपीड़	712–720	प्रतापादित्य का पुत्र
4.	उदयादित्य तारपीड़	720–725	वज्रादित्य का पुत्र
5.	ललितादित्य मुक्तिपीड़	725–767	उदयादित्य का पुत्र
6.	कुवलयापीड़	767–768	ललितादित्य का भाई
7.	वज्रादित्य बप्पीयक	768–775	कुवलयापीड़ का पुत्र
8.	पृथ्वीपीड़	775–780	वज्रादित्य का पुत्र
9.	संग्रामपीड़-1	780–780	पृथ्वीपीड़ का भाई
10.	जयापीड़, जज्जा	780–810	पृथ्वीपीड़ का भाई
11.	ललितपीड़	810–820	जयपीड़ का पुत्र
12.	संग्रामपीड़-2	820–825	ललितपीड़ का भाई
13.	बृहस्पति	825–840	ललितपीडए का पुत्र
14.	अजीतपीड़	840–850	वज्रादित्य प पोता
15.	अनंगपीड़	850–851	संग्रामपीड-2 का पुत्र
16.	उत्पलपीड़	851–855	अजीतपीड़ का पुत्र

आगे देखिए : उत्पल राजवंश, काश्मीर (855-949)

NOTE : काश्मीर के सभी राजवंशों की दोहावली के लिए आगे देखिए – लोहर राजवंश (1003–1165).

कारकोट राजघराना

काश्मीर के गोनादित्य राजवंश (1182 ई.पू.–631 ई.) का अंतिम नृप बालादित्य पुत्रहीन स्वर्गवासी हुआ (631). गोनादित्य के पश्चात् उसका दामाद दुर्लभवर्धन कारकोट सन 631 में श्रीनगर की सत्ता पर आया.

राजा दुर्लभवर्धन कन्नौज के महान पुष्यभूति शासक महाराजा हर्षवर्धन (606–647) के समकालीन था. ललितादित्य मुक्तिपीड़ (725–767) इस राजघराने का सर्वाधिक शक्तिशाली राजा था. काश्मीर के इस महान कारकोट वंश के अंतिम नरेश उत्पलपीड़ (851–855) से अनंतिवर्मा (851–855) ने सत्ता छीन कर अपना अलग काश्मीर का उत्पल वंश स्थापन किया (855–949).

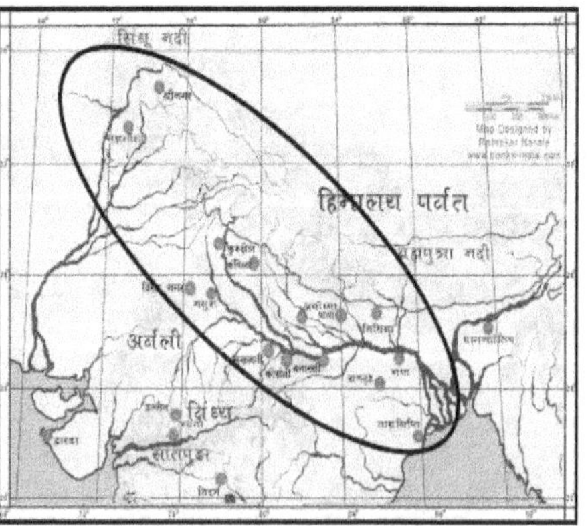

20. चन्नम्मा रानी, किट्टूर, कर्नाटक (1778-1829)

1. राजा मल्लसराजा ...
2. रानी चेनम्मा 1778–1829

रानी चेनम्मा
स्थायी

जै जै बोल जै जै बोल, जै जै बोल जै जै बोल ।

जै जै बोल जै जै बोल, जै जै बो- - - - ल ।।

मर्दानी वह चेनम्मा थी, कर्नाटक की रानी ।

कूद पड़ी वो अंग्रेजों पर, पराक्रमी तूफानी ।

शत्रु देखता सुन्न रह गया, दीन्हा पीछा छो- - ड़ ।। 1

बोली किटूर मैं ना दूँगी, प्राण भले ही जाए ।

अँगेरज़ों की एक ना चली, कुछ भी कर ना पाए ।

रणचंडी बन टूट पड़ी वो, विद्युत गति को जो- - ड़ ।। 2

दुश्मन उसको पकड़ न पाते, भौचक सब रह जाते ।

कभी यहाँ पर, कभी वहाँ वो, लीला समझ न पाते ।

पवन वेग से घोड़ा उसका, दौड़े मन की तौ- - र ।। 3

जो भी उससे लड़ने आता, उसे चटाती धूल ।

अँगेज़ों की गोली बरसे, भारतियों के फूल ।

वंदन वंदन देवी! तुझको, तन मन कर को जो- - ड़ ।। 4

किट्टूर की रानी चेनम्मा

रानी चन्नम्मा का जन्म कर्नाटक के बेलगाँव में सन 1778 में हुआ था. उसने किट्टूर के राजा मल्लसराज से विवाह किया था. राजा मल्लसराज मैसूर के वोडियार महाराजा चामराज-7 (1770-1776) और महाराजा चामराज-8 (1776-1796) का मांडलिक था. राजा मल्लसराज और रानी चन्नम्मा का एक पुत्र हुआ था जो पिता की मृत्यु के साथ-साथ स्वर्गवासी होगया था.

रानी ने 1824 में शिवलिंगप्पा नामक दूसरा पुत्र गोद लिया और अंग्रेजों की हड़प नीति के विरुद्ध सशस्त्र आंदोलन छेड़ दिया. रानी बचपन से ही घुड़सवारी, तलवारबाजी और तीरंदाजी में निपुण नारी थी.

रानी ने अंग्रेजों के विरुद्ध लगातार लड़ाइयाँ जीतना आरंभ कर दिया. रानी अपूर्व शौर्य का सबूत देने लगी, मगर एक युद्ध में वह अंग्रेजों के हाथ पकड़ी गई और बेलहोंगल के किले में बंदिस्त हो गई.

बंदीगृह में अघोर अत्याचार के साथ सन 1829 में रानी ने प्राण त्याग दिए और हँसते मुख से स्वर्गवासी होगई. भारत में वह वीरांगना स्त्री नारी शक्ति की मिसाल बन गई और करोड़ों हिंदुओं के मन में बस गई थी.

21. कुक्कुर राजवंश (सनातन काल)

पूर्व देखिए : वृष्णि राजवंश (सनातन काल)

1. चित्ररथ ...
2. कुक्कुर
3. वन्हि
4. विलोम
5. कपोतरोम
6. तुंबरु
7. दुंदुभी
8. दरिद्र
9. वसु
10. नाहुक
11. आहुक
12. उग्रसेन
13. कंस, मथुराधिपति
14. उग्रसेन — दूसरी बार

आगे देखिए : वृष्णि राजवंश (सनातन काल)

दोहा छंद – कुकुर राजघराना

यदु कुल में श्रीकृष्ण थे, दैवी जिनके सूत्र ।
कुरु कुल के नृप पांडु थे, पांडव जिनके पुत्र ।।

शूरसेन यदु भूप थे, मथुरा के मतिमान ।
राजा नीति सम्राट थे, जग में ख्यात महान ।। 2

अग्रसेन यदु भूप का, अविचारी सुत कंस ।
दम्भी मूर्ख शिरोमणी, स्वयं नसायो बंस ।। 3

कालनेमी अवतार वो, करे प्रजा पर पाप ।
कंस अधम खल दुष्ट था, धार्मिक जिसका बाप ।।

कुकुर राजघराना

यादव वंश के वृष्णि कुल के राजा चित्ररथ (देखिए : वृष्णि वंश, नं. 10 चित्ररथ) के दो पुत्र राजा विदुर और राजा कुकुर दो भिन्न राजघरानों के संस्थापक थे. राजा विदुरथ से श्रीकृष्ण भगवान का यादव कुल हुआ और राजा कुकुर से मथुराधिपति दुष्ट कंस का यादव कुल हुआ. कंस के यादव कुल के सदाचारी महाराजा उग्रसेन थे जिनके बंधु देवक की कन्या देवकी कंस की भगिनी थी.

जैसे श्रीरामायण में रावण की खलनायक की भूमिका थी, वैसे ही श्रीकृष्णायन (देखिए : रत्नाकर रचित श्रीकृष्णायन (ISBN 987 4897 416 82 2) में कंस की खलनायक की भूमिका थी. लंकेश रावण का एक अंश ज्ञानी पंडित जाना गया था, मगर मथुराधिपति कंस का ज्ञान और नीति से दूर दूर तक कोई नाता नहीं था.

मथुरा का राजा कंस पुरातन काल के कालनेमी दैत्य का अवतार था (देवी भागवत, स्कन्द 4). यमुना नदी के तीर पर मधुबन नामक प्रदेश था जहाँ मधु नाम का राक्षस राज्य करता था उसकी राजधानी का नाम मथुरा था. असुर मधु के वध के पश्चात् मथुरा यादव नरेश शूरसेन के हाथ में आगई. कंस जब मथुरा का राजा बना तब देवकी की शादी के समय आकाशवाणी ने कहा था कि, हे कंस! देवकी के आटवे पुत्र के हाथ से तेरी मृत्यु होगी.

22. कुरु राजवंश (सनातन काल)

कुरु राजघराना

महा प्रतापी कुरु राजा के वंश में कौरव और पांडवों ने जन्म लिया था. राजा भगीरथ ने जब गंगा देवी को स्वर्ग से पुथ्वी पर लाया तब महाराजा कुरु और उनकी पत्नी महारानी केशिनी के पुत्र जन्हू ने गंगा को पी कर अपने कान से मुक्त किया था, अत: गंगा को भागीरथी और जान्हवी नाम प्राप्त हुए.

राजा प्रतीप और उनकी पत्नी सुनंदा का महा प्रतापी पुत्र था राजा शांतनु (महा. आदि. 94.61). राजा शान्तनु ने कृपाचार्य को अपने राज्य में स्थान दिया था (महा. आदि. 95.46). राजा हरिश्चंद्र की तरह राजा शांतनु भी सत्य की मूर्ति माना जाता था (महा. आदि. 96.1). राजा प्रतीप का पुत्र होने के कारण राज शान्तनु को महाभारत में राजा प्रतीप भी कहा गया है. राजा शान्तनु और सत्यवती के पुत्र राजा विचित्रवीर्य ने काशी नरेश की कन्या अंबिका व्यास कृपा से प्राप्त पुत्र धृतराष्ट्र कुरु वंश का उत्तरदायी माना था. मगर वह जन्मांध होने के कारण काशी कन्या अंबालिका के पुत्र पांडु को गादी मिल गई.

कुरु राजा के घोर तपों से कुरुक्षेत्र पुण्यभूमि जाना गया (महा. आदि. 94.80). कुरुक्षेत्र के यज्ञों के लिए सरस्वती नदी के पावन जल के प्रयोग से कुरुक्षेत्र को धर्मक्षेत्र माना जाता था (महा. शल्य. 39.26–27).

23. कुषान राजघराना, पुरुषापुर-मथुरा (30-244)

1.	कुजूला कडफिसेस	30–80
2.	वेमा कडफिसेस	80–103
3.	कनिष्क–1	103–126
4.	वशिष्क	126–130
5.	हुविष्क–1	130–143
6.	कनिष्क–2	143–150
7.	हुविष्क–2	150–166
8.	वसुदेव–1	166–200
9.	कनिष्क–3	200–222
10.	वसुदेव–2	222–244

दोहा छंद – कनिष्क राजघराना

आर्य धर्म में श्रेष्ठ है, राजा कनिष्क नाम ।
पुरुषापुर-मथुरा जिसे, राज्यकर्म के धाम ।। 1

कनिष्क के दरबार में, नागार्जुन को स्थान ।
अश्वघोष विद्वान भी, पाते थे सम्मान ।। 2

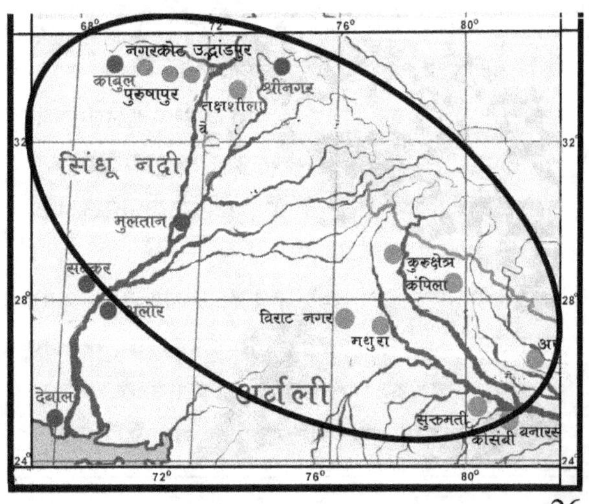

कुषान राजघराना

प्राचीन भारत के महान राजाओं में कुषान राजवंश के सम्राट कनिष्क–1 (103–126) का नाम उच्च स्तर पर है. कनिष्क के वंशजों ने आर्य संस्कृति से राज्य का शासन किया था.

सम्राट कनिष्क की मुख्य राजधानी पुरुषापुर (पेशावर) में थी और दूसरी पूर्वी राजधानी मथुरा में थी. कनिष्क ने काश्मीर जीत कर वहाँ वहाँ कनिष्कपुर नगर बसाया था. कनिष्क राजा के आश्रय में मूर्तिकला और शिल्पकर्म को प्रचंड आश्रय मिला था.

राजा कनिष्क की मृत्यु के पश्चात् राजा वसिष्क (126–130) मथुरा के समीपवर्ती क्षेत्रों में शासन कर रहा था. राजा वसिष्क का अधिकार साकेत, प्रयाग और मगध क्षेत्रों पर आगया था. विशाल कुषान साम्राज्य में भारतीय संस्कृति के धर्म, कला, साहित्य आदि सभी सांस्कृतिक क्षेत्रों मे उन्नति हुई थी.

कुषान काल में अश्वघोष (80–150), नागार्जुन (150–250) जैसे दार्शनिक और वैज्ञानिक महा विद्वान राजाश्रय में थे.

राजा हुविष्क (130–143) ने काश्मीर में हुविष्कपुर नामक नगर बसाया था, जिसका उल्लेख कल्हण की राजतरंगिणी में विद्यमान है. कुषान सिक्कों पर शिव, स्कन्द, विष्णु आदि देवताओं की आकृतियाँ पाई जाती हैं.

24. कौरव राजवंश (सनातन काल)

पूर्व देखिए : कुरु राजघराना (सनातन काल)

1. विचित्रवीर्य   ...
2. धृतराष्ट्र
3. **दुर्योधन**

कौरव राजघराना

महाराजा शांतनु की दो पत्नियाँ थी, गंगा और सत्यवती. गंगा का पुत्र था भीष्म, अत: उसे गांगेय कहते थे. सत्यवती के तीन पुत्र थे : व्यास, चित्रांगद और विचित्रवीर्य. विचित्रवीर्य और अंबिका का पुत्र था धृतराष्ट्र. जो जन्म से ही अंधा था.

राजा धृतराष्ट्र की पत्नी रानी गांधारी गांधार नरेश सुबल की कन्या थी. धृतराष्ट्र को एक कन्या थी दुश्शीला जो सिंधु देश के नरेश जयद्रथ की पत्नी और गांधार राज्य का राजा शकुनि की भगिनी थी.

धृतराष्ट्र के सौ पुत्रों के नाम थे : 1. दुर्योधन, 2. दुःशासन, 3. दुःसह, 4. दुःशल, 5. जलसंघ, 6. सम, 7. सह, 8. विंद, 9. अनुविंद, 10. दुर्धर्ष, 11. सुबाहु, 12. दुषप्रधर्षण, 13. दुर्मर्षण, 14. दुर्मुख, 15. दुष्कर्ण, 16. विकर्ण, 17. शल, 18. सत्वान, 19. सुलोचन, 20. चित्र, 21. उपचित्र, 22. चित्राक्ष, 23. चारुचित्र, 24. शरासन, 25. दुर्मद, 26. दुर्विगाह, 27. विवित्सु, 28. विकटानन्द, 29. ऊर्णनाभ, 30. सुनाभ, 31. नन्द, 32. उपनन्द, 33. चित्रबाण, 34. चित्रवर्मा, 35. सुवर्मा, 36. दुर्विमोचन, 37. अयोबाहु, 38. महाबाहु, 39. चित्रांग, 40. चित्रकुण्डल, 41. भीमवेग, 42. भीमबल, 43. बालाकि, 44. बलवर्धन, 45. उग्रायुध, 46. सुषेण, 47. कुण्डधर, 48. महोदर, 49. चित्रायुध, 50. निषंगी, 51. पाशी, 52. वृन्दारक, 53. दृढवर्मा, 54. दृढक्षत्र, 55. सोमकीर्ति, 56. अनूदर, 57. दृढसंघ, 58. जरासंध, 59. सत्यसंध, 60. सद्सुवाक, 61. उग्रश्रवा, 62. उग्रसेन, 63. सेनानी, 64. दुष्पराजय, 65. अपराजित, 66. कुण्डशायी, 67. विशालाक्ष, 68. दुराधर, 69. दृढहस्त, 70. सुहस्त, 71. वातवेग, 72. सुवर्च, 73. आदित्यकेतु, 74. बह्वाशी, 75. नागदत्त, 76. उग्रशायी, 77. कवचि, 78. क्रथन, 79. कुण्डी, 80. भीमविक्र, 81. धनुर्धर, 82. वीरबाहु, 83. अलोलुप, 84. अभय, 85. दृढकर्मा, 86. दृढरथाश्रय, 87. अनादृष्य, 88. कुण्डभेदी, 89. विरवि, 90. चित्रकुण्डल, 91. प्रधम, 92. अमाप्रमाथि, 93. दीर्घरोम, 94. सुवीर्यवान, 95. दीर्घबाहु, 96. सुजात, 97. कनकध्वज, 98. कुण्डाशी, 99. वीरज, 100. ययुत्सु.

दुर्बुद्धि कौरव राजा दुर्योधन (सनातन काल)

श्रीमद भगवद् गीता में (1.23) दुबुद्धि उपाधि प्राप्त कौरव राजा दुर्योधन अंधे राजा धृतराष्ट्र और महारानी गांधारी का पुत्र था. वह सौ कौरव बंधुओं में सबसे बड़ा था परंतु पांडव राजकुमर धर्मराज युधिष्ठिर से छोटा था. ज्येष्ठ पुत्र न होते हुए भी वह हस्तिनापुर का राजकुँवर बनने का छल-कपट-अहिंसा से येनकेनप्रकारेण प्रयास कर रहा था. इस कुकर्म में कुन्तीपुत्र कर्ण का उसे पूर्ण साथ था, जिसके कारण दुर्योधन को उसकी अंतिम विजय पर अटल विश्वास था और परिणामत: महाभारतीय महायुद्ध टल न सका. दुर्योधन अज्ञान शिरोमणि था मगर उसका अज्ञान ही उसे ज्ञान लगता था और अपने आपको वह सयाना और बाकी दुनिया को मूर्ख मानता था

गीत

अज्ञानी दुर्योधन

स्थायी

मैं ही एक सयाना, बाकी, दुनिया उल्लू की पट्टी ।

♪ सा– रे– ग़–ग मग़–रे–, सा–सा–, रेरेरे– ग़–ग़– प– म–म– ।

अंतरा–1

मैं बलशाली, सबसे जाली । मैं हूँ ज्ञानी, बड़ा तूफानी ।

दुनिया वालों की सत्ती पर, होगी मेरी अट्टी ।।

♪ सा– सासारे–रे–, ग़मग़– म–म– । प– ध़– नि़–ध़–, निध़– पम–प– ।

मग़रे– सा–रे– ग़– म–म– म–, रे–ग़– म–प– म–म– ।।

अंतरा–2

मुझमें बुद्धि, मुझमें सिद्धि । होगी मेरी, निश–दिन वृद्धि ।

चोर फरेबों की है टोली, करली मैंने कट्टी ।।

अंतरा–3

मैं हूँ नास्तिक, मन का मालिक । मुझको कुछ भी नहीं अनैतिक ।

कोई मेरा भेद न जाने, बंधी मेरी मुट्टी ।।

अंतरा–4

दुष्ट बुद्धि ये क्यों हैं आते । भद्र जनों को जो तरसाते ।

या प्रभु! इसको दो सद्बुद्धि, या हो इनकी छुट्टी ।।

पूर्व देखिए : सातवाहन राजघराना (271 ई.पू.–195 ई.)

1.	नहपान	78–126	
2.	जयदामन	126–145	
3.	रुद्रदामन–1	145–150	जयदामन का पुत्र
4.	दामक्षद–1	150–178	रुद्रदामन–1 का पुत्र
5.	सत्यदामन	178–188	दामक्षद–1 का पुत्र
6.	रुद्रसिंह–1	188–199	सत्यदामन का पुत्र
7.	रुद्रसेन–1	199–222	रुद्रसिंह–1 का पुत्र
8.	संघदामन	222–223	रुद्रसेन–1 का भाई
9.	दामसेन–1	223–236	संघदामन का भाई
10.	ईश्वरदत्त	236–239	
11.	यशोदामन	239–240	
12.	विजयसेन	240–250	दामसेन–1 का पुत्र
13.	दामसेन–2	250–265	विजयसेन का भाई
14.	रुद्रसेन–2	256–279	वीरदामन का पुत्र
15.	विश्वसिंह	279–282	
16.	भर्तृदामन	282–332	रुद्रसेन–2 का पुत्र
17.	रुद्रदामन–2	332–348	
18.	रुद्रसेन–3	348–378	रुद्रदामन–2 का पुत्र
19.	–	378–382	
20.	सिंहसेन	382–388	रुद्रसेन–3 का भतीजा
21.	रुद्रसिंह–2	388–395	

क्षत्रप राजघराना

आर्यों के वैदिक कालीन संबंधी शाकल द्वीप पर बसने वाले प्राचीन लोगों को क्षत्रप, शक अथवा शाक कहा गया है. राजा कुजुलक जो क्षहरात वंश का था वह उज्जैन से मथुरा-नासीक क्षेत्र में शासक था. इस शासन का अभिलेख तक्षशिला में विद्यमान है.

क्षहरात वंश को घत्रप राजा रुद्रदामन–1 (145–150) ने समाप्त किया था. उज्जैन के अंतिम क्षत्रप राजा रुद्रसिंह–2 (388–395) को उज्जैन के गुप्त सम्राट चंद्रगुप्त–2 विक्रमादित्य–1 (375–415) ने जीत कर क्षत्रपों का 400 वर्षों का शासन समाप्त करके अपने राज्य में मिला लिया था.

दोहा छंद – क्षत्रप राजघराना

वैदिक संस्कृति में पले, आर्य लोग प्राचीन ।
नृप क्षत्रप जाने गए, राज्य क्षेत्र में तीन ॥ 1
पश्चिम में नासीक था, पूरब मथुरा देश ।
उत्तर में उज्जैन था, क्षत्रप आर्य निवेश ॥ 2
वैदिक उनकी संस्कृति, आर्य नृपों के नाम ।
करते थे नृप घत्रपा, शास्त्र विधा से काम ॥ 3

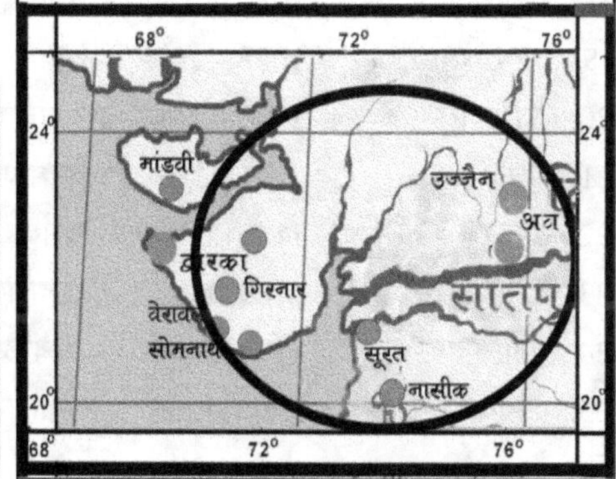

ग-अक्षरारंभ के राजप्रवाह

26. (पूर्व) गंग राजवंश, तोशाली-कलिंगनगर, कलिंग (700-1264)

1. वीरसिंह	700-	
2. कामार्णव-1		वीरसिंह का पुत्र
3. दानार्णव		कामार्णव का भाई
4. कामार्णव-2		कामार्णव का पुत्र
5. राणार्णव		कामार्णव-2 का पुत्र
6. वज्रहस्त-1		राणार्णव का पुत्र
7. कामार्णव-3		वज्रहस्त-1 का पुत्र
8. गुणमहार्णव	871–898	वज्रहस्त का वंशज
9. वज्रहस्त-2	898–942	गुणमहार्णव का पुत्र
10. गुण्डम्मा –1	942–945	वज्रहस्त-2 का पुत्र
11. कामार्णव-4	945–977	गुंडमा का भाई
12. विनयादित्य	977–980	गुण्डम्मा का भाई
13. वज्रहस्त-3	980–1015	कामार्णव-3 का पुत्र
14. कामार्णव-5	1015–1016	वज्रहस्त-3 का पुत्र
15. गुण्डम्मा-2	1016–1019	कामार्णव-3 का भाई
16. मधुकामार्णव	1019–1038	गुण्डम्मा-2 का भाई
17. वज्रहस्त-4	1038–1050	कामार्णव-4 का पुत्र
18. राजाराज-1	1050–1078	वज्रहस्त-4 का पुत्र
19. अनंतवर्मा	1078–1100	राजाराज का पुत्र
20. कामार्णव-6	1100–1151	अनंतवर्मा का पुत्र
21. राघव	1151–1165	कामार्णव-5 का भाई
22. राजाराज-2	1165–1189	राघव का भाई
23. ऐन्यंकभीम-1	1189–1197	राजाराज-2 का भाई
24. राजाराज-3	1197–1200	ऐन्यंकभीम का पुत्र
25. ऐन्यंकभीम-2	1200–1238	राजाराज-3 का पुत्र

गंग (पूर्व) राजघराना

पूर्व भारत के गंग वंश का शासन कलिंग देश में था, जिसकी राजधानी तोशाली थी. कलिंग देश के साथ-साथ इस राज्य की सत्ता पश्चिम बंगाल, पूर्व छत्तीसगढ़ और पूर्व आंध्र तक विशाल होगई थी. आगे चल कर गंग राजधानी कलिंगनगर में स्थित होगई.

कर्नाटक का पश्चिम गंग वंश (350–1004) जिसकी राजधानी तलकाड में थी उस वंश से पूर्व गंग वंश (700–1434) का क्या नाता था यह इतिहास में ज्ञात नहीं है.

कलिंगनगर के राजाओं को त्रिकलिंगाधिपति संज्ञा प्राप्त थी. कलिंगराजाओं की अपनी अलग राजवर्ष गिनती थी जो इसवी सन से लगभग 500 वर्ष आगे थी.

गंग राजा अनंतवर्मा अर्थात् चोडगंगदेव (1078–1100) के समय महान जगन्नाथपुरी का दिव्य मंदिर बनवाया गया था और उसके बाद गंग राजा नरसिंह-1 (1238–1264) के समय में ओडीशा का सूर्य मंदिर बनवाया गया था.

26.	नरसिंह–1	1238–1264	ऐन्यंकभीम–2 का पुत्र
27	भानुदेव–1	1264–1279	नरसिंह–1 का पुत्र
28.	नरसिंह–2	1279–1306	भानुदेव–1 का पुत्र
29.	भानुदेव–2	1306–1328	नरसिंह–2 का पुत्र
30.	नरसिंह–3	1328–1352	भानुदेव–2 का पुत्र
31.	भानुदेव–3	1352–1378	नरसिंह–3 का पुत्र
32.	नरसिंह–3	1378–1414	भानुदेव–3 का पुत्र
33.	भानुदेव–4	1414–1434	नरसिंह–3 का पुत्र

दोहा छंद – गंग राजघराना (कलिंग)

शासक कलिंग देश का, होता था कुल गंग ।
तोशाली में था बसा, छत्तिसगड के संग ।। 1
इनकी अपनी खास थी, कालगणना विशेष ।
ऐसा अत्मनिर्भर था, उनका कलिंग देश ।। 2
पचिम में भी गंग थे, कर्नाटक में भूप ।
कैसा उनका राज्य था, क्या था उनका रूप ।। 3

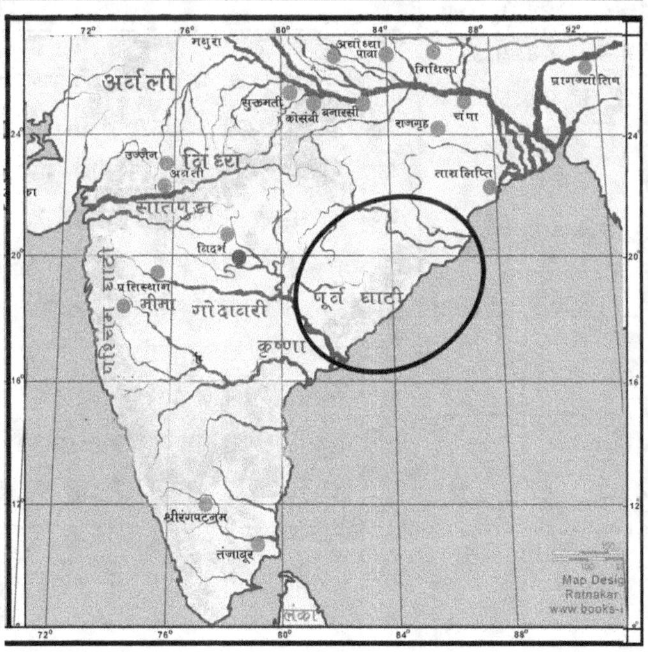

27. (पश्चिम) गंग राजवंश, तलकाड, कर्नाटक (350-1024)

1. कोंगुनिवर्मा 350–400
2. माधव 400–450
3. हरिवर्मा 450–460
4. माधव–3 460–500
5. अविनीत 500–540
6. मुष्कर
7. श्रीविक्रम
8. भूविक्रम
9. शिवमार–1 750–760
10. श्रीपुरुष 760–788 शिवमार–1 का पुत्र
11. शिवमार–2 788–817 श्रीपुरुष का पुत्र
12. राजमल्ल–1 817–853 श्रीपुरुष का भतीजा
13. नीतिमार्ग–1 853–870 राजमल्ल–1 का पुत्र
14. राजमल्ल–2 870—907 नीतिमार्ग–1 का पुत्र
15. नीतिमार्ग–2 907–935 नीतिमार्ग–2 का भतीजा
16. नरसिंह 935–936 नीतिमार्ग–2 का भाई
17. राजमल्ल–3 936–937 नरसिंह का भाई
18. बूतुग 937–955 राजमल्ल–3 का पुत्र
19. मरुलदेव 955–960 बूतुग का पुत्र
20. मारसिंह 960–974 मरुलदेव का भाई
21. राजमल्ल–4 974–985 मारसिंह का पुत्र
22. रक्कस 985–1024 राजमल्ल–4 का भाई

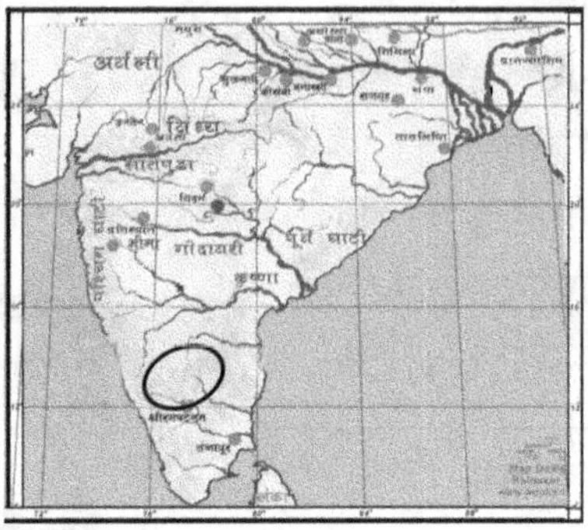

आगे देखिए : चोल राजवंश, तंजावर (50-1279)

गंग (पश्चिम) राजघराना

कर्नाटक के पश्चिम गंग वंश की राजधानी कोलार में थी, जो आगे चल कर कावेरी नदी के किनारे तलकाड अथवा तलवनपुर में स्थित होगई. इस पश्चिम गंग वंश का प्रथम राजा कोंगुनिवर्मा अथवा माधव–1 और उसका पुत्र माधव–2 नीतिशास्त्र और उपनिषदों के प्रकाण्ड ज्ञाता थे. माधव–2 ने वात्स्सायन के कामसूत्र शास्त्रे वेश्या सूत्र पर वृत्ति लिखी है. उसहा पुत्र हरिवर्मा ने गंग राजधानी कोलार से तलकड मे स्थानांतरित कर दी थी. राजा अविनीत (500–540) के समय में संस्कृत को अधिक प्राधान्य था और गंग राज्य में महाकवि भारवी को राजाश्रय प्राप्त था. राजा श्रीपुरुष का (760–788) काल पश्चिम गंग वंश का समृद्ध सुवर्ण युग माना जाता था और उसको "श्रीराज्य" की उपाधि प्राप्त थी. इस महान कीर्ति के कारण गंग राज्य पर राष्ट्रकूट और चोल राजाओं के आक्रमण आरंभ होगए थे. लंबे अरसे के युद्धों के बाद सन 1004 में तलकाड पर चोल राज्य का अधिकार होगया और यह तलकाड का गंग राजवंश समाप्त होगया.

दोहा छंद – गंग राजघराना (कलिंग)

कर्नाटक के गंग का, निवास था कोषार ।
आगे फिर तलकाड में, स्थापन थी सरकार ।। 1
कावेरी के तीर पर, उनका सुंदर स्थान ।
राजा ज्ञानी गंग थे, कवियों का सम्मान ।। 2

28. गजपति राजवंश, कटक, कलिंग (1434-1541)

पूर्व देखिए : गंग राजवंश (पूर्व), तोशाली, कलिंग (700-1264)

1. कपिलेन्द्र देव   1434–1466
2. पुरुषोत्तम देव   1466–1497
3. प्रतापरुद्र देव   1497–1540
4. कालुआ देव   1540–1541
5. कखरुआ देव   1541–1541

दोहा छंद – गजपति राजघराना

गजपति वंश कलिंग का, चला सिर्फ सौ खाल ।
मगर उसी में राज्य का, रहा सुनहरा काल ।। 1

कृष्ण भक्ति की चेतना, बढ़ी राज्य में खूब ।
महाप्रभु के प्रेम में, प्रजा गई थी डूब ।। 2

टिकते ज्यादा देर ना, जग में अच्छे लोग ।
द्रोही अपने कपट से, देते सब को सोग ।। 3

विद्याधर गोविंद था, मंत्री छलिया चोर ।
जिसके पापी कर्म का, हुआ नतीजा घोर ।। 4

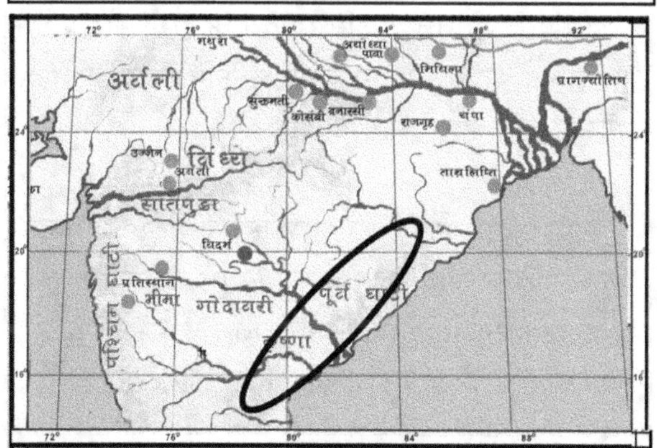

गजपति राजघराना

कलिंग क्षेत्र पर मध्यकालीन सूर्यवंशी गजपति राजघराना (1434-1541) आंध्र प्रदेश तक समुद्रतटीय साम्राज्य कपिलेन्द्र देव (1434–1466) ने स्थापन किया था.गंग वंशीय राजा रक्कस (985–1024) की अनुपस्थिति में कलिंगनगर की सत्ता छीन कर कपिलेन्द्र देव का राज्य प्रबल हुआ था. गजपति राजघराने का प्रभाव गंगा नदी से कावेरी नदी तक विशाल होगया था.

कपिलेन्द्र देव के पश्चात् पुरुषोत्तम देव (1466–1497) और प्रतापरुद्र देव (1497–1540) शासन में आए थे. पुरुषोत्तम देव जब राजा बने वे चैतन्य महाप्रभु (1486–1534) के घनिष्ट संबंधी थे. चैतन्य के प्रभाव से पुरुषोत्तम देव ने राज्य में जगन्नाथ चेतना प्रसारित की थी.

इतिहास में बार-बार देखा जाता है कि कई बार दूसरों से अधिक अपनों से ही अधिक हानि होती है. अंत में वही इस वंश के साथ हुआ था. जब कालआ देव (1540-1541) सत्ता में आया तब उसके मंत्री विद्याधर ने विश्वास घात करके राजा कालुआ देव को मार कर कखरूआ देव को गद्दी पर बिठाया (1541–1541). मगर कपटी गोविंद विद्याधर ने कखरुआ देव को भी मार डाला और गजपति राजवंश का अंत कर दिया.

29. गांधार राजवंश (सनातन काल)

1. दुष्यंत ...
2. वरूढ
3. गाण्डीर
4. गांधार
5. सुबल
6. शकुनि

आगे देखिए : हिंदू शाही राजवंश (867–1026)

दोहा छंद – गांधार राजघराना

तक्षशिला गांधार की, विश्वज्ञान भंडार ।
उज्ज्वल था सब जगत में, अत: नाम   गांधार ॥

मगर शकुनि ने किया, नाम **बहुत बदनाम** ।
दुष्ट अधम ओछे सदा, कपटी करके काम ॥ 2

गांधारी गांधार की, सुता सुबल की ख्यात ।
पत्नी थी धृतराष्ट्र की, दुर्योधन की मात ॥ 3

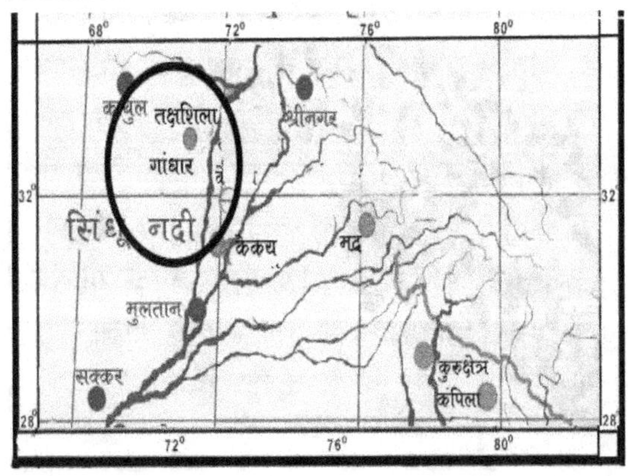

गांधार राजघराना

सनातन गांधार महाजनपद का प्रमुख नगर पुरुषापुर था और राजधानी तक्षशिला थी. महाभारतीय काल में गांधार का अधिपति महाभारतीय महाकपटी खलनायक शकुनि था. हस्तिनापुर के अंधे राजा धृतराष्ट्र की पत्नी गांधारी इस देश की राजकुमारी थी. शकुनि और उसकी भगिनी गांधारी अर्थशास्त्र के महातज्ञ माने जाते थे (महा. आदि. 63).

सिंधुराज सुबल और सुदर्मा रानी का कुपुत्र शकुनि था और राजकन्या गांधारी थी. गांधारी का पति अंधा होने के कारण गांधारी ने त्याग बुद्धि से अपनी आँखों पर आजन्म पट्टी बाँध रखी थी.

गांधार का कपटी राजा शकुनि दुष्ट दुर्योधन का कुविख्यात मामा था जिसने दुर्योधन के कुकर्मों की डोरी अपने हाथों में पकड़ कर रखी थी. महाभारतीय महायुद्ध में द्यूततज्ञ शकुनि सहदेव के हाथों मारा गया था (महा. शल्य. 28.61) और शकुनि के पाँच भाई भीमसेन के हाथों मारे गए थे.

महाभारतीय महायुद्ध के पश्चात् गांधारी, धृतराष्ट्र, कुन्ती, विदुर और संजय वन में निवृत्त हो गए थे जहाँ एक दावाग्नि में गांधारी और धृतराष्ट्र भस्मसात हो गए थे (महा. आश्रमवासिक पर्व : 32).

30. गायकवाड़ राजवंश, बड़ौदा, गुजरात (1720-1951)

पूर्व देखिए : भोसले राजवंश, सातारा (1594–1848)

1. दमाजीराव–1   1720–1721
2. पिलाजीराव   1721–1732   दमाजी–1 का भतीजा
3. दमाजीराव–2   1732–1767   पिलाजी का पुत्र
4. गोविंदराव–1   1768–1771   दमाजी–2 का पुत्र
5. सयाजीराव–1   1771–1789   गोविंदराव का भाई
6. मानाजीराव   1789–1793   सयाजीराव–1 का भाई
7. गोविंदराव–1   1793–1800   दूसरी बार
8. आनंदराव   1800–1818   गोविंदराव का पुत्र
9. सयाजीराव–2   1818–1847   आनंराव का पुत्र
10. गणपतराव   1847–1856   सयाजीराव–2 का पुत्र
11. खंडेराव   1856–1870   गणपतराव का भई
12. मल्हारराव   1870–1875   खंडेराव का भाई
13. सयाजीराव–3   1875–1939   मल्हारराव का पुत्र
14. प्रतापसिंह   1939–1951   सयाजीराव–3 का पोता

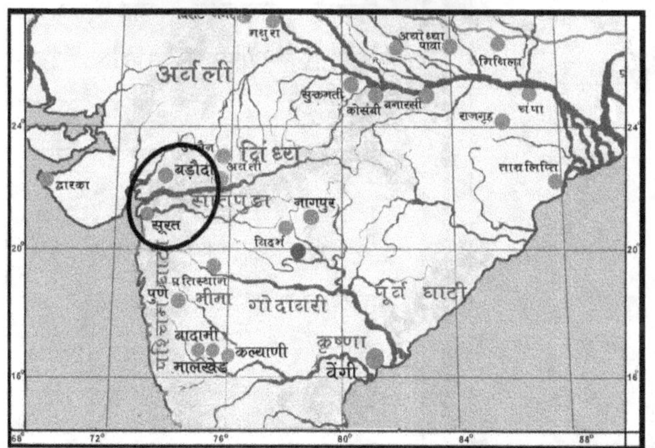

गायकवाड राजघराना

दमाजी गायकवाड़–1 (1720–1721) सातारा के छत्रपति साहु–1 (1708–1749) की सेवा में मराठा सरदार दाभड़े की सेना में सेनानी था. आगे चल कर वह गुजरात में स्वतंत्र मुहिमें करने लगा और छत्रपति साहु ने उसे समशेर बहादुर का खिताब दिया. उसकी मृत्यु के बाद उसके भतीजे पिलाजी गायकवाड़ ने सोनगढ़ में एक किला बनवा कर अपनी राजधानी बसाई. पिलाजी ने जब 1721 में दिल्ली सल्तनत की सत्ता से बड़ौदा जीत लिया तब गायकवाड़ शासन का प्रारंभ हुआ. सन 1732 में पिलाजी का खून हुआ और दमाजीराव–2 (1732–1767) राजा बना. सन 1761 में दमाजी पानीपत–3 के युद्ध से जीवित वापस लौटा था.

गायकवाड़ परिवार का सबसे प्रसिद्ध और महा प्रतापी शासक था महाराजा सयाजीराव–3 अर्थात् गोपालराव गायकवाड़ (1875–1939).

सयाजीराव–3 ने समाज सेवक महात्मा ज्योतिबा गोविंदराव फुले (1827–1890) के आदर्शों से प्रेरणा पाकर 1918 में छुआ-छूत के खिलाफ पुणे में आंदोलन किया था और उन्हों ने बाबा साहेब भीमराव आंबेडकर (1891–1956) को आगे की शिक्षा के लिए 1913 में छात्रवृत्ति प्रदान की थी.

31. गुत्त राजवंश, गुत्तल, कर्नाटक (1080–1262)

पूर्व देखिए : चालुक्य, कल्याणी (696–1189)

1. महागुत्तल   1080–
2. गुत्त–1   महागुत्तल का पुत्र
3. मल्लीदेव   1115–   गुत्त–1 का पुत्र
4. वीर विक्रमादित्य–1   मल्लीदेव का पुत्र
5. जयदेव–1   वीर विक्रमादित्य–1 का पुत्र
6. गुत्त–2   1181–1187   जयदेव–1 का भाई
7. वीर विक्रमादित्य–2   1187–1238   गुत्त–2 का पुत्र
8. जयदेव–2   1238   वीर विक्रमादित्य–2 का पुत्र
9. वीर विक्रमादित्य–3   जयदेव–2 का पुत्र
10. गुत्त–3   1262   वीर विक्रमादित्य–3 का पुत्र
11. हरीयदेव   गुत्त–3 का पुत्र
12. जयदेव–4   हरीयदेव का पुत्र

आगे देखिए : यादव, देवगिरी (850–1317)

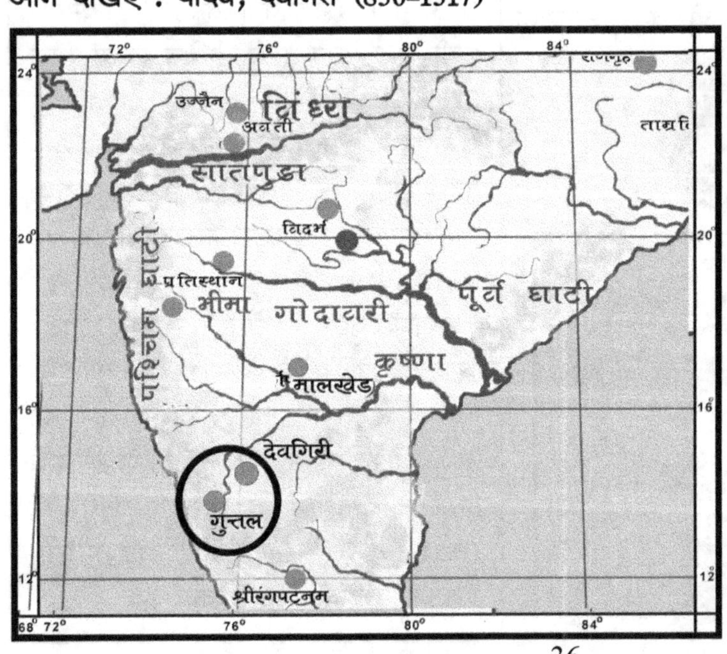

गुत्त राजघराना

दक्षिणापथ कर्नाटक के शक्तिशाली चालुक्य मालखेड कल्याणी के गुत्तल क्षेत्र सामंत महागुत्तल ने सन 1080 में अपना राजवंश स्थापन किया.

चालुक्यों के पश्चात् गुत्तल देवगिरी के यादव राजघराने (1069–1317) की सत्ता में आगया और गुत्त राजा यादवों की छाया में येलबुर्ग के सिंद, बेलगाम के रट्ट, उच्चगी के पांड्य, हंगल के कदम्ब, कोंकण के शिलाहार, गुत्तल के गुत्त आदि कुल मांडलिक के रूप में राज करने लगे.

गुत्तल क्षेत्र कर्नाटक के हवेरी विभाग में आता था जब गुत्तल को गोत्तामगडी कहा जाता था.

गुत्तल राजवंश का सबसे शक्तिशाली शासक था राजा वीर विक्रमादित्य–2 का पोता राजा गुत्त–2 (1181–1187), जो मालखेड के कल्याणी चालुक्य राजा सोमेश्वर–4 (1183–1189) के आधीन था. इसके बाद गुत्तल राजा देवगिरी के यादव भिल्लम (1187–1191) के सामंत बन गए.

32. गुप्त राजवंश, पाटलिपुत्र-उज्जैन (240-730)

पूर्व देखिए : मौर्य (322 ई.पू.-184 ई.पू.)

शुंग राजवंश (185 ई.पू.-72 ई.पू.)

कण्व राजवंश (72 ई.पू.-27 ई.पू.)

पूर्व गुप्त राजवंश (240-530)

1.	श्रीगुप्त	240–280	
2.	घटोत्कच	280–319 ...	
3.	चंद्रगुप्त-1	319–350	घटोत्कच का पुत्र
4.	समुद्रगुप्त (पराक्रमांक)	350–375	चंद्रगुप्त-1 का पुत्र
5.	रामगुप्त	375–375	समुद्रगुप्त का भाई
6.	चंद्रगुप्त-2 (विक्रमादित्य-1)	375–415	रामगुप्त का पुत्र
7.	कुमारगुप्त-1	415–455	चंद्रगुप्त-2 का पुत्र
8.	स्कन्दगुप्त	455–467	कुमारगुप्त-1 का पुत्र
9.	नरसिंहगुप्त (बालादित्य)	467–473	
10.	कुमारगुप्त-2	473–477	
11.	नरसिंहगुप्त (बालादित्य)	495–530	

उत्तर गुप्त राजवंश (530–730)

12.	कृष्णगुप्त	530–540	नरसिंहगुप्त का पुत्र
13.	हर्षगुप्त	540–	कृष्णगुप्त का पुत्र
14.	जीवितगुप्त	–550	हर्षगुप्त का पुत्र
15.	कुमारगुप्त-3	550–560	जीवितगुप्त का पुत्र
16.	दामोदरगुप्त	560–562	कुमारगुप्त-3 का पुत्र
17.	महेशगुप्त	562–601	दामोदरगुप्त का पुत्र
18.	माधवगुप्त	601–655	महेशगुप्त का पुत्र
19.	आदित्यसेन	655–680	माधवगुप्त का पुत्र
20..	देवगुप्त	680–700	आदित्यसेन का पुत्र
21.	विष्णुगुप्त	700–	देवगुप्त का पुत्र
22.	जीवितगुप्त	–730	विष्णुगुप्त का पुत्र

आगे देखिए : पुष्यभूति-वर्धन राजवंश (505-647)

गुप्त राजघराना, पाटलिपुत्र

प्रभावी मौर्य काल (322BC.-184BC) के उपरांत दो महान राजघरानों का उद्‌गम हुआ. दक्षिण में वाकाटक राजवंश (255-510) और पूर्व में गुप्त राजवंश (240-730). प्रयागराज के पास कौशांबी में राजा श्रीगुप्त (240-280) ने गुप्त राजवंश (240-730) का आदि साकेत और मगध क्षेत्र में किया. गुप्त सम्राट चंद्रगुप्त-1 (319-350) और महारानी कुमारादेवी का पुत्र समुद्रगुप्त (350-375) महा पराक्रमी राजा था अत: उसे पराक्रमांक और महाराजाधिराज संज्ञाएँ प्राप्त थी. समुद्रगुप्त स्वयं एक उच्च कोटि का कवि और संगीतज्ञ था. इसके मंत्री मंडल में विद्वान वसुबंधु नियुक्त था. महाकवि हरिषेण इसका दरबारी कवि था. समुद्रगुप्त का साम्राज्य उत्तर दिशा में हिमालय से दक्षिण में विंध्य पर्वत तक और पूर्व में बंगाल से लेकर पश्चिम में मालवा तक विशाल हो गया था. महाराजा समुद्रगुप्त और महारानी दत्तदेवी के पुत्र को चंद्रगुप्त-2 (375-415) विक्रमादित्य कहा जाता था. समुद्रगुप्त की मृत्यु के बाद भारतीय इतिहास का चंद्रगुप्त-2 एक महान राजाधिराज बना.

सम्राट चंद्रगुप्त विक्रमादित्य (375-415)

विक्रमादित्य चंद्रगुप्त

पाटलिपुत्र-उज्जैन के गुप्त (240-730) घराने में सम्राट पराक्रमांक समुद्रगुप्त (350-375) का पोता सम्राट चंद्रगुप्त-2 विक्रमादित्य (375-415) अपने पिता समुद्रगुप्त की तरह उच्च कोटि का विद्वान और कला का संरक्षक था. चंद्रगुप्त विक्रमादित्य के समय में गुप्त साम्राज्य का क्षेत्र बहुत विशाल होगया था. चंद्रगुप्त-2 ने झारखंड का नाग राजवंश (83-1948), नंदीवर्धन का वाकाटक राजवंश (250-510) और कर्नाटक के कदंब राजवंश (340-610) से पारिवारिक संबंध जोड़ कर अपनी छाप बृहत्तम कर ली थी. उसने शाका क्षत्रप रुद्रसेन-2 (256-279) से मालवा और काठियावाड़ के राज्यों का उच्छेद करके अपनी दूसरी राजधानी उज्जैन मे स्थित कर दी थी.

चंद्रगुप्त ने नाग राजकुमारी कुबेरनागा से विवाह किया था और अपनी कन्या प्रभावती देवी वाकाटक राजा रुद्रसेन-2 (400-405) को विवाह में दी थी. चंद्रगुप्त-2 ने अपने पुत्र कुमारगुप्त-1 (415-455) का विवाह वनवासी के कदंब वंश (340-610) की राजकन्या से करवाया था और अपनी सत्ता का प्रभाव पश्चिम तट तक स्थापित किया था. इसने उज्जैन को अपनी दूसरी राजधानी बनवाया था.

चंद्रगुप्त-2 का राज्य काल साहित्य, कला और संगीत का सुवर्ण काल माना जाता है. इसके दरबार में कालीदास, धन्वन्तरी, क्षपणक, अमरसिंह, शंकु, वराहमिहिर, वररुचि, आर्यभट्ट, विशाखादत्त, शूद्रक, ब्रह्मगुप्त, भस्कराचार्य, विष्णुशर्मा आदि संस्कृताचार्य और उज्ज्वल साहित्यरत्न राजाश्रय में थे.

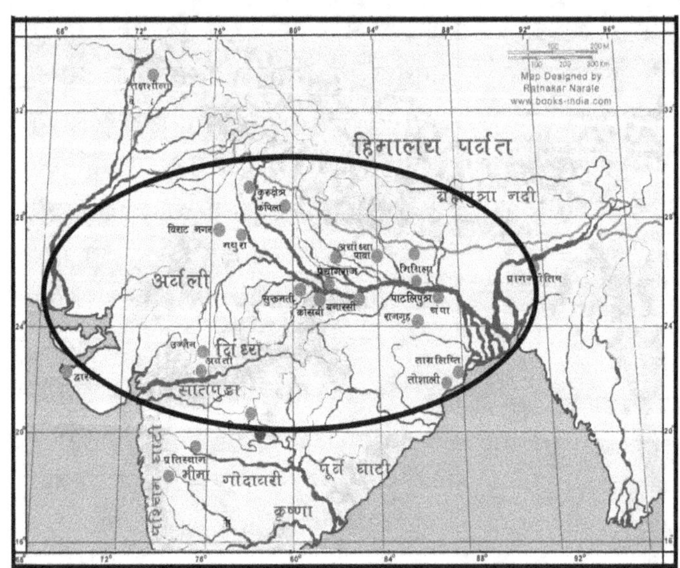

The Empire Of King Vikramaditya of Ujjain
SANATAN_IS_ALIVE
SANATAN_IS_ALIVE
But today, you will not find it in the History Books of your School.

33. गुर्जर राजवंश, भिनमाल, राजस्थान (400-725)

पूर्व देखिए : गुप्त राजवंश (240-730)

1. दद्दा–1   400 ...
2. जयभट्ट –1
3. दद्दा–2 (प्रशान्तराग)   478–
4. दद्दा–3
5. दद्दा–4 (प्रशान्तराग)   580–
6. जयभट्ट–2 (वीतराग)   दद्दा–3 का पुत्र
7. दद्दा–5 (सुसहाय)   628–640   जयभट्ट–2 का पुत्र
8. जयभट्ट–3   640–   दद्दा–4 का पुत्र
9. दद्दा–6   जयभट्ट–3 का पुत्र
10. जयभट्ट–4   706–725   दद्दा–5 का पुत्र

आगे देखिए : प्रतिहार-गुर्जर (725-1036)

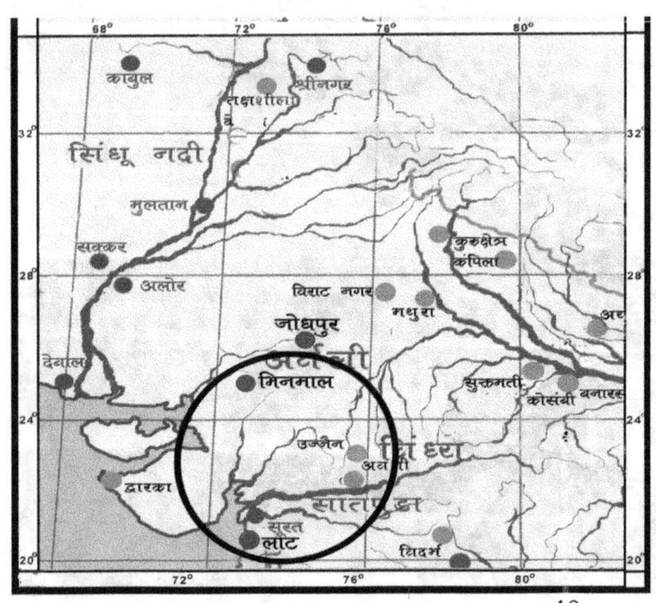

गुर्जर राजघराना, भिनमाल

इतिहास के अनुसार पाँचवीं सदी में राजस्थान से गुप्त राज्य के सिकुड़ते राज्यक्षेत्र पर उनके सामंत गुर्जर क्षत्रियों ने अपने राज्य की राजधानी जोधपुर के दक्षिण में लोनी नदी और आबू पर्वत के बीच वाली भूमि पर भीनमाल स्थापन की थी और भरूच बंदरगाह को अपना व्यापार केन्द्र बनाया था. आठवीं सदी के आरंभ में उनकी परदेसी आक्रमकों को खेड़ देने की वीरता के कारण गुजरात और राजस्थान की भूमि को गुर्जर रक्षित देश अर्थात् गुर्जरत्रा कहा जाता था. गुर्जरों को चापोत्कट राजपूतों का एक अंश ही माना जाता था.

गुर्जरों का राज्यक्षेत्र वृद्धिंगत होता जा रहा था मगर पुष्यभूति प्रभाकर वर्धन (580–605) की विजयों के कारण गुर्जरों का विस्तार कुछ देर के लिए रुक गया था.

फिर, गुर्जरों को आठवी शती में प्रतिहार राजा हरिश्चंद्र के काल में (725 ई.) प्रतिहारों के साथ एकरूपता प्राप्त होगई. उसके पश्चात् उन्होंने गुजरात के लाट चालुक्यों (590–750) पर विजय पा कर विंध्य पर्वत के पार तापी तक अधिकार स्थापित किया था.

34. गुहिल राजवंश, चित्तौड़, मेवाड़ (550-1303)

पूर्व देखिए : रघु राजवंश (सनातन काल)

1.	गुहदत्त (गुहिल)	550 ...	
	...		
2.	बप्पा रावल, काल भोज	730–753	शील भोज का पुत्र
3.	सुमितसिंह	753–773	
4.	रजतसिंह	773–793	
5.	चेतनसिंह	793–813	
6.	रावलसिंह	813–828	
7.	खुम्मणसिंह–1	828–853	रावलसिंह का पुत्र
8.	महायक	853–878	खुम्मणसिंह–1 का पुत्र
9.	खुम्मणसिंह–2	878–903	महायक का पुत्र
10.	भर्तृभट्ट	903–951	खुम्मणसिंह–2 का पुत्र
11.	अल्लट	951–972	भर्तृभट्ट का पुत्र
12.	नरवाहन	972–973	अल्लट का पुत्र
13.	शालिवाहन	973–977	नरवाहन का पुत्र
14.	शक्तिकुमार	977–993	शालिवाहन का पुत्र
15.	अम्बाप्रसाद	993–1007	
16.	शुचिवर्मा	1007–1021	शक्तिकुमार का पुत्र
17.	नरवर्मा	1021–1035	
18.	कीर्तिवर्मा	1035–1051	
19.	योगीवर्मा	1051–1068	
20.	वैरट	1068–1088	
21.	वंशपाल	1088–1103	
22.	वैरीसिंह	1103–1108	
23.	विजयसिंह	1108–1127	
24.	अरिसिंह	1127–1138	
25.	चौड़सिंह	1138–1148	अरिसिंह का पुत्र
26.	विक्रमसिंह	1148–1158	चौड़सिंह का पुत्र
27.	रणसिंह	1158–1168	
28.	क्षेमसिंह	1168–1171	

गुहिल राजघराना, चित्तौड़

मेवाड़ का सबसे शक्तिशाली राजवंश था गुहिलवंश. मेवाड़ का यह राजवंश रविकुल के रघुवंश का ही वंशज माना जाता है. इसी राजवंश के गुहिलादित्य ने सन 550 में नागदा राजधानी बना कर गुहिल राजपूत राज्य स्थापन किया था. उनका महाप्रतापी वंशज वीर बप्पा रावल (730–753) गुहिल वंश का आदि महाराजा माना जाता है. बप्पा रावल एकलिंग शिवजी के भक्त थे. बप्पा रावल ने मेवाड़ राज्य में सार्वभौमता के प्रमाण के लिए अपने सोने के सिक्के चलाए थे.

बप्पा रावल की मृत्यु नागदा में हुई तब उनकी स्तुति में आम्र कवि ने एकलिंग प्रशस्ति लिखी थी. मेवाड़ के राजा भर्तृभट्ट (903–951) की पत्नी महालक्ष्मी राठौड़ राजवंश की राजकन्या थी. उसके पुत्र राजा अल्हट (951–972) ने गुहिल राज्य की राजधानी नागदा से आहड़ को स्थानांतरित की थी. उसके पुत्र राज नरवाहन (972–973) ने साकंभरी के राजवंश के जेजय चौहान की कन्या से विवाह करके साकंभरी चौहानों से राजनैतिक संबंध दृढ़ कर दिए थे.

29. सामंतसिंह	1171–1179	क्षेमसिं का पुत्र
30. कुमारसिंह	1179–1191	सामंतसिंह का भाई
31. मंथनसिंह	1191–1211	
32. पद्मसिंह	1211–1213	
33. जैत्रसिंह	1213–1256	
34. तेजसिंह	1256–1273	
35. समरसिंह	1273–1301	
36. रत्नसिंह	1301–1303	

आगे देखिए : सिसोदिया राजवंश, चितौड़, मेवाड़ (1303–1948)

दोहा छंद – गुहिल राजा, बप्पा रावल

सिंध प्रांत जब आगया, उन अरबों के हाथ ।
नये आक्रमण होगये, शुरू जोश के साथ ।।
हमले राजस्थान पर, किये अनेकों बार ।
मगर हमेशा ही उन्हें, मिली युद्ध में हार ।।
बप्पा रावल ने उन्हें, पीटा बारंबार ।
अराबों ने फिर हार कर, छोड़ दिया अविचार ।।
राजपूत गुहिलोत वो, महा धुरंधर वीर ।
बप्पा रावल नाम का, महान नृप गंभीर ।।
रक्षण कीन्हा धैर्य से, उसने अपना देश ।
राजा वह मेवाड का, राजस्थान नरेश ।।
चितौड़ उसका नगर था, सुख वैभव संपन्न ।
अमन चैन सब राज्य में, सदा हुए निष्पन्न ।।

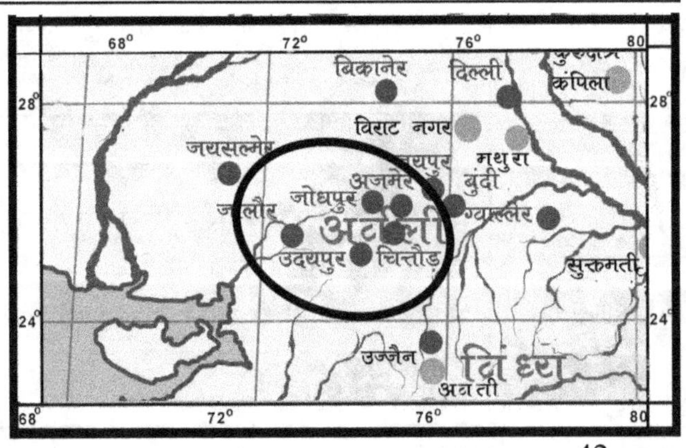

गुहिल राजधराना, चित्तौड़, आगे

… मेवाड़ के राणा सामंतसिंह (1171–1179) ने साकंभरी–अजमेर के राणा पृथ्वीराज चौहान–2 (1166–1169) की भगिनी पृथ्वीबाई से विवाह किया था. और भी, मेवाड़ के राणा जैत्रसिंह के पुत्र राजा तेजसिंह (1256–1273) ने नाडौल के चौहान राजवंश के वंशज उदयसिंह चौहान की पोत्री रूपादेवी से विवाह करके गुहिल–चौहान संबंध घनिष्ट किए थे. चितौड़ की महारानी पद्मिनी ने 16000 राजपूत महिलाओं के साथ जौहर में वीरगति प्राप्त की (सन 1303) यह भारत के इतिहास की प्रज्वलित घटना है.

(चितौड़ की महारानी पद्मावती)
स्थायी
राजस्थान की पावन देवी, रानी पद्मावती ।
वो तो, नारी जगत महान थी ।
जिसे, सानी कोई न थी ।।
अंतरा–1
जग में सुंदर, नारी अनुपम,
नैतिक उसकी बुद्धि ।
धर्मचारिणी वह तो नारी,
सीता जैसी सती ।। जिसे …
अंतरा–2
पतिव्रता वह, नीति निपुण थी,
राजस्थान की शान थी ।
लक्ष्मी का अवतार धरा पर,
मेवाड़ की जान थी ।। जिसे …

गोंड राजवंश, गोंडवन (आदि काल–1781)

35. मध्यभारत (मंडला) के गोंड राजा (900–1781) :

1. नरसिंह — 900–
2. रामचंद्र
3. कृष्ण
4. रुद्र
5. जगन्नाथ
6. वसुदेव
7. मदन सिंह — 1116
8. अर्जुन
9. संग्राम
10. दलपत — 1550 — संग्राम का पुत्र
11. रानी दुर्गावती — 1550–1564 — दलपत की विधवा
12. वीर नारायण — दलपत का पुत्र
13. चंद्र — नारायण के चाचा
14. मधुकर — चंद्र का पुत्र
15. प्रेम नारायण — मधुकज का पुत्र
16. नरहर — 1742–1781

36. विदर्भ (चंद्रपुर) के बल्लाळ गोंड राजा (1200–1.

1. भिल राजा
2. भीम
3. खरजा — भीम सिंह का पुत्र
4. हीर–1 — खरजा का पुत्र
5. अंदिया — हीर का पुत्र
6. तलवार — अंदिया का पुत्र
7. केसर — तलवार का पुत्र
8. दिनकर — केसर का पुत्र
9. राम सिंह — दिनकर का पुत्र
10. सूरज — 1445–1470 — राम सिंह का पुत्र
11. खंडो — 1470–1495 — सूरज का पुत्र
12. हीर–2 — 1495–1521 — खंडोजी का पुत्र
13. हीराबाई — 1521–1550 — हीर की विधवा

गोंड राजघराना

मध्य भारत का गोंड-भिल राजवंश बहुत विशाल था. इसका विस्तार विदर्भ, छत्तीसगढ़, तेलंगना, उड़ीसा तक था. इसके मुख्य केंद्र चंद्रपुर, बल्लारशा, कलंब, देवगड, बैतुल, शिवनी, रामनगर, मंडला, आदि स्थानों में ऐतिहासिक हैं. गोंड और भिल आदिवासी लोग एक ही मूल के माने जाते हैं.

पुरातन काल का श्रृंगेवरपुर का गुह निषाद भिल राजा श्रीराम चंद्र प्रभु के काल से ही वाल्मिकीय रामायण में श्रुत है.

गोंडी भाषा की अपनी लिपि है जो मोडी भाषा की तरह दिखती है, और जो देवनागरी और तेलगु अक्षरों से किंचित समता रखती है.

गोंड लोग बहुत वीर, स्वाभिमानी, बलवान और अतीव धीरज युक्त होते हैं.

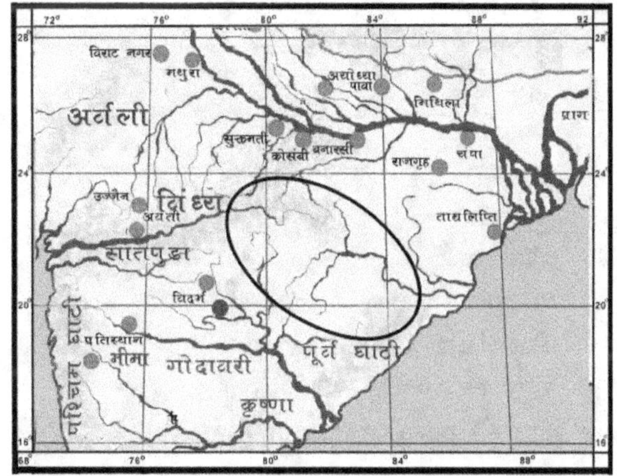

37. गोनादित्य राजवंश, काश्मीर (1182 BC-631 AD)

1.	गोनन्द –2	1182–1147 ई.पू.
2.	विभीषण–1	1147–1094
3.	इंद्रजीत	1094–1059
4.	रावण	1059–1058
5.	विभीषण–2	1058–1023
6.	नर–1	1023–983
7.	सिद्ध	983–923
8.	उत्पलक्ष	923–893
9.	हिरण्याक्ष	983–855
10.	हिरण्यकुल	855–795
11.	मुकुल	795–735
12.	मिहिरकुल	735–665
13.	बक	665–602
14.	क्षितिनंद	602–572
15.	वसुनंद	572–520
16.	नर–2	520–460
17.	अक्ष	460–400
18.	गोपादित्य	400–340
19.	गोकर्ण	340–282
20.	नरेंद्रादित्य–1	282–246
21.	युधिष्ठिर–1	246–212 ई.पू.*
22.	मेघवर्ण	25–59 ई.
23.	श्रेष्ठसेन	59–89
24.	हिरण्य	89–120
25	मित्रगुप्त	120–125
26.	प्रवरसेन	125–185
27.	युधिष्ठिर–2	185–206
28.	नरेंद्रादित्य–2	206–219
29.	रणादित्य	219–261
30.	विक्रमादित्य	261–297
...	बालादित्य	... –631

आगे देखिए : कारकोट राजवंश (631–855)

गोनादित्य राजघराना

महाकवि कल्हण की राजतरंगिणी से हमें काश्मीर की आदि काल से ई. 1151 तक की राजवंशावली ज्ञात होती है. उसके अनुसार काश्मीर में कुशान राजा कनिष्क ने कनिष्कपुर बसाया था जहाँ बाद में अशोक मौर्य (269–232 ई.पू.) ने श्रीनगर बसाया. कल्हण के अनुसार, महाभारतीय समय में राजा युधिष्ठिर के समकालीन राजा गोनन्द–1 था. उनके पश्चात् 53 राजाओं का नाम का निर्देश किया गया है, मगर उनकी मर्यादा का निर्देश नहीं है. सर्वप्रथम राजा गोनन्द ज्ञात होने के कारण यह वंश गोवादित्य वंश कहलाता है.

काश्मीर के राजा युधिष्ठिर–1 (246–212 ई.पू.) के काल में मौर्य सम्राट चक्रवर्ती अशोक मौर्य (269–232 ई.पू.) की सत्ता में काश्मीर आगया और चक्रवर्ती अशोक ने श्रीनगर नगरी की स्थापना की. ई.पू. 212–167 तक काश्मीर पर मौर्य वंश और फिर सुंग (185–72 ई.पू.) राजाओं की सत्ता थी. उनके बाद, काश्मीर पर प्रतापादित्य वंश (167 ई.पू.–25 ई.) के नृपों की सत्ता आगई थी.

च-अक्षरारंभ के राजप्रवाह

38. चंदेला राजवंश, खजुराहो, (जेतामुक्ति) बुंदेलखंड (830-1289)

पूर्व देखिए : प्रतिहार राजवंश (725-1036)

1.	नन्नुक चंद्रवर्मा	831–845	
2.	वाक्पति	845–865	नन्नुक का पुत्र
3.	जयशक्ति	865–885	वाक्पति का पुत्र
4.	विजयशक्ति	865–885	जयशक्ति का भाई
5.	राहिला	885–914	विजयशक्ति का पुत्र
6.	हर्षदेव	914–948	राहिला का पुत्र
7.	यशवर्मा	948–954	हर्षदेव का पुत्र
8.	धंग	954–1000	यशोवर्मा का पुत्र
9.	गंड	1000–1019	धंग का पुत्र
10.	विद्याधर	1019–1037	गंड का पुत्र
11.	विजयपालदेव	1037–1051	विद्याधर का पुत्र
12.	देवेंद्रवर्मा	1051–1098	विजयपाल का पुत्र
13.	कीर्तिवर्मा	1098–1100	देवेंद्रवर्मा का भाई
14.	सुलक्षणवर्मा	1100–1117	कीर्तिवर्मा का पुत्र
15.	जयवर्मा	1117–1125	सुलक्षणवर्मा का पुत्र
16.	पृथ्वीवर्मा	1125–1129	जयवर्मा के चाचा
17.	मदनवर्मा	1129–1165	पृथ्वीवर्मा का पुत्र
18.	परमारदीदेव	1165–1203	मदनवर्मा का पोता
19.	त्रैलोक्यवर्मा	1203–1245	परमारदी का पुत्र
20.	वीरवर्मा-1	1245–1286	त्रैलोक्यवर्मा का पुत्र
21.	भोजवर्मा	1286–1288	वीरवर्मा-1 का पुत्र
22.	हम्मीरवर्मा	1288–1311	भोजवर्मा का भाई
23.	वीरवर्मा-2	1315– …	
24.	मोहनसिंह	1470– …	

चंदेला राजघराना

चंदेला वंश मध्य भारत बुंदेलखंड का एक अविस्मरणीय एवं अहम राजपूत राजवंश है. इनको देव तथा राव पद नाम प्राप्त थे. चंदेला राजा अत्री गोत्र के सोमवंशी चंद्रदेव ऋषि के वंशज माने जाते हैं. इनके प्रमुख क्षेत्र खजुराहो, कालंजर और माहोबा थे. यह राजा जितने शूर महावीर थे उतने ही कला, संगीत और शिल्पशास्त्र के असीम प्रेमी थे.

इनके बनाए हुए भव्य और सुंदर कंदरिया महादेव मंदिर, लक्ष्मण मंदिर, विश्वनाथ मंदिर, वामन मंदिर, चित्रगुप्त मंदिर, आदि 85 महान मंदिर विश्व प्रसिद्ध हैं.

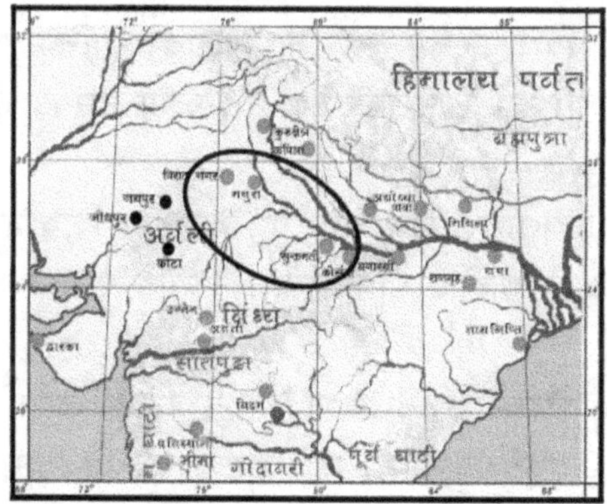

25. कीरतराव   1520–1524
26. रानी दुर्गावती 1524–1565 मंडला के गोंड राजा दलपत की वीरांगना पत्नी

दोहा छंद – चंदेल राजघराना

चंद्रत्रेय ऋषि की प्रजा, कहलाई चंदेल ।
राजपूत शशिवंश के, अत्रि गोत्र से मेल ।। 1

प्रतिहारों की शरण में, राजा थे सामंत ।
नन्नुक ने स्थापन किया, करके यत्न अनंत ।। 2

'देव' इन्हें पदनाम था, खजुराहो का स्थान ।
माहोबा में फिर हुआ, सिंहासन का धाम ।। 3

हर्षदेव बलवान था, चंदेलों का भूप ।
प्रतिहारों को छोड़ कर, किया स्वतंत्र स्वरूप ।। 4

विद्याधर के काल में, हुआ कला उत्कर्ष ।
मंदिर वैश्विक कोटि के, जिन्हें स्वर्ग का स्पर्श ।। 5

यशवर्मा के काल में, लक्ष्मण मंदिर दिव्य ।
धंग काल में फिर बना, विश्वनाथ का भव्य ।। 6

विद्याधर नृप श्रेष्ठ था, बलाढय शक्तिमान ।
शिल्प शास्त्र का तज्ञ था, जैसा उसका नाम ।। 7

विद्याधर शिव भक्त था, बनवाया शिवधाम ।
विश्वकोटि मंदिर रचा, कंदरिया शुभ नाम ।। 8

चँदबरदाई ने किया, वर्णन इनका खास ।
सर्वश्रेष्ठ मंदिर यहीं, उसको था विश्वास ।। 9

पूर्व देखिए : सिंध का राय राजवंश (489–631)

1. महाराजा चाच   643–671
2. चंद्र   671–679   चाच का भाई
3. महाराजा दाहिर   679–712   चाच का पुत्र
4. हिल्लु   712–712   दाहिर का पुत्र
5. शीश   712–724   हिल्लु का भाई

सिंध का चाच राजघराना

महाराजा चाच : सिंध इलाके का महाराजा चाच हिंदू इतिहास में महान एवं आदर्श अधिप था. महाराजा चाच का छोटा भाई चंद्र अलोर का प्रधान मंत्री था. महाराजा चाच के वैभव की कीर्ति चारों दिशाओं में सर्वश्रुत थी. **महाराजा दाहिर :** महाराजा चाच के सुपुत्र महावीर राजा दाहिर सिंध के सर्वश्रेष्ठ राजा थे. महाराजा दाहिर जैसा मशहूर सिंह था वैसी ही वीरांगना सिंहनी उनकी महारानी लाड़ी भी थी. दाहिर की वीरता का आदर्श राजस्थान के राजपूत महाराणाओं के लिए वीरश्री और उत्साह का स्रोत थे.

दोहा छंद – चाच राजघराना
महाराजा चाच

सन छहसौ-छत्तीस था, निकले अरब धर्मांध ।
हिंदुभूमि को छीनने, खड्ग कमर पर बाँध ।। 1

कई जंग कों जीत कर, खलिफा जिसे खिताब ।
भेजत सेना हिंद पर, उमर-इब्न-खत्ताब ।। 2

अरब आक्रमक चल पड़े, तानाशाही तौर ।
सिरिया–इरान जीत कर, चले सिंध की ओर ।। 3

यही आक्रमण प्रथम था, जाना कहने योग्य ।
इसी समय से फिर-गये, हिंदुभूमि के भाग्य ।। 4

राजा तब था सिंध का, महाप्रतापी "चाच" ।
सुखी शाँत वह देश था, आयी जिस पर आँच ।। 5

कीर्तिमान वह अधिप था, धार्मिक उसके काम ।
नीति नियम का वीर था, विश्रुत उसका नाम ।। 6

सार्वभौम था सिंध में, चाच महान नरेश ।
सिंधुनदी पर था बसा, धनाड्य उसका देश ।। 7

घुसे अरब जब सिंध में, लेकर सेना साथ ।
मार भगाया चाच ने, लौटे खाली हाथ ।। 8

महा धुरंधर चाच था, हिंदू जग सिरमौर ।
अधिपति सिंध अलोर का, कीर्तिमान सब ओर ।। 9

राज्य केन्द्र मुलतान भी, नगर बहुत मशहूर ।
रण का क्षेत्र अलोर से, नहीं बहुत था दूर ।। 10

दोहा छंद – चाच राजघराना
महाराजा दाहिर

राजा था जब सिंध का, महावीर दाहीर ।
राजा-रानी उभय थे, जगजाने रण धीर ।। 1

आयी सेना नीच वो, फैलाने निज धर्म ।
अरबी नेता सैन्य का, कटुतम जिसके कर्म ।। 2

दीवाने सब धर्म के, लेकर कर तलवार ।
आया पापी सिंध में, करने धर्म प्रसार ।। 3

मूरत मंदिर तोड़ते, करते हिंदू भ्रष्ट ।
लूट मार करते हुए, देते सबको कष्ट ।। 4

किया युद्ध दाहीर ने, रानी भी थी साथ ।
रानी लड़ती शेरनी, शेर जिसे था नाथ ।। 5

रण में दाहिर वीर को, लगा अचानक बाण ।
गिरा धरा पर अश्व से, मगर न निकले प्राण ।। 6

रानी लड़ती रह गयी, मगर न पायी जीत ।
रण पर वह पकड़ी गयी, घायल जिसका मीत ।। 7

दाहिर का उस शत्रु ने, काट दिया सिर आप ।
खलिफा को रानी मिली, करने गंदे पाप ।। 8

रक्तपात मुलतान में, भीषण कत्लेआम ।
जनता पर जबरन हुआ, धर्मांतर का काम ।। 9

टूटे मंदिर सिंध के, किये हिंदू जन भ्रष्ट ।
पवित्रता सब प्रांत की, अरबों ने की नष्ट ।। 10

40. चापोत्कट राजवंश, अन्हिलवाड-पाटण, गुजरात (690-942)

1. जयशेखर	690
2. वनराज	746–806
3. योगराज	806–841
4. क्षेमराज	841–866
5. भूयाद	866–895
6. वैरीसिंह	895–920
6. रत्नादित्य	920–935
7. सामंतसिंह	935–942

आगे देखिए : सोलंकी राजवंश, अन्हिलवाड (942–1244)

दोहा छंद – चापोत्कट राजघराना

चाप, चौलुक्य, चावड़ा, चपरन आदिक नाम ।
जयशेखर राजा बना, पंचसार था धाम ।। 1

इक दिन आक्रम आगया, युद्ध हुआ घमसान ।
जयशेखर मारा गया, बहुत हुआ नुकसान ।। 2

पत्नी उसकी गर्भिणी, भाग गई परदेस ।
दुखी बहुत वह होगई, लगी कलेजे ठेस ।। 3

पुत्र हुआ वन में उसे, नाम रखा वनराज ।
माता ने उसको दिया, स्वतंत्रता पर नाज ।। 4

बड़ा हुआ जब वीर वो, शूर वीर रणधीर ।
शत्रु जीत कर तोड़ दी, पारतंत्र्य जंजीर ।। 5

पाटन-अन्हिलवाड में, नया बनाया स्थान ।
चापोत्कट कुल स्थिर हुआ, त्राता मिला महान ।। 6

ढाई-सौ फिर साल तक, सत्ता हुई विशाल ।
सोलंकी कुल राजा बना, पाटन में तत्काल ।। 7

पाटन का चापोत्कट राजघराना

पाटन का चापोत्कट राजघराना राजा जयशेखर ने बसाया था. जयशेखर के शांति के काल में एक दिन अचानक आक्रमण आगया और लड़ाई में राजा मारा गया. उसकी पत्नी, जो उस समय पेट से थी, चतुराई से भाग गई.और जंगल में कहीं छुप गई.

कालांतर से उसे वनराज नामक पुत्र हुआ. रानी दूरदर्शी थी. उसने पुत्र को युद्ध विशारद बना कर पाटन का राज्य पुन: प्राप्त कर लिया. इस वंश ने लगभग ढाई-सौ साल राज्य किया मगर अंतीम राजा सामंतसिंग निपुत्रिक मर गया. इस अवसर का लाभ उठा कर मूलराज नामक उसके भतीजे ने पाटन की सत्ता छीन कर अन्हिलवाड में स्वतंत्र सोलंकी राजवंश स्थापन कर दिया.

वर्धमान के चापोत्कट राजवंश में (820-914) विक्रमारक, अड्डुक, पुलाकेशी, ध्रुवभट्ट, धरणीवराह, आदि नृप आते हैं

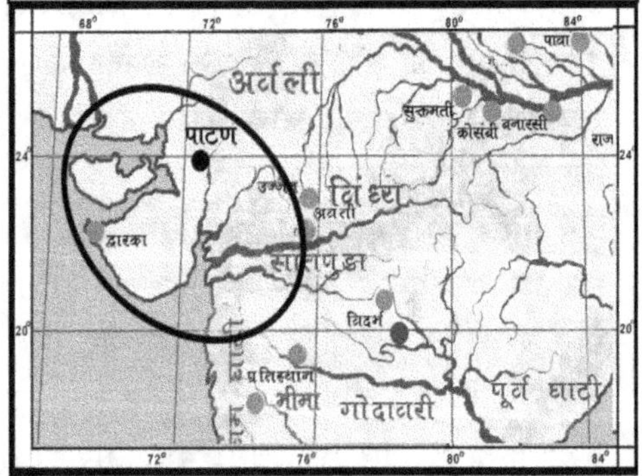

41. (पश्चिम) चालुक्य राजवंश, बादामी, कर्नाटक-आंध्र (525-753)

अयोध्या के मूल के 59 राजा

वैजयंती के कदंब वंश के आश्रित 16 नृप

पूर्व देखिए वैजयंती के कदंब (340-610)

1. जयसिंहा   500-525
2. रणरंगा   525-543
3. पुलकेशी-1   543-566 रणरंगा का पुत्र
4. कीर्तिवर्मा-1   566-597 पुलकेशी-1 का पुत्र
5. मंगलेश   597-608 कीर्तिवर्मा-1 का भाई
6. पुलकेशी-2   608-642 कीर्तिवर्मा-1 का पुत्र
7. विक्रमादित्य-1   642-680 पुलकेशी-2 का पुत्र
8. विनयादित्य   680-696 विक्रमादित्य-1 का पुत्र
9. विजयादित्य   696-733 विनयादित्य का पुत्र
10. विक्रमादित्य-2   733-746 विजयादित्य का पुत्र
11. कीर्तिवर्मा-2   746-753 विक्रमादित्य-2 का पुत्र

आगे देखिए : चालुक्य, कल्याणी (696-1189)

बादामी का चालुक्य राजघराना

बादामी (बिजापुर) का महान ऐतिहासिक चालुक्य वंश संपूर्ण कर्नाटक, आंध्र प्रदेश का बड़ा हिस्सा, पश्चिम महाराष्ट्र, दक्षिण मध्य प्रदेश और दक्षिण गुजरात में ख्यापित था. माना जाता है कि इसकी स्थापना महाराजा जयसिंहा (500-525) ने की थी, परंतु उसके पहले 75 नृप उसके वंशज हो चुके थे.

चालुक्य वंश की सात मुख्य शाखाओं में यह शाखा प्राचीन तम ज्ञात है. कला और समृद्धि के उत्कर्ष से इस वंश का काल दक्षिण भारत का एक सुवर्ण काल माना जाता है.

इस कुल का सबसे महान राजा था सत्यश्रय पुलकेशी (608-642).

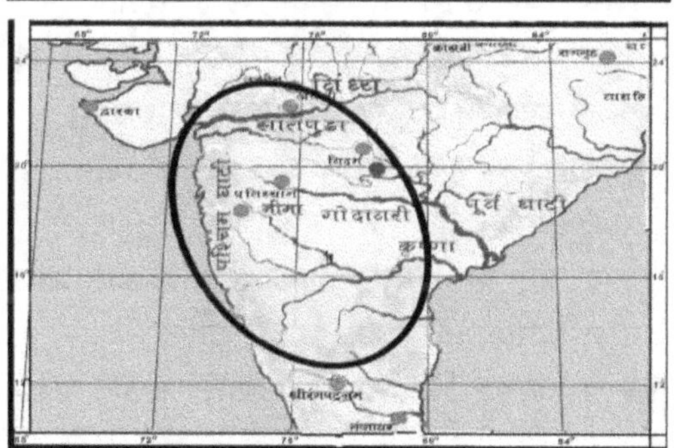

राजा सत्याश्रय पुलकेशी, चालुक्य, बादामी (608-642)

पलकेशी-2, बादामी चालुक्य

कदंब कुल के ह्रास में, गदर हो गया शक्य ।
वनवासी के राज्य से, मुक्त हुए चालुक्य ।। 1
बादामी चालुक्य था, सबसे आदि वंश ।
छठी शती में जो खिला, चालुक्यों में हंस ।। 2
कला निपुण चालुक्य थे, शिल्पकला का ज्ञान ।
उच्च कोटि की मूर्तियाँ, मंदिर रचे महान ।। 3
उनके जैसा विश्व में, कोई न था सुजान ।
कर्नाटक अरु आंध्र में, खिली स्वर्ग की शान ।। 4
सुवर्ण से भी श्रेष्ठ था, इनका नक्षी काम ।
भारत के इतिहास में, कांचन युग था नाम ।। 5
नागर नामक शिल्प का, द्रविड कला से मेल ।
तराश अश्म पहाड़ के, गुफा खोद कर खेल ।। 6
देव दोवता अप्सरा, विविध दिव्य प्रकार ।
हाथी घोड़े पुष्प के, असंख्य रम्य प्रकार ।। 7
वातापी चालुक्य का, उज्ज्वल कीर्तिवान ।
कला-ज्ञान के जगत में, जिन्हें बहुत सम्मान ।। 8
पुलकेशी नृप मुख्य था, इस कुल का सत्कार ।
बादामी के नगर में, स्थापन थी सरकार ।। 9
शिल्पकला को राज्य में, मिला बहुत उत्साह ।
मंदिर बनें विशाल थे, शिल्पीकर्म अथाह ।। 10
शिखर बनें उत्तुंग थे, चिकने स्तंभ विशाल ।
सुंदर गुंबद गोल थे, तक्षक करत कमाल ।। 11
पर्बत-पत्थर काट कर, बने गुफा-प्रभुवास ।
शिला लेख, मूरत कला, सजा गई इतिहास ।। 12
चालुक्यों ने जीत कर, शत्रु दिशा में चार ।
जमा करी धन संपदा, किया राज्य विस्तार ।। 13
उत्तर गिरिवर विंध्य से, कावेरी पर्यंत ।
पूरब-पश्चिम सिंधु दो, सत्ता शक्ति अनंत ।। 14

पलकेशी-2, बादामी चालुक्य

बादामी (वातापी) के चालुक्य राजघराने का महान राजा सत्याश्रय पुलकेशी अर्थात् पुलकेशी-2 (608-642) बहुत प्रतापी शासक था. उसने कई लड़ाइयाँ जीती थी. उसकी कान्नौज के पुष्यभूति नरेश हर्षवर्धन (606-664) पर विजय उसके जीवन की सबसे महत्वपूर्ण उपलब्धि थी. सम्राट पुलकेशी ने कदंब राजवंश के राजा भोगीवर्मा (566-610) को हरा कर वैजयंती (कर्नाटक) पर अपनी सत्ता स्थापित की थी.

नरेश पुलकेशी के भाई तथा वेंगी (राजमहेंद्री) के राज्यपाल विष्णुवर्धन-1 (615-632) ने विद्राह करके वेंगी को पूर्व चालुक्यों का स्वतंत्र राज्य (615-945) स्थापन कर लिया था.

पुलकेशी ने पर्शिया के ससानियन राजा खुसरु (590-628) के साथ राजकीय संबंध स्थापित किए थे, जिसका उल्लेख अजंता की गुफा की शिलालेख में विद्यमान है.

वातापी के चालुक्य राजा पुलकेशी को कांचीपुरम के पल्लव राजा नरसिंहवर्मा-1 (630-668) ने सन 642 में युद्ध में मार डाला और स्वयं वातापीकोंडा (वातापी का विजेता) नामक उपाधि धारण की थी. फिर भी, समझौते के बाद नरसिंहवर्मा ने बादामी का राज्य चालुक्य युवराज विक्रमादित्य-1 (642-680) को सौंप दिया था.

42. (पश्चिम) चालुक्य राजवंश, कल्याणी, कर्नाटक-आंध्र (696-1189)

पूर्व देखिए : बादामी चालुक्य राजवंश (525–753)

(मालखेड़ में राष्ट्रकूट के आधीन)

1.	विजयादित्य	696–733	विनयादित्य* का पुत्र
2.	भीम–1		विजयादित्य का पुत्र
3.	कीर्तिवर्मा–3		भीम–1 का पुत्र
4.	तैलप–1		कीर्तिवर्मा–1 का पुत्र
5.	विक्रमादित्य–3		तैलप–1 का पुत्र
6.	भीम–2		विक्रमादित्य–3 का पुत्र
7.	अय्यन्ना–1		भीम–2 का पुत्र
8.	विक्रमादित्य–4		अय्यन्ना–1 का पुत्र

(मालखेड में कल्याणी चालुक्य का स्वतंत्र राज्य)

9.	तैलप–2 आहवमल्ल नुरमाडी	973–997	विक्रमादित्य–4 का पुत्र
10.	सत्याश्रय इरिवाबेडंगा	997–1009	तैलप 2 का पुत्र
11.	विक्रमादित्य–5 जगदेकमल्ल	1009–1014	सत्याश्रय का भतीजा
12.	अय्यन्ना–2	1014–1018	विक्रमादित्य–5 का भाई
13.	जयसिंह	1018–1040	अय्यन्ना–2 का भाई
14.	सोमेश्वर–1 त्रैलाक्यमल्ल	1040–1069	जयसिंह का पुत्र
15.	सोमेश्वर–2 भुवनैकमल्ल	1069–1076	सोमेश्वर–1 का पुत्र
16.	विक्रमादित्य–6 त्रिभुवनमल्ल	1076–1127	सोमेश्वर–2 का भाई
17.	सोमेश्वर–3 भुलोकमल्ल	1127–1138	विक्रमादित्य–6 का पुत्र
18.	जगदेकमल्ल–2	1138–1150	सोमेश्वर–3 का पुत्र
19.	तैलप–3 त्रैलोक्यमल्ल	1150–1156	जगदेकमल्ल–3 का भाई

(कल्याणी के कलचुरी की सत्ता 1156–1184, देखिए कलचुरी)

20.	सोमेश्वर–4 त्रिभुवनमल्ल	1184–1189	तैलप–3 का पुत्र

आगे देखिए : देवगिरी यादव राजवंश (1069–1317)

कल्याणी का चालुक्य राजघराना

कल्याणी के चालुक्य वंश का उदय राष्ट्रकूट साम्राज्य के पतन से हुआ था. कल्याणी के पश्चिमी चालुक्य वंश की मूल राजधानी मान्यखेत या मालखेड़ थी. इस कुल का प्रथम शासक विजयादित्य (696–733) बादामी चालुक्य विनयादित्य (680–696) का पुत्र था. इस वंश के महान राजा सोमेश्वर–1 (1040–1069) ने कल्याणी नगर बसा कर शासन वहाँ स्थापित किया. राज्य की सीमा पश्चिम सागर से पूर्वोत्तर में कौशल और कलिंग तक विस्तृत थी. चालुक्य राजा विक्रमदित्य–6 (1076-1127) ने शक संवत् अमान्य करके चालुक्य संवत् आरंभ किया था. महाकवि बिल्हण इसके दरबार में विराजमान था. चालूक्य के राजचिन्हों में मयूरध्वज अलंकृत था. चालुक्य घराने का पारिवारिक चिन्ह वराह मूर्ति था.

दोहा छंद – कल्याणी चालुक्य राजघराना

कल्याणी चालुक्य का, पाँच शतक था राज ।
मालखेड में श्रीशतक, राष्ट्रकूट के दास ।। 1

राष्ट्रकूट के पतन में, कल्याणी उत्थान ।
वराह उनका चिह्न था, मयूरध्वज निशान ।। 2

आगे वाली दो शती, कल्याणी था स्थान ।
कल्याणी से राज्य का, किया नाम महान ।। 3

कल्याणी का राज्य था, वीरों का परिवार ।
कलिंग से कौशल तलक, हुआ राज्य विस्तार ।। 4

शिल्पकला साहित्य का, यहाँ हुआ उत्कर्ष ।
मूरत मंदिर श्रेष्ठतम, भारत में आदर्श ।। 5

कल्याणी चालुक्य के शिवालयों के खंभ ।
सर्वज्ञात इतिहास में, प्रसिद्ध चिकने स्तंभ ।। 6

कल्याणी दरबार में, बिल्हण को था स्थान ।
विज्ञानेश्वर कवि यहाँ, पाते थे सम्मान ।। 7

विक्रमा.कदेव चरित्र, यहीं हुआ प्रख्यात ।
मिताक्षरा का ग्रंथ भी, हुआ यहाँ विख्यात ।। 8

सेनापति बिज्जल यहाँ, हुआ जभी गद्दार ।
हुई बगावत देश में, विमुख हुए सरदार ।। 9

गया राज्य चालुक्य का, तीन होगए प्राँत ।
सत्ता उनमें बँट गई, क्रांति हो गई शाँत ।। 10

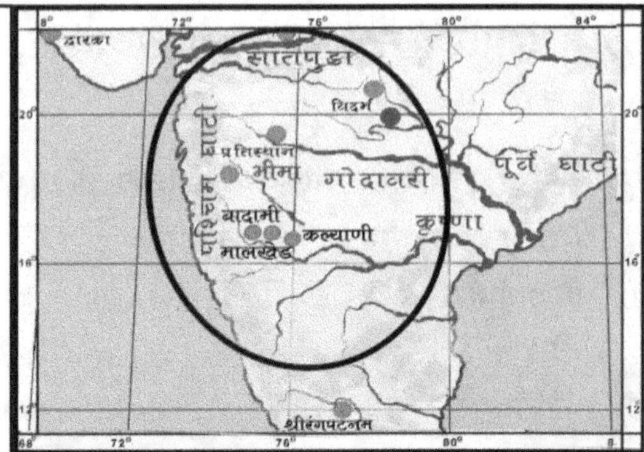

43. (पश्चिम) चालुक्य राजवंश, लाट, गुजरात (590-750)

पूर्व देखिए : बादामी चालुक्य राजवंश (525–753)

(मालखेड़ के राष्ट्रकूट के आधीन)

1.	जयसिंह राजा	590–610	
2.	बुद्धवर्मा राजा	610–643	जयसिंह का पुत्र
3.	विजय राजा	643–655	बुद्धवर्मा का पुत्र
4.	धाराश्रय जयसिंहवर्मा	655–669	*
5.	सत्याश्रय शीलादित्य	669–738	विजय राजा का पुत्र
6.	पुलकेशी	738–750	धाराश्रय का पुत्र

आगे देखिए : राष्ट्रकूट राजवंश, मालखेड (620–973)

दोहा छंद – लाट चालुक्य राजघराना

लाट वंश चालुक्य का, वीर और गुणवंत ।
शुरू किया जयसिंह ने, छठी सदी के अंत ।। 1

छह राजा इस वंश के, सब थे हुए महान ।
बादामी चालुक्य के, नातेदार सुजान ।। 2

पुलकेशी नृप आखरी, लाट राज्य सामंत ।
राष्ट्रकूट से हार कर, हुआ वंश का अंत ।। 3

लाट चालुक्य राजघराना

लाट के चालुक्य राजपूत राजा आरंभ में पश्चिम बादामी चालुक्य के आधीन थे. लाट राजा धाराश्रय जयसिंह वर्मा (655–669) पश्चिम चालुक्य, बादामी के विक्रमादित्य-1 का भाई था.

लाट राजा सत्याश्रय (669–738) ने बादामी चालुक्य से स्वतंत्रता तो प्राप्त कर ली मगर अंत में उन्हें सौराष्ट्र नक्षिसापुर के पश्चिम चालुक्य (750–900) राजाओं ने हरा दिया और अपना सामंत बना दिया था.

इस अवसर का लाभ उठा कर गुजरात के लाट राजवंश के अंतिम राजा पुलकेशी (738–750) पर मालखेड के राष्ट्रकूट महाराजा दंतीदुर्ग-2 (710–757) ने अचानक आक्रमण करके लाट राज्य को अपने राज्य से जोड़ लिया था.

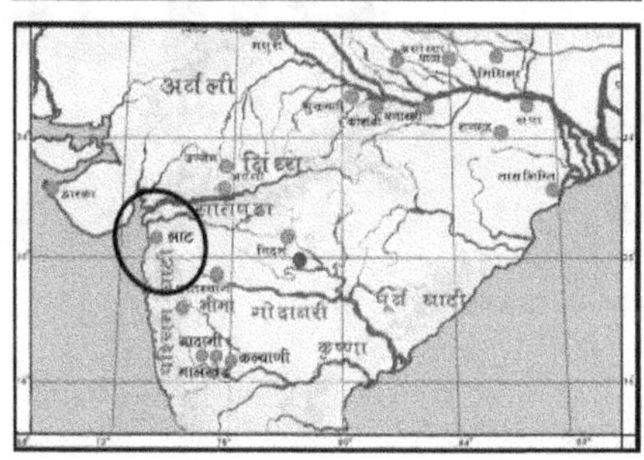

44. (पश्चिम) चालुक्य राजवंश, काठियवाड़, सौराष्ट्र (750-900)

पूर्व देखिए : बादामी चालुक्य राजवंश (525–753)

1. महल्ल ...
2. कल्ल राजा 750
3. महल्ल राजा कल्ल का भाई
4. वाहुकधवल कल्ल का पोता
5. अवनिवर्मा-1 वाहुकधवल का पुत्र
6. बालवर्मा अवनिवर्मा-1 का पुत्र
7. अवनिवर्मा-2, योग ꠸वर्मा का पुत्र

सौराष्ट्र का चालुक्य राजघराना

सौराष्ट्र के चालुक्य राजवंश के द्वितीय राजा महल्ल के पश्चात् अल्प समय के लिए कौन राजा था यह इतिहास में ज्ञात नहीं है. फिर भी, उसके बाद कल्ल राजा का पोता वाहुकधवल राजा हुआ यह निश्चित है. इस राज्य के सिक्कों को गधारिया पैसा कहा जाता था.

45. (पूर्व) चालुक्य राजवंश, वेंगी (राजमहेंद्री) (440-1070)

<table>
<tr><td>1.</td><td>माधववर्मा–1</td><td>440–460</td><td></td></tr>
<tr><td>2.</td><td>विक्रमेंद्रवर्मा–1</td><td>460–480</td><td></td></tr>
<tr><td>3.</td><td>इन्द्रवर्मा</td><td>480–515</td><td></td></tr>
<tr><td>4.</td><td>विक्रमेंद्रवर्मा–2</td><td>515–535</td><td></td></tr>
<tr><td>5.</td><td>गोविंदवर्मा</td><td>535–555</td><td></td></tr>
<tr><td>6.</td><td>माधववर्मा–2</td><td>555–615</td><td></td></tr>
<tr><td>7.</td><td>विष्णुवर्धन–1, कुब्ज</td><td>615–632</td><td>पश्चिम चालुक्य पुलकेशी–2 का भाई</td></tr>
<tr><td>8.</td><td>जयसिंह–1</td><td>632–663</td><td>विष्णुवर्धन का पुत्र</td></tr>
<tr><td>9.</td><td>इन्द्र भट्टारक</td><td>663–663</td><td>जयसिंह का भाई</td></tr>
<tr><td>10.</td><td>विष्णुवर्धन–2</td><td>663–672</td><td>इन्द्र भट्टारक का पुत्र</td></tr>
<tr><td>11.</td><td>मंगी युवराजा</td><td>672–696</td><td>विष्णुवर्धन–2 का पुत्र</td></tr>
<tr><td>12.</td><td>जयसिंह–2</td><td>696–709</td><td>मंगी का पुत्र</td></tr>
<tr><td>13.</td><td>कोक्किली</td><td>709–709</td><td>जयसिंह का भाई</td></tr>
<tr><td>14.</td><td>विष्णुवर्धन–3</td><td>709–746</td><td>कोक्किल्ली का भाई</td></tr>
<tr><td>15.</td><td>विजयदित्य–1</td><td>746–764</td><td>विष्णुवर्धन–3 का पुत्र</td></tr>
<tr><td>16.</td><td>विष्णुवर्धन–4</td><td>764–799</td><td>विजयादित्य–1 का पुत्र</td></tr>
<tr><td>17.</td><td>विजयादित्य–2</td><td>799–843</td><td>विजयादित्य–1 का पुत्र</td></tr>
<tr><td>18.</td><td>विष्णुवर्धन–5, काली</td><td>843–844</td><td>विजयादित्य–2 का पुत्र</td></tr>
<tr><td>19.</td><td>विजयादित्य–3, गुणक</td><td>844–892</td><td>विष्णुवर्धन–5 का पुत्र</td></tr>
<tr><td>20.</td><td>चालुक्य भीम–1</td><td>892–918</td><td>विजयादित्य–2 का भतीजा</td></tr>
<tr><td>21.</td><td>विजयादित्य–4</td><td>918–918</td><td>चालुक्य भीम–1 का पुत्र</td></tr>
<tr><td>22.</td><td>अम्मराजा–1</td><td>918–925</td><td>विजयादित्य–4 का पुत्र</td></tr>
<tr><td>23.</td><td>विजयादित्य–5, कण्ठिका</td><td>925–926</td><td>अम्मराजा का पुत्र</td></tr>
<tr><td>24.</td><td>विक्रमादित्य</td><td>926–934</td><td>चालुक्य भीम–1 का पुत्र</td></tr>
<tr><td>25.</td><td>चालुक्य भीम–1</td><td>926–934</td><td>दूसरी बार</td></tr>
<tr><td>26.</td><td>चालुक्य भीम–2</td><td>934–945</td><td>विजयादित्य–4 का भाई</td></tr>
</table>

वेंगी का चालुक्य राजघराना

जब पश्चिम चालुक्य बादामी नरेश पुलकेशी–2 (608–642) ने सन 615 में वेंगी जीत कर अपने भाई विष्णुवर्धन–1 कुब्ज (615–632) की सत्ता वेंगी पर कायम की.तब वेंगी का पूर्व चालुक्य घराना स्थिर हुआ.

वेंगी चालुक्य के नौवें राजा इन्द्र भट्टारक (615–615) केवल सात ही 15 दिन सत्ता में थे. विजयादित्य–5 (925–926) के पुत्र सत्याश्रय उत्तम ने **पिठापुरम के पूर्वी चालुक्य** वंश (925–1225) की स्थापना की.

सन 973 में वेंगी के राजा दानार्णव का तेलगू चोल भीम ने खून कर दिया और फिर कुछ अराजकता के बाद वेंगी पर तंजावर के चोल राजाराज–1, महान (985–1014) का 27 वर्ष के लिए अधिकार होगया, जिसके बाद सन 1000 में शक्तिवर्मा (1000–1010) ने वेंगी फिर से स्वतंत्र कर ली.

| 27. अम्मराजा-2 | 945–973 | चालुक्य भीम-2 का भाई |
| 28. दानार्णव | 973– | अम्मराजा-2 का भाई |

वेंगी पर तंजावर के चोल राजाराजा-1 (985–1014) का 27 वर्ष अधिकार

29. शक्तिवर्मा-1	1000–1010	दानार्णव का पुत्र
30. विमलादित्य	1010–1022	शक्तिवर्मा-1 का पुत्र
31. नरेंद्र राजाराज	1022–1062	विक्रमादित्य का पुत्र
32. राजेन्द्र	1062–1062	नरेंद्र राजाराजा का पुत्र
33. विजयादित्य-4	1062–1070	राजेन्द्र का भतीजा

आगे देखिए : चोल राजवंश, तंजावर (50–1299)

दोहा छंद – वेंगी चालुक्य राजघराना

बादामी चालुक्य के, पुलकेशी नृप श्रेष्ठ ।
वेंगी प्रदेश जीत कर, किया राज्य बलिष्ठ ।। 1

पुलकेशी ने बंधु को, देकर वेंगी राज ।
वेंगी में स्थापन किया, नव चालुक्य समाज ।। 2

वैभवशाली राज्य था, वेंगी का चालुक्य ।
जनता में थी वीरता, उन्नती का औत्सुक्य ।। 3

वेंगी के चालुक्य का, पाँच शतक अधिकार ।
चेल राज्य फिर आगया, नई बनी सरकार ।। 4

वेंगी का चालुक्य राजघराना, आगे

वेंगी के चालुक्य शिव भक्त थे, फिर भी इनकी मंदिर शिल्प कलाओं में शिवजी, विष्णु, अग्नि, सूर्य आदि विद्यमान थे।

राजा विजयादित्य-2 (799–843) ने 108 भव्य मंदिर बनवाए थे, राजा विजयादित्य-5 (925–926) ने कार्तिकेय मंदिर बनवाया, राजा चालुक्य भीम-1 (892–918, 926–934) ने द्रक्षराज मंदिर बनवाया, नरेंद्र राजाराज (1022–1062) ने कालिंदी मंदिर बनवाया और बादामी और कल्याणी चालुक्य राजघरानों की महान मंदिर कार्य की प्रथा को और शान से आगे बढ़ाया था।

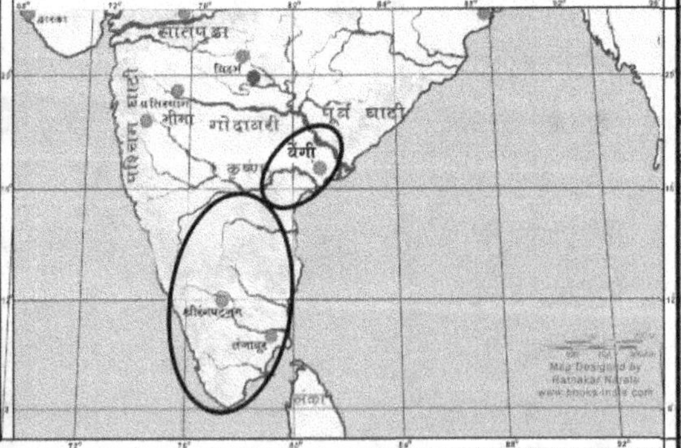

46. चुडासमा राजवंश, जुनागड, सौराष्ट्र (875-1505)

चुडासमा राजघराना

सौराष्ट्र के चुडासमा राजवंश (875-1505) की राजधानी गिरीनगर (भविष्य की जुनागड) गुजरात के इतिहास में भौगोलिक एवं ऐतिहासिक केन्द्र रही है. सौराष्ट्र की इस सुवर्ण नगरी को चुडासमा राजवंश के काल में जुनागड नाम प्राप्त हुआ.

मौर्य राजवंश (322-184 ई.पू.) के पतन के बाद सौराष्ट्र में मैत्रक (480-767) राजाओं ने वल्लभी को राजधानी बनाया. मैत्रकों के बाद सौराष्ट्र पर चुडासमा राजघराने का नौवीं सदी से सोलहवीं सदी तक जुनागड से राज्य रहा.

चंद्रवंश के यदुकुल में 140 वे राजा देवेन्द्र जी सौराष्ट्र के शोणितपुर में राज्य कर रहे थे. उनकी पिता-पुत्र परंपरा में गजपत, शालिवाहन, यदभाण, जसकर्ण, समा और फिर चुडाचंद्र राजा हुए. चुडाचंद्र (875-907) वंथली के राजा बन गए और चुडासमा वंश के चंद्रचूड, चुडाचंद्र या चुडासमा वंश के भालचंद्र अर्थात् आदि पुरुष माने गए.

राजा चुडाचंद्र के बाद राजा ग्रहरिपु (940-982) ने सौराष्ट्र का समस्त भूभाग जीत कर अपने नाम के पूर्व रा अर्थात् राह अर्थात् राजा या महाराणा उपसर्ग लगाना आरंभ कर दिया. राजा रा खेंगार-1 (1098-1114) ने राजधानी वंथली से जुनागड में स्थानांतरित की और वही राजधानी रा भुपतसिंह (1472-1505) तक चुडासमा राजघराने की रही. राजा भुपतसिंह के बाद उनके वंशजों की एक अलग रायजादा नामक शाखा बन गई.

दोहा छंद – चुडासमा राजघराना

अत्रि गोत्र यदु वंश का, शशिवंशीय महान ।
जिस कुल में अवतार थे, लिए कृष्ण भगवान ।। 1

ययाति के वंशज कई, यादों कुल के खास ।
आए सोरठ भूमि पर, कहता है इतिहास ।। 2

चुडाचंद्र धारण किए, भालचंद्र के रूप ।
चंद्रचूड अभिधान के, चुडासमा कुल भूप ।। 3

वनस्थली में था बसा, चुडासमा परिवार ।
चुडाचंद्र राजा बने, आदि पुरुष अधिकार ।। 4

चुडाचंद्र ने जीत कर, देश अखिल सौराष्ट्र ।
सार्वभौम स्थापन किया, अभिनंदन का पात्र ।। 5

स्वर्ण काल गुजरात का, सुख समृद्धि अपार ।
चुडासमा शुभ नाम की, अग्रगण्य सरकार ।। 6

गौरवशाली राज्य ये, भारतीय खुश हाल ।
नवीं शती से था चला, लगभग छह–सौ साल ।।

महान कुल सौराष्ट्र का, गिरिनगर था ग्राम ।
नाम जुनागड फिर हुआ, चुडासमा का धाम ।। 8

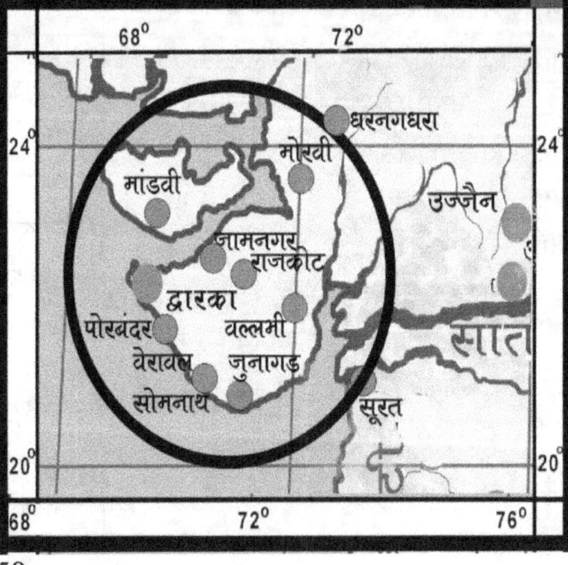

58

47. चेर पेरुमल राजवंश, कोल्लम, केरल (800-1102)

1.	उदियंजेराळ	130–
2.	नेडुंजेराळ आदान	
3.	कट्टुवन	
4.	शेंगुट्टुवन	
5.	कुडुकी इरंजेराळ इरुंपोडई	190–210
6.	मांदरजेराळ इरुंपोडई	210–
7.	चेरमान् पेरुमल	742–800
2.	कुलशेखर अलवार	800–820
2.	राजशेखरवर्मा	820–844
3.	स्थाणुरविवर्मा	844–885
4.	रामवर्मा–1	885–917
5.	रविवर्मा–2	917–944
6.	कोठवर्मा	944–962
7.	भास्कररविवर्मा–1	962–979
8.	भास्कररविवर्मा–2	979–1021
9.	वीर केरलवर्मा	1021–1028
10.	राजसिंह	1028–1043
11.	भास्कररविवर्मा–3	1043–1082
12.	रामवर्मा–2	1082–1090
13.	रविवर्मा कुलशेखर	1090–1102

चेर राजघराना

प्राचीन काल में केरल का नाम चेर था. अशोक मौर्य (269–232 ई.पू.) के शिलालेखों में चेर राजाओं को केरलपुत्र कहा जया है. चेर राजघराने की सत्ता में त्रावणकोर, कोचीन, मलबार, आदि पश्चिमी सागर किनारे के प्रदेश के क्षेत्र आते थे. उनकी राजधानी वंजी में थी. आगे चल कर तिरुवरिकमलै और फिर कोल्लम मे स्थित हुई थी. संगम युग (100–200 ई.) में पहला ज्ञात चेर शासक उदियंजेराळ (130 ई.) था. चौथी सदी से नौवीं सदी तक चेर राजा मलबार किनारे पर समृद्ध होकर विदेशों से व्यापार करने लगे थे.

चेर राजा कुलशेखर अलवार (800–820) जगद्गुरु श्री शंकाराचार्य (788–820) के समकालीन था. चेर राजवंश के शासन का राजचिन्ह धनुष और तीर था और वही चिन्ह उनके ध्वज पर विराजमान होता था.

दोहा छंद – चेर राजघराना

राजघराना चेर था, केरल का प्राचीन ।
श्रावणकोर, मलबार सर, कोयंबतूर कोचीन ।। 1

जाने संगम काल के, राजवंश थे तीन ।
चेर, चोल, पांड्य तथा, काव्य शास्त्र में लीन ।। 2

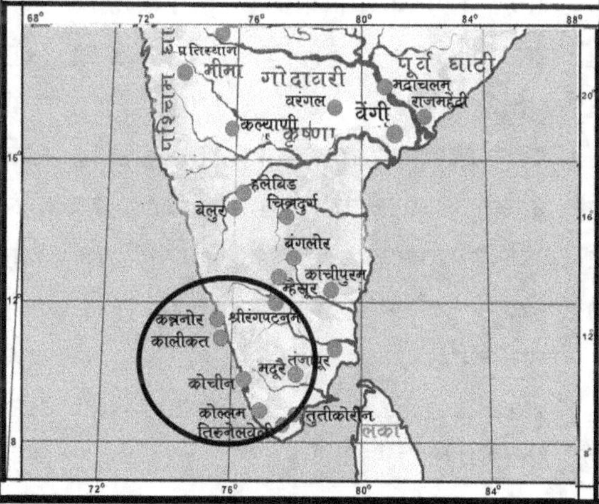

48. चोल राजवंश, तंजावर (50-1279)

चोल राजघराना

चोल (चोळ ‎சோழா) राजवंश का सनातन संदर्भ विश्वामित्र वंशीय याज्ञवल्क्य के पुत्र कात्यायन मुनि के सूत्रों मे पाया जाता है. वहाँ से लेकर संगम युग (சங்ககாலம்) (600 B.C. से 300 A.D.) के पश्वात् तक चोल राजवंश का इतिहास अज्ञात है. फिर भी, अशोक मौर्य (269-232 B.C.) के अभिलेखों में कुछ अंश उपलब्ध है और संगम काल के चोल राज्य (50 A.D.) का नाम सर्वज्ञात है.

नवीं सदी के मध्यभाग से चोल वंश का पुनरुत्थापन हुआ और नई पीढ़ी के संस्थापक विजयादित्य पराकेसरी वर्मा (846-881) का स्थान तिरुचिरापल्ली (उरैयुर) में जम गया और आगे चल कर तंजावर में 400 साल तक चोल शासन रहा. इस समय तामिल नाडु में पल्लवों (315-897) का और पांड्यों (50-1463) का राज्य स्थापित था.

1. इलंजेटसेन्नी	50 से पूर्व	
2. करिकाल	50 से आगे	इलंजेटसेन्नी का पुत्र
3. शेत्रेण्णी नाळंगिळी	100 के आसपास	करिकाल का भाई
4. किळिवळन	105	शेत्रेण्णी का भाई
5. पेरुनारकिळी	...	

1. विजयादित्य पराकेसरी वर्मा	846-881	तंजावर में स्थित
2. आदित्य राजकेसरी वर्मा	881-907	विजयादित्य का पुत्र
3. परांतक-1	907-948	आदित्य का पुत्र
4. राजादित्य	948-949	परांतक-1 का पुत्र
5. गण्डरादित्य	949-956	राजादित्य का भाई
6. अरिंजय	956-956	गण्डरादित्य का भाई
7. परांतक-2	956-970	अरिंजय का पुत्र
8. उत्तम	970-969	गण्डरादित्य का पुत्र
9. मधुरांतक	969-985	परांतक-2 का पुत्र
10. **राजाराज-1 (महान)**	985-1014	परांतक-2 का पुत्र
11. राजेंद्र-1 पराकेसरी वर्मा	1014-1044	राजाराज- का पुत्र
12. राजाधिराज-1	1044-1052	राजेंद्र-1 का पुत्र
13. महेंद्र	1052-1062	राजधिराज का पुत्र
14. वीरराजेंद्र राजकेसरी वर्मा	1062-1067	राजाधिराज का भाई
15. अधिराजेंद्र पराकेसरी वर्मा	1067-1070	वीरराजेंद्र का पुत्र
16. राजेंद्र-2 कुलोत्तुंग	1070-1118	राजेंद्र का कुलज
17. विक्रम पराकेसरी वर्मा	1118-1133	राजेंद्र-2 का पुत्र
18. कुलोत्तुंग-2	1133-1146	विक्रम वर्मा का पुत्र
19. राजाराज-2	1146-1163	कुलोत्तुंग का पुत्र
20. राजाधिराज-2	1163-1178	विक्रम वर्मा का पोता

21. कुलोत्तुंग–3	1178–1216
22. राजाराज–3	1216–1246
23. राजेंद्र–3	1246–1279

दोहा छंद – तंजावर चोल राजघराना

राजघराना चोल का, दक्षिण में अति श्रेष्ठ ।
तामिल, केरल, आंध्र भी, राजा जिनके ज्येष्ठ ।। 1

राजाराज महान थे, अधिपति जग में एक ।
सार्वभौम नरेश थे, अवाक् था जग देख ।। 2

चोल वंश शिव भक्त था, वैष्णव भी था धर्म ।
विशाल मंदिर बांध कर, किए पुण्यतम कर्म ।। 3

चोल राज्य में संत थे, राजाश्रित कविराज ।
सृष्ट श्रेष्ठ वाङ्मय हुआ, हुआ प्रसिद्ध समाज ।। 4

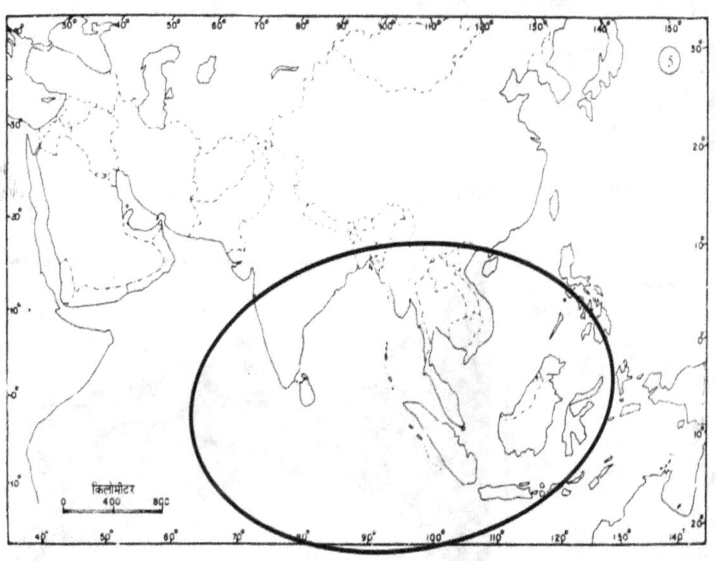

चोल राजाराज महान, तंजावर (985-1014)

राजराज चोल (985-1014) दक्षिण भारत का सबसे महान सम्राट था. राजाराज का के जन्म नाम अरुलमोजहीवर्मा था और उसके अन्य नाम थे शिवपाडा शेखर, तेलुंगाना कुलकवि, पेन्नियन सेलवन, आदि. उसके राज्य विस्तार, कला और शिल्प का आश्रय, व्यक्तित्व और निपुण शासन प्रभाव देखते हुए इतिहास में उसे महान की उपाधि प्राप्त है. राजाराज के निर्माण किए हुए कम से कम 74 विशाल मंदिर आलेखों में संबोधित हैं. तंजावर का भव्य राजाराजेश्वर अर्थात् बृहदेश्वर मंदिर चोल शिल्प कला का उत्तम उदाहरण है.

सम्राट राजराज चोल ने बहुत विशाल नौसेना रखी थी जिसमें स्त्री नौ सैनिक भी प्रयुक्त होते थे. इस नौ सेना के द्वारा राजाराज और उसके वंशजों ने श्री लंका, कंबोडिया, मलाया, सयाम, सुमात्रा, जावा, बाली, फिलिपीन, आदि पूर्व-दक्षिण द्वीप समूह में हिंदू संस्कृति का दीर्घ कालीन प्रसार होता रहा.

राजाराज एक प्रबल योद्धा था. उसने युद्ध में अनेक राजा जीते थे और अपनी सत्ता में लाए थे. जिनमे विशेष थे :

वेंगी का पूर्व चालुक्य नृप विमलादित्य (1010–1022),

कल्याणी का पश्चिम चालुक्य राजा सत्याश्रय इरिवाबेडंगा (997–1009),

मदुरा का पांड्य नरेश मारवर्मा राजसिंह-2 (900–920),

केरल का चेर अधिपति भास्कर रविवर्मा-2 (979–1021),

कलिंग देश का पूर्व गंग राजा वज्रहस्त-3 (980–1015),

कर्नाटक तलकाड का पचिम गंग राजा रक्कस (985–1024).

दोहा छंद – तंजावर चोल राजघराना

दक्षिण के इतिहास में, राजा इतना श्रेष्ठ ।

हुआ न योद्धा बाँकुरा, मंदिर कर्ता ज्येष्ठ ।। 1

बृहदेश्वर तंजोर का, मंदिर अति उत्कृष्ट ।

महान राजाराज ने, किया शिल्प काम है सृष्ट ।। 2

फैलाया इस भूप ने, हिंदू संस्कृति ज्ञान ।

पूरब द्वीप समूह में, अद्भुत था परिणाम ।। 3

हिंदू राजतरंगिणी, सांस्कृतिक ज्ञानगंगा

Did they bother to tell you about this great Hindu king who had one of the world's best navy of the era and even had women as warriors in his army ?
SANATAN BHARAT
Built not only Grand Temples but also an empire well beyond our shores....

49. चौहान राजवंश, साकंभरी-अजयमेरु, राजस्थान (684-1194)

<table>
<tr><td>1.</td><td>वासुदेव</td><td>सातवीं सदी के आरंभ में</td><td></td></tr>
<tr><td>2.</td><td>गुवक–1</td><td>...</td><td></td></tr>
<tr><td>3.</td><td>सामंतराज</td><td>684–709</td><td></td></tr>
<tr><td>4.</td><td>पूर्णतल्ल</td><td>709–721</td><td>सामंरातज का पुत्र</td></tr>
<tr><td>5.</td><td>जयराज</td><td>721–734</td><td>पूर्णतल्ल का पुत्र</td></tr>
<tr><td>6.</td><td>विग्रहराज–1</td><td>734–759</td><td>जयराज का पुत्र</td></tr>
<tr><td>7.</td><td>चंद्रराज–1</td><td>759–771</td><td>विग्रहराज का पुत्र</td></tr>
<tr><td>8.</td><td>गोपेंद्रराज</td><td>771–784</td><td>चंद्रराज का भाई</td></tr>
<tr><td>9.</td><td>दुर्लभराज–1</td><td>784–809</td><td>गोपेंद्रराज का पुत्र</td></tr>
<tr><td>10.</td><td>गुवक–2</td><td>809–836</td><td>दुर्लराज का पुत्र</td></tr>
<tr><td>11.</td><td>चंद्रराज–2</td><td>636–863</td><td>गुवक का भाई</td></tr>
<tr><td>12.</td><td>गुवक–3</td><td>863–890</td><td>चंद्रराज–2 का पुत्र</td></tr>
<tr><td>13.</td><td>चंद्रराज–3</td><td>890–917</td><td>गुवक–3 का पुत्र</td></tr>
<tr><td>14.</td><td>वाक्पतिराज–1</td><td>917–944</td><td>चंद्रराज–3 का पुत्र</td></tr>
<tr><td>15.</td><td>सिंहराज</td><td>944–971</td><td>वाक्पतिराज–1 का पुत्र</td></tr>
<tr><td>16.</td><td>विग्रहराज–2</td><td>971–998</td><td>सिंहराज का पुत्र</td></tr>
<tr><td>17.</td><td>दुर्लभराज–2</td><td>998–1012</td><td>विग्रहराज–2 का भाई</td></tr>
<tr><td>18.</td><td>गोविंदराज</td><td>1012–1026</td><td>दुर्लभराज का पुत्र</td></tr>
<tr><td>19.</td><td>वाक्पतिराज–2</td><td>1026–1040</td><td>गोविंदराज का पुत्र</td></tr>
<tr><td>20.</td><td>वीर्यराम</td><td>1040–1040</td><td>वाक्पतिराज–2 का भाई</td></tr>
<tr><td>21.</td><td>चामुंडराज</td><td>1040–1065</td><td>वीर्यराम का भाई</td></tr>
<tr><td>22.</td><td>दुर्लभराज–3</td><td>1065–1070</td><td>वीर्यराम का पुत्र</td></tr>
<tr><td>23.</td><td>वीरसिंह</td><td>1070–1070</td><td>दुर्लभराज–3 का भाई</td></tr>
<tr><td>24.</td><td>विग्रहराज–3</td><td>1070–1090</td><td>वीरसिंह का भाई</td></tr>
<tr><td>25.</td><td>पृथ्वीराज–1</td><td>1090–1110</td><td>विग्रहराज–3 का पुत्र</td></tr>
<tr><td>26.</td><td>अजयदेव</td><td>1110–1130</td><td>पृथ्वीराज–1 का पुत्र</td></tr>
<tr><td>27.</td><td>अर्णोराज</td><td>1130–1153</td><td>अजयदेव का पुत्र</td></tr>
</table>

अजमेर चौहान राजघराना

पुरानी कथाओं व चाँद बरदाई के पृथ्वीराज रासो काव्य के अनुसार महान चौहान वंश आबू गिरि पर ऋषियों ने किए हुए यज्ञकुंड से निर्माण हुआ है. आगे चल कर इस वंश की 24 राजपूत शाखाएँ बन गईं.

राजकीय और ऐतिहासिक दृष्टि से चौहान राजवंश की तीन मुख्य शाखाएँ मानी जाती हैं : (1) प्रथम शाखा साकंभरी–अजमेर की (684-1194), (2) द्वितीय शाखा रणथंभोर की (1194-1301), और (3) तृतीय शाखा नाडोल की (950–1200).

राजा वासुदेव ने राजस्थान में सन 551 में साकंभरी वाले चौहान वंश की स्थापना सांबर सरोवर के पास नागौर में की. उसके बाद अजयदेव चौहान ने (1110-1130) अरवली पहाड़ी में अजमेर शहर बसाया और उसे अपनी राजधानी बनाया (1130). इस वंश का सबसे महान महाराणा था राय पिथरा पृथ्वीराज चौहान–3 (ज. 1163–मृ. 1192) जिसकी अमर व रोमांचकारी गाथा पृथ्वीराज के परम मित्र चाँद बरदाई ने अपने पृथ्वीराज रासो नामक महाकाव्य में लिखी है.

28.	विग्रहराज–4	1153–1166	अर्णोराका का पुत्र
29.	पृथ्वीराज–2	1166–1169	विग्रहराज–4 का भतीजा
30.	सोमेश्वर	1169–1177	अर्णोराज का पुत्र
31.	**पृथ्वीराज**–3	1177–1192	सोमेश्वर का पुत्र
32.	गोविंदराज–2	1192–1193	पृथ्वीराज–3 का पुत्र
33.	हरिराज	1193–1194	गोविंदराज–2 का भाई

अजमेर चौहान राजघराना, आगे

अजमेर के चौहानों ने गहड़वाली तोमरों से दिल्ली जीत कर पृथ्वीराज–3 चौहान के पुत्र गोविंदराज–2 ने अजमेर छोड़ कर रणथंभोर में चौहान वंश स्थापन किया।

50. चौहान राजवंश, नाडोल, राजस्थान (950-1200)

1.	लक्ष्मणराज	950–962	वाक्पतिराज का पुत्र
2.	शोभित	962–986	लक्ष्मणराज का पुत्र
3.	बलिराज	986–990	शोभित का पुत्र
4.	विग्रहपाल	990–994	लक्ष्मणराज का पुत्र
5.	महेंद्रपाल	994–1015	विग्रहपाल का पुत्र
6.	अश्वपाल	1015–1019	महेंद्रपाल का पुत्र
7.	अहिल	1019–1024	अश्वपाल का पुत्र
8.	अहनिपाल	1024–1055	अहिल का पुत्र
9.	बालप्रसाद	1055–1070	महेंद्रपाल का पुत्र
10.	जयेंद्रराज	1070–1080	बालप्रसाद का भाई
11.	पृथ्वीपाल	1080–1091	जयेंद्रपाल का पुत्र
12.	योजलदेव	1091–1110	पृथ्वीपाल का भाई
13.	अश्वराज	110–1119	पृथ्वीपाल का पुत्र
14.	रत्नपाल	1119–1132	अश्वपाल का पुत्र
15.	राज्यपाल	1132–1145	रत्नपाल का पुत्र
16.	कटुकराज	1145–1153	अश्वराज का पुत्र
17.	आल्हणदेव	1153–1161	कटुकराज का भाई
18.	केल्हणदेव	1161–1165	आल्हणदेव का पुत्र
19.	कीर्तिपाल	1165–1193	केल्हणदेव का भाई
20.	जैतसिंह	1193–1197	कीर्तिपाल का पुत्र
21.	सामंतसिंह	1197–1200	जैतसिंह का पुत्र

नाडोल चौहान राजघराना

अजमेर के राणा वाक्पतिराज–1 (917–944) के पुत्र लक्ष्मणराज (950–962) ने नडोल में अपना राज्य स्थापन किया (950–1200)।

नाडौल के चौहान राजवंश के इक्कीस महाराणा नरेश इतिहास में कथन किए गए हैं.

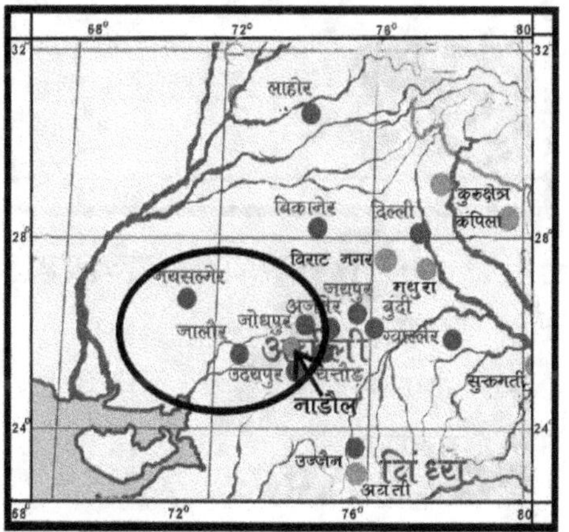

51. चौहान राजवंश, रणथंभौर, राजस्थान (1194-1301)

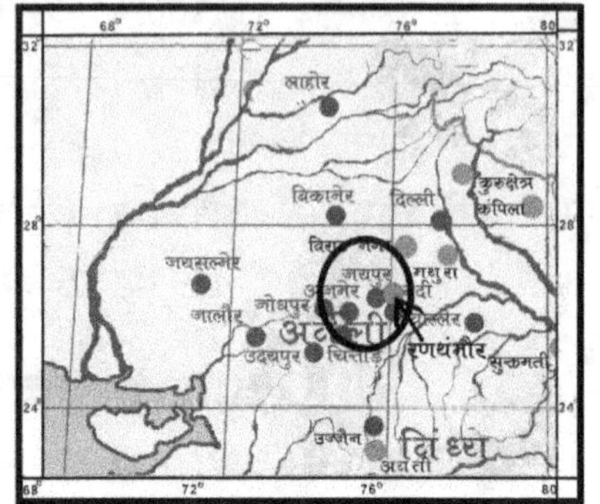

1.	गोविंदराज	1194 ...	**पृथ्वीराज-3** का पुत्र
2.	बल्हणदेव		गोविंदराज का पुत्र
3.	प्रल्हाद		बल्हणदेव का पुत्र
4.	वीर नारायण		प्रल्हाद का पुत्र
5.	वाग्भट		बल्हणदेव का पुत्र
6.	जैत्रसिंह	1248–1283	वाग्भट का पुत्र
7.	हम्मीरदेव	1283–1301	जैत्रसिंह का पुत्र

52. चौहान राजवंश, जालौर, राजस्थान (1182-1311)

1.	कीर्तिपाल सिंह	1182	नाडोल के राजा आल्हणदेव का पुत्र
2.	समर सिंह	1182–1205	
3.	उदय सिंह	1205–1257	
4.	चाचन सिंह	1257–1282	
5.	सामंत सिंह	1282–1305	
6.	कान्हड़देव सिंह	1305–1311	

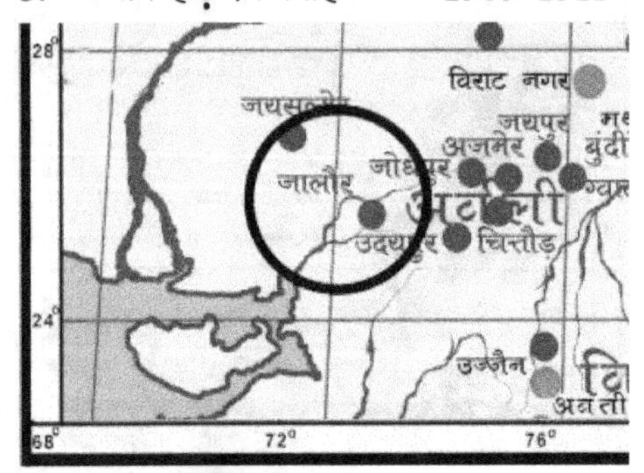

जालौर चौहान राजघराना

राजस्थान के स्वर्णगिरि पहाड़ी पर सोनगरा गाँव के चौहानों का राजधानी स्थल नाडोल था.

राणा आल्हणदेव (1153–1161) के पुत्र कीर्तिपाल सिंह चौहान (1165–1193) ने सन 1182 में जालौर में स्थापित किया और उस नगरी को. राजधानी बयाया. जालौर का प्राचीन नाम जाबालीपुर था. इस वंश का अधिपत्य सौ साल से अधिक चलता रहा.

53. चौहान राजवंश, सिरोही, राजस्थान (1311-1527)

1.	लुम्बा	1311 ...
2.	सहासमल	1425 ...
3.	अखैराज	1527 ...

सिरोही चौहान राजघराना

प्राचीन काल में सिरोही को आर्बुद देश कहा जाता था. सिरोही का नाम शिवपुरी था.

हिंदू राजतरंगिणी, सांस्कृतिक ज्ञानगंगा

54. चौहान राजवंश, हाड़ौती, राजस्थान (1382-1631)

1.	हाड़ा चौहान	1342 ...
2.	सुरजनसिंह	1569 ...
3.	माधोसिंह	1631 ...

हाड़ौती का चौहान राजघराना

राजस्थान के बुंदी, कोटा, झालवाड़ आदि क्षेत्र हाड़ौती में आते थे। हाड़ा चौहानों ने 1342 में मीण सरदारों को हरा कर अपने शासन का एक केन्द्र बनाया था।

बुंदी और कोटा के चौहान राजघराने

55. बुंदी के चौहान : 1. देवासिंह, 2. समरसिंह (1343–1346), 3. नरपालसिंह (1346–1370), 4. राव हामा (1370–1403), 5. वीरसिंह (1403–1413), 6. राव बेशीलाल (1413–1459), राव भांडा (1459–1503), राव नारायण (1503–1527), सूरजमल (1527–1531), राव सूरताण (1531–1554), सुर्जनसिंह (1554–1585), राव भोज (1585–1607), रतनसिंह (1607–1631), राव शत्रुशाल (1631–1658), भावसिंह (1658–1681), राव अनिरुद्ध (1658–1695), बुद्धिसिंह (1695–1739), उमेदसिंह (1739–1771), विष्णुसिंह (1771–1821), रामसिंह (1821–1889), रघुवीरसिंह (1889–1927), ईश्वरसिंह (1927–1945), बहादुरसिंह (1945–1948)।

56. कोटा के चौहान : 1. मधोसिंह (1631–1649), 2. मुकुन्दसिंह (1649–1658), 3. जगतसिंह (1658–1683), 4. प्रेमसिंह (1683–1684), 5. किशोरसिंह-1 (1684–1696), 6. रामसिंह-1 (1696–1707), 7. भीमसिंह-1 (1707–1727), 8. अर्जुनसिंह (1727–1756), 9. अजीतसिंह (1756–1758), 10. शत्रुशाल-1 (1758–1764), 11. गुमानसिंह (1764–1771), 12. उमेदसिंह-1 (1771–1819), 13. किशोरसिंह-2 (1819–1827), 14. रामसिंह-2 (1827–1865), 15. शत्रुशाल-2 (1865–1888), 16. उमेदसिंह-2 (1888–1940), 17. भीमसिंह-2 (1940–1948)।

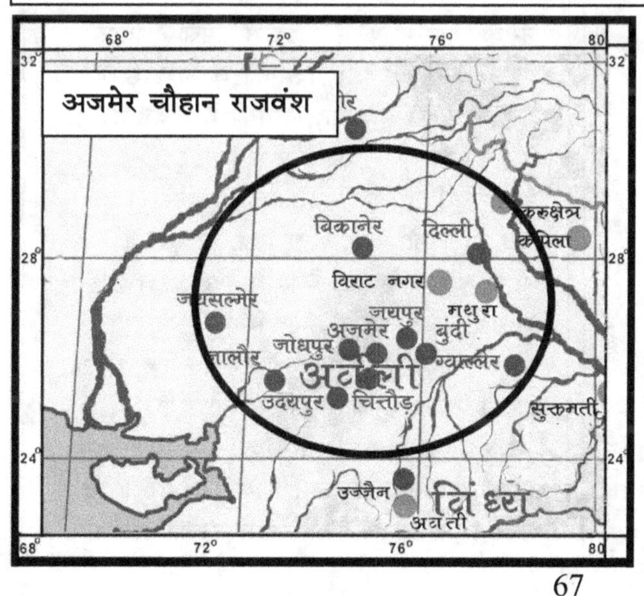

दोहा छंद – पृथ्वीराज चौहान

(पृथ्वीराज)

महा प्रतापी वीर था, राणा पृथ्वीराज ।
हुआ न होगा ना हि है, उसके जैसा आज ।। 1

उसने कीन्हा एक ही, नीति–प्रतिकूल काम ।
कृतघ्न को करके क्षमा, मिला घोर अंजाम ।। 2

चिरस्थायी परिणाम से, हुआ अमित नुकसान ।
म्लेच्छों को सत्ता मिली, गये अनगिनत प्राण ।। 3

धनु से निकला तीर जो, वापस लौट न पाय ।
लगा रोग जो देह में, अंग न काटा जाय ।। 4

(और)

दिल्ली अरु अजमेर का, राजा पृथ्वीराज ।
सर्वश्रेष्ठ भट वीर वो, सर्वस्तुत्य था आज ।। 5

पृथ्वीराज अजमेर का, राजपूत चौहान ।
दिल्ली का वह नृप बना, दत्तक–सुत सम्मान ।। 6

वीरों का वह वीर था, गुण संपन्न सुरेश ।
योद्धा पृथ्वीराज था, अजमेर का महेश ।। 7

बाहुबली वह परम था, महान अश्व सवार ।
इन्द्र समान स्वरूप था, कर उसके तलवार ।। 8

क्षत्रिय श्रेष्ठ पराक्रमी, शूर विक्रमी धीर ।
महाधनुर्धर मारता, आँख मूँद कर तीर ।। 9

कला रसिक उत्कृष्ठ था, प्रेम–रंग रस लिप्त ।
पत्नी प्रिय संयोगिता, अथाह जिससे प्रीत ।। 10

दानी पृथ्वीराज था, दया क्षमा भँडार ।
धर्मवीर शिवभक्त था, याद रखे संसार ।। 11

(सुलतान)

सन ग्यारह सौ बानबे, आया संकट घोर ।
किया द्रोह सुलतान ने, नमकहराम अघोर ।। 12

कृतघ्न का करके भला, भयी भयानक भूल ।
लुच्चा नमकहराम वह, दीन्हा भीषण शूल ।। 13

दूरदृष्टि यह ना जिसे, होता उसका नास ।
मुँह के बल औंधा गिरे, और गले में फाँस ।। 14

दरसाने को दिल बड़ा, दया दुष्ट पर व्यर्थ ।
जिसे न यह पल्ले पड़ा, उसके साथ अनर्थ ।। 15

यही सूत्र है नीति का, रखे सदा जो याद ।
गड्ढ़े में वह ना गिरे, यह सुनने के बाद ।। 16

कौन भला या है बुरा, कौन संत या दुष्ट ।
पहिचाने जो यह सदा, वही रहे संतुष्ट ।। 17

क्या उसकी औकात है, कैसा उसका वंश ।
क्या उनके गुण–धर्म हैं, कितना सत् का अंश ।।

मन में कितना मैल है, किस बदले की प्यास ।
जानो कितनी सभ्यता, फिर उस पर विश्वास ।।

कौन मित्र के योग्य है, कौन बदलता रंग ।
कालकूट किसमें भरा, किसका जाली ढंग ।। 20

खानदान जिसका सड़ा, जानो उसको विघ्न ।
ओछा धोखेबाज़ वो, होगा सदा कृतघ्न ।। 21

कौन साधु या साँप है, कौन है दगाबाज़ ।
जिसके हिरदय पाप है, बिगाड़ देगा काज ।। 22

कौन बला का बीज है, किसमें जरा न लाज ।
धूर्त फरेबी कौन है, इसका हो अंदाज ।। 23

किसकी नीयत है बुरी, कौन नीच हैवान ।
किसके दिल में कीच है, कौन तमस्–गुणवान ।।

किसमें कुमति है भरी, किसका करना खंड ।
किसको करनी है क्षमा, किसको देना दंड ।। 25

जो नर बेईमान है, उससे क्या इकरार ।
उसकी झूठी याचना, करो सदा इनकार ।। 26

काँटा छोटा ही सही, होता विष का मूल ।
उसे छोड़ कर देह में, देगा आगे शूल ।। 27

चिनगारी छोटी भी हो, दावाग्नि की बीज ।
वैरी पर करना दया, आत्मघात की चीज़ ।। 28

एक सड़ी सी प्याज भी, कर देती दुर्गंध ।
एक बूंद भी जहर की, हने कुटुंब सबंध ।। 29

लापरवाही अल्प भी, बने फाँस की डोर ।
गलत समय जो भूल की, फल उसका फिर घोर ।।

यद्यपि तुम अति शूर हो, बल भी हो भरपूर ।
दुश्मन को ना समझ कर, हो जाओगे चूर ॥ 31
नीति नियम को छोड़ कर, अगर किया अविचार ।
जनम-जनम भुगतें सजा, वंशज रिश्तेदार ॥ 32
दूषित जिसका खून है, उन पर कर विश्वास ।
आत्मघात का फिर उसी, गले लगेगा फाँस ॥ 33

श्लोक
शल्यं सूक्ष्मं तनोर्ज्ञात्वा नोत्सारणं हि दोषवत् ।
पूतिर्भूत्वा तनुं व्याप्य तद्द्विषस्य हि कारणम् ॥ 34
अग्नेः सूक्ष्मः कणश्चापि दावाग्नेर्मूलमुच्यते ।
शत्रुपक्षे दया तद्वद्-आत्मघातस्य कारणम् ॥ 35

भोली सूरत में छुपे, तक्षक जैसे लोग ।
तिनका सूक्ष्म भी यथा, देता विष का रोग ॥ 36
मियास-उद्दीन घोर का, महा दुष्ट सुलतान ।
बारबार हमला करे, भारत पर घमसान ॥ 37
दिल्ली पर उसने किया, हमला दसवीं बार ।
हारा फिर से युद्ध में, कैद हुआ इस बार ॥ 38
क्षमा याचना खूब की, दिया झूठ अहसास ।
कीन्हा पृथ्वीराज ने, छद्मी पर विश्वास ॥ 39
छोड़ दिया सुलतान को, करके बहु सम्मान ।
दूध पिलाया साँप को, सुहृद सच्चा मान ॥ 40
विनाश की हो जब घड़ी, पापी लगता पूत ।
झूठा लगता सत्य है, मिथ्या लगे सबूत ॥ 41
नीति छोड़ कर जो किया, उदारता से काम ।
महा भयानक फिर मिले, उसका दुष्परिणाम ॥ 42
हमला तुम पर जो करे, शस्त्र-सैन्य के साथ ।
उसको जीवन दान क्यों, करने आतमघात ॥ 43
रण पर आता युद्ध को, लेने तुमरी जान ।
उस पर करनी क्यों दया, शठ को सुहृद मान ॥ 44

श्लोक, सुभाषित
हत्वाऽवध्यं हि यत्पापं शास्त्रेषु विदितं खलु ।
वध्यं तदेव चाहत्वा पातकं कथितं तथा ॥ 45
"अवध्य के वध के लिए, शास्त्र कहत जो पाप ।
ना करके वध वध्य का, वही लगत है आप" ॥ 46

कीन्हा जो अफगान में, करने धर्म प्रसार ।
वह दुहराने हिंद में, आता बारंबार ॥ 47
घणी विफलता हिंद में, पाकर भी दस बार ।
घोरी लज्जित ना हुआ, ना माना वह हार ॥ 48
हमला ग्यारहवाँ किया, घोरी ने घमसान ।
लेकर सेना आगया, भारत में सुलतान ॥ 49
सेवक लाया साथ में, ऐबक कुतुबुद्दीन ।
घोरी जैसा दुष्ट था, धर्म-प्रसारण लीन ॥ 50
आया जब वह हिंद में, साथ मिला जयचंद ।
घर का भेदी, लालची, और बुद्धि का मंद ॥ 51
घोरी को दी सूचना, जयचंद ने तत्काल ।
"वन में पृथ्वीराज है, कर दो उस पर चाल" ॥ 52
निहार हमला म्लेच्छ का, अकस्मात अनिवार ।
अवाक् पृथ्वीराज था, लड़ने बेतैयार ॥ 53
छिड़ी लड़ाई जोर की, लड़ा खूब रणवीर ।
शर से आहत, गिर पड़ा, बदल गयी तकदीर ॥
कैद किया सुलतान ने, नमकहरामी जोड़ ।
दीन्हीं पृथ्वीराज की, दोनों आँखें फोड़ ॥ 54
घोरी वापस जब गया, संग लिये चौहान ।
ऐबक को दिल्ली मिली, बना नया सुलतान ॥ 55
ऐबक ने फिर नगर में, कीन्हे अत्याचार ।
गिरा दिये मंदिर कई, करने खड़ा मिनार ॥ 56

(अफगानिस्तान में)
आये जब वे घोर में, घोरी में था जोश ।
आयी जनता महल में, जय! जय! करती घोष ॥ 57
भरा प्रदर्शन घोर में, घोरी को आनंद ।
बंदी पृथ्वीराज था, सँग बरदाई चंद ॥ 58
उच्च मंच पर था खड़ा, घोरी का सुलतान ।
प्रजा खड़ी थी देखने, तिरंदाज तूफान ॥ 50
खड़े मंच के सामने, अन्धे पृथ्वीराज ।
सँग बरदाई चंद भी, बाज रहे थे साज ॥ 60
करके पृथ्वीराज को, गुप्त-भाष संकेत ।
बरदाई ने दे दिया, उसे ठीक संदेश ॥ 61
"चतुर-बाँस, चौबीस गज, उँगल-अष्ट प्रमाण ।
वहाँ खड़ा सुलतान है, चुकियो मत चौहान" ॥ 62
छोड़ा पृथ्वीराज ने, उसी लक्ष्य पर बाण ।
लगा बाण सुलतान को, छोड़े उसने प्राण ॥ 63

छ-अक्षरारंभ के राजप्रवाह

57. छिंदक नाग राजवंश, चक्रकोट, बस्तर (760-1324)

पूर्व देखिए : गोंड राजघराना (800–1781)

1. नृपति भूषण   945–1023
2. धारावर्ष
3. मधुरांतक देव
4. सोमेश्वर देव   1069–1111   धारावर्ष का पुत्र
5. कन्हार देव–1   1111–1122
6. जयसिंह देव
7. नरसिंह देव
8. कन्हार देव–2
9. हरिश्चंद्र देव   –1324

आगे देखिए : काकतीय राजवंश (1000–1323)

दोहा छंद – छिंदक नाग राजघराना

चक्रकोट कहते जिसे, भ्रमरकूट भी नाम ।
छिंदक नाग बसे वहीं, बस्तर था संस्थान ।। 1
छिंदक वंशी नाग को, सिंदवंश अभिधान ।
सदी आठवीं से हुआ, उद्भुत जिनका काम ।। 2
कोसल में जब कलचुरी, नृप करते थे राज ।
बस्तर में तब था बसा, छिंदक नाग समाज ।। 3
धार्मिक छिंदक नाग थे, शिल्प कला के मीत ।
मंदिर के निर्माण से, उन्हें बहुत थी प्रीत ।। 4

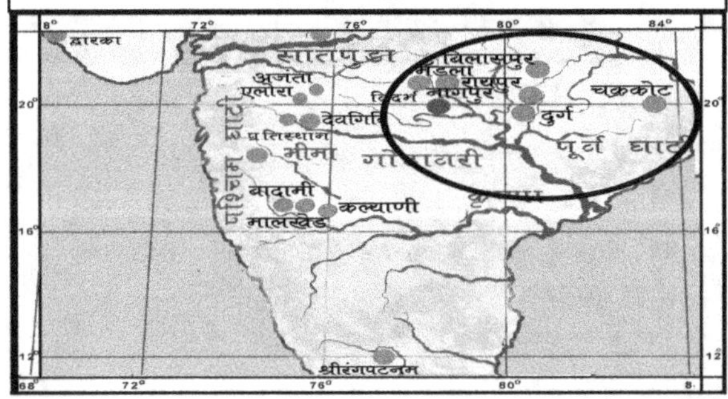

छिंदक नाग राजघराना

छत्तीसगढ़ के छिंदक नाग लोग सनातन गोंड (देखिए) वंश के वंशज माने जाते हैं.

बस्तर संस्थान में छिंदक नागवंशियों के शासन की सत्ता चक्रकोट में लगभग 400 साल तक चली थी. जब त्रिपुरी में कलचुरी राजवंश राज्य कर रहा था (825–1180) तब बस्तर में छिंदक नाग वंश सत्ताधीश था.

यद्यपि छिंदक नाग वंश आठवीं सदी के सन 760 से ही सत्ता में था, इस वंश का संस्थापक राजा नृपतिभूषण (945–1023) जाना जाता है.

राजा सोमेश्वर देव (1069–1111) धार्मिक एवं कला प्रिय शासक था. उसके बनाए हुए कई सुंदर मंदिर और तालाब अभी भी विद्यमान हैं.

छिंदक नाग वंश दक्षिण कोशल के रत्नपुर के कलचुरी (1000–1745) राजा छिंदक नाग वंश के तीन सदियाँ प्रतिस्पर्धी थे. छिंदक नाग राजा सोमेश्वरदेव (1069–1111) ने अनेक मंदिरों और तालाबों का निर्माण किया था.

सन 1324 में छिंदक नागवंश के अंतिम शासक हरिश्चंद्र देव को अनुमकोंडा (वारंगल) के अंतिम काकतीय राजा प्रतापरुद्रदेव–2 (1295–1325) ने हराया था तभी छिंदक नाग वंश की सत्ता काकतीय राज्य में विलीन होकर छिंदक नाग वंश का अंत होगया था.

ज-अक्षरारंभ के राजप्रवाह

58. जाडेजा राजवंश, कच्छ-सौराष्ट्र (1203-1948)

1.	लाखोजी–1	1203–1231	धयोजी जाडेजा का पुत्र
2.	लाखा घुरारा–1	1231–1270	
3.	जाम मूड़ा	1270–1295	लाखा–1 का पुत्र
4.	जाम सारा	1295–1300	जाम मूड़ा का पुत्र
5.	जाम फूला	1300–1320	जाम सारा का पुत्र
6.	जाम लाखा–2	1320–1350	
7.	जाम पूरा	1350–1365	जाम लाखा–2 का भतीजा
8.	जाम रायधन–2	1365–1385	जाम पूरा का पुत्र
9.	जाम आठोजी	1385–1405	जाम रायधन–2 का पुत्र
10.	जाम गोदाजी–1	1405–1430	जाम आठोजी का पुत्र
11.	जाम वेहांजी	1430–1450	जाम गोदाजी–1 का पुत्र
12.	जाम मदराजी	1450–1470	जाम वेहांजी का पुत्र
13.	जाम कान्होजी	1470–1490	जाम मदराजी का पुत्र
14.	जाम अमरजी	1490–1510	जाम कान्होजी का पुत्र
15.	जाम भीमजी	1510–1525	जाम अमरजी का पुत्र
16.	जाम हमीरजी	1525–1537	जाम भीमजी का पुत्र
17.	जाम रावलजी	1537–1548	जाम हमीरजी का पुत्र
18.	राव खेंगार–1	1548–1585	
19.	राव भरमल–1	1585–1631	राव खेंगार–1 का पुत्र
20.	राव भोजराज	1631–1645	राव भरमल–1 का पुत्र
21.	राव खेंगार–2	1645–1654	राव भोजराज का पुत्र
22.	राव तमाची	1654–1662	राव खेंगार–2 का भाई
23.	राव रायधन–3	1662–1697	राव तमाची का पुत्र
24.	राव प्रागमल–1	1697–1715	राव रायधन–3 का पुत्र

जाडेजा राजघराना

चंद्रवंशी जाडेजा राजघराना राजा पुरुरवा, नहुश और ययाति के कुल परंपरा में यदु, कुरु, विदुरथ, शूरसेन, वसुदेव, श्रीकृष्ण, प्रद्युम्न, अनिरुद्ध, गजपत, भुपत, आदि की वंशज परंपरा में जाम नरपत सावंत (683–701), जाम समा सावंत (701–757), जाम जेहो सावंत (757–831), जाम नेतो सावंत (831–855), जाम नोतीयार (865–870), जाम ओघर (870–881), जाम ओथो (881–898), जाम राहु (898–918), जाम ओढार (931–942), जाम लखियार (942–956), जाम धूरारी (956–986), जाम उन्नड़ (986–991), जाम समो (991–1041), जाम काकू (1041–1062), जाम रायधन–1 (1062–1092), जाम प्रताप (1092–1112), जाम समधड़ (1112–1182), जाम जाड़ो (1182–1203), आदि के पश्चात् प्रथम जाडेजा राजा हुए जाम लाखोजी जाडेजा (1203–1231)।

इस म्हान जाडेजा वंश ने कच्छ-सौराष्ट्र के क्षेत्र में लगभग 750 साल राज्य किया।

25. राव गोदाजी–2	1715–1718	राव प्रागमल–1 का पुत्र
26. राव देसल–1	1718–1741	राव गोदाजी–2 का पुत्र
27. राव लाखा–3	1741–1760	राव देसल–1 का पुत्र
28. राव गोदाजी–3	1760–1778	राव लाखा–3 का पुत्र
29. राव रायधन–34	1778–1814	राव गोदाजी–3 का पुत्र
30. राव भरमल–2	1814–1819	राव रायधन–4 का पुत्र
31. राव देसल–2	1819–1860	राव भरमल–2 का पुत्र
32. राव प्रागमल–2	1860–1876	राव देसल–2 का पुत्र
33. राव खेंगार–3	1876–1942	राव प्रागमल–2 का पुत्र
34. राव विजयराज	1942–1947	राव खेंगार–3 का पुत्र
35. राव प्रद्युम्न	1947–1948	राव विजयराज का पुत्र

दोहा छंद – जाडेजा राजघराना

जाडेजा गुजरात का, राजपूत था वंश ।
कच्छ–भुज–सौराष्ट्र के, जाम वंश का अंश ।। 1

क्षत्रिय थे यदुवंश के, अत्रि गोत्र के वीर ।
लड़ते थे तलवार से, और चलाते तीर ।। 2

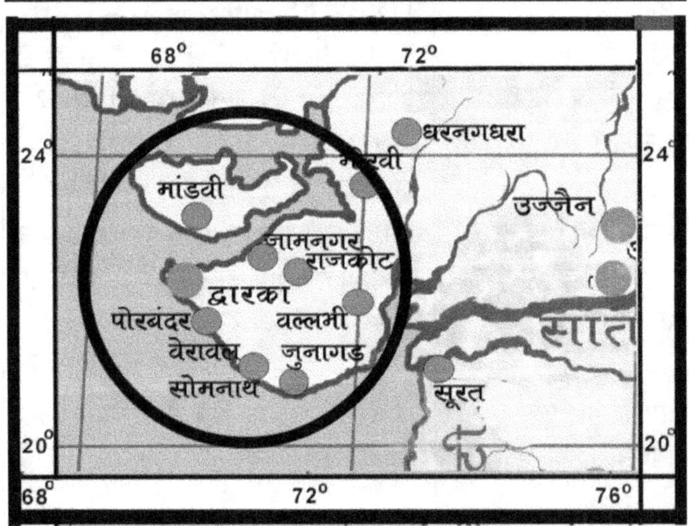

जाडेजा राजघराना, आगे

जाम समधड सावंत का पुत्र था जाड़ो सावंत जिसके वंशज जाडेजा कहलाए गए. राजकोट की जाडेजा शाखा में जाम रावल सावंत (1561–1618), जाम विभाजी सावंत (1618–1625), जाम छत्रसाल सावंत (1625–1664), आदि महान पूर्वज होगए..

इस राजघराने के जाम लाखाधिराज (1907–1930) ने राजकोट में आधुनिक शिक्षा पर महत्व दिया और इसके साथ ही राज्य में प्रौढ़ विवाह आदि सामाजिक सुधारणाएँ लाई. लाखाधिराज ने कृषि क्षेत्र में भी किसानी उच्च स्तर पर लाई और राज्य में लोकप्रियता प्राप्त कर ली. लाखाधिराज जी को महात्मा गांधी (1869–1948) से स्नेह प्राप्त था.

लाखाधिराज जी के बाद ठाकुर धर्मेंद्रसिंह जी (1930–1940) के समय में राजकोट में आंदोलन आरंभ हुआ और सत्ता के विरुद्ध सन 1938 में गांधीजी सत्याग्रह पर बैठ गए. परिणामत: राज्य व्यवस्था प्रतिनिधि मंडल के हाथ में आगई. काठेवाड में फिर रेल, सड़कें, कपड़े के कारखाने, अस्पताल, छापखाने, आदि बड़े पैमाने पर खुल गए और राजकोट को प्रगति बढ़ गई.

हिंदू राजतरंगिणी, सांस्कृतिक ज्ञानगंगा

ङ-अक्षरारंभ के राजप्रवाह

59. डोगरा राजवंश, जम्मू-काश्मीर (1812-1947)

पूर्व देखिए : सिख राजवंश (1799–1849)

1. गुलाब सिंह   1822–1856
2. रणबीर सिंह   1856–1885 गुलाब सिंह का पुत्र
4. प्रताप सिंह   1885–1925 रणबीर सिंह का भाई
5. हरि सिंह   1925–1947 प्रताप सिंह का भाई
   करन सिंह

दोहा छंद – डोगरा राजघराना

इक्ष्वाकु के वंश में, जन्मे जो नरवीर ।
उन्हीं कुलों में डोगरे, जाने हैं रणधीर ।। 1
लंबा कुर्ता रेशमी, सिर पर पगड़ी डाल ।
कन्धे पर परना सजे, वही डोगरा लाल ।। 2
शाकाहारी लोग ये, खाते "कचूर" माल ।
हलवा पुड़ी, ठेकुए, चावल रोटी दाल ।। 3
दधि-लस्सी का शौक भी, पूए लच्छेदार ।
साथ बैठ कर संग में, खाते अंब अचार ।। 4
नाच-गान का शौक भी, गीतों का आलाप ।
नियमित पूजा पाठ भी, गायत्री का जाप ।। 5

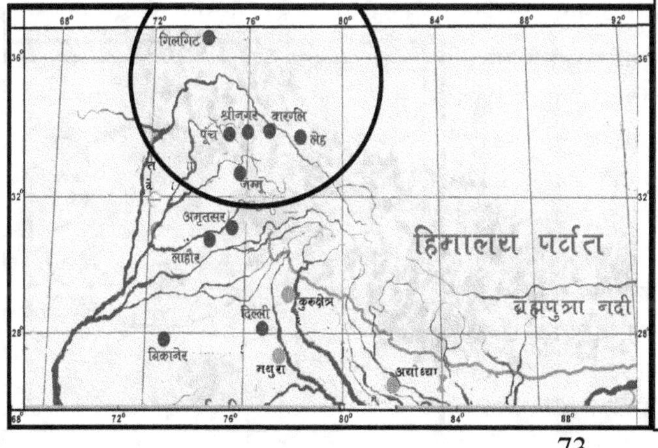

डोगरा राजघराना

जम्मू, काश्मीर, लद्दाख और गिलगित-बाल्टिस्तान के राजपूत डोगरा राजघराने के संस्थापक महाराजा गुलाब सिंह थे. महाराजा गुलाब सिंह (1792–1857) जामवाल कुल के क्षत्रिय थे. वे आरंभ में सिख महाराजा रणजीत सिंह (1780–1839) की सेना में नियुक्त थे और आगे चल कर जम्मू के राजा बन गए थे.

सिख साम्राज्य अंग्रेजों के हाथ में आने के बाद सन 1822 में गुलाब सिंह डोगरा ने ईस्ट-इंडिया कंपनी से जम्मू, काश्मीर, लद्दाख और गिलगित-बाल्टिस्तान क्षेत्र खरीद लिया और डोगरा साम्राज्य के अधिकृत महाराजा बन गए.

सन 1843 मे गुलाभ सिंह ने लद्दाख के नामग्याल राजवंश (1460–1842) से बाल्टिस्तान के समेत लद्दाख जीत कर वहाँ डोगरा सत्ता (1843–1947) स्थापन कर दी.

अक्तूबर 26, 1947 पर डोगरा राजघराने के अंतिम महाराजा हरि सिंह (1895–1961, सत्ता 1925–1947) ने अपना संपूर्ण साम्राज्य भारतीय गणराज्य में हस्तांतरित कर दिया था और उनके पुत्र करन सिंह डोगरा (ज. 1931) स्वतंत्र भारत सरकार के मंत्री बन गए.

त-अक्षरारंभ के राजप्रवाह

60. तोमर राजवंश, दिल्ली (736-1192), ग्वालियर (1375-1523)

पूर्व देखिए : गुर्जर-प्रतिहार राजवंश, भिनमाल, राजस्थान (400–725)

1.	अनंगपाल-1	736–754
2.	विशाल	754–773
3.	गांगेय देव	773–794
4.	पृथ्वीमल	794–814
5.	जगदेव	814–834
6.	नरपाल	834–849
7.	उदयपाल	849–875
8.	आपृच्छदेव	875–897
9.	पीपलरायदेव	897–919
10.	रघुपाल	919–940
11.	तील्हणपाल	940–944
12.	तोलपाल	944–961
13.	गोपाल	961–979
14.	सुलक्षणपाल	979–1005
15.	यशपाल	1005–1021
16.	कुंवरपाल	1021–1051
17.	अनंगपाल-2	1051–1081
18.	तेजपाल	1081–1105
19.	महीपाल	1105–1130
20.	विजयपाल	1130–1151
21.	मदनपाल	1151–1167
22.	पृथ्वीराज तोमर	1167–1189
23.	**गोविंदराज**	**1189–1192**

पृथ्वीराज चौहान का पुत्र

आगे: चौहान रणथंभौर (1194–1301)

तोमर राजघराना

गुर्जर-प्रतिहार (400–725) राजघराने की सत्ता दिल्ली क्षेत्र पर क्षीण होते समय तोमर राजपूतों ने दिल्ली और आसपास के क्षेत्र पर अपना अधिकार स्थापन कर दिया. तोमर वंश का संस्थापक दिल्ली के लालकोट के निर्माता राजा अनंगपाल (736–754) को माना जाता है.

राजा अनंगपाल-2 (1051–1081) अजयमेरु (अजमेर) के राजा राय पिथौरा पृथ्वीराज चौहान (1177–1192) की पत्नी संयोगिता के नाना थे और कन्नोज का कुविख्यात राजा जयचंद राठौड़ (1170–1194) उसका पिता था. पांडवों के इंद्रप्रस्थ बसाने के हजारों साल बाद तोमर घराने को पुन: दिल्ली राजधानी बसाने का शुभ अवसर प्राप्त हुआ था. दिल्ली के अलावा पंजाब, हरियाणा, ग्वालियर उत्तर प्रदेश के राज्य भी दिल्ली के तोमर शासकों के आधीन थे. इतिहास में राजा अनंगपाल-1 के बीलनदेव, जाऊलदेव आदि नाम भी मिलते हैं.

तोमर राजा मदनपाल (1151–1167) के समय अजयमेरु के प्रतापी शासक विग्रहराज-4 चौहान (1153–1166) ने दिल्ली पर अधिकार स्थापन कर लिया था. मदनपाल तोमर ने विग्रहराज की शूरता से प्रभावित होकर उसे अपनी कन्या देसलदेवी विवाह में दी थी.

61. ग्वालियर के तोमर :

1.	वीरसिंह	1375–1400
2.	उद्धरणदेव	1400–1402
3.	विरामदेव	1402–1423
4.	गणपति	1423–1425
5.	डुंगरसिंह	1425–1459
6.	कीर्तिसिंह	1459–1480
7.	कल्याणसिंह	1480–1486
7.	मानसिंह	1486–1516
9.	विक्रमादित्य	1516–1523

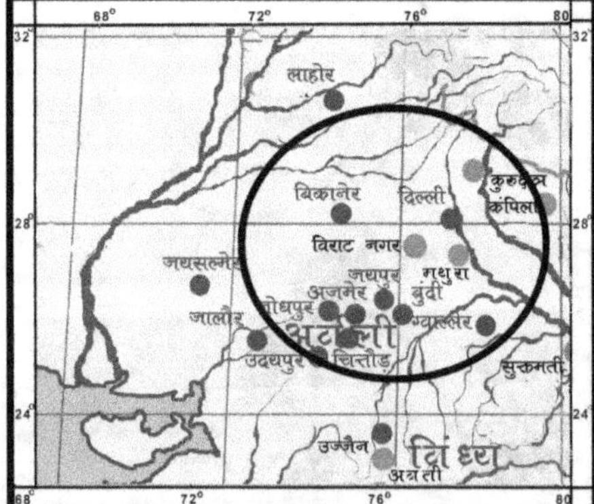

62. त्रिपुरा का माणिक्य राजवंश, अगरतला (1400-1948)

पूर्व देखिए : ययाति राजवंश (सनातन काल)

1.	महामाणिक्य	1400–1431	
2.	धर्म माणिक्य –1	1431–1462	महामाणिक्य का पुत्र
3.	रत्न माणिक्य–1	1462–1487	धर्म माणिक्य–1 का पुत्र
4.	प्रताप माणिक्य	1487–1487	रत्न माणिक्य का पुत्र
5.	विजय माणिक्य–1	1487–1488	प्रताप माणिक्य का भाई
6.	मुकुट माणिक्य	1488–1489	विजय माणिक्य का भाई
7.	धन्य माणिक्य	1489–1515	मुकुट माणिक्य का भाई
8.	ध्वज माणिक्य	1515–1520	धन्य माणिक्य का पुत्र
9.	देव माणिक्य	1520–1530	ध्वज माणिक्य का भाई
10.	इन्द्र माणिक्य	1530–1532	देव माणिक्य का पुत्र
11.	विजय माणिक्य–2	1532–1563	इन्द्र माणिक्य का भाई
12.	अनंत माणिक्य	1563–1567	विजय माणिक्य–2 का पुत्र
13.	उदय माणिक्य	1567–1573	अनंत माणिक्य का ससुर
14.	जय माणिक्य	1573–1577	उदय माणिक्य का पुत्र
15.	अमर माणिक्य	1577–1585	देव माणिक्य का पुत्र
16.	राजधर माणिक्य–1	1585–1600	अमर माणिक्य का पुत्र
17.	ईश्वर माणिक्य	1600–1600	राजधर माणिक्य का पुत्र
18.	यशोधर माणिक्य	1600–1618	ईश्वर माणिक्य का भाई
19.	कल्याण माणिक्य	1618–1660	महामाणिक्य का वंशज
20.	गोविंद मीणक्य–1	1660–1661	कल्याण माणिक्य का पुत्र
21.	छत्र माणिक्य	1661–1667	गोविंद माणिक्य का भाई
22.	गोविंद माणिक्य–2	1667–1673	कल्याण माणिक्थ का पुत्र
23.	राम माणिक्य	1673–1684	गोविंद माणिक्य–2 का पुत्र
24.	रत्न माणिक्य–2	1684–1693	राम माणिक्य का पुत्र
25.	नरेंद्र माणिक्य	1693–1695	राम माणिक्य का भतीजा
26.	रत्न माणिक्य–2	1695–1712	दूसरी बार

त्रिपुरा का माणिक्य राजघराना

चंद्र वंशीय द्रुहु के पुत्र बभ्रु को कपिल मुनि ने किरात देश का अभिषेक कराया था. उसी वंश का पन्द्रहवा राजा प्रसेन दशरथ के अश्वमेध यज्ञ मे उपस्थित था. उस प्रसेन का त्रिपुर नामक दैत्य वंशज महाभारत काल में अश्वत्थामा से विद्या सीखा था. इस त्रिपुर दैत्य के वंशजों ने माणिक्य उपाधि परंपरागत प्राप्त कर ली थी. ययाति के 39 वे वंशज के माणिक्य राज्य को त्रिपुरा देवी की माया से त्रिपुरा नाम प्राप्त होगया. यह स्थान हिंदू धर्म के 51 शक्ति पीठों में एक था.

त्रिपुरा राज्य की राजधानी गोमती नदी के किनारे उदयपुर थी, जिसे 18 वीं सदी में अगरतला में स्थानांतरित किया गया. इस राज्य के 144 राजाओं ने असम और बर्मा तक राज्य विस्तार किया था. इसका उल्लेख राजमाला में किया गया है.

आगे देखिए ...

27. महेन्द्र माणिक्य	1712–1714	नरेंद्र माणिक्य का भाई
28. धर्म माणिक्य–2	1714–1725	महेंद्र माणिक्य का भाई
29. जगत माणिक्य	1725–1729	छत्र माणिक्य का प्रपौत्र
30. धर्म माणिक्य–2	1729–1733	दूसरी बार
31. मुकुन्द माणिक्य	1733–1739	रत्न माणिक्य–2 का भाई
32. जय माणिक्य–2	1739–1744	छत्र माणिक्य का वंशज
33. इन्द्र माणिक्य–2	1744–1746	मुकुन्द माणिक्य का पुत्र
34. विजय माणिक्य–3	1746–1748	जय माणिक्य–2 का भाई
35. लक्ष्मण माणिक्य	1748–1760	धर्म माणिक्य2 का पोता
36. कृष्ण माणिक्य–1	1760–1783	मुकुन्द माणिक्य का पुत्र
37. राजधर माणिक्य–2	1783–1804	कृष्ण माणिक्य का पुत्र
38. राम गंगा माणिक्य–1	1804–1809	राजधर माणिक्य–2 का पुत्र
39. दुर्गाप्रसाद माणिक्य	1809–1813	लक्ष्मण माणिक्य का पुत्र
40. राम गंगा माणिक्य–2	1813–1826	राम गंगा माणिक्य–1 का भाई
41. काशी चंद्र माणिक्य	1826–1829	राजधर माणिक्य–2 का पुत्र
42. कृष्ण माणिक्य–2	1829–1849	राम गंगा माणिक्य–2 का पुत्र
43. ईशानचंद्र माणिक्य	1849–1862	कृष्ण माणिक्य–2 का पुत्र
44. वीरचंद्र माणिक्य	1862–1896	ईशानचंद्र माणिक्य का भाई
45. राधाकिशोर माणिक्य	1896–1909	वीरचंद्र माणिक्य का पुत्र
46. वीरेन्द्र माणिक्य	1909–1923	राधाकिशोर माणिक्य का पुत्र
47. विक्रम माणिक्य	1923–1947	वीरेन्द्र माणिक्य का पुत्र
48. किरीट माणिक्य	1947–1948	विक्रम माणिक्य का पुत्र

माणिक्य राजघराना, आगे

राजमाला के अनुसार त्रिपुरा राज्य के उत्तर में खासी पहाड़ी, उत्तर पूर्व में मणिपुर राज्य, पूर्व में आराकान पहाड़ी, दक्षिण में बंगाल का उपसागर और पश्चिम में ब्रह्मपुत्रा नदी आती थी।

इस राज्य के 48 नरेशों में सर्व श्रेष्ठ राजा थे विजय माणिक्य–2 (1532–1563) और धर्म माणिक्य–2 (1714–1725). 19 वीं सदी में राजा वीरचंद्र माणिक्य देववर्मा (1862–1896) ने अपने शासन का आधुनिकरण किया था।

बीसवी सदी में वीरेंद्र माणिक्य (1909–1923) राजा के काल से माणिक्य राजाओं ने महाराजा की उपाधि धारण की थी।

63. त्रैकूटक राजवंश, जुन्नर, महाराष्ट्र (388-492)

पूर्व देखिए : वाकाटक राजघराना, नंदिवर्धन (250–510)

1. शिवदत्त —
2. इन्द्रसेन 388–445 शिवदत्त का पुत्र
3. दहसेन 445–475 इन्द्रसेन का पुत्र
4. व्याघ्रसेन 475–492 दहसेन का पुत्र

आगे देखिए : वाकाटक राजवंश, नंदिवर्धन (250–510)

दोहा छंद – राजघराना

त्रैकूटक महाराष्ट्र के, हैहय कुल का अंश ।
सत्ता कोकण क्षेत्र में, इन्द्रदत्त का वंश ।। 1

महाराज शिवदत्त का, इन्द्रदत्त था पुत्र ।
वैष्णव भक्त कुटुंब से, माता माढर गोत्र ।। 2

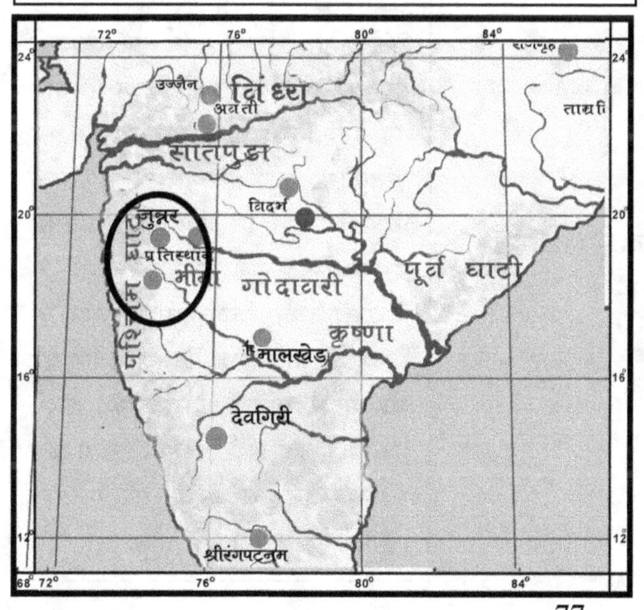

श्रैकूटक राजघराना

महाकवि कालिदास के रघुवंश महाकाव्य में कहे गए त्रैकूटक लोग उत्तर कोंकन के पश्चिम महाराष्ट्र और दक्षिण गुजरात के मूल निवासी थे. त्रैकूटक राजवंश की राजधानी महाराष्ट्र के जुन्नर शहर में थी.

त्रैकूटक घराना मूल में अहीर अथवा आभीर अथवा देवगिरि के यादव वंश की एक पुरातन शाखा थी जो वाकाटक कुल (250–510) का एक वंशज मानी जाती है.

त्रैकूटक लोगों को गुजरात के हैहय कुल का भी वंशज माना जाता है. गुजरात के वृष्णि कुलीन यादव अथवा अहीर लोग महाराष्ट्र के देवगिरि के यादवों के रिश्तेदार होते हैं. शिवदत्त पुत्र राजा इन्द्रसेन (388–445) की माता माढर गोत्र की थी. सन 492 में नंदीवर्धन के वाकाटक राजा हरिषेण (490–510) के आक्रमण से त्रैकूटक राजवंश का अंत होगया.

त्रैकूटक राजा विष्णु भक्त होते थे. इनके चाँदी के सिक्के होते थे. राजा दहसेन ने अश्वमेध यज्ञ करके अभिषेक किया था.

थ-अक्षरारंभ के राजप्रवाह

थाईलैण्ड, कम्बोडिया, विएतनाम, लाओस (50-1948)

१. थाईलैण्ड,	व्याध्पुर	(50-627)
२.	सुखदाई	(1238-1438)
३.	अयोध्या	(1351-1782)
४.	बैंगकोक	(1782-1948)
४. विएतनाम,	चंपा	(192-645)
५.	चेनला	(550-788)
६. कम्बोडिया,	यशोदापुर	(802-1353)
७. लाओस,	व्याध्पुर	(1353-1706)

64. थाईलैंड, फूनान राजवंश, व्याध्पुर (50-627)

पूर्व देखिए : चोला राजवंश, तंजावर (50-1279)

1. कम्बू
2. सोम
3. कौण्डिण्य-1
4. कौण्डिण्य-2
5. इन्द्रवर्मा   434–
6. जयवर्मा   484–
7. रुद्रवर्मा   514–
8. सार्वभौमवर्मा   550–627

65. थाईलैंड, इन्द्रादित्य राजवंश, सुखदाई (1238-1438)

पूर्व देखिए : फूनान राजवंश, व्याध्पुर (50-627)

1. इन्द्रादित्य   1238–1275
2. महाधर्मराज–1   1275–1279
3. राम   1279–1317
4. महाधर्मराज–2   1317–1354
5. महाधर्मराज–3   1354–1376
6. महाधर्मराज–4   1376–1406

थाईलैंड, कम्बोडिया, विएतनाम, लाओस

सयाम-कम्पुचिया क्षेत्र पर हिंदू संस्कृति का प्रभाव फूनान राजाओं के काल में (50–627) पड़ा था, और वह इतना गहरा होता गया कि एक समय हिंदू संस्कृति कम्पुचिया (कम्बोडिया) के खमेर साम्राज्य का राष्ट्रधर्म बन गई थी.

खमेर समाज को मिली हुई पवित्रता के परिणाम स्वरूप बारहवीं शती में कम्बोडिया के सम्राट सूर्यवर्मा–2 (1113–1150) के चरित्र और सांस्कृतिक सुकृत कार्य को निहारते हुए जनता ने सम्राट को विष्णु भगवान का आशीर्वाद प्राप्त देवता मान कर अंगकोर वाट (विष्णुविश्व) नामक विश्वश्रेष्ठ मंदिर बना कर शाश्वत प्रमाण सिद्ध कर दिया.

कम्बोडिया, विएतनाम, लाओस में विष्णु के साथ–साथ शिव भगवान को भी मंदिर-मूर्तियों द्वारा पूजा गया, जिनके आश्चर्य जनक उदाहरण स्थान-स्थान पर आज भी सनातन स्थिति में विद्यमान हैं

| 7. | महाधर्मराज–5 | 1406–1419 |
| 8 | महाधर्मराज–6 | 1419–1438 |

66. थाईलैंड, अयोध्या (Ayuthia) (1351-1782)

पूर्व देखिए : इन्द्रादित्य राजवंश, सुखदाई (1238-1438)

1.	राम–1 त्रिबोधी	1351–1369
2.	राम–2	1369–1370
3.	ब्रह्मराज–1	1370–1388
4.	राम–3	1388–1395
5.	राम–4	1395–1408
6.	इन्द्रराज	1408–1424
7.	ब्रह्मराज–2	1424–1448
8.	ब्रह्मराज त्रैलोकनाथ	1448–1488
9.	ब्रह्मराज–3	1488–1491
10.	राम–5	1491–1529
11.	ब्रह्मराज–4	1529–1534
12.	ब्रह्मराज–5	1758–1767
13.	दक्षिण	1767–1782

आगे देखिए : राम राजवंश, बैंगकोक (1782-1948)

67. थाईलैंड, राम राजवंश, बैंगकोक (1782-1948)

पूर्व देखिए : फूनान राजवंश, व्याधपुर (50-627)

1.	राम–1, महान	1782–1809
2.	राम–2	1809–1824
3.	राम–3	1824–1851
4.	राम–4	1851–1868
5.	राम–5	1868–1910
6.	राम–6	1910–1925
7.	राम–7	1925–1935
8.	राम–8	1935–1946
9.	राम–9	1946–1948 (2016)

थाईलैंड, कम्बोडिया, विएतनाम, लाओस ...आगे

लाओसी रामायण (फ्रा लाक फ्रा लाम) की पवित्रता ने देश-प्रदेश को नीति, स्त्री-रक्षा, स्नेह भाव, सेवा भाव, बंधु भाव, आदि सदाचारों से उर्जित कर दिया था।

कहा जाता है कि बाली में हिंदू संस्कृति महर्षि मार्कण्डेय लाए थे।

कम्बोडिया में रामायण रामकीर्ति नाम से लोकप्रिय होकर संस्कृतिक प्रगति का साधन बन गया था।

विएतनाम द्वीप समूह के हिंदू राजाओं ने चम्पा नगर राज्य समूह स्थापन करके अपना साम्राज्य एक शृंखला में जोड़ रखा था।

कम्बोडिया, लाओस, थाईलैण्ड, विएतनाम, जावा, सुमात्रा, बाली, आदि प्रदेशों पर जहाँ फूनान साम्राज्य (50–627) स्थापन था वहाँ हिंदू संस्कृति राजधर्म के रूप में सर्वमान्य होगई थी।

हिंदुधर्म के पावन प्रभाव से 15वीं सदी तक, अन्य धर्मों केआगमन के पूर्व, कम्बोडिया और अन्य दक्षिण-पूर्व द्वीप समाज अहिंसा और शांतिप्रिय, अधर्महीन, सुप्रगतिशील स्वर्ग स्वरूप बसा था।

68. विएतनाम, श्रीमार राजवंश, चंपा (192-645)
पूर्व देखिए : फूनान राजवंश, व्याध्पुर (50-627)

1.	श्रीमार	192–
2.	भद्रवर्मा	
3.	गंगराज	
4.	मनोरथवर्मा	
5.	देववर्मा	510–526
6.	विजयवर्मा	526–529
7.	रुद्रवर्मा	529–572
8.	शंभुवर्मा	572–629
9.	प्रभासवर्मा	629–645

आगे देखिए : भववर्मा राजवंश, चेनला (550-802)

69. विएतनाम, भववर्मा राजवंश, चेनला (550-788)
पूर्व देखिए : श्रीमार राजवंश, चंपा (192-645)

1.	भववर्मा–1	550–600
2.	महेंद्रवर्मा	600–616
3.	ईशान्यवर्मा	616–635
4.	भववर्मा–2	635–657
5.	जयवर्मा–1	657–690
6.	रानी जयदेवी	690–713
7.	शंभुवर्मा–1	713–716
8.	पुष्कराक्ष	716–730
9.	शंभुवर्मा–2	730–760
10.	राजेन्द्रवर्मा	760–780
11.	महीपतिवर्मा	780–788

70. कम्बोडिया, वर्मा राजवंश, यशोदापुर (802-1353)
पूर्व देखिए : फूनान राजवंश, व्याध्पुर (50-627)

1.	जयवर्मा–1	802–850
2.	जयवर्मा–2	850–876

थाईलैंड, कम्बोडिया, विएतनाम, लाओस ...आगे

थाईलैंड में लोकप्रिय रामायण को रामकिन (रामकीर्ति) कहा जाता है, जिसने जन जागृति का महान कार्य किया.

यह रामकिन रामायण बैंगकोक थाईलैण्ड के राम राजवंश (1782–1948) के महान राजा राजा राम–1 (1782–1809) ने लिखा था.

इन रामायण के नाटक–नृत्यों को रंग भूमि पर सज धज कर दिखाया जाता था और नाटकों के सुंदर दृश्य के रंगीन चित्र बेंगकोक के राजमहलों मे लगाए जाते थे.

3.	इन्द्रवर्मा–1	876–889
4.	यशोवर्मा–1	889–900
5.	हर्षवर्मा–1	900–921
6.	ईशान्यवर्मा	921–928
7.	जयवर्मा–3	928–942
8.	हर्षवर्मा–2	968–944
9.	राजन्द्रवर्मा	944–968
10.	जयवर्मा–4	968–1001
11.	उदयादित्यवर्मा–1	1001–1002
12.	जयवर्मा–5	1002–1003
13.	सूर्यवर्मा–1	1003–1050
14.	उदयादित्यवर्मा–2	1050–1066
15.	हर्षवर्मा–3	1066–1080
16.	जयवर्मा–6	1080–1107
17.	धरणीधरवर्मा–1	1107–1113
18.	सूर्यवर्मा–2	1113–1150
19.	धरणीधरवर्मा–2	1150–1160
20.	यशोवर्मा–2	1160–1166
21.	त्रिभुवनादित्यवर्मा	1166–1181
22.	जयवर्मा–7	1181–1219
23.	इन्द्रवर्मा–2	1219–1243
24.	जयवर्मा–8	1243–1295
25.	इन्द्रवर्मा–3	1295–1308
26.	इन्द्रवर्मा–4	1308–1327
27.	जयवर्मा–9	1327–1353

71. लाओस, लैन-झांग राजवंश, व्याध्पुर (1353-1706)

पूर्व देखिए : वर्मा राजवंश, कम्बोडिया, यशोदापुर (802-1353)

1.	श्री शुद्ध नगर	1353–1372
2.	श्री भुवननाथ देव	1372–1417

थाईलैण्ड की तरह कम्बोडिया में भी रामयण के नाट्य और नृत्य प्रदर्शन दक्षिण-पूर्व देशों में सबसे बड़े पैमाने पर प्रस्तुत होते थे. कम्बोडिया राज्य से विएतनाम, लाओस, मलाया, जावा, सुमात्रा आदि देशों में रामायण और हिंदुधर्म संस्कृति का प्रचार किया जाता था.

3.	श्री लक्ष्मण सिंह	1417–1428
4.	श्री ब्रह्म कुमार	1428–1429
5.	श्री युगाधर	1429–1430
6.	श्री कुणिकाम	1430–1432
7.	श्री काम धर्मसार	1432–1433
8.	श्री भुवन बाण	1433–1436
9.	श्री काम कीर्ति	1436–1438
10.	श्री भीम महादेवी	1438–1441
11.	श्री शंख चक्रपति	1441–1479
12.	श्री सुवर्मा	1479–1486
13.	दया भुवन नाथ	1486–1495
14.	जंबूय राजश्री	1495–1500
15.	श्री विष्णु	1500–1520
16.	भूमि नरेन्द्र	1520–1548
17.	भुवनादि आदिपति	1548–1572
18.	बुद्धिसेन	1572–1575
19.	वीर वर्मा	1575–1580
20.	श्री सुमंगल	1580–1583
21.	नवी राजा	1583–1591
22.	राजा भूपति	1591–1596
23.	वीर वामन	1596–1622
24.	बुद्धीश	1622–1627
25.	माणिक्य	1627–1633
26.	धर्म कर्म	1633–1637
27.	विजय राज	1637–1638
28.	सूर्यवर्मा	1638–1690
29.	चंद्रालय	1690–1695
30.	नंदराज	1695–1698
31.	धार्मिक चंद्रपुरी	1698–1706

दोहा छंद – लाओस का राजघराना

पावन जन लाओस के,
    हिंदुधर्म से पृक्त ।
शैव-विष्णु की भक्ति से,
    हुए पाप से मुक्त ॥ 1

जब तक हिंदू धर्म था,
    प्रदेश पर सर्वत्र ।
तब तक था न अधर्म का,
    भाव कहीं अपवित्र ॥ 2

न-अक्षरारंभ के राजप्रवाह

72. नंद राजवंश, पाटलिपुत्र (344-322 BC)

पूर्व देखिए : शिशुनाग राजवंश (413–344 ई.पू.)

1. महापद्म   344 ई.पू.
2. पांडुक   महापद्म का पुत्र
3. पांडुगति   पांडुक का भाई
4. भूतपाल
5. राष्ट्रपाल
6. दैवानंद
7. यज्ञभंग
8. मौर्यानंद
9. धनानंद   329 –322 ई.पू

आगे देखिए : मौर्य राजवंश (322–184 ई.पू.)

दोहा छंद – नंद राजघराना

नंद वंश के राज्य के, सुश्रुत थे सब काम ।
महापद्म नृप वीर था, जैसे परशूराम ।। 1
पुण्य पुरुष इस वंश का, कहते इसे पुराण ।
नंद राज्य समृद्ध था, देते लेख प्रमाण ।। 2

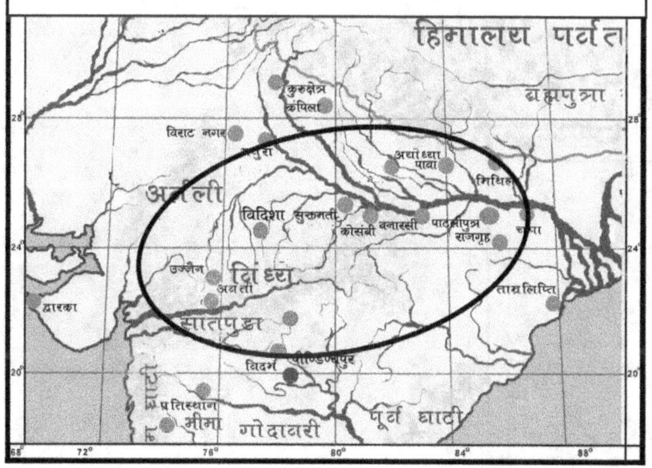

नंद राजघराना

सन 362 ई.पू. तक नंद वंश के प्रथम राजा महापद्म ने तत्कालीन पांचाल, काशी, कलिंग, अश्मक, मिथिल, कुरू आदिक देशों के राजाओं को प्यार अथवा वार से जीत कर अपनी सत्ता उत्तर भारत में और विंध्य पर्वत के दक्षिण में भी विशाल कर ली थी.

नंद राजाओं ने अपने राज्यों में व्यापार के लिए नए मापन तरीके आरंभ किए थे यह पाणिनि के (2, 2, 21) सूत्रों के कार्तिकों से ज्ञात होता है.

नंद राज्य की हाथी, घोड़े, सैनिक और रथों की चतुरंगिणी सेना बहुत विशाल एवं शूर होने का सबूत इतिहास में प्रचुर मिलता है. नंद राज्य समृद्ध और श्रीमंत होने का भी विवरण पुराणों में विद्यमान है.

चौथी सदी के आरंभ में नंद शासन ढहने लगा और 322 ई.पू. में कुशल नीतिज्ञ कौटिल्य के मार्ग दर्शन में प्रियदर्शन चंद्रगुप्त मौर्य (322–298 ई.पू.) ने नंद राजा धनानंद (329–322 ई.पू.) को हरा कर मौर्य साम्राज्य (322–184 ई.पू.) स्थापन किया.

73. नल राजवंश, पुष्करी, छत्तीसगढ़ (290-960)

1. शिशुक	290–330	
2. वराहराज	330–370	
...		
3. भवदत्त वर्मा		
4. अधिपति		भवदत्त वर्मा का पुत्र
5. स्कन्दवर्मा		अधिपति का भाई
6. नंदन वर्मा		स्कन्दवर्मा का पुत्र
7. पृथ्वीराज	600–630	नंदन वर्मा का पोता
8. विरूपाक्ष	630–630	पृथ्वीराज का पुत्र
9. विलासतुंग	630–642	वीरूपाक्ष का पुत्र
...		
10. पृथ्वीव्याघ्र		
11. नरेंद्र धवल	935–960	

आगे देखिए : चालुक्य राजवंश, बदामी (525–753)

नल राजघराना

नल राजवंश का शासन छत्तीसगढ़ के बस्तर संस्थान के पुष्करी में तीसरी सदी से दसवीं सदी तक सत्ता में था. वाकाटक राजघराना (250–510) इस वंश का यथा सम कालीन था तथा प्रतिस्पर्धी भी था.

राजा वराहराज (330–370) के राज्यकाल में नल साम्राज्य का समृद्ध काल था. राजा भवदत्त वर्मा ने तत्कालीन वाकाटक राजा नरेंद्र सेन (450–470) को हरा कर वाकाटक की राजधानी नंदीवर्धन (नांदेड) पर अधिकार पा लिया था.

नल वंश की सत्ता विदर्भ के अमरावती जिले के मोरशी ग्राम से छत्तीसगढ़ के पार उड़िसा तक विशाल होगई थी. राजा विलासतुंग (630–642) ने बादामी चालुक्य अधिपत्य मान लिया था.

राजा नंदन वर्मा ने नालंदा विश्व विद्यालय में शिक्षा और दीक्षा प्राप्त की थी इसका उल्लेख है.

दोहा छंद – नल राजघराना

महीपाल नल वंश के, बस्तर के थे नाथ ।
धन दौलत समृद्ध थे, गौरव जिनके साथ ।। 1
धन की लालच के लिए, वाकाटक के भूप ।
करते हमला राज्य पर, करने लूट अपप्प ।। 2
करके आक्रम राज्य पर, छीन लिया कुछ भाग ।
नल राजाओं ने दिया, वाकाटक पर दाग ।। 3

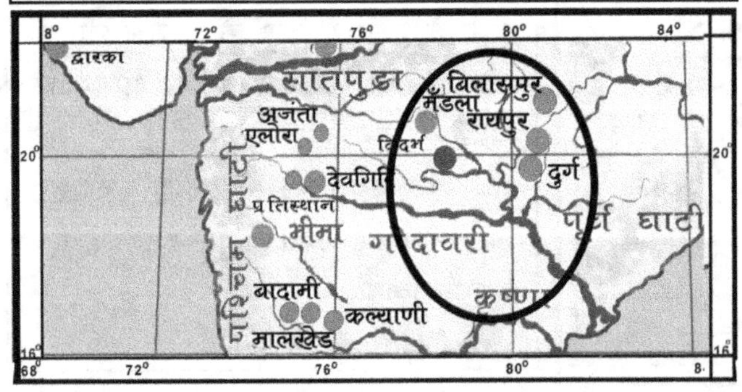

1.	फणी मुकुटराय	83–177
2.	मुकुटराय	177–232
3.	धटराय	232–273
4.	मदनराय	273–326
5.	प्रताप राय	326–353
	...	
6.	गोंडुराय	548–563
7.	हरिराय	563–601
8.	गजराजराय	601–627
9.	सुंदरराय	627–635
10.	मुकुन्दराय	635–653
11.	उदायराय	653–710
12.	कुन्दनराय	710–756
13.	जगनराय	756–772
14.	भगनराय	772–811
15.	मोहनराय	811–869
16.	जगधटराय	869–905
17.	चंद्रराय	905–932
18.	अंदुंदराय	932–969
19.	श्रीपतिराय	969–997
20.	योगेंद्रराय	997–1004
21.	नृपेंद्रराय	1004–1047
22.	गंधर्वराय	1047–1098
23.	भीमकर्ण	1098–1132
24.	जाशकर्ण	1132–1180
25.	जलकर्ण	1180–1218
26.	गोकर्ण	1218–1236
	...	

नाग राजघराना

पहले नागवंशी शासक फणी मकुटराय (83–177) का जन्म सुतियांबे में सन 64 ई. में हुआ था. छत्तीसगढ़ के छोटा नागपुर से विदर्भ के नागपुर तक नाग जन जातियों के समाज के पँचायत ने नाग देवता के आशीर्वाद प्राप्त फणी मुकुटराय को आजन्म मुखिया मान लिया था. फणी मुकुटराय पुंडरीक नामक पंडित का पुत्र था. राजा फणी मुकुटराय ने सन 83 में राज मुकुट धारण किया था. चौथी शताब्दी में आदिवासी नागवंशियों की राजधानी राजा विश्वनाथशाह (1724–1733) ने स्वर्णरेखा नदी के किनारे चुटिया में स्थापन की और वहाँ विख्यात मंदिर बनवाया था. कालांतर के साथ नाग वंश की राजधानी सुतियांबे से चुटिया, खोखरा, पालकोट और फिर रातूगढ़ में स्थानांतरित होती गई थी.

नाग राजघराने के राजाओं के नाम के आगे ग्यारहवं सदी तक राय उपाधि लगती थी, फिर बारह वीं सदी से सोलहवीं सदी तक लगभग पांच सौ साल कर्ण उपाधि धारण करते रहे, और उनके बाद शाह, साल और देव उपाधियों से राजा अलंकृत होते थे. नाग राजघराने में पिता–पुत्र वंशपरंपरा चलती आई है. यह वंश परंपरा विश्व की दीर्घतम वंशावली मानी जा सकती है.

27. शिवदासकर्ण	1367–1389
28. उदयकर्ण	1389–1451
29. प्रत्तापकर्ण	1451–1469
30. छत्रकर्ण	1469–1496
31. भिरातकर्ण	1496–1501
32. पानेतुराय	1501–1512
33. बौदाशाल	1512–1530
34. मधुसिंह	1530–1599
35. बैरीसाल	1599–1614
36. दुर्जनसाल	1614–1640
37. रामशाह	1640–1665
38. रघुनाथशाह	1665–1706
39. यदुनाथशाह	1706–1724
40. शिवनाथशाह	1724–1733
41. उदयनाथशाह	1733–1740
42. श्यामसुंदरनाथशाह	
43. बलरामनाथशाह	
44. महीनाथशाह	
45. धृपनाथशाह	
46. देवनाथशाह	
47. गोविंदनाथशाहदेव	1806–1822
48. महाजगन्नाथशाहदेव	1822–1872
49. महाउदयनाथशाहदेव	1872–1950

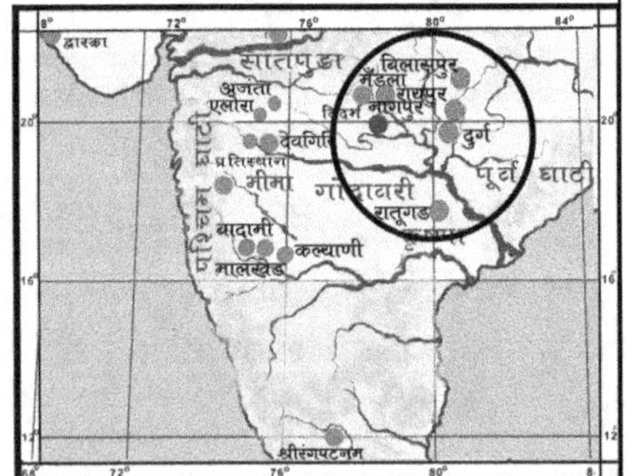

दोहा छंद – नाग राजघराना

शेष, वासुकी, पिंगला, तक्षक, अहि, कर्कोट ।
पाँच नाग के वंश हैं, कहत शास्त्र के स्रोत ।। 1

नाग भक्त परंपरा, संस्कृति का है भाग ।
जिसमें पूजित देवता, कही गई है नाग ।। 2

शेष नाग को आदि हैं, जानत शिव के भक्त ।
महाराष्ट्र में नागपुर, बसा पुराने वक्त ।। 3

मथुरा, विदिशा देश पर, देकर सही प्रमाण ।
नाग नृपों का राज्य था, कहते कई पुराण ।। 4

छत्तिसगढ़ की भूमि पर, बस्तर था संस्थान ।
नाग राज्य स्थापन हुआ, सुतियांबे था स्थान ।। 5

पुंडरीक जिनके पिता, मातु पार्वती नाम ।
मुकुट नाम था पुत्र का, रातूगड था धाम ।। 6

इस बालक नवजात को, दीन्हा आशीर्वाद ।
फणिधर पावन नाग ने; रखता है जग याद ।। 7

मुकुट राय को एक दिन, बोले पंचप्रधान ।
तुझ पर नाग-समाज के, राजा का सम्मान ।। 8

राजा फिर इस वंश के, लगभग हुए पचास ।
जग में लंबी शृंखला, कहता है इतिहास ।। 9

चुटया में आसन बना, राजभवन का स्थान ।
मंदिर भी पाषाण का, तीरथ क्षेत्र महान ।। 10

बस्तर से नेपाल तक, विदर्भ से परदेस ।
फैला नाग समाज के, प्रभाव का परिवेश ।। 11

नायक राजवंश, विजयनगर (1336-1565)

विजयनगर, मुसुनुरी, पेम्मसानी, जिंजी, केलाडी, वेल्लोर, तंजावर, मदूरा, पेनुगोंडा, चेन्नई, चित्रदुर्ग, कोंडाविडु, हलेरी.

75. संगम नायक राजघराना (1336–1485) :

पूर्व देखिए : होयसल राजवंश, हलेबिड (1026–1343)

1.	संगम–1		
2.	हरिहर–1	1336–1356	संगम–1 का पुत्र
3.	बुक्क–1	1356–1377	हरिहर–1 का भाई
4.	हरिहर–2	1377–1404	बुक्क–1 का पुत्र
5.	विरूपक्ष–1	1404–1405	हरिहर–2 का पुत्र
6.	बुक्क–2	1405–1406	विरूपक्ष–2 का भाई
7.	देवराया–1	1406–1413	बुक्क–2 का भाई
8.	वीरविजय–1	1413–1422	देवराया–1 का भाई
9.	रामचंद्रराय	1422–1425	वीरविजय–1 का पुत्र
10.	देवराया–2	1425–1446	रामचंद्र का भाई
11.	मल्लिकार्जुन	1446–1465	देवराया–2 का पुत्र
12.	विरूपक्ष–2	1465–1485	देवराया–2 का भतीजा

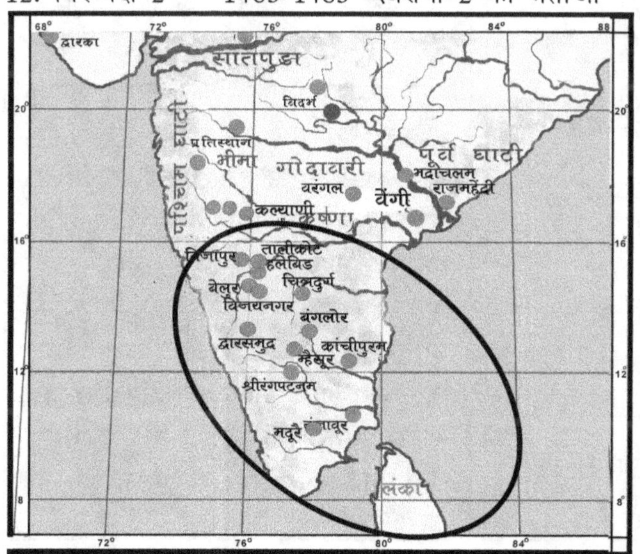

नायक राजघराना

1. संगम नायक राजघराना :

सन 1335 में तेलंगण के नायक और रेड्डी कुलों के वीर नेता मुसुनुरी कापय नायक ने वरंगल के सुभेदार को जीत कर आंध्रदेशाधीश खिताब धारण कर लिया था. उसके विद्रोह की ज्वाला चारों तरफ भड़कने लगी और सन 1336 में शृंगेरी के शारदा पीठ (1380–1386) के 12 वे जगद्गुरु स्वामी विद्यारण्य सरस्वती (1268–1391) के आशीर्वद से संगम नायक के पुत्र हरिहर और बुक्क भाइयों ने तुंगभद्रा नदी के दक्षिण किनारे पर नया राज्य बसा कर उसे विजयनगर नाम दे दिया और नायकों का संगम राजघराना आरंभ होगया.

विजयनगर के उद्गम के साथ–साथ ही विजयनगर के कई मांडलिक संस्थान तथा ही कई स्वतंत्र नायक संस्थान आंध्र और तमिल देशों में उभर आए. उन नायक घरानों के मुसुनुरी, पेम्मसानी, जिंजी, केलाडी, वेल्लोर, तंजावर, मदूरा, पेनुगोंडा, चेन्नई, चित्रदुर्ग आदि सोलह दस मुख्य नाम और उनकी संक्षिप्त चर्चा और वंशावली आगे प्रस्तुत की जारही हैं.

दोहा छंद – संगम नायक राजघराना

विजयनगर साम्राज्य था, वैभवपूर्ण विशाल ।
इनके प्रांत अनेक थे, "नायक" थे प्रतिपाल ।। 1

हरिहर ने स्थापन किया, संगम नायक वंश ।
रेड्डी कुल के वीर थे, जिनमें भारी अंश ।। 2

उनमें चार वरिष्ठ थे, राज्य बड़े मशहूर ।
इक्केरी, मदुरा तथा, जिंजी, तंजावर ।। 3

सत्रहवीं शति के गये, जिंजी-तंजाऊर ।
राज्य मराठों के हुए, दक्षिण में अति दूर ।। 4

पन्द्रह-सौ-पैंसठ चढ़ा, अवलक्षण के साथ ।
विजयनगर-ऐश्वर्य का, ले आया अधःपात ।। 5

जुटे पाँच, षड्यंत्र में, दक्षिण के सुलतान ।
हिंदुराष्ट्र-संपन्न को, करने नष्ट तमाम ।। 6

विजयनगर का राष्ट्र ये, पृथ्वी पर था स्वर्ग ।
वैभवशाली सधन था, अमन शांति परिपूर्ण ।। 7

रामदेव जब राज्य से, गए हुए थे दूर ।
सुलतानों को मिल गया, मौका तब भरपूर ।। 8

कीन्हा हमला पाँच ने, समझौता दुत्कार ।
मिला विजय षड्यंत्र को, रामदेव को मार ।। 8₉

सुलतानों ने फिर किया, जनपद जन संहार ।
भीषण कत्लेआम को, हुआ नहीं प्रतिकार ।। 10

तालिकोट का युद्ध यह, हारा हिंदु-समाज ।
दक्षिण में अब दृढ़ हुआ, सुलतानों का राज ।। 11

नायक राजघराना, आगे

विजयनगर के प्रथम नायक राजा हरिहर (1336–1356) ने होयसळ राजा वीर बल्लाळ-4 (1342–1348) को हरा कर हलेबिड पर अधिकार स्थापन कर लिया था.

हरिहर के छोटे भाई बुक्क (1356–1377) ने पेनुकोंडा, गोवा, मदुरा जीत कर तुंगभद्रा के दक्षिण में वर्चस्व पा लिया और वैदिक धर्म का पुर्जागरण आरंभ कर दिया. उसके बाद बुक्कराय के पुत्र हरिहरराय (1377–1404) ने कोंकन, तमिल, म्हैसूर, बंगलोर, तिरुचिरापल्ली, कांची पर अधिकार प्राप्त कर लिया. उसे वैदिकमार्गस्थापनाचार्य, महाराजाधिराज, राजपरमेश्वर, आदि उपाधियाँ प्राप्त थी. उसके पश्चात् राजा देवराय-2 (1425–1446) के समय में विजयनगर राज्य समृद्धि की चरम सीमा पर था.

परदेसी यात्री कहते थे कि, विजयनगर के समान समृद्ध व वैभवशाली राज्य न और कहीं देखा है न पहले कहीं सुना है. नायक राज्य का विस्तार कृष्णा नदी से श्रीलंका तक और पूर्व घाटी से बंगाल की खाड़ी तक विस्तृत होगया था. संगम राजवंश का अंतिम राजा विरूपाक्ष (1465–1485) कमजोर और भ्रष्ट होने के कारण उसके मंत्री नरसिंह सालुव ने विरूपाक्ष के पुत्र के हाथ से पिता विरूपाक्ष का खून करवाया और विरूपाक्ष ने विजयनगर का सालुव नायक राजघराना (1485–1503) स्थापन कर दिया.

76. सालुव नायक राजघराना (1485–1503) :

1.	नरसिंहराय	1485–1490	सालुव गुंड का पुत्र
2.	तिम्म भूपाल	1490–1492	नरसिंहराय का पुत्र
3.	इम्माडी नरसिंहराय	1492–1505	तिम्म भूपाल का भाई

77. तुलुव नायक राजघराना (1503–1565) :

1.	नरसा नायक	1491–1505	
2.	वीर नरसिंह	1505–1509	नरसा नायक का पुत्र
3.	**कृष्णदेवराया**	**1509–1530**	**वीर नरसिंह का भाई**
4.	अच्युतदेवराया	1530–1542	कृष्णदेवराया का भाई
5.	वेंकटराया	1542–1543	अच्युतदेवराया का पुत्र
6.	सदाशिवराया	1543–1565	रंगराया का पुत्र
	और रामराया	1543–1565	सदाशिव का सेनापति

78. अराविदू नायक राजघराना (1565–1649) :

1.	तिरुमल नायक	1565–1572	बुक्क का प्रपौत्र
2.	श्रीरंग–1	1572–1585	तिरुमल नायक का पुत्र
3.	वेंकट–1	1585–1614	श्रीरंग का भाई
4.	श्रीरंग–2	1614–1618	वेंकट का भतीजा
5.	रामदेवराय	1618–1630	श्रीरंग–2 का पुत्र
6.	वेंकट–2	1630–1642	बुक्क का वंशज
7.	श्रीरंग–3	1642–1649	वेंकट का भतीजा

2. सालुव नायक राजघराना (1485) :

इस घराने का अंतिम राजा नरसिंहराय नायक (1492–1505) बहुत क्षीण होगया था. उसने तुलुव वंश के अपने मंत्री नरसा नायक को विजयनगर का संरक्षक बना दिया. नरसा नायक ने विजनगर की सत्ता छीन कर अपना तुलुव राजघराना (1503–1565) आरंभ कर दिया.

3. तुलुव नायक राजघराना (1503) :

तुलुव वंश के राजा कृष्णदेवराय (1509–1530) ने विजयनगर का साम्राज्य सबसे समृद्ध और महान कर दिया. तुलुव घराने का अंतिम राजा सदाशिवराय (1543–1565) समृद्ध राज्य को पालन करने सक्षम न था इस लिए उसने अपने मंत्री सलकम तिम्मराज पर राज्य भार डाल दिया था. तिम्मराय दक्षिण का जयचंद निकला. उसने पाँच परदेसी शत्रुओं को इशारा देकर घात किया. परिणामतः, विजयनगर साम्राज्य पाँचों आक्रमकों ने महीनों तक लूट कर, जला कर, काट-पीट कर, बलात्कार कर, भ्रष्ट कर, नष्ट कर दिया (1565). विजयनगर के मंत्री तिरुमल नायक (1584–1658) ने सदाशिवराय को पेनुकोंडा में सुरक्षित लाकर रख दिया. वहाँ के तिम्म नायक (1540–1565) ने जयचंदी तिम्मराय को मार डाला और राजा रामराय को (1565–1585) गादी पर बिठा दिया.

79. **मुसुनुरी नायक राजघराना (1325–1368) :**

| 1. | प्रोलय नायक | 1325–1333 | रेड्डी नायक |
| 2. | कापय नायक | 1333–1368 | प्रोलय का भतीजा |

80. **पेम्मसनी नायक राजघराना (1423–1685) :**

1. कुमार तिम्म नायक-1 1423–1462
2. चेन्न विभुदु 1505–1540
3. बंगरु तिम्म नायक 1540–1565
4. नरसिंह नायक 1565–1598
5. तिम्म नायक 1598–1623
6. चिन्न तिम्म नायक 1623–1652
7. कुमार तिम्म नायक-2 1652–1685

81. **जिंजी नायक राजघराना (1491–1649) :**

1. वैयप्पा नायक 1491–1509
2. बाल कृष्णप्पा 1509–1521
3. विजय रामचंद्र 1521–1540
4. मुतैलु 1540–1550
5. वेंकटप्पा 1550–1570
6. त्र्यंबक कृष्णप्पा 1570–1600
7. वरदप्पा 1600–1620
8. रामकृष्णप्पा 1620–1649

82. **केलाडी नायक राजघराना (1499–1763) :**

1. चौदप्पा नायक 1499–1530
2. सदाशिव 1530–1566
3. शंकण्णा 1566–1570
4. चिक्का 1570–1580
5. रामराजा 1580–1586

नायक राजघराना, और भी आगे

4. अरविदू नायक राजघराना (1565) :
तिरुमल नायक (1565–1572) का ज्येष्ठ पुत्र श्रीरंग–1 (1572–1585) पेनुकोंडा से विजयनगर का राज्य पुनर्स्थापित करने लगा. इस राजवंश का अंतिम राजा था श्रीरंग–3 (1642–1649).

5. मुसुनुरी नायक राजघराना (1325) :
काकतीय (1000–1323) राजघराने के वंशज तेलंगन के मुसुनुरी नायक (1325–1368) भद्रचलम के आसपास राज्य करते थे. उनका पहला ज्ञात नेता प्रोलय नायक (1325–1333) था. उसका पुत्र कापय नायक 1333 में वरंगल जीत कर राजा बन गया. कापय नायक (1333–1368) ने आंध्र में परदेसियों के विरुद्ध विद्रोह का फरमान बोल दिया था.

6. पेम्मसनी नायक राजघराना (1423) :
गंडीकोटा के नायक विजयनगर के सामंत होते थे और लड़ाइयों मे उनकी मदद करते थे. उन्हों ने विजयनगर के पतन (1565) के बाद आगे भी पेम्मसनी से लगभग 150 वर्ष राज्य किया. इस वंश का राजा रामलिंग नायक (1505–1540) महावीर योद्धा था. उसने तुलुव राजा कृष्णदेवराय (1509–1530) की गोलकोंडा और अहमदनगर युद्ध जीतने में बहुत मदद की थी. गोलकोंडा, अहमदनगर, बिजापुर के विदेशी शत्रु उसके नाम से काँपते थे.

6.	वेंकटप्पा-1	1586–1629	
7.	वीरभद्र-1	1629–1645	शिवप्पा का भतीजा
8.	शिवप्पा	1645–1660	वीरभद्र का चाचा
9.	वेंकटप्पा-2	1660–1662	
10.	सोमेश्वर-1	1662–1697	
11.	रानी चन्नम्मा	1672–1697	
12.	बासवप्पा-1	1697–1714	चन्नम्मा का गोद पुत्र
13.	सोमेश्वर-2	1714–1739	
14.	बासवप्पा-2	1739–1754	
15.	चेन्नबासवप्पा	1754–1757	
16.	रानी वीरम्मा	1757–1763	

83. मदूरा नायक राजघराना (1509–1736) :

1.	नरसा पिल्लई	1509–1519
2.	कुरु तिम्मप्पा	1519–1524
3.	कामय्या	1524–1526
4.	चिन्नप्पा	1526–1531
5.	अय्याकरै वय्यप्पा	1531–1535
6.	विश्वनाथ अय्यर	1535–1544
7.	नागम नायक	1544–1558
8.	विश्वनाथ नायक	1558–1563
9.	पेरीया कृष्णप्पा	1563–1573
10.	पेरीया वीरप्पा	1573–1602
11.	मुत्तु कृष्णप्पा	1602–1609
12.	मुत्तु वीरप्पा	1609–1623
13.	तिरुमल	1623–1659
14.	वीरप्पा नायक	1659–1670
15.	चोकन्नाथ	1670–1685
16.	रंग कृष्ण मुत्तु वीरप्पा	1685–1689

नायक राजघराना, और भी आगे

7. जिंजी नायक राजघराना (1491) :
विजयनगर के तुलुव राजा नरसा नायक (1491–1505) के समय में तुलुव सेनानी वैयप्पा नायक (1491–1509) ने तमिलनाडु में जिंजी का मांडलिक नायक राजवंश स्थापन किया था. सन 1565 में विजयनगर के पतन के बाद जिंजी के नायक स्वतंत्र होगए थे.

8. केलाडी नायक राजघराना (1499) :
केलडी-इक्केरी के नायक सन 1499 से विजयनगर के सामंत थे. तालीकोट (1565) के युद्ध के बाद पश्चिम घाटी में इन्हों ने स्वातंत्र्य प्राप्त कर लिया. इनके राज्य में तुंगभद्रा के किनारे वाला केरल और मलबार का प्रदेश था. सन 1763 में वे म्हैसूर के वोडीयार सरकार (1399–1947) में समा गए, मगर एक कुर्ग प्रांत में **केलाडी शाखा** (1600–1834) स्वतंत्र रह गई थी.

केलाडी का चौदप्पा नायक (1499–1530) इस राजवंश का पहला राजा था. उसके पुत्र सदाशिव नायक (1530–1566) ने राजधानी केलाडी से इक्केरी में स्थानांतरित कर दी यी. रानी चन्नम्मा (1672–1697) ने छत्रपति शिवाजी (1674–1680) का दक्षिण के युद्धों में समर्थन किया था. फिर राजाराम राजे भोसले (1689–1700) को भी आश्रय दिया था.

हिंदू राजतरंगिणी, सांस्कृतिक ज्ञानगंगा

17. रानी मंगम्मल	1689–1704
18. विजय रंग चोकन्नाथ	1704–1731
19. रंग कृष्ण	1731–1734
20. रानी मीनाक्षी अम्मल	1734–1736

84. वेल्लोर नायक राजघराना (1526–1595) :

| 1. | चिन्नभूमि नायक | 1526– |

85. तंजावर नायक राजघराना (1532–1673) :

1.	तिम्मप्पा नायक	...	
2.	शिवप्पा	1532–1580	तिम्मप्पा का पुत्र
3.	अच्युतप्पा	1580–1600	शिवप्पा का पुत्र
4.	रघुनाथ	1600–1634	अच्युत का पुत्र
5.	विजय राघव	1634–1673	रघुनाथ का पुत्र

86. पेनुकोंडा नायक राजघराना (1565–1616) :

| 1. | सदाशिवराय | 1565–1585 |
| 2. | वेंकटपति | 1585–1614 |

87. चेन्नई नायक राजघराना (1572–) :

1.	चेन्नप्पा नायक	
2.	वेंकटप्पा	चेन्नप्पा का पुत्र
3.	अय्यप्पा	वेंकटप्पा का भाई
4.	अंकभूपाल	अय्यप्पा का भाई
5.	तिम्मप्पा	चेन्नप्पा का पुत्र
6.	चेन्न वेंकट	तिम्मप्पा का भाई

नायक राजघराना, और भी आगे

9. मदूरा नायक राजघराना (1509) :
मदूरा के नायक शासकों में रानी मंगम्मल (1689–1704) और रानी मिनाक्षी अम्मल (1734–1736) दो शूर नारियाँ थी. रानी मंगम्मल ने डच गवर्नर विलियन–वान–औथूर्न (1731–1736) और पुर्तुगीज वायसराय सिटोना डेमेलो–ए–कास्ट्रो (1702–1707) से व्यापार संबंध स्थापन किए थे. अंग्रेज गवर्नर अभी 1732 तक इस इलाके में स्थापित नहीं हुए थे.

10. वेल्लोर नायक राजघराना (1526) :
विजयनगर राज्य के मांडलिक वेल्लोर नायक (1526–1595) राजघराने का राजा चिन्नभूमि नायक सबसे प्रख्यात राजा था जिसने 1526 में वेल्लोर के किले में अपनी राजधानी स्थापन की थी. वेल्लोर किला चिन्नभूमि के काल से छत्रपति शिवाजी (1674–1680) के काल तक इतिहास में प्रसिद्ध रहा.

11. तंजावर नायक राजघराना (1532) :
विजयनगर के तुलुव घराने के राजा अच्युतदेवराय (1530–1542) के अर्कट के राज्यपाल तिम्मप्पा नायक के पुत्र शिवप्पा नायक (1532–1580) ने तंजावर का राजवंश स्थापन किया. शिवप्पा नायक की पत्नी विजयनगर के राजा अच्युतदेवराय की रानी की भगिनी थी. शिवप्पा का पुत्र अच्युतप्पा (1580–1600) बीस वर्ष (1560–1580) पिता के साथ मिल कर राज्य सँभाल रहा था.

88. **चित्रदुर्ग नायक राजवंश (1588–1779) :**

1. तिम्मन्ना   –1588
2. ओबन्ना–1   1588–1602
3. रंगप्पा–1   1602–1652
4. मदकरी   1652–1674
5. ओबन्ना–2   1674–1675
6. कांता   1675–1676
7. चिकन्ना   1676–1686
8. मदकरी–2   1686–1688
9. रंगप्पा–2   1688–1689
10. भरमन्ना   1689–1721
11. मदकरी–3   1721–1748
12. रंगप्पा–3   1748–1754
13. मदकरी–4   1754–1779

89. **केंडी नायक राजवंश (1739–1815) :**

1. विजय राजसिंह   1739–1747
2. कीर्ति श्री राजसिंह   1747–1782
3. श्री राजसिंह   1782–1798
4. विक्रम राजसिंह   1798–1815

90. **कोंडाविडु रेड्डी राजघराना (1325–1448) :**

1. प्रोलया वेमा रेड्डी   1325–1353
2. अन्ना वोटा रेड्डी   1353–1364
3. अन्ना वेमा रेड्डी   1364–1386
4. कोमारगिरि रेड्डी   1385–1402
5. पेडा कोमारगिरि रेड्डी 1402–1420
6. राजा वेमा रेड्डी   1420–1423
7. वीरभद्र रेड्डी   14231448

12. पेनुकोंडा नायक राजघराना (1565) :

विजयनगर के पतन (1565) के समय अराविदू घराने के मुत्तु कृष्णप्पा नायक के पुत्र तिरुमल देवराय (1584–1659) ने राजा सदाशिवराय (1543–1565) के साथ विजयनगर छोड़ कर पेनुकोंडा में आकर विजयनगर साम्राज्य स्थापित किया था। पेनुकोंडा के राजा सदाशिवराय (1565–1585) के बाद तिरुमल के कनिष्ठ पुत्र वेंकटपति (1585–1614) ने पेनुकोंडा नायकों का राज्य सँभाला और सुदृढ़ किया।

13. चेन्नई नायक राजघराना (1572) :

विजयनगर के पतन के बाद अराविदू घराने के राजा श्रीरंग-देवराय (1572–1585) के सेनापति चेन्नप्पा नायक ने कालाहति में 1572 में अपना चेन्नई नायक घराना स्थापन किया।

14. चित्रदुर्ग नायक राजघराना (1588) :

विजयनगर के पतन (1565) के बाद चित्रदुर्ग नायकों का प्रथम राजा तिम्मन्ना नायक मदुरै के नायक वंश के स्थापक विश्वनाथ नायक (1558–1563) का भतीजा था। भरमन्ना नायक (1689–1721) तंजावर के व्यंकोजी भोसले (1675– 1684) का सामंत था। ऊसके बाद चित्रदुर्ग का कस्तुरी रंगप्पा नायक (1748–1754) भी मराठों का सहायक था।

15. केंडी नायक राजघराना (1588) :

मदूरा नायक घराने के तेलगु नायक वंश के तमिल भाषी शिव भक्त नायकों ने केंडी श्रीलंका में नायक घराना (1739–1815) स्थापन किया था। उन्हें मदूरा और तंजावर के नायक राजाओं का सैनिक अधार प्राप्त था।

1. वीरराजा
2. अप्पाराजा
3. मुद्दूराजा–1   1633–1687
4. दोद्दा वीरप्पा   1687–1736
5. चिक्क वीरप्पा   1736–1766
6. मुद्दूराजा–2   1766–1770
7. देवप्पाराजा   1770–1774
8. लिंगराजा–1   1774–1780
9. वीरराजेन्द्र–1   1780–1809
10. लिंगराजा–2   1809–1820
11. वीरराजेंद्र–2   1820–1834

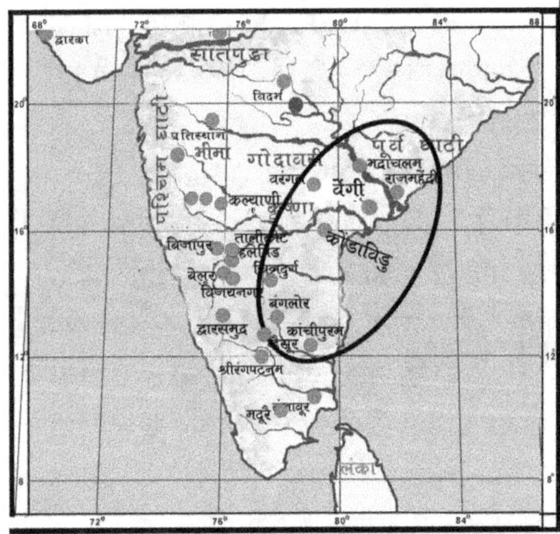

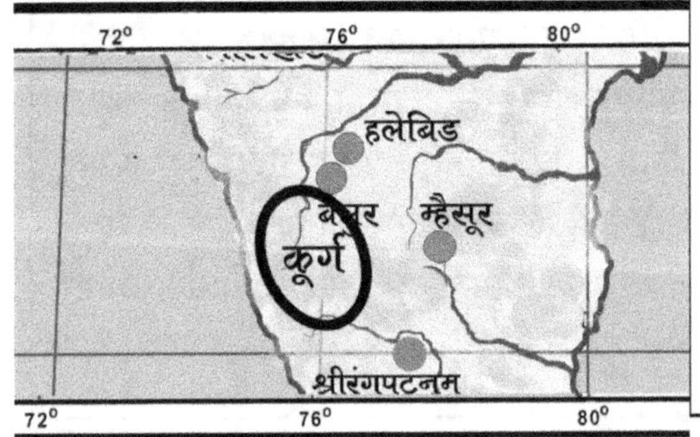

नायक राजघराना, और भी आगे

15. कोंडाविडु रेड्डी नायक राजघराना (1325) :

कोंडाविडु रेड्डी राज्य (1325–1448) काकतीय साम्राज्य के पतन के बाद नायकों के साथ आंध्र प्रदेश के पूर्व किनारे पर स्थापन हुआ. इस वारांगल के रेड्डी समाज को कोमटी समाज भी कहा जाता है.

16. हलेरी नायक कूर्ग राजघराना (1633) :

इक्केरी के **अरासु नायक राजवंश** की एक शाखा का वीरराजा कूर्ग के हलेरी क्षेत्र में मैसूर के वाडियार (1399–1947) राजाओं के मांडलिक सामंत के रूप में शासन करता था.

सन 1633 में हलेरी के मुद्दूराजा–1 (1633–1687) ने मैसुर से स्वतंत्र होकर कूर्ग संस्थान में अपना राज्य स्थापन कर दिया.

आगे चल कर सन 1681 में उसने अपनी राजधानी मदिकेरी में स्थानांतरित करके उसे किलेबंद कर दिया.

दोद्दा वीरप्पा (1687–1736) के शासन काल में वाडियार राजा चिक्क देवराज वाडियार (1673–1704) ने अचानक हमला करके कूर्ग की पूर्व सीमा पर कुछ भाग पर अपना हक जमा लिया, मगर हजारों वाडियार सैनिक मारे जाने पर उसे पीछे हटना पड़ा था.

सन 1734 में दोद्दा वीरप्पा (1687–1736) ने मैसूर राज्य पर हमला करके वाडियार राज्य के छह–सात किले जीत लिए. इस समय वाडियार राजाओं की राजधानी श्रीरंगपटनम में (1610–1799) थी. वाडियार राजा कृष्णराज–3 (1799–1868) ने राजधानी पूर्ववत मैसूर में स्थानांतरित कर दी थी.

92. नारायण राजवंश, काशी-वराणसी (1737-1948)

पूर्व देखिए : शाक्य राजवंश (सनातन काल)

1.	मनसाराम	1737–1739
2.	बलवंत नारायण सिंह	1739–1770
3.	चैत नारायण सिंह	1770–1780
4.	महीप नारायण सिसंह	1780–1794
5.	उदित नारायण सिंह	1794–1835
6.	ईश्वरी नारायण सिंह	1835–1889
7.	श्री प्रभु नारायण सिंह	1889–1931
8.	श्री आदित्य नारायण सिंह	1931–1939
9.	विभूति नारायण सिंह	1939–1948

दोहा छंद – नारायण राजघराना

विश्वपुरातन धाम है, पवित्र तीर्थस्थान ।
बसा गए वाराणसी, शिव शंकर भगवान ।। 1

पुण्य क्षेत्र वाराणसी, विश्वनाथ का धाम ।
गंगा के तट पर बसा, धर्मकर्म का स्थान ।। 2

शक्ति पीठ वाराणसी, शास्त्र ज्ञान का केन्द्र ।
बारह ज्योतिर्लिंग में, वरिष्ठ यात्रा क्षेत्र ।। 3

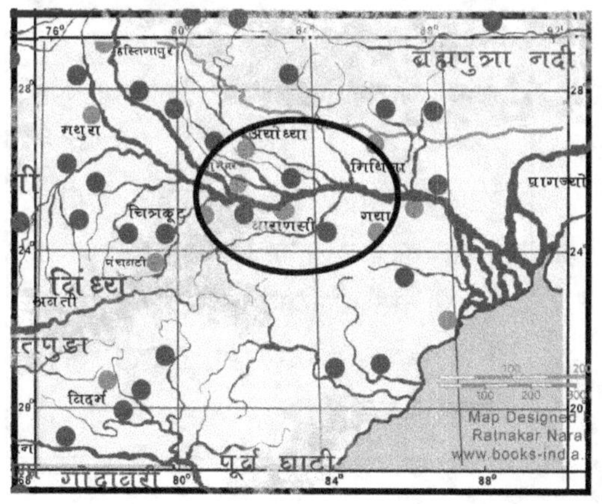

नारायण राजघराना

गंगा नदी के तट पर बसी हुई काशी नगरी विश्व के पुरातन नगरों में पुरानी है, जिसकी स्थापना शिव शंकर भगवान ने स्वयं की थी. तभी से यह पवित्र तीर्थस्थान बना है. वही सनातन काशी आज वाराणसी अथवा बनारस कहलाती है.

मोक्षदायक सप्त पुण्य पुरियों में एक, द्वादश ज्योतिर्लिंग क्षेत्रों में एक, षोडष महाजनपदों में पुरातनतम और विश्वनाथ मंदिर वाला गंगा के तीर पर बना तीर्थक्षेत्र काशी है. यह क्षेत्र वरुणा नदी और अशी नदी के बीच होने के कारण इसे वाराणसी अथवा काशी कहा जाता है. स्कन्द पुराण 26.67, पाणिनि अष्टा. 4.2.116, पतंजलि महाभाष्य 2.1.1, अथर्ववेद 5.22.4, शतपथ ब्राह्मण 13.5.4.19, जैमिनीय ब्राह्मण 2.3.19, बृहदारण्य उप. 2.1.1, रामायण 4.40.22, महाभारत. आदि. 102, गीता 1.51 1.17 में काश्य अथवा काशी के राजा और लोगों का उल्लेख आता है. काशी की राजपरंपरा ऋग्वेद के राजा दिवोदास से आरंभ होती है. काशी शाक्य राजा शुद्धोधन की राजधानी थी.

नारायण राजघराने की सत्ता बनारस पर लगभग सन 1000 से बनी थी. सन 1737 में वाराणसी के मनसाराम शक्तिशाली राजा बन गए (1737–1739). सन 1739 में उनकी मृत्यु होगई और उनके पुत्र बलवंत सिंह (1739–1770) राजा बन गए. उनके राज्य में जौनपुर, गाझीपुर और चुनर भी आते थे. राजा बलवंत सिंह ने गंगा के किनारे गंगापुर में और बाद में रामनगर में राजधानी बसाई थी.

उदित नारायण सिंह ने वाराणसी में गंगा के किनारे घाट और महल बनवाया जिसे गंगा महल नाम मिला. राजा प्रभु नारायण सिंह (1889–1931) हिंदू धर्म और संस्कृति के महान प्रचारक थे. उन्हों ने महामना पं. मदन मोहन मालवीय जी (1861–1946) की बनारस हिंदू विश्वविद्यालय योजना (1916) के लिए 1300 एकड़ भूमि प्रदान की थी. उनके पश्चात् राजा विभूति नारायण सिंह (1939–1948) भी वेद और पुराणों के विज्ञाता थे. वे अपनी मृत्यु तक (1992) बनारस हिंदू विश्वविद्यालय के कुलपति बने रहे.

93. निमि जनक राजवंश (सनातन काल)

पूर्व देखिए : इक्ष्वाकु राजवंश (सनातन काल)

1. इक्ष्वाकु   ...
2. निमि
3. मिथि
4. उदावसु
5. नंदिवर्धन
6. सुकेतु
7. देवरात
8. बृहद्रथ
9. महावीर
10. सुधृति
11. धृष्टकेतु
12. हर्यश्व
13. मरु
14. प्रवंतक
15. कीर्तिरथ
16. देवमीढ़
17. विबुध
18. महीध्रक
19. कीर्तिरात
20. महारोम
21. स्वर्णरोम
22. ह्रस्वरोम
23. जनक (शीरध्वज)
    जानकी (सीता)

आगे देखिए : रघुवंश (सनातन काल)

निमि–जनक विदेह राजघराना

इक्ष्वाकु का पुत्र निमि एक उदार राजा था. निमि राजा के यज्ञ संस्कारों में महर्षि भृगु, अंगिरस, वामदेव, पुलस्त्य, पुलह, ऋचिक, आदि ज्ञानी ऋषि–महर्षि विद्यमान होते थे. इक्ष्वाकु के महान पुत्र राजा मिथि के नाम पर उसकी राजधानी को इतिहास में मिथिला नाम प्राप्त होगया और मिथिला नगरी विदेह राज्य की रानी बन गई थी. मिथिला धन समृद्धि के साथ-साथ आध्यात्मिक संपदा से भी संपन्न थी. खेती बाड़ी सुफल थी.

मिथिला नरेश राजा जनक के दरबार में महान तत्त्वज्ञानी याज्ञवल्क्य, मांडव्य, पराशर, अष्टावक्र, आदि आलाप-विचार करते थे. महाराजा जनक अथवा शिरध्वज सीता देवी के जनक थे. राजा शिरध्वज के भाई कुशध्वज थे जिनकी तीन कन्याएँ मांडवी, उर्मिला और श्रुतकीति अयोध्या नरेश दशरथ के पुत्र भरत, लक्ष्मण और शत्रुघ्न की पत्नियाँ थीं (वाल्मीक रामायण. बाल. 71). राजा जनक गीता ने भी आदर्श राजा माने गए थे (गीता 3.20). मिथिलाधिपति जनक को शास्त्रों में धर्मध्वज, मिथिलेश, विदेह आदि संज्ञाएँ प्राप्त हैं.

मिथिला के महान राजा जनक

पंचचामर– छन्द[1]

।।।, ।।।, S ।S, ।S ।, S ।S, ।S ।, S

(राजा जनक)

जनक नृप महागुणी विदेह का बड़ा नरेश था ।

चरम पुरुष दिव्य याज्ञवल्क्य ने कहा, सुरेश था ।। 1

जनक परम आत्मज्ञान आत्मध्यान का गणेश था ।

धरम करम में महान नाम विश्व में विशेष था ।। 2

श्लोक

आत्मध्यानी महाज्ञानी मिथिलेशो महागुणी ।

जानक्या जनकस्तस्मात्–जनक: कनको मत: ।।

दोहा०   जनकभूप–दरबार में, ज्ञानी जन की भीड़ ।

याज्ञवल्क्य, जमदग्नि से, यमी पराशर धीर ।। 1

ओज तेज से पूर्ण थे, जनक विदेह नरेश ।

आभा उनकी जानते, पंडित देश विदेश ।। 2

---

[1]   दोहा०   मत्त छब्बीस का बना, गुरु मात्रा से अंत ।

प्रथम–पंचचामर कहा, न न र ज र ज का छंद ।।

जनक सभा में थी सजी, भद्र जनों की शान ।
याज्ञवल्क्य तत्त्वज्ञ थे, अष्टावक्र सुजान ।। 3
जनक राज के राज्य में, कुशल सभी थे लोग ।
नर-नारी सुखभाग थे, आनंदकंद का भोग ।। 4
प्रसन्न सब विध थे सभी, निश-दिन तृप्त समाज ।
जनक राज धर्मज्ञ थे, नीति नियम से काज ।। 5
ऊँच नीच कोई न था, सबको मिलता न्याय ।
भेद भाव कोई न था, पक्षपात अन्याय ।। 6
वेद पाठ नित राज्य में, योग यज्ञ सत्संग ।
भक्ति भाव सबमें बसा, सदाचार व्यासंग ।। 7
जैसे नृप, वैसी प्रजा, सब थे श्रद्धावान ।
धर्म सुरक्षा के लिये, देते अपने प्राण ।। 8
विद्या से अन्वित सभी, प्राप्त ज्ञान विज्ञान ।
उद्यम सेवा में लगे, तन्मय सबका ध्यान ।। 9
बसा प्रजा में सुख सदा, चिंता का था नास ।
संपद् के सब थे धनी, सदन सभी के पास ।। 10
सुंदर सुथरे पथ सभी, नगरी में अभिराम ।
गलियाँ कूचे सरल थे, पुष्पित बाग ललाम ।। 11
छात्र कुशल सब स्वस्थ थे, क्रीडा खेल प्रवीण ।
बालक बाला चुस्त थे, सीखत कला नवीन ।। 12
मीठी वाणी के सभी, स्निग्ध वचन थे बैन ।
यथा जनक थे, जन सभी, धार्मिक थे दिन-रैन ।। 13
गीता में गौरव जिन्हें, कर्म किये निष्काम ।
जनक राज वे एक हैं, उनको लाख प्रणाम ।। 14
जनक नंदिनी जानकी, लक्ष्मी का अवतार ।
वैदेही धरणी सुता, तेरा जय जयकार ।। 15
महान राजा महान थे, जग जाने मिथिलेश ।
ज्ञान संपदा से भरा, उज्ज्वल उनका देश ।। 16

नेपाल के नौ हिंदू राजवंश (900BC-1948AD)

१. गोपाल अहीर राजवंश (सनातन काल)
२. किरात राजवंश (900 BC-205 AD)
३. सोम राजवंश (205-305)
४. लिच्छवी राजवंश (305-605)
५. अंशुवर्मा राजवंश (605-879)
६. राघव राजवंश (879-1046)
७. ठाकुर राजवंश (1046-1200)
८. मल्ल राजवंश (1200-1768)
९. गुरख्खा शाह राजवंश (1768-1948)

नेपाल के नौ हिंदू राजघराने

नेपाल का हिंदुराष्ट्र तराई मैदान और हिमालय शिखरों के बीच दस-हजार फूट ऊँचाई तक फैला हुआ प्रदेश है, जिसमें नदियाँ, पहाड़ी इलाके, निबिड़ अरण्य, समतल भूमि और उपजाऊ जमीन भी है. इस इलाके के कुछ दुर्गम शिखरों के नाम हैं एवरेस्ट (29,200), कांचनगंगा (28,100), मकालु (27,700), मनसालु (27,000), धवलागिरी (26,800), गुसाईनाथ (26,300), हिमाचुली (25,800), गौरीशंकर (23,400), आदि. इन उत्तुंग शिखरों से निकली हुई शारदा, शरयु, गंडकी, कोरी आदि नदियाँ गंगा नदी से मिलती हैं.

विश्व के एक मात्र हिंदुराष्ट्र नेपाल का उल्लेख महाभारत (वन. 254.7) और पुराणों में आदर से किया गया है. यहाँ के आदिवासियों का ईसवी पूर्व नवीं शती से कम से कम नौ प्रमुख राजवंशों में बँटा हुआ इतिहास ज्ञात है.

दोहा छंद : हिंदुराष्ट्र नेपाल

हिंदुराष्ट्र नेपाल का, जग में एक विशेष ।
जिसका संगी है खड़ा, महान भारत देश ।।

94. गोपाल अहीर राजवंश (सनातन काल)

सनातन महाभारतीय काल से यदुवंशीय गोपाल राजवंश जो मथुरा–मगध से नेपाल में आकर बसा उसके गोपाल वंशज नेपाल में स्थान स्थान में स्थायी होकर शासन करने लगे नेपाल का यह सनातन गोपाल आहिर राजघराना है।

95. नेपाल का किरात राजवंश (900 BC-205 AD)

किरात लोग नेपाल के आदिवासी थे. गोपाल अहीर वंश के बाद राजा निमिख किरात राजवंश का पहला शासक था. राजा निमिख के पश्चात् अगले दो-सौ साल में किरात घराने के 29 शासक होगए. राजा यालंबर ने गोपाल वंश के राजा भुवनसिंह को हरा कर ई.पू. सन 900 में किरात वंश स्थापन किया.

इस किरात वंश के (900 ई.पू.–205 ई.) अगले 28 राजा इस प्रकार थे : राजा पवी, स्कन्धर, बलंब, हति, हुमाती, जितेदासित (540 ई.पू.), गलिंज, पुष्क, सुयर्म, पाप, बंक, स्वानंद, स्थुंको (250 ई.पू.), जिंघरी, नेन, लुक, थोर, योको, वर्मा, गुज, पुष्कर, केशु, शुज, संस, गुनाम, खिंबु, पटुक और राजा गस्ति.

96. नेपाल का सोम राजवंश (205-305)

जब नेपाल के किरात राजवंश के राजा पटुक का शासन था उस समय सोम वंश के राजाओं ने किरात सिंहासन छीनने की कोशीस की थी.

फिर सोम राजा निमिष ने सन 205 में अंतिम किरात राजा गस्ति को हरा कर नेपाल में सोम राजवंश स्थापन किया (205–305).

सोम वंशीय राजा निमिष के बाद अगले चार राजा थे : राजा मिताक्ष, राजा काकवर्मा, राजा पशुप्रेक्ष और राजा भास्करवर्मा.

हिंदू राजतरंगिणी, सांस्कृतिक ज्ञानगंगा

97. नेपाल का लिच्छवी राजवंश (305-605)

जब कुषान साम्राज्य (30-244) मथुरा के समीपवर्ती क्षेत्रों में प्रबल था तब तीसरी सदी में कुषान साम्राज्य के निवासी लिच्छवी लोग सुरक्षा के लिए नेपाल में आकर सुरक्षित स्थित होने लगे. इन लिच्छवी लोगों में से भूमिवर्मा नामक वीर सन 305 में नेपाल का शासक बन गया.

राजा भूमिवर्मा के जिन वंशज नृपों ने नेपाल पर सन 305 से 605 तक तीन सौ साल राज किया उनमें से प्रमुख राजा थे : भूमिवर्मा, धर्मदेव, मतदेव, बृषदेव, महीदेव, बसंतदेव, शिवदेव, जयदेव, आदि. लिच्छवी राजा बृषदेव एक बहुत शक्तिशाली राजा था. वह गुप्त सम्राट चंद्रगुप्त-2 विक्रमादिरत्य (375-415) का समकालीन राजा था. चंद्रगुप्त ने राजा बृषदेव की कन्या कुमारा देवी से विवाह करके शांति प्रस्थापित की थी.

98. नेपाल का अंशुवर्मा राजवंश (605-879)

सन 605 में लिच्छवी राजवंश के अंतिम राजा शिवदेव के जमाई अंशुवर्मा ने ससुर शिवदेव को हरा कर नेपाल में अपना अंशुवर्मा राजघराना (605-879) स्थापन कर दिया.

इस अंशुवर्मा घराने में उदय देव, ध्रुव देव, नरेंद्र देव, शिवदेव, जयदेव, बड़देव, आदि राजा प्रमुख होगए

99. नेपाल का राघव राजवंश, काठमांडु (879-1046)

सन 879 में नेपाल के अंशुवर्मा राजवंश के अंतिम राजा बड़देव को राघववर्मा ने हरा कर अपना राघव राजवंश (879-1046) स्थापन कर दिया. इस वंश के राजा गुणकामदेव (949-994) ने काठमांडु में राजधानी स्थापन की थी. इस राघव राजघराने के प्रमुख दस राजा इस प्रकार थे :
1. राजा राघवदेव संस्थापक, 2. राजा जयदेव, 3. राजा विक्रमदेव, 4. राजा नरेंद्रदेव, 5. राजा गुणकामदेव, 6. राजा उदयदेव, 7. राजा रुद्रदेव (1008-1015), 8. राजा भोजदेव (1015-1015) 9. राजा लक्ष्मीकर्मदेव (1015-1039), और 10. राजा विजयकामदेव (1039-1046).

100. नेपाल का ठाकुर राजवंश, काठमांडु (1046-1200)

सन 1046 में नेपाल के राघव राजवंश के अंतिम राजा विजयकामदेव (1039-1046) को हरा कर राजा भास्करदेव (1046-1059) ने काठमांडु में ठाकुर राजवंश स्थापन कर दिया. राजा शंकरदेव (1067-1080) ठाकुर राजवंश का सबसे प्रतापी राजा था. उसने वासुकी नाग का अधिष्ठान करके नेपाल में नागपंचमी का त्यौहार आरंभ किया था और झारखंड के नाग राजवंश (83-1948) से सांस्कृतिक नाते का संबंध बनाया था.

राजा शंकरदेव के बाद राजा शिवदेव (1099-1126) वीर राजा था. उसने पुरातन पशुपतिनाथ मंदिर का छत्र सोने से मढ़वाया था. उसने कई मंदिर और तालाब बनवाए थे.

उपरोक्त तीन राजा के अतिरिक्त ठाकुर राजवंश के मुख्य राजा इस प्रकार थे : राजा बलदेव (1059-1064), राजा वामदेव (1080-1090), राजा हरिश्चंद्र (1090-1099), राजा गुणकामदेव (1187-1193), राजा लक्ष्मीकामदेव (1193-1196) और राजा विजयकामदेव (1196-1200).

राजा विजयकामदेव नेपाल के ठाकुर राजवंश का अंतिम राजा था. उसके बाद राजा अरिदेव (1220-1216) ने नेपाल का मल्ल राजघराना (1200-1768) स्थापन किया.

101. नेपाल का मल्ल राजवंश, काठमांडु (1200-1768)

पूर्व देखिए : नेपाल का ठाकुर राजवंश (1046-1200)

1.	अरि मल्ल देव	1200-1216
2.	अभय मल्ल देव	1216-1235
3.	जय मल्ल देव	1235-1258
4.	जय भीम मल्ल देव	1258-1271
5.	जय सिंह मल्ल देव	1271-1274
6.	अनंत मल्ल देव	1274-1310
7.	जय नंद मल्ल देव	1310-1320
8.	जय रुद्र मल्ल देव	1320-1326
9.	जय अरि मल्ल देव	1326-1347
10.	जय राज मल्ल देव	1347-1361
11.	जय अर्जुन मल्ल देव	1361-1382

नेपाल का मल्ल राजघराना

राजा अरि मल्ल देव (1200-1216) ने ठाकुर राजा विजयकानदेव (1196-1200) को हरा कर काठमांडु और पाटन नेपाल में मल्ल राजघराना (1200-1768) स्थापन कर दिया. राजा अरि मल्ल देव ने स्वराज्य सीमा विस्तृत कर दी और राज्य में संस्कृत को वर्चस्व दिया.

मल्ल राजवंश का अंतिम राजा जय प्रकाश मल्ल देव (1736-1768) को गुरखा राजा पृथ्वी नारायण शाह (1768-1775) ने हरा कर शाह राजघराना (1768-1948) स्थापन कर दिया.

12.	जय स्थिति मल्ल देव	1382–1395
13.	जय धर्म मल्ल देव	1395–1408
14.	जय ज्योति मल्ल देव	1408–1428
15.	जय यक्ष मल्ल देव	1428–1482
16.	रत्न मल्ल देव	1482–1520
17.	सूर्य मल्ल देव	1520–1530
18.	अमर मल्ल देव	1530–1538
19.	नरेंद्र मल्ल देव	1538–1560
19.	महेंद्र मल्ल देव–1	1560–1574
20.	सदाशिव मल्ल देव	1574–1578
21.	शिव सिंह मल्ल देव	1578–1620
22.	लक्ष्मी नारायण मल्ल देव	1620–1641
23.	प्रताप मल्ल देव	1641–1674
24.	जय नृपेंद्र मल्ल देव	1674–1680
25.	पार्थिवेंद्र मल्ल देव	1680–1687
26.	भूपेंद्र मल्ल देव	1687–1700
27.	भास्कर मल्ल देव	1700–1714
28.	महेंद्र मल्ल देव–2	1714–1722
29.	जगत जय मल्ल देव	1722–1736
30.	जय प्रकाश मल्ल देव	1736–1768

नेपाल का मल्ल राजघराना, आगे

मल्ल राजा जय मल्ल देव (1235–1258) की सत्ता के काल में सन 1255 में नेपाल और पूर्वोत्तर भारत में महा भयंकर भूचाल आया था. इसमें नेपाल की लगभग तिहाई आबदी नष्ट होगई, और सन 1258 में राजा जय मल्ल की मृत्यु होगई. भारत में विनाश और भी अधिक था और लोग हाजारों की संख्या में नेपाल की पहाड़ियों मे सुरक्षा के लिए भाग गए थे. इस महान संकट के बाद राजा जय स्थिति मल्ल देव (1382–1395) ने राज्य पुन: सुव्यस्थित कर दिया.

राजा जयस्थिति मल्ल की मृत्यु के बाद उसके दो पुत्र और एक पोते में नेपाल का राज्य बँट कर तीन राजवंश स्थापन होगए थे. 1. पुत्र रत्नमल्ल को काठमांडु (1482–1768), 2. पुत्र राजा राय मल्ल को भटगाँव (1482–1768), 3. और बाद में, पोता सिद्धि नारायण मल्ल को पाटन (1620–1768) का राज्य मिला.

102. नेपाल का गुरखा शाह राजवंश (1768-1948)

पूर्व देखिए : नेपाल का मल्ल राजवंश (1200–1768)

1.	पृथ्वी नरायण शाह	1768–1775
2.	प्रताप सिंह शाह	1775–1778
3.	राणा बहादुर शाह	1778–1799
4.	गिरवन शुद्ध विक्रम शाह	1799–1816
5.	राजेंद्र वीर विक्रम शाह	1816–1847
6.	सुरेन्द्र वीर विक्रम शाह	1847–1881
7.	पृथ्वी वीर विक्रम शाह	1881–1911
8.	त्रिभुवन वीर विक्रम शाह	1911–1948

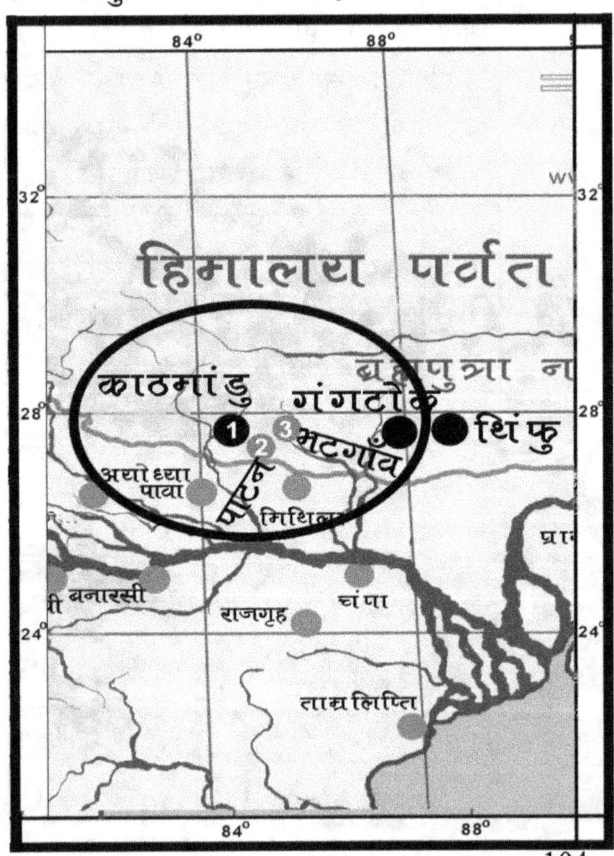

नेपाल का शाह राजघराना

गुरु गोरखनाथ के अनुयायी नेपाल में जहाँ बसे उस प्रदेश को गोरखा और उन परिवारों को गुरुखा कहा जाता है. गुरखा लोगों को जोड़ने का काम नेपाल में अठारहवीं सदी में वीर पृथ्वी नारायण शाह (1723–1775) ने किया और काठमांडु को जीत कर वे नेपाल के शाह राजघराने (1768–1948) के प्रथम राजा (1768–1775) बने.

महाराजा पृथ्वी नारायण सिंह ने नेपाल के विविध संघों को एकत्रित करके एक संयुक्त राष्ट्र बनाने में लग गए. उनके बाद महाराजा राजेंद्र विक्रम शाह (1816–1847) के समय में प्रधान मंत्री का पद आरंभ हुआ. प्रथम प्रधान मंत्री का पद राणा जंग बहादुर (1846–1877) ने सँभाला. राणा जंग बहादुर का वंश चित्तौड़ के सिसोदिया राणा कुम्भ (1433–1468) का वंशज था.

राणा जंग बहादुर के बाद राणा रणदीप सिंह (1877–1885), राणा शमशेर जंग बहादुर (1885–1901), राणा चंद्र शमशेर जंग बहादुर (1901–1929), राणा भीम शंकर जंग बहादुर (1929–1932), राणा युद्ध शमशेर जंग बहादुर (1932–1945), और राणा पद्म शमशेर जंग बहादुर (1945–1948) प्रधान मंत्री बने.

103. नेवालकर राजवंश, झाँसी (1838-1858)

पूर्व देखिए : पेशवे राजवंश, पुणे (1713–1818)

1. रघुनाथ हरि ...
2. शिवराम भाऊ –1838
3. राजा गंगाधरराव 1838–1853
4. रानी लक्ष्मी बाई 1853–1858

स्वातंत्र्य सेनानी

जाओ माता पुकारे, जाओ तुमको वतन बुलाए ।
येद्धा वीर हमारे ।।

बैरी देश का गौरव लीन्हो,
स्वाभिमान को जागृत कीन्हो ।
प्राणों को कर अर्पण प्यारे,
जीतो या फिर स्वर्ग के द्वारे ।। 1
शोले बारूद गोले खेलो,
शस्त्र–अस्त्र सब हँस कर झेलो ।
विजय पताका हाथ में लेलो,
जय जय माता भवानी, बोलो ।। 2
याद करो शहीदों की होली,
खेली थी जिन्ह माता काली ।
रणचंडी से आँख मिचौली,
राणा, शिवाजी, झाँसी वाली ।। 3
कार्य परायण आर्यों जागो,
धर्म नीति से कर्म निभाओ ।
त्याग इसी में याग मनाओ,
भवानी का भगवा फहराओ ।। 3

झाँसी की रानी लक्ष्मी बाई

लक्ष्मीबाई गंगाधरराव नेवाळकर अर्थात् झाँसी की रानी झाँसी के राजा गंगाधरराव (1838–1853) की पत्नी थी. गंगाधरराव केपिता शिवराम भाऊ झाँसी के प्रथम शासक रघुनाथ हरि के वंशज थे. लक्ष्मीबाई काशी के मराठा मोरोपंत तांबे और भागीरथी बाई (सापरे) की कन्या थी, जिसका पितृक नाम मणिकर्णिका बाई (1828–1858) था. मणिकर्णिका का विवाह 1842 में हुआ था और शादी के बाद उसे लक्ष्मीबाई नाम मिला था. लक्ष्मीबाई का दामोदर नाम का एक पुत्र था जो पिता की मृत्यु के आस-पास ही स्वर्गवासी हो गया था. लक्ष्मीबाई ने आनंदराव नामक दूसरा बालक गोद लिया था और उसे भी दामोदर नाम दिया था.

गंगाधरराव के पूर्वज महाराष्ट्र के रत्नागिरी में थे जहाँ वे पेशवे और होळकर सेनाओं में अहम पद पर सेनानी होते थे. रघुनाथराव ने बुंदेलखंड के झाँसी में मराठा राज्य स्थापन किया था जो उन्हों ने अपने भाई शिवराव भाऊ को सौंप दिया था. 1838 में शिवराम भाऊ की मृत्यु के पश्चात् गंगाधरराव राजा बने और उनकी मृत्यु के बाद 1853 में लक्ष्मीबाई झाँसी की रानी बनी.

झाँसी की रानी शूर, धोरणी, चतुर, शस्त्र-शास्त्र विषारद, तेजस्वी नारी थी. वह 1857 के स्वातंत्र्य संग्राम में अग्रणी नायिका थी. उन्हों ने अंग्रेजों को आखरी साँस तक टक्कर दी थी और अपने नन्हे बालक को लेकर लड़ते–लड़ते रण पर आपने प्राण

प-अक्षरारंभ के राजप्रवाह

104. परमार राजवंश, धार, मालवा (800-1305)

पूर्व देखिए : राष्ट्रकूट राजवंश, मालखेड (620–973)

1.	उपेंद्रराज (कृष्णराज) 800–818		
2.	वैरीसिंह-1	818–843	उपेंदैराज का पुत्र
3.	सीयक –1	843–893	वैरिसिंह का पुत्र
4.	वाक्पतिराज	893–918	सीयक-1 का पुत्र
5.	वैरीसिंह-2	918–948	वाक्पतिराज का पुत्र
6.	सीयक-2 हर्ष	948–972	वैरीसिंह-2 का पुत्र
7.	वाक्पतिराज-2 मुंज	972–995	सीयक-2 का पुत्र
8.	सिंधुराज	995–1010	मुंज का भाई
9.	भोजदेव-1, राजा भोज	1010–1055	सिंधुराज का पुत्र
10.	जयसिंह-1	1055–1059	राजा भोज का पुत्र
11.	उदयादित्य	1059–1087	
12.	लक्ष्मणदेव	1087–1097	उदयादित्य का भाई
13.	नरवर्मा	1097–1134	लक्ष्मणदेव का भाई
14.	यशोवर्मा	1134–1135	नरवर्मा का पुत्र
15.	जयवर्मा-1	1135–1138	यशोवर्मा का पुत्र
16.	अजयवर्मा	1138–1143	जयवर्मा का भाई
17.	विंध्यवर्मा	1143–1178	अजयवर्मा का पुत्र
18.	सुभटवर्मा	1178–1200	विंध्यवर्मा का पुत्र
19.	अर्जुनवर्मा-1	1200–1218	सुभटवर्मा का पुत्र
20.	देवपाल	1218–1236	दूर का भतीजा
21.	जैतुगदेव	1236–1255	देवपाल का पुत्र
22.	जयवर्मा-2	1255–1265	जैतुगदेव का भाई
23.	जयसिंह-2	1265–1270	
24.	अर्जुनवर्मा-2	1270–1285	जयसिंह-2 का पुत्र
25.	भोज देव-2	1285–1300	
26.	महलकदेव	1300–1305	

परमार राजघराना

भारतीय इतिहास का यह एक श्रेष्ठ अग्निवंशी राजघराना मालवा के नगरी को राजधानी बना कर शासन करता था. इस वंश का आदि राजा उपेंद्रराज अथवा उत्पलराज अर्थात् कृष्णराज (800–818) था. इसके पूर्व, इस वंश के राज मालखेड के राष्ट्कूटों (620–973) के सामंत थे.

राष्ट्रकूटों के पतन के समय राजा वाक्पति मुंज (972–995) ने स्वातंत्र्य घोषित कर दिया था. राजा मुंज एक बहुत ज्ञानी और वीर पुरुष था. उसने राज्य व्यवस्था सर्व रीति से यथोचित कर रखी थी.

राजा वाक्पतिराज मुंज का भतीजा राजा भोज (1010–1055) परमार वंश का सबसे प्रतापी और प्रभावी शासक था. वह मध्ययुगीन शासकों में सर्वश्रेष्ठ पंडित और कला साहित्य का आश्रय दाता गिना जाता था.

मालवा के परमार राजपूत आबू के परमार राजघराने के नातेदार थे, जिनकी राजधानी चन्द्रावती थी. परमारों के अन्य कुछ घराने थे जालोर के परमार, किराडू के परमार, दांता के परमार, सिरोही के परमार, आदि.

मालवा के महान परमार राजा भोज (1010-1055)

मालवा के परमार राजघराने का सबसे विद्वान, कलाभिज्ञ, पावन, वीर और महान राजा था त्रिभुवननारायण भोज (1010-1055). वह वाक्पति राजा मुंज (972-995) के छोटे भाई राजा सिंधुराज (995-1010) का पुत्र था. राजा भोज ने राज्याभिषेक के बाद अपनी राजधानी उज्जैन से दक्षिण में धार नगरी में स्थानांतरित की थी. राज भोज ने चित्तौड़, बुंदेलखंड, बाघेलखंड और दक्षिण के खानदेश, कोंकन आदि प्रदेशों के राजाओं को जीत कर अपनी सत्ता विस्तृत कर ली थी.

राजा भोज लगातार युद्धों में व्यस्त था फिर भी विद्या और काव्य कला का प्रेमी था. वह स्वयं उच्च कोटि का कविराज तथा कला का आश्रय दाता था. राजा भोज के समतुल्य संस्कृत कविवर गुणग्राही राजा भारतीय इतिहास में अन्य कोई नहीं था. वह मंदिर और शिल्पकला का भी महान कर्ता था. राजा भोज की पत्नी महारानी लीलावती भी पति के समान प्रख्यात विदुषी थी. राजा भोज के दरबार में श्री वल्लभ, मेरुतुंग, वररुचि, सुबंधु, राजशेखर, माघ, धनपाल, मानतुंग, पद्मगुप्त, भट्टगोविंद, विद्यापति भास्कर, आदि कवि-महाकवि विद्वान आश्रित होते थे. राजा भोज ने लिखे-लिखवाए महान ग्रंथों में सरस्वती कण्ठाभरण, राजमृगांक, विद्वज्जनमण्डल, समरांगण सूत्रधार, श्रृंगार मंजुषा, कूर्मशतक, प्रश्नज्ञान, राजमार्त्तण्ड, आदित्यप्रतापसिद्धांत, व्यवहारसमुच्चय, चारुचर्या, मुक्तिकल्पतरु, विश्रांतविद्याविनोद, चम्पुरामायण, शालीहोत्र, शब्दानुशासन, सिद्धान्तसंग्रह, सुभाषितप्रबंध, आदि उल्लेखनीय हैं. राजा भोज के स्वयं रचित 84 ग्रंथ थे.

राजा भोज का सत्ता प्रभाव पूर्वी सीमा पर सुंदरबन, दक्षिण सीमा पर रामेश्वरम तक, पश्चिम में सोमनाथ तक और उत्तर में काश्मीर तक महसूस किया जाता था और इन क्षेत्रों में राजा भोज ने अपनी शिल्प काम के प्रमाण छोड़े थे. गुजरात के सोलंकी राजा भीमदेव (1022-1064) के धार पर आक्रमण में सन 1055 में राजा भोज की मृत्यु हुई. राजा भोज की मृत्यु पर महाकवि कालिदास के शब्दों में श्रद्धांजली इस प्रकार :

श्लोक छंद – श्रद्धांजलि

अद्य धारा निराधारा
निरालम्बा सरस्वती,
पण्डिता: खण्डिता सर्वे
भोजराजे दिवं गते ।। 1

(अर्थात्)

अद्य आरा सदाधारा
सदालम्बा सरस्वती,
पण्डिता मण्डिता सर्वे
भोजराजे भुवं गते ।। 2

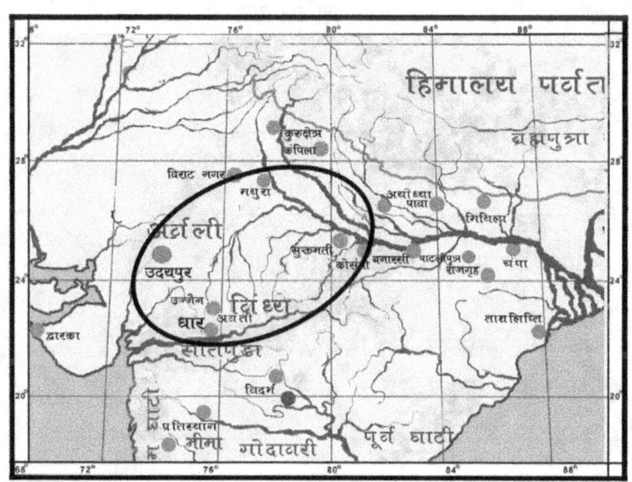

107

105. परिव्राजक राजवंश, बागेलखंड (400-528)

पूर्व देखिए : गुप्त राजवंश (240–730)

1. सुशर्मा   400–
2. देवाढय
3. प्रभंजन
4. दामोदर
5. हस्ती   475–518
6. संक्षोभ   518–528

आगे देखिए : पुष्यभूति राजवंश (500–647)

दोहा छंद – परिव्राजक राजघराना

गुप्त काल का वंश था, परिव्राजक परिवार ।
छह राजा ही ज्ञात हैं, लेखों के आधार ।। 1

छह में दो नृप श्रेष्ठ थे, दानवीर विशेष ।
क्षत्रिय गौ ब्राह्मण प्रजा, प्रसन्न था सब देश ।। 2

परिव्राजक शिव भक्त थे, भरद्वाज था गोत्र ।
गाए जाते राज्य में, शिवलीलामृत स्तोत्र ।। 3

राजा हस्ती ने किया, चार दशक था राज्य ।
विविध आक्रमण आगए, फिर भी था अविभाज्य ।। 4

अंत गुप्त साम्राज्य का, दिया इन्हें भी अंत ।
पुष्यभूति राजा हुए, रहे न ये सामंत ।। 5

परिव्राजक राजघराना

मध्य भारत का यह राज वंश बागेलखंड के उच्छकल्प राजघराने का पश्चिम दिशा में पड़ोसी था. उच्छकल्प राजघराने की तरह इस वंश के राजा भी गुप्त महाराजाओं के नीचे सामन्ती राजा थे.

इस वंश के सबसे महान दो राजा थे, महाराजा हस्ती (475–518) और महाराजा संक्षोभ (518–528). राजा हस्ती की 42 साल के लंबे शासन काल में गुप्त साम्राज्य में पारिवारिक परिवर्तन (मूल 240–530) (पश्चात् 530–730) आगया था. परिव्राजक राजा शिव भक्त होते थे. इस कुल के सभी राजा दानवीर थे. मूल गुप्त साम्राज्य (290–530) के साथ साथ परिव्राजक वंश का भी लोप हुआ और पुष्यभूति राजा हुए.

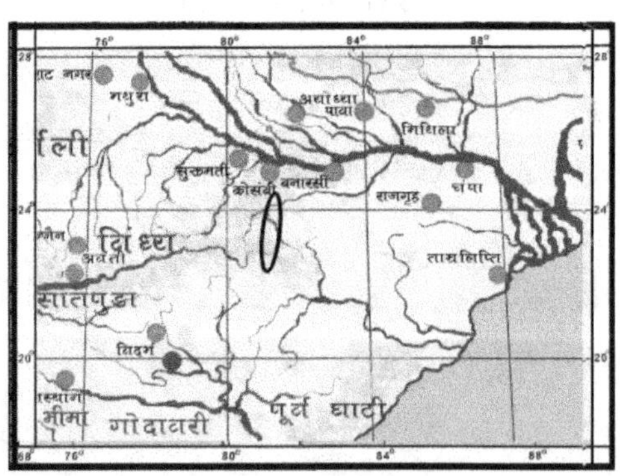

106. पल्लव राजवंश, कांचीपुरम् (315–897)

पूर्व देखिए : पांड्य राजवंश, मदूरै (50–1310)

1. शिववर्मा–1	315–345	
2. स्कन्दवर्मा–1	345–350	शिववर्मा–1 का पुत्र
3. विष्णुगोप	350–355	
4. कुमारविष्णु–1	355–370	विष्णुगोप का पुत्र
5. स्कन्दवर्मा–2	370–385	कुमारविष्णु–1 का पुत्र
6. वीरवर्मा	385–400	स्कन्दकुमार–1 का पुत्र
7. स्कन्दवर्मा–3	400–435	वीरवर्मा का पुत्र
8. सिंहवर्मा–1	435–460	स्कन्दवर्मा–3 का पुत्र
9. स्कन्दवर्मा–4	460–480	सिंहवर्मा–1 का पुत्र
10. नन्दीवर्मा–1	480–510	स्कन्दवर्मा44 का पुत्र
11. कुमारविष्णु–2	510–530	नन्दीवर्मा का भाई
12. बुद्धवर्मा	530–540	कुमारविष्णु–2 का पुत्र
13. कुमारविष्णु–3	540–560	बुद्धवर्मा का पुत्र
14. सिंहविष्णु	560–580	कुमारविष्णु का पुत्र
15. महेंद्रवर्मा–1	580–630	सिंहविष्णु का पुत्र
16. नरसिंहवर्मा–1	630–668	महेंद्रवर्मा का पुत्र
17. महेंद्रवर्मा–2	668–674	नरसिंहवर्मा–1 का पुत्र
18. परमेश्वरवर्मा–1	674–700	महेंद्रवर्मा–2 का पुत्र
19. नरसिंहवर्मा–2	700–728	परमेश्वरवर्मा–1 का पुत्र
20. महेंद्रवर्मा–3	728–731	नरसिंहवर्मा–2 का पुत्र
21. परमेश्वरवर्मा–2	731–731	महेंद्रवर्मा–3 का भाई
22. नन्दीवर्मा–1	731–796	परमेश्वरवर्मा–2 का भतीजा
23. दंतीवर्मा	796–847	नन्दीवर्मा–1 का पुत्र
24. नृपोतुंगवर्मा	847–872	दंतीवर्मा का पुत्र
25. अपराजित	893–897	नृपतुंगवर्मा का पुत्र

आगे देखिए : चोल राजघराना, तंजावर (50–1279)

पल्लव राजघराना

पांड्य उत्कर्ष के संगम काल के बाद में तमिल देश में पल्लव राजवंश प्रसिद्ध हुआ. तमिल शब्द तोंडाइयर से संस्कृत शब्द पल्लव प्रचलित हुआ. सातवाहन (271 ई.पू.–195 ई.) राजाओं ने तोंडाईमंडलम् जीतने के बाद जो राजघराना स्वतंत्र हुआ वही तोंडाइयर अथवा पल्लव वंश है. पल्लव राजा स्कन्दवर्मा–1 (345–350) ने कृष्णा नदी से पेन्नार नदी तक भूप्रदेश जीत कर अश्वमेधादि यज्ञ करके कांची राज्य से जोड़ दिया था. महेंद्रवर्मा–1 (580–630) ने सत्ता तिरुचिरापल्ली तक बढ़ा दी थी. वह राजा शिल्पकला और काव्य–चित्र–शिल्प का आश्रयदाता था. उसे चैत्यकारी, चित्रकारलिपी, मत्तविलास, विचित्रित, आदि उपाधियाँ प्राप्त थीं. पल्लव नरसिंहवर्मा–2 (700–728) के काल में महाबलीपुरम् आदि महान मंदिरों का उद्भव हुआ था. इसके दरबार में संस्कृत महाकवि दंडी राजकवि था.

बादामी चालुक्य राजा विक्रमदित्य–2 (733–746) ने जब कांची जीत ली तब पल्लवां की राजधानी नंदीपुरम हुई थी. फिर क्षीण पल्लवों की सत्ता तंजावर के चोल (50–1279) राजाओं ने छीन ली.

पल्लव राजा राजसिंह नरसिंहवर्मा, कांचीपुरम् (700-728)

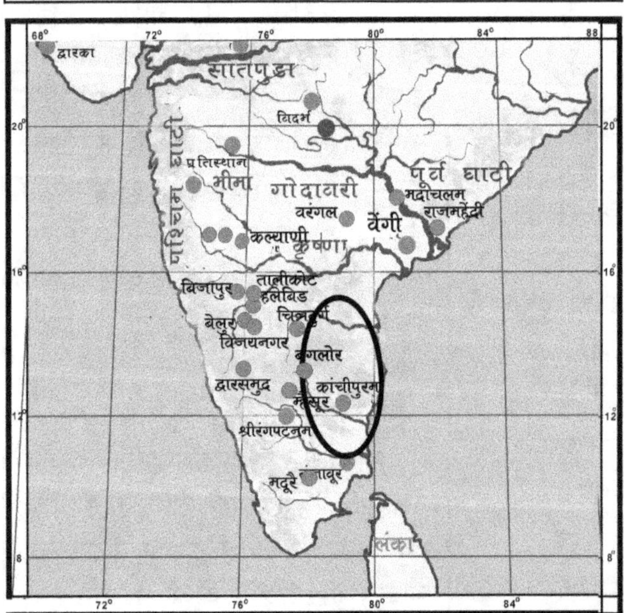

पल्लव राजा नरसिंहवार्मा-2

कांचीपुरम के पल्लवों का गोत्र भारद्वाज था और वे गंगा देवी के भक्त थे. पल्लव राजा महेंद्रवर्मा-2 (668-674) का राज्य कृष्णा नदी से कावेरी तक विशाल था. उसने महाबलीपुरम (मामल्लपुरम) बंदरगाह को अपना व्यापार केन्द्र बनाया था.

महेंद्रवर्मा का पुत्र राजसिंह नरसिंहवर्मा-2 (700-728) ने महाबलीपुरम में प्रस्तर काट कर महा विख्यात पाशाण शिल्पकला के भव्य और दिव्य मंदर निर्माण किए थे. इनमें पांडवों का इतिहास, तपस्वी अर्जुन और उसका परिवार, और **गंगावतरण** का प्रसंग विशेष रूप से दिखाया है.

गंगावतरण शिल्पकला में भगीरथ राजा की तपश्चर्या और गंगा देवी का पृथ्वी पर आना प्रतिभापूर्ण साकार किया है. इस मंदिर समूह में शिवलिंग, गणेश, विष्णु, नरसिंह, महिषासुरमर्दिनी, उमामहेश, लक्ष्मी, आदि देवताएँ शिल्पाकृत की गई हैं.

कांचीपुरम में भी नरसिंहवर्मा ने कैलासनाथ अथवा राजसिंहेश्वर शिवालय बनाया है. नरसिंहवर्मा स्वयं संगीतकार था और उसके दरबार में महान संस्कृत कवि दंडी राजाश्रय में था.

107. पांडव राजवंश (सनातन काल)

पूर्व देखिए : अजमीढ– राजवंश (सनातन)

1. विचित्रवीर्य ...
2. पांडु
3. युधिष्ठिर

आगे देखिए : युधिष्ठिर राजवंश (सनातन)

दोहा छंद – पांडव राजघराना

पौरव कुल में थे हुए, 'कुरु' राजा गुणवान ।
प्रपौत्र उसके 'शान्तनु,' हुए नरेश महान ।। 1

शाँतनु के सुत तीन थे, सभी महा विद्वान ।
विचित्रवीर्य राजा बने, भीष्म व्यास भगवान ।। 2

विविध गुणों के पुत्र थे, विचित्र के भी तीन ।
'पांडु' कुशल, 'धृत' कुटिल थे,
              'विदुर' नीति में लीन ।। 3

अंधश्री 'धृतराष्ट्र' थे, सुत थे विदुर अवैध ।
पांडु बने नृप, नीति से, सिंहासन पर वैध ।। 4

'शूरसेन' की अंगजा, 'कुंती' मथुरा नार ।
दीदी थी वसुदेव की, पांडु भूप की दार ।। 5

भार्या दो थीं पांडु की, 'कुंती,' 'माद्री' नाम ।
पुत्र पाँच थे पांडु के, धार्मिक वीर महान ।। 6

कुन्ती के सुत तीन थे, 'भीमार्जुनकौन्तेय' ।
माद्री के दो पुत्र थे, युग्म 'नकुल-सहदेव' ।। 7

पांडव राजघराना

चंद्रवंशी राजा विचित्रवीर्य और पत्नी अंबालिका के पुत्र पांडु की पत्नी कुंती वृष्णि कुल के वासुदेव की भगिनी थी. कुंती के तीन पुत्र थे युधिष्ठिर, भीम और अर्जुन. राजा पांडु की दूसरी पत्न माद्री, मद्र नरेश की कन्या, नकुल और सहदेव जुड़वाँ पुत्रों की माता थी (महा. आदि. 67.111). बचपन में नकुल और सहदेव शुक मुनि से धनुर्विद्या सीखे थे. पांडु के ज्येष्ठ पुत्र युधिष्ठिर 105 कौरव–पांडव बंधुओं में ज्येष्ठ थे अत: धृतराष्ट्र ने युधिष्ठिर को राजकुंवर का मुकुट पहना दिया था. महाभारत में युधिठिर को अजमीढ़, अजातशत्रु, भारत, भारतशार्दूल, भरतर्षभ, भरतसत्तम, धर्म, धर्मराज, धर्मपुत्र, पांडव, पार्थ, आदि संज्ञाओं से गौरवान्वित किया गया है. युधिष्ठिर के शंख का नाम पांचजन्य था (गीता 1.5).

भीमसेन बलशाली नरश्रेष्ठ था (महा. उद्योग. 50). महाभारत में भीम को कौन्तेय, कौरव, कुशशार्दूल, मारुती, पांडव, पार्थ, पवनात्मज, वायुपुत्र, वायुसुत, आदि. सम्मान प्राप्त है. भीम के महाशंख का नाम पौण्ड्र था (गीता 1.5).

नरवीरों में श्रेष्ठतम धनुर्धर था अर्जुन. धर्जुन के दिव्य शंख का नाम देवदत्त था (गीता 1.5).महाभारत में संजय ने महायुद्ध टालने के हेतु धृतराष्ट्र को चेतावनी दी थी कि जहाँ श्रीकृष्ण और अजुन हैं वहां विजयश्री निश्चित है (गीता 18.72), फिर भी धृतराष्ट्र युद्ध के पक्ष में ही रहे. महाभारत में अर्जुन को ऐंद्री, भारत, धनंजय, गांडीवधन्वा, गुडाकेश, जिष्णु, कपिध्वज, कौन्तेय, कौरव, कौरवश्रेष्ठ, किरीटी, कुंतीपुत्र, पांडव, पार्थ, पौरव, फाल्गुन, सव्यसाची, विजय, आदि संज्ञाएँ प्राप्त हैं.

108. पांड्य राजवंश, मदूरा (50-1422)

पूर्व देखिए : सातवाहन राजवंश, प्रतिस्थान (271 ई.पू.–195 ई.)

1.	नेडुंजलैयन–1	...	
2.	वेरीवरशेलैयन	75–	
3.	नेडुंजलैयन–2		
4.	उग्रपेरु वेलाडी	150–	
5.	वरगुण–1	...	
6.	कदुंगोन	590–620	
7.	मारवर्माअवनिशूलमणी	620–645	कदुंगोन का पुत्र
8.	जयंतीवर्मा	645–670	मरवर्मा का पुत्र
9.	मारवर्मा अरिकेसरी	670–700	जयंतीवर्मा का पुत्र
10.	कोच्छलैयन रणधीर	700–730	मारवर्मा का पुत्र
11.	मारवर्मा राजसिंह–1	730–775	कोच्छलैयन का पुत्र
12.	नेडुंजलैयन–2	775–815	राजसिंह–1 का पुत्र
13.	श्रीमार श्रीवल्लभ	815–862	नेडुंजलैयन का पुत्र
14.	वरगुण–2	862–880	श्रीवल्लभ का पुत्र
15.	परांतक वीरनारायण	880–900	वरगुण–2 का भाई
16.	मारवर्मा राजसिंह–2	900–920	परांतक का पुत्र
...	चोल राज्य	920–1190	
17.	जटावर्मा कुलशेखर	1190–1216	
18.	मारवर्मा सुंदर–1	1216–1238	जटावर्मा का भाई
19.	मारवर्मा सुंदर–2	1238–1251	
20.	जटावर्मा सुंदर	1251–1253	
21.	जटावर्मा वीर पांड्या	1253–1275	
22.	मारवर्मा कुलशेखर	1275–1310	
...			
23.	जटावर्मा पराक्रम	1422–1429	
24.	जटावर्मा कुलशेखर	1429–1473	

पांड्य राजघराना

द्रवीडवंशी पांड्य राजघराना पाणिनि के काल से ही ख्यात है. इस राजवंश का राज्य मदूरा, तिरुनेलवेल्ली और तिरुचिरापल्ली स्थानों में समय–समय से रहा है. इस राजवंश का उल्लेख अशोक मौर्य (269–232 ई.पू.) के शिलालेखों में और कात्यायन के वार्तिक में पाया जाता है.

पांड्य राजघराने का इतिहास मारवर्मा अरिकेसरी वर्मा (670–700) के काल से प्रसिद्ध है. नेडुंजलैयन–2 (775–815) के काल में पांड्य राज्य का विस्तार कावेरी नदी के दक्षिण में मलबार से तंजावर, तिरुचिरापल्ली, सालेम, कोईमतूर और दक्षिण त्रावणकोर तक विशाल होगया था. पांड्य राज्य में काव्य व शिल्प कला की समृद्धि थी. यह राज्य मोतियों के लिए ख्यात था. राजा श्रीमार श्रीवल्लभ (815–862) का अधिकार कृष्णा नदी के दक्षिण से उत्तर श्रीलंका तक था.

महान पांड्य राजा मारवर्मा कुलशेखर पांड्य (1275–1310) ने तंजावर के चोल राजा उदय मार्तंड राजेंद्र चोल (1246–1279) को अपना मांडलिक बना लिया था.

25.	पेरुमाल पराक्रम	1473–1479
26.	कुलशेखरदेव	1479–1534
27.	जटावर्मा श्रीवल्लभ	1534–1543
28.	पराक्रम कुलशेखर	1543–1552
29.	नेल्वेली मारन्	1552–1564
30.	जटावर्मा अतिवीरराम	1564–1604
31.	वरतुंग	1604–1612
32.	वरगुणराम	1612–1618

दोहा छंद – पांडय राजघराना

दक्षिण हिंदुस्तान का, पांडय नामवर वंश ।
घिरा हुआ था शत्रु से, जिनसे पाता दंश ।। 1
चोल-पांडय के शत्रु थे, जाहिर थी यह बात ।
लड़ाइयाँ होती सदा, इतिहास को ज्ञात ।। 2
मीनाक्षी मंदिर तथा, श्रीरंगम का धाम ।
पांडय नृपों की देन है, धर्म कर्म के नाम ।। 3

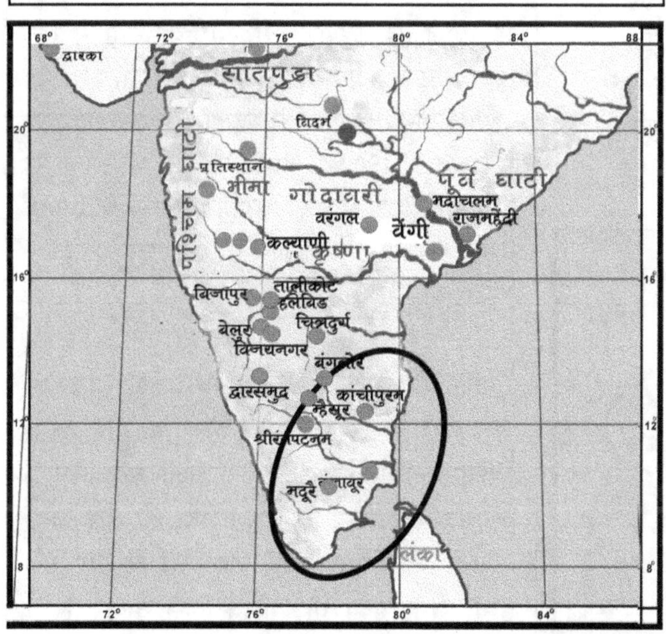

दक्षिण भारत का यह प्रसिद्ध राज्य आशोक मौर्य (269–232 ई.पू.) के विशाल साम्राज्य सीमा से बाहर था, मगर पांडय साम्राज्य का उल्लेख अशोक के शीलालेखों मे पाया जाता है. तथा ही, महाकवि कालिदास के रघुवंश महाकाव्य में भी पांडय सत्ता का उल्लेख विद्यमान है.

राजा मारवर्मा सुंदर पांडय-2 (1238-1251) ने चोल राजाराज-3 (1216-1246) को पराजित करके तिरुचिरापल्ली और पुदुकोट्टै के समीप के प्रदेश हस्तगत कर लिए थे.

पांडय सामाैज्य ने काकातीय राज्य (1000-1323) और होयसळ साम्राज्य (1026-1348) के कई प्रदेशों पर विजय प्राप्त कर लिया था.

अन्य भारतीय राजाओं के समान मदूरै के पांडय राजा भी कला और वैदिक शास्त्र के प्रेमी और आश्रयदाता थे.मदूरै का महान और अद्वितीय मीनाक्षी मंदिर और दिव्य श्रीरंगम मंदिर पांडय राजाओं का योगदान है.

मंदिर और गुफा शिल्प कला और भित्ती चित्र कला में पांडय नरेशों का भारतीय शिल्प शास्त्र क्षेत्र में विशेष स्थान है.

109. पाल राजवंश, मुदागिरी (मुंगेर), बंगाल (750-1174)

1. दयितविष्णु
2. बप्पत
3. गोपाल–1   750–769
4. धर्मपाल   769–815   गोपाल–1 का पुत्र
5. देवपाल   815–850   धर्मपाल का पुत्र
6. विग्रहपाल–1   850–875   देवपाल का भतीजा
7. नारायणपाल   875–908   विग्रहपाल–1 का पुत्र
8. राज्यपाल   908–935   नारायणपाल का पुत्र
9. गोपाल–2   935–952   राज्यपाल का पुत्र
10. विग्रहपाल–2   952–995   गोपाल–2 का पुत्र
11. नहीपाल–1   995–1048   विग्रहपाल–2 का पुत्र
12. नयपाल   1048–1055   महीपाल–1 का पुत्र
13. विग्रहपाल–3   1055–1070   नयपाल का पुत्र
13. महीपाल–2   1071–1075   विग्रहपाल–3 का पुत्र
14. शूरपाल   1075–1080   महीपाल–2 का भाई
15. रामपाल   1080–1120   शूरपाल का भाई
16. कुमारपाल   1120–1125   रामपाल का पुत्र
17. महेंद्रपाल   1125–1144   कुमारपाल का पुत्र
18. मदनपाल   1144–1161   रामपाल का पुत्र
19. गोविंदपाल   1161–1174   मदनपाल का पुत्र

आगे देखिए : सेन राजवंश (1074–1230)

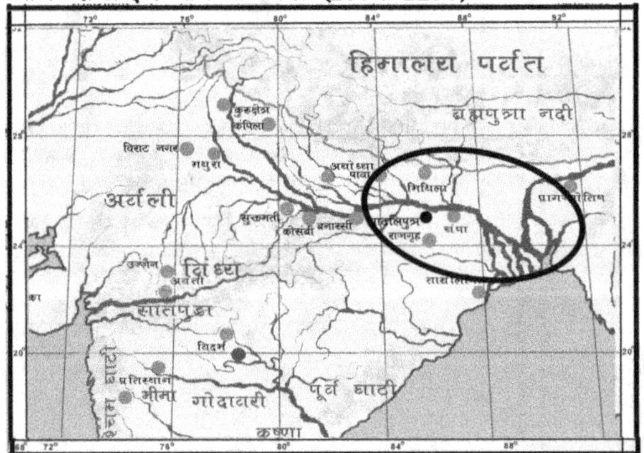

पाल राजघराना

उत्तरपूर्व भारत का सबसे प्रभावशाली राज्य था पाल साम्राज्य (750–1174). बंगाल के प्रजाजनों ने महा प्रतापी और कुशल समाज सेवक बप्पत के पुत्र गोपाल को मुंगेर के सिंहासन पर बिठा दिया (750–769) और पाल राजवंश (750–1174) की स्थापना कर दी.

राजा गोपल ने औंदतीपुर में नालंदा की तौर पर विक्रमशील नामक विश्वविद्यालय निर्माण किया और चारों ओर से, विशेष कर तिब्बत से, विद्यार्थियों को आकर्षित कर लिया था.

पाल शासक गूढ़ राजनैतिक और सफल युद्ध विजेता थे. उनके पास विशाल हाथी सेना होती थी. वे शिल्प कला के प्रेमी और मंदिरों के महान संस्थापक थे. उनकी सत्ता पश्चिम और पूर्व बंगाल से नेपाल तक विशाल थी. बारहवीं सदी में सेन (1074–1230) शासकों ने वह छीन ली.

पाल साम्राज्य की दूसरी शाखा असम में कामरूप में स्थित थी (900–1100). इन नृपों को नरकासुर उपाधि थी. इन्हें **भौम राजघराना** भी कहते थे. इनका प्रभाव जावा–सुमात्रा आदि के शिव उपासकों पर बहुत था.

दोहा छंद – पाल राजघराना

पाल वंश बंगाल का, मुदागिरी था धाम ।
एक वंश असम का, भौम जिसे था नाम ।। 1
विद्या प्रेमी पाल थे, शिल्प कला सब ओर ।
वैश्विक विद्यालय किया, नालंदा की तौर ।। 2
सत्ता थी नेपाल तक, बंग प्रांत से पार ।
हाथी सेना भव्य थी, गौरव जिसे अपार ।। 3

110. पुदुकोट्टई, सेतुपति राजघराना, तमिलनाडु (1673-1948)

पूर्व देखिए : चोल राजघराना, तंजावर (50-1279)

1. सेतुपति रघुनाथ किलावन   1673–1708
2. सेतुपति विजय रघुनाथ   1825–

दोहा छंद – पुदुकोट्टै सेतुपति राजघराना

चोल-पांड्य के बीच में, बसा हुआ जो स्थान ।
रामनाद के भूप का, पुदुकोट्टै संस्थान ।। 1

राजा इस संस्थान के, जाने थे गद्दार ।
देशद्रोह जिनमें भरा, विदेशियों से प्यार ।। 2

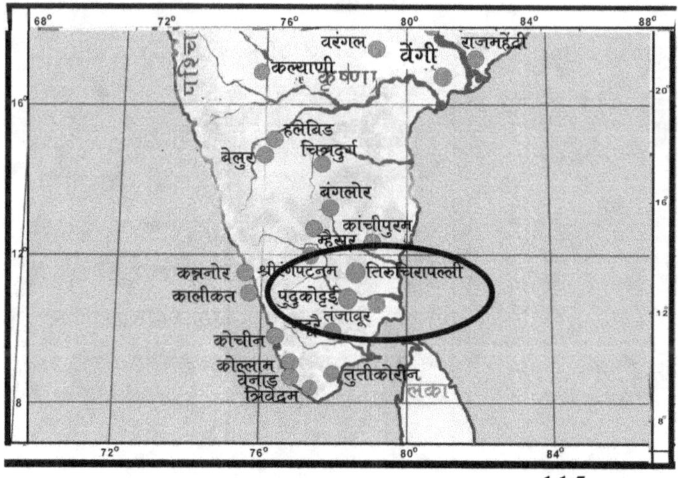

पुदुकोट्टई राजघराना

तमिल देश के पाँच बड़े संस्थानों में पुदुकोट्टई **பुत्तुकोट्टै** संस्थान तीसरे क्रम पर गिना जाता है. तिरुचिरापल्ली और तंजावर के बीच में स्थित पुदुकोट्टई के उत्तर में चोल साम्राज्य (50–1279) का और दक्षिण में पांड्य (50–1463) साम्रज्य का इतिहास सर्वश्रुत है.

सत्रहवीं सदी में रामनाद के राजा सेतुपति रघुनाथ कीलावन (1673–1708) ने पोदुकोट्टई क्षेत्र पर अधिकार जमा लिया था.

सन 1825 में राजा विजय रघुनाथ सेतुपति ने राज्य का आधुनिकरण किया था.

जिस तरह कन्नौज के गद्दार राजा जयचंद राठौड़ (1170–1194) ने घोरी से मिल कर और जयपुर के कछवाहा राजा मानसिंह (1589–1614) और मीर्जा राजा जयसिंह (1621–1666) ने मुगलों के गुलाम बन कर हिंदू राजतरांगिणी में मैल की भूमिका निभाई है उसी तरह सेतुपति घराने के राजाओं ने विदेशियों से मिल कर लालच और देशद्रोह के पापों से अपना मुँह इतिहास में काला कर लिया था.

111. पुरु राजवंश (सनातन काल)

पूर्व देखिए : अत्रि राजवंश (सनातन काल)

1.   ययाति   ...
2.   पुरु
3.   जन्मेजय
4.   प्राचिनवान
5.   प्रवीर
6.   नमस्यु
7.   वीतभय
8.   सुद्युम्न
9.   बहुविध
10.   संयाति
11.   रहोवादी
12.   रौद्राक्ष
13.   ऋतेयु
14.   रंतिनार
15.   संतुरोध
16.   दुष्यंत
17.   **भरत**

आगे देखिए : भरत राजवंश (सनातन काल)

दोहा छंद – पुरु राजघराना

ययाति का पुरु वंश था, शूरों की जंजीर ।
शकुंतला–दुष्यंत का, पुत्र भरत था वीर ।। 1

उनमें विशेष भूप था, जन्मेजय नृप ज्येष्ठ ।
चक्रवर्तियों में सजा, भरत नाम था श्रेष्ठ ।। 2

पुरु राजघराना

चंद्रवंशी महाराजा ययाति की दो पत्नियाँ थी देवयानी और शर्मिष्ठा. देवयानी का पुत्र राजा यदु और शर्मिष्ठा का पुत्र राजा पुरु थे. राजा पुरु की पत्नी कौसल्या से राजा जन्मेजय का जन्म हुआ (महा. आदि. 1.94). राजा जन्मेजय को यमराज के दरबार में स्थान था (महा. आदि. 1.95). पुरु वंश का सर्वश्रुत राजा था दुष्यंत और उनकी भार्य शकुंतला का मेधावी पुत्र भरत, जिस राजा के सार्वभौम होने के कारण उसके राज्य को भारतवर्ष नाम मिला (महा. आदि. 2.96).

राजा दुष्यंत का साम्राज्य दक्षिण सागर से हिमाचल तक विस्तृत हो गया था (महा. आदि. 68.3), और जनता सब ओर से समृद्ध थी (महा. आदि. 68).

दुष्यंत और शकुंतला के पुत्र को भरत नाम भरद्वाज मुनि ने दिया था. शकुंतला विश्वामित्र महामुनि और अप्सरा मेनका की कन्या थी. उसका पुत्र बचपन से ही सिंह के बच्चे से खेलता था और सिंह के दाँत गिनने का धैर्य रखता था अत: कश्यप मुनि ने उसे चक्रवर्ती राजा होने का आशीर्वाद दिया था.

112. पुलस्त्य राजवंश, श्रीलंका (सनातन)

1. ब्रह्मा
2. पुलस्त्य — ब्रह्मा का पुत्र
3. विश्रवा — पुलस्त्य का पुत्र
4. कुबेर — विश्रवा का पुत्र
5. रावण — कुबेर का भाई
6. विभीषण — रावण का भाई

श्लोक छंद – रावण-विभीषण संवाद

रावणस्य सदाचारी ज्ञानी बन्धुर्विभीषण: ।
आह लङ्काधिपं पापं किन्निमित्तं करोषि त्वम् ।। 1
राघवरघुवीरस्य धर्मपत्नीमचोरय: ।
हनुमतश्च लाङ्गूलम्-अज्वालय: कथं प्रभो ।। 2
राम: क्षात्रो महावीरो दण्डयिष्यति त्वां सखे ।
गच्छ रामं क्षमां याच दयावानस्ति राघव: ।। 3

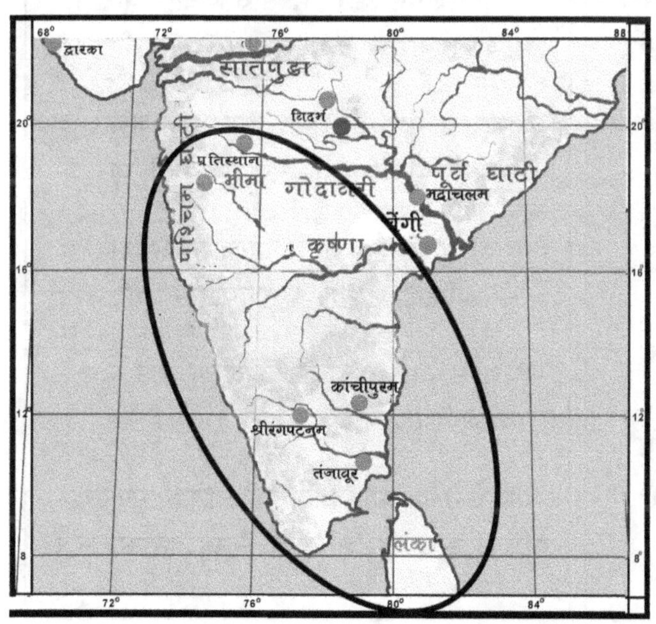

पुलस्त्य राजघराना

प्रजापति पुलस्त्य अर्थात् विप्रयोगी का जन्म ब्रह्मा के कर्ण से हुआ था (महा. आदि. 65).

पुलस्त्य की प्रथम पत्नी कैकशी के तीन पुत्र थे : रावण, कुम्भकर्ण और विभीषण और एक कन्या थी शूर्पणखा.

पुलस्त्य की दूसरी पत्न देववर्णिनी अथवा इलाबिला का पुत्र था धनपति कुबेर अर्थात् वैश्रावण. कुबेर ने अपनी राजधानी में सोने की लंका बनवाई थी और कुबेर के पास पुष्पक विमान था जो सब कुछ रावण ने छीन लिया था.

रावण की पत्नी मंदोदरी देवी के तीन पुत्र थे : इंद्रजीत अर्थात् मेघनाद, अतिकाय और अक्षकुमार. रावण का राज्य प्रभाव श्रीलंका से दंडकारण्य तक विशाल था.

कुम्भकर्ण की पत्नी वज्रमाला के दो पुत्र थे कुम्भ और निकुम्भ.

विभीषण की पत्नी सरमा देवी के सात पुत्र थे.

लंकेश रावण की मृत्य के पूर्व इंद्रजीत की मृत्यु हो गई थी. लंकापति रावण की मृत्य के पश्चात् विभीषण लंकाधीश बन गए थे.

मायावी रावण जितना अधर्मी था उतना ही उसका भाई विभीषण नीतिज्ञ, सात्त्विक और धार्मिक मनुष्य था.

लंकापति रावण

<table>
<tr><td valign="top">

श्लोक छंद – रावण

अज्ञानी रावण:

आततायी महापापी रावणो लंपट: खलु ।
जटायुर्हतस्तेन नि:शस्त्र: सात्त्विक: खग: ॥

अनारण्यो नृपो योगी, रावणेन हत: स्वयम् ।
भार्या नलकुबेरस्य रम्भा तेन बलात्कृता ॥

मदनमञ्जरी तेन कलत्रमृतुशर्मण: ।
कुशध्वजस्य कन्या च देववती बलात्कृते ॥

अनसूया सुलेखा च स्वाहादेवी च पङ्कजा ।
अपहृता स्त्रियो नैका रावणेन बलेन च ॥

अष्टावक्रो वसिष्ठश्च माण्डव्यो मुद्गलस्तथा ।
कुमारौ तेन दत्तश्च नारदश्चापमानित: ॥

ज्ञानी रावण:

यदा स आहतो जातो निस्सृतममृतं तथा ।
रावणो मरणासन्नो ज्ञानं स प्राप्तवान्तदा ॥

रावण आह श्रीरामं प्रभो दोषं क्षमस्व मे ।
सुपवित्राऽस्ति ते सीता योगिनी सा पतिव्रता ॥

अहङ्कारो हि मे राम घातकोऽस्ति प्रभो मम ।
भ्रातरं पुष्पकं देहि राज्यं चापि विभीषणम् ॥

</td><td valign="top">

श्लोक छंद – रावण

ज्ञानी–अज्ञानी रावण

रावण ज्ञानी ख्यात था, शिव का भक्त महान ।
घोर तपस्या को किये, मिले चार वरदान ॥

रावण को वर से मिला, महान बल भंडार ।
अमृत का वरदान भी, माया का अधिकार ॥

महाबली रावण बना, अत्याचारी घोर ।
स्त्री लंपट शठ निर्दयी, हीन घिनौना चोर ॥

झपटा राज्य कुबेर से, छीना पुष्पक यान ।
ऐंठी लंका स्वर्ण की, बना अधिप तूफान ॥

रावण लंपट चोर ने, मारा जटायु वीर ।
मरवाया मारीच को, चलाय राघव तीर ॥

अनारण्य नृप को हना, करके अत्याचार ।
रावण ने दूषित करी, नलकुबेर की दार ॥

देववती कुशध्वज सुता, रावण हवस शिकार ।
मदनमंजरी सुंदरी, ऋतुशर्मा की दार ॥

रावण ने अपहृत करी, अनसूया बल भार ।
स्वाहा देवी, पंकजा, और अनेकों नार ॥

रावण ने लांछित किये, अष्टावक्र सुजान ।
वसिष्ठ, मुद्गल, अश्विनी, नारद, दत्त महान ॥

</td></tr>
</table>

113. पुष्यभूति (वर्धन) राजवंश, पाटलिपुत्र-उज्जैन (505-647)

पूर्व देखिए : गुप्त राजवंश, पाटलिपुत्र-उज्जैन (240-730)

1. नरवर्धन — 505–525
2. राज्यवर्धन –1 — 525–555 नरवर्धन का पुत्र
3. आदित्यवर्धन — 555–580 राज्यवर्धन-1 का पुत्र
4. प्रभाकरवर्धन — 580–605 आदित्यवर्धन का पुत्र
5. राज्यवर्धन-2 — 605–606 प्रभाकरवर्धन का पुत्र
6. हर्षवर्धन (शीलादित्य) — 606–647 राज्यवर्धन-2 का भाई

आगे देखिए : मौखरी राजवंश, कन्नौज (540-725)

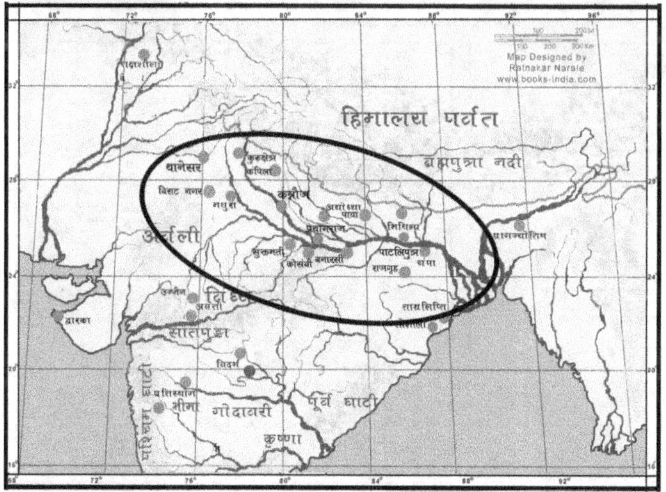

पुष्यभूति-वर्धन राजघराना

गुप्त वंश के पतन के पश्चात् पुष्यभूति अर्थात् वर्धन (505-647), मौखरी (540-725) और मैत्रक (480-767) राजवंश आगे आए. उनमें सबसे प्रमुख था पुष्यभूति राजघराना.

पुष्यभूति राजवंश का प्रथम शासक था नरवर्धन (505-525) जिसके पश्चात् राजा प्रभाकरवर्धन (580-605) ने अपनी राजधानी थानेसर में स्थित की.

वर्धन साम्राज्य के अंतर्गत भारतवर्ष का अधिकांश उत्तर भाग तथा पश्चिमोत्तर भाग आता था. पूर्वी में आसाम तक और दक्षिण में सातपुड़ा पर्वत तक विस्तृत था.

राजा हर्षवर्धन शीलादित्य (606-647) ने राजधानी थानेसर से कन्नौज में स्थानांतरित कर दी थी. सम्राट हर्षवर्धन कला साहित्य का आश्रय दाता था. उसके दरबार में **महाकवि बाणभट्ट** को राजाश्रय था, जिसने **हर्षचरित** और संस्कृत का सर्वश्रेष्ठ उपन्यास कादंबरी लिखा था.

गुप्त राजवंश की राजकुमारी महासेना राजा प्रभाकरवर्धन (580-605) की माता थी. प्रभाकर वर्धन ने अपनी कन्या राजश्री का विवाह कान्यकुब्ज (कन्नौज) के मौखरी राजा ग्रहवर्मा (600-612) से सम्पन्न किया था.

114. पेशवे राजवंश, पुणे, महाराष्ट्र (1713-1818)

पूर्व देखिए : भोसले राजवंश, सातारा (1689-1848)

1.	सोनोपंत विश्वनाथ बहुलकर	1638–1640
2.	शामराव निळकंठ रांझेकर	1640–1661
3.	नरहरी आनंदराव	1661–1662
4.	मोरोपंत त्र्यंबक पिंगले	1662–1681
5.	निळोपंत मोरेश्वर पिंगले	1681–1707
6.	बहिरजीपंय मोरेश्वर पिंगले	1707–1713
7.	बाळाजी विश्वनाथ बल्लाळ	1713–1720
8.	**बाजीराव-1, विश्वास बल्लाळ**	1720–1740 पुत्र
9.	बाबूजी नाईक जोशी	1740–1740 साला
10.	बाळाजी बाजीराव, नानासाहेब	1740–1761 8 का पुत्र
11.	माधवराव बल्लाळ	1761–1772 पुत्र
12.	नारायणराव बल्लाळ	1772–1773 भाई
13.	राघोबादादा बाजीराव बल्लाळ	1773–1774 8 का पुत्र
14.	सवाई माधवराव नारायणराव	1774–1795 पुत्र
15.	बाजीराव रघुनाथ बल्लाळ	1795–1818 पुत्र
16.	गोविंद बाजीराव बल्लाळ	1851–1857 भाई

पेशवे राजघराना

मराठा साम्राज्य के अष्टप्रज्ञान मंत्रीमंडल में प्रधान मंत्री पेशवे कहलाता था. राजकीय मामलों में वह राजा का प्रतिनिधि होता था. यह प्रथा शहाजी राजे (1594–1664) भोसले के काल में जब शिवाजी (1630–1680) को पुणे की जागीर मिली तब से आरंभ हुई थी. सातारा के राजा शाहू-1 शिवाजी (1708–1749) के काल में बालाजी विश्वनाथ बल्लाळ भट (1662–1720) पेशवे बन गए (1713–1720) और सन 1714 से पुणे में स्थित होकर मराठा साम्राज्य की बागडोर संभालने लगे. वीर पेशवाओंने सन 1759 तक मराठा साम्राज्य तंजावर-कटक से अटक तक विस्तृत कर दिया था था.

दोहा छंद – पेशवे राजघराना

प्रधान मंत्री पद कहे, मंडल अष्टप्रधान ।
प्रतिनिधि राजा का वही, वीर सुजान महान ।। 1

तंजावर से अटक तक, सत्ता जिन्हें विशाल ।
उनका ध्वज वह गेरुआ, सैनिक करत कमाल ।। 2

कभी न हारा युद्ध जो, वह था बाजीराव ।
शूर मराठा पेशवा, झेले असि के घाव ।। 3

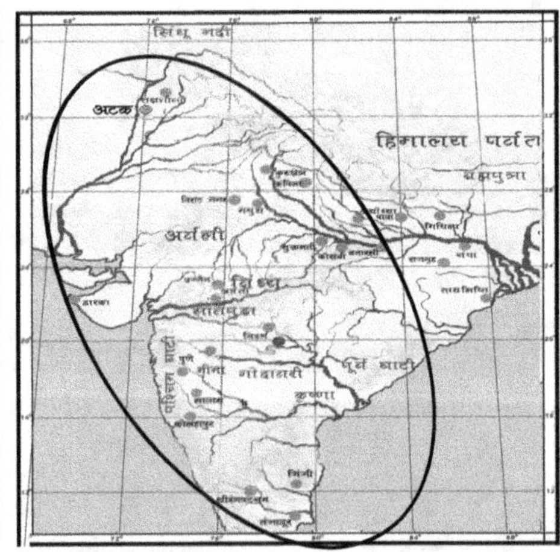

वीर बाजीराव पेशवा (1720-1740)

पेशवा बाळाजी विश्वनाथ बल्लाळ (1713-1720) का पराक्रमी पुत्र बाजीराव पेशवा (1720-1740) एक महान युद्ध कुशल वीर था. बचपन से ही पिता के साथ मुहिमों पर जाकर उसने राजकारण, कूटनीति, निपुण तलवारबाजी और घुड़सवारी सीख ली थी. बाजीराव भी छत्रपति शिवाजी महाराज (1630–1680) की तरह संपूर्ण जीवन लड़ाइयों में इतना व्यस्त था की उसे विश्राम नसीब नहीं था.

बाजीयव की यह निष्ठा, निर्धार और युद्ध कुशलता देख कर सातारा के महाराजा साहू भोसले (शिवाजी भोसले 1708–1749) ने सन 1720 में बाजीराव को पेशवा के पद के लिए चुन कर अंगवस्त्र प्रदान कर दिया. इस चुनाव से महाराष्ट्र का भाग्य तत्काल चमक उठा और छत्रपति शिवाजी महाराज ने स्थापन किए हुए हिंदुपदपादशाही का ध्येय तेज गति से आगे बढ़ने लगा. परंतु, साहू के इस चुनाव का नागपुर के कान्होजी भोसले (1709–1731) ने वृथा प्रतिकार किया और उसके आगे भी रघुजी भोसले (1731–1755) दस वर्ष तक अप्रसन्नता प्रकट करते रहे थे. सन 1730–31 में बाजीराव ने पुणे में शानदार शनिवार वाडा राजमहल बनाया और उसे निवास और राजधानी का केन्द्र बनाया.

बाजीराव का युद्ध यश और राष्ट्रप्रेम देख कर ग्वालीयर के राजा राणोजी सिंधिया (1716-1745), इंदौर के वीर मल्हारराव होल्कर (1693-1766) और बड़ौदा के राजा दमाजीराव गायकवाड (1720-1721), पिलाजीराव गायकवाड (1721-1732) और दमाजीराव-2 (1732-1767) आदि सभी ने हिंदुराष्ट्र बनाने का उत्तेजन पाया. गरिणागत: मराठों का प्रभाव मालवा, बुंदेलखंड, राजपुताना, आदि प्रदेशों पर छाने लगा था.

बाजीराव का विवाह सन 1713 में चास गाँव के महादजी जोशी की कन्या काशीबाई से हुआ था. काशीबाई की मृत्यु बाजीराव की मृत्यु (1740) के पश्चात् 1758 में हुई.

बाजीराव पेशवे

शिवाजी रूप ये बाजी, मराठों की गरीमा है ।
मराठा पेशवा बाजी, शिवाजी की प्रतीमा है ।।
जहाँ में वीर ये ऐसा, युगों में एक आता है ।
कभी ना युद्ध जो हारा, विजय ही जिसकी सीमा है ।।
बचाने हिंदुभूमि को, लगाई जान की बाज़ी ।
जिसे ना डर है मरने का, उसे लोहे का सीना है ।।
हमारी हिंदुभूमि का, पियारा पुत्र है बाजी ।
भवानी! स्वर्ग दो उसको, हमारी ये तमन्ना है ।।
कहो जय! शूर बाजी की, कहो जय! उस भवानी की ।
दिया आशीष है जिसने, उसी की ये महीमा है ।।

Peshwa Bajirao, the warrior who have fought more than 40+ wars and remained undefeated in his whole life
HIGH TIDE OF THE MARATHA EMPI
JULY 1759
THE HINDU VOICE
North
Scale : 1 cm =
The unsung Hindu Maratha warrior who never get respected place in our history books
THV- THE HINDU VOICE

115. प्रतापादित्य राजवंश, श्रीनगर, काश्मीर (167 BC–25 AD)

पूर्व देखिए : गोनादित्य राजवंश (1182 ई.पू. 631 ई.)

1.	प्रतापादित्य-1	176–135 ई.पू.
2.	जलूक	135–103
3.	तुंगजीन	103–67
4.	विजय	67–59
5.	जयेन्द्र	59–22 ई.पू.
6.	संधिमति	22 ई.पू.–25 ई.

आगे देखिए : गोनादित्य राजवंश (1182 ई.पू.–631 ई.)

> **प्रतापादित्य राजघराना**
>
> श्रीनगर के गोनादित्य राजवंश (1182–631 ई.पू.) के काल में ई.पू. **212 से 167 तक काश्मीर पर मौर्य और फिर शुंग राजाओं की सत्ता थी.** ई.पू. 167 से ई. 25 तक काश्मीर पर प्रतापादित्य वंश के नृपों की सत्ता आगई (167 ई.पू.–25 ई.) और फिर से गोनादित्य वंश 631 ई. तक सत्तारूढ़ रहा.

116. प्रवरगुप्त राजवंश, श्रीनगर, काश्मीर (949–1003)

पूर्व देखिए : उत्पल राजवंश (855–949)

1.	प्रवरगुप्त	949–950	
2.	क्षेमगुप्त	950–958	प्रवरगुप्त का पुत्र
3.	अभिमन्यु	958–972	क्षेमगुप्त का पुत्र
4.	नन्दीगुप्त	972–973	क्षेमगुप्त का पुत्र
5.	त्रिभुवनगुप्त	973–975	नन्दीगुप्त का भाई
6.	भीमगुप्त	975–980	त्रिभुवनगुप्त का भाई
7.	रानी दिद्दा	980–1003	क्षेमगुप्त की विधवा

आगे देखिए : लोहर राजवंश (1003–1172)

> **प्रवरगुप्त राजघराना**
>
> श्रीनगर के उत्पल राजवंश (855–949) के अंतिम राजा संग्रामदेव (948–949) के सचिव प्रवरगुप्त ने राजा संग्रामदेव (948–949) को मार कर स्वतं प्रवरगुप्त राजवंश का संस्थापक और काश्मीर का शासक बन गया था.

NOTE : काश्मीर के सभी राजवंशों की दोहावली के लिए आगे देखिए – लोहर राजवंश (1003–1165).

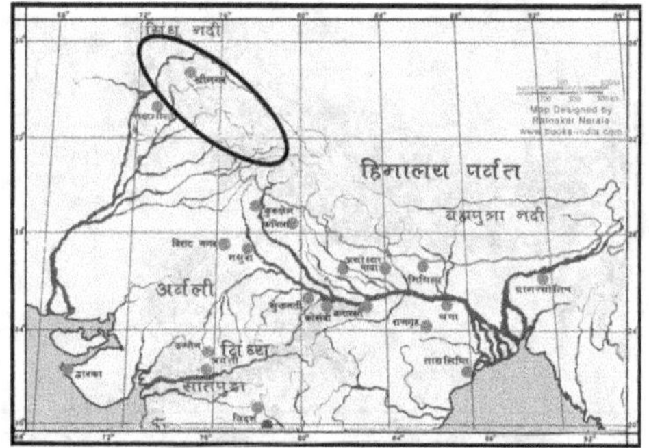

117. प्रतिहार-गुर्जर राजवंश, कन्नौज (725-1036)

पूर्व देखिए : गुर्जर राजवंश (400–725)

1. हरिश्चंद्र   –725 ...
2. नागभट्ट-1   725–760
3. देवशक्ति   760–783
4. वत्सराज   783–815   देवशक्ति का पुत्र
5. नागभट्ट-2   815–833   वत्सराज का पुत्र
6. रामभद्र   833–843   नागभट्ट-2 का पुत्र
7. **मिहिर भोज**   **843–893**   **रामभद्र का पुत्र**
8. महेंद्रपाल   893–914   मिहिर भोज का पुत्र
9. महीपाल   914–948   महेंद्रपाल का पुत्र
10. देवपाल   948–960   महीपाल का पुत्र
11. विजयपाल   960–1018   देवपाल का भाई
12. राज्यपाल   1018–1019   विजयपाल का पुत्र
13. त्रिलोचनपाल   1019–1030   राज्यपाल का पुत्र
14. यशपाल   1030–1036   त्रिलोचनपाल का पुत्र

आगे देखिए : चौहान राजवंश, साकंभरी (684–1192)

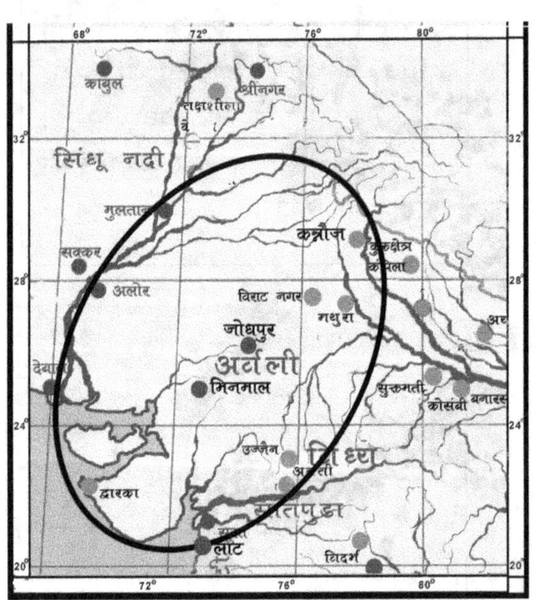

प्रतिहार-गुर्जर राजघराना, कन्नौज

गुर्जर–प्रतिहार राजवंश की स्थापना हरिश्चंद्र नामक राजा ने भिनमाल, राजस्थान में की थी जब गुजरात–राजस्थान एक प्रबल राज्य बन गया था. उसीके वंशज राजा नागभट्ट-1 (725–760) ने प्रतिहार शाखा की स्थापना की थी. प्रतापशाली नागभट्ट ने गुजरात–राजस्थान पर आते हुए परदेसी आक्रमों पर पाबंदी लगा कर गुर्जर–प्रतिहार सेना भरुच बंदरगाह से ग्वालियर, मंडोर, मालवा तक स्थित कर दी थी. इस भारी विजय के बाद प्रतिहारों ने अपनी राजधानी अवंति (उज्जैन) में स्थापन कर दी थी.

प्रतिहार राजा वत्सराज (783–815) के समय में मालखेड के राष्ट्रकूट शासक ध्रुवराया (774–793) ने कन्नौज पर जब हमला किया तब वत्सराज को राजस्थान के भिनमाल में पीछे हटना पड़ा था. राजा वत्सराज के बाद नागभट्ट-2 (815–833) ने राष्ट्रकूट राजा गोविंदराय-3 (773–814) से कन्नौज जीत लिया और प्रतिहारों की राजधानी कन्नौज में स्थापन की. इस महान विजय के उपलक्ष्य में नागभट्ट-2 ने सोमनाथ के शिवमंदिर का पुन: एक बार पुनरुत्थापन किया. राजा मिहिर भोज (843–893) के लंबे शासन काल में प्रतिहार साम्राज्य समृद्धि की चरम सीमा पर था. मिहिर भोज के बाद राजा महेंद्रपाल (893–914) ने साहित्य का उत्कर्ष करके कला को राजाश्रय दिया. प्रतिहारों के सिक्कों पर राजविन्ह वराह अवतार की मूर्ति अंकित की होती थी.

118. प्रद्योत राजवंश, अवंति (546-413 BC)

1.	प्रद्योत	546 ई.पू. ...
2.	गोपाल	प्रद्योत का पुत्र
3.	पालक	पालक का भाई
4.	आर्यक	गोपाल का भाई
5.	नंदिवर्धन	... 413 ई.पू. आर्यक का पुत्र

आगे देखिए : शिशुनाग राजवंश (413–344 ई.पू.)

दोहा छंद – प्रद्योत राजघराना

महा चंड प्रद्योत था, अवंति का सम्राट ।
राज्य बहुत समृद्ध था, गौरव जिसे विराट ।। 1

हैहय वंशज वीर था, अवंति का प्रद्योत ।
पश्चिम भारत में बना, यादव कुल की ज्योत ।। 2

प्रद्योत राजघराना

महा जनपद अवंति का दिग्विजयी सम्राट प्रद्योत अवंति (उज्जयिनी, उज्जैन) और महिष्मति का नरेश था. उत्तर अवंति की राजधानी उज्जयिनी थी और दक्षिण अवंति की राजधानी महिष्मती थी. तत्कालीन उत्तरीय राजाओं में महाराजा प्रद्योत सम्मान्य और अग्रगण्य थे. इनके शासन काल में अवंति की समृद्धि चरम सीमा पर थी.

इस वंश का वैवाहिक संबंध मथुरा के यादव राज घराने से मिला हुआ था अत: तत्कालीन मथुरा के राजकुमार का नाम अवंतिपुत्र रखा गया था. प्रद्योत राजा ने अपनी कन्या वासवदत्ता का विवाह संबंध वत्स राज कुमार उद्भन से करके राजकीय संबंध बढ़ा लिए थे.

सन 413 में पाटलिपुत्र मगध के शक्तिशाली राजा शिशुनाग (413–344 ई.पू.) ने प्रद्योत राजवंश के अंतिम राजा नंदिवर्धन को हरा कर प्रद्योत राज घराने को समाप्त कर दिया और उत्तर और दक्षिण अवंति को मगध राज्य में विलीन कर लिया था.

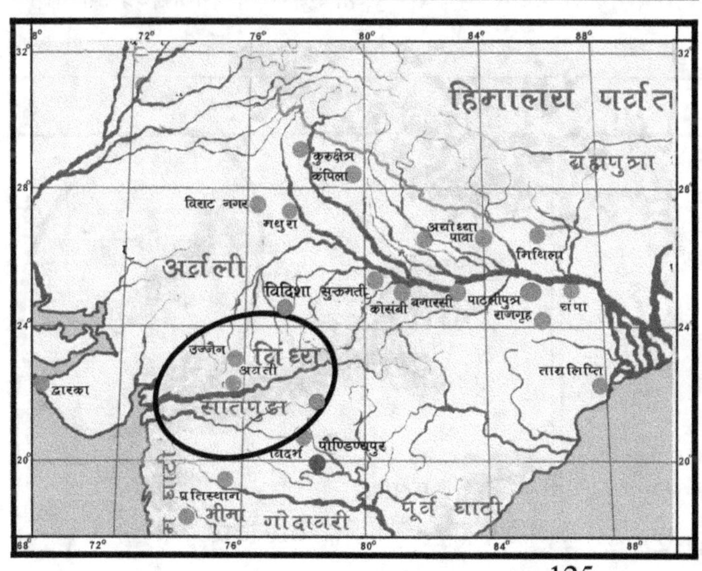

फ-अक्षरारंभ के राजप्रवाह

119. फिलिपीन के हिंदू राजवंश (50-1828)

फिलिपीन के हिंदू राजघराने

फिलिपीन में हिंदू धर्म जावा की रामायण कथाओं से आया था जब नेपाल, भूतान और बर्मा भारत के ही राज्य विभाग थे. इन प्रदेशों में लोग सात-सौ सदियों से आया-जाया करते थे और थाईलैण्ड, बाली की यात्रा करते थे. कहा तो यह भी जाता है कि ओडिशा से भी शैव-वैष्णव लोगों का आवागमन काफी होता था.

इसके साथ इतिहास को यह भी ज्ञात है कि तमिल चक्रवर्ती सम्राट राजेंद्र चोल (1014-1044) का इस देश में हिंदू संस्कृति लाने में उतना ही अहम योगदान था. इन्हीं आवागमन के रिश्तों के कारण फिलिपीन के चेबू द्वीप के खमेर साम्राज्य के वंशजों से आगे चल कर भूतान का राजपरिवार बना था. भूतान के कुछ वंशजों के नाम थे राजा श्री लुमे, राजा श्री अल्हो, राजा श्री बंटुंग, राजा श्री लमराव, राजा श्री उकबो, आदि.

फिलिपीन कोई एक द्वीप नहीं मगर लगभग सात-हजार द्वीप समूह का एक देश है जिसका आर्थिक और बौद्धिक व्यापार विएतनाम से अटूट था.

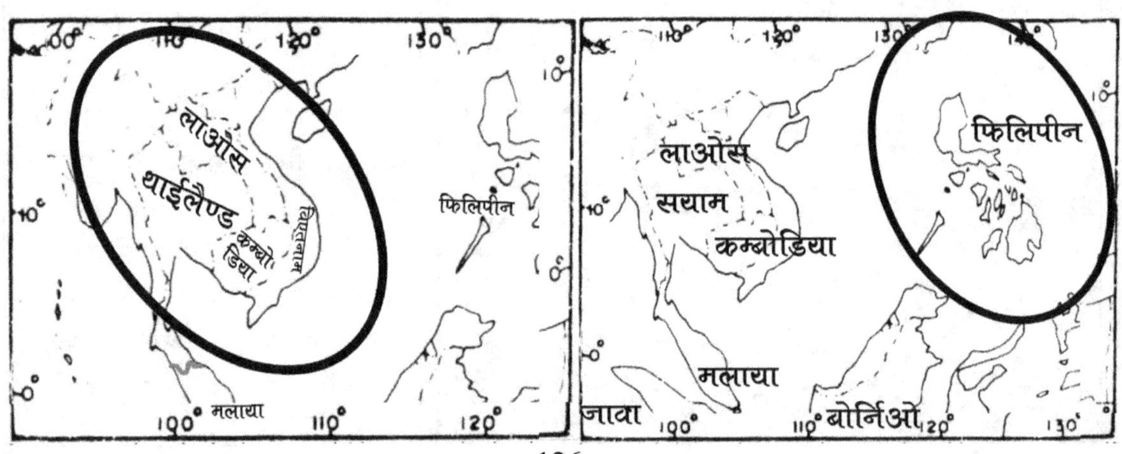

ब-अक्षरारंभ के राजप्रवाह

120. बर्मा के हिंदू राजवंश (50-1828)

१. फुनान राजवंश (50-627)
२. कामरूप वर्मा राजवंश (350-350)
३. खमेर राजवंश (802-1431)
४. सेन राजवंश (1185-1498)
५. आहोम राजवंश (1228-1828)
६. माणिक्य राजवंश (1400-1948)
७. खेन राजवंश (1440-1498)

इतिहास के दस्तावेजों से यह ज्ञात होता है कि बर्मा पर हिंदू संस्कृति के राजघरानों में सर्व प्रथम व्याधपुर के फुनान (50-627) राजाओं की सत्ता यंगून (रंगून) और मंडाले पर रही थी.

फुनान राजाओं के पश्चात् प्रागज्योतिषपुर के कामरूप के वर्मा राजघराने का अधिकार (350-350) बना रहा.

प्रागज्योतिषपुर के कामरूप राजाओं के बाद ज्ञापनीय राज रहा यशोदापुर के महान खमेर साम्राज्य का (802-1431). सन 802 से 1140 तक बर्मा की सत्ता कामरूप सामंत राजा और खमेर राजाओं में बँटी रही थी. उसके अनंतर या साथ-साथ ही, बंगाल के सेन शासकों ने भी बर्मा के प्रदेश-प्रदेश पर अपना अधिकार (1185-1498) जमाया हुआ था. सेन शासन के अतिरिक्त रंगपुर असम के आहोम राजाओं ने सत्ता (1228-1828) जमाना आरंभ कर दिया था. इन सब के मध्यांतर में समय-समय पर त्रिपुरा के माणिक्य राजवंश (1400-1948) ने भी बर्मा में अधिकार स्थापित किया हुआ था. अंत में कामता (कामरूप) के खेन राजाओं ने (1440-1498) बर्मा के कुछ क्षेत्रों पर अल्प समय के लिए अधिकार जमा लिया था. इस खेन राजवंश के केवल तीन राजा थे : 1. नीलध्वज (1440-1460), चक्रध्वज (1460-1480) और नीलांबर (1480-1498).

बर्मा के प्राचीन हिंदू मंदिरों में बागान का 11वीं सदी में बना हुआ नाथ लिंग विष्णु मंदिर है. अन्य मंदिरों में इन्द्र भगवान, रामसत्त्व (समायण), सरस्वती देवी, शिव परमेश्वर, आदि देव-देवी-देवताओं के मंदिर दिखाई देते हैं.

121. बाण राजवंश, वनपुरम, आंध्र-केरल (720-900)

पूर्व देखिए : चोल राजवंश, तंजावर (50–1279)

1.	जयनंदीवर्मा	720	
2.	विजयादित्य-1		1 का पुत्र
3.	मल्लदेव		2 का पुत्र
4.	विद्याधर-1	870	3 का पुत्र
5.	प्रभुमेरुदेव	890	4 का पुत्र
6.	विद्याधर-2 (विक्रमादित्य-1)		5 का पुत्र
7.	विजयादित्य-2		6 का पुत्र
8.	विद्याधर-3		7 का पुत्र
9.	विजयादित्य-3 (विक्रमादित्य-2)	900	8 का पुत्र

बाण राजघराना

पेरुंबाणप्पडी अर्थात् महान बाण देश आन्ध्र के पश्चिम में स्थित, केरल तक विस्तृत बाण राजघराना तामिल देश से भी संलग्न था, और तामिल चोल राजाओं का आश्रित था. इसकी राजधानी वनपुरम या तिरुवेल्लम नाम से भी जानी जाती थी.

बाण वंश उत्तर में गोदावरी से दक्षिण में पालार नदी तक लगभग दो सौ साल राज्य करता रहा और इस वंश के राजा आंध्र देश से केरल तक प्रदेश की ढाल बन कर अडिग खड़े थे.

दोहा छंद – बाण राजघराना

बाण वंश का राज्य था, लगभग दो-सौ साल ।
दक्षिणपथ में आंध्र से, केरल जिसकी ढाल ।। 1

उत्तर में गोदावरी, दक्षिण में पालार ।
पश्चिम घाटी से उन्हें, पूरब तक अधिकार ।। 2

तामिल से संलग्न था, बाण देश महान ।
राजाश्रय था चोल का, मंगल था वरदान ।। 3

जयनंदी वर्मा बना, पहिला शासक वीर ।
नौ राजा इस वंश के, जाने हैं रणधीर ।। 4

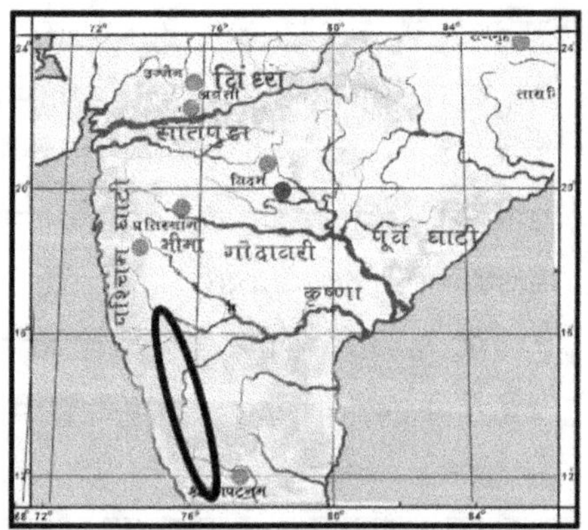

हिंदू राजतरंगिणी, सांस्कृतिक ज्ञानगंगा

122. बृहद्रथ राजवंश, मगध - राजगृह (सनातन काल)

1.	वसु	...
2.	बृहद्रथ	वसु का पुत्र
3.	अमना देवी	बृहद्रथ की दीदी
4.	कुशाग्र	अमना का पुत्र
5.	वृश्व	कुशाग्र का पुत्र
6.	पुष्यवंत	वृश्व का पुत्र
7.	सत्यधृत	पुष्यवंत का पुत्र
8	सुधर्म	सत्यधृत का पुत्र
9.	धनुष	सुधर्म का पुत्र
10.	उर्ज	धनुष का पुत्र
11.	संभव	उर्ज का पुत्र
12.	जरासंध	संभव का पुत्र
13.	सहदेव	जरासंध का पुत्र
14.	रिपुंजय	सहदेव का भाई
15.	बिंबिसार 554–492 ई.पू.	भट्टीय सामंत का पुत्र

आगे देखिए : हर्यक राजवंश, मगध (544–413 ई.पू.)

दोहा छंद – बृहद्रथ राजघराना

ययाति सुत पुरु ख्यात थे, पुरु के सुत दुष्यंत ।
सोम वंश दुष्यंत का, प्रसिद्ध था अत्यंत ।। 1
बृहद्रथ हुए मगध में, सिंहासन आसीन ।
यह वंशज दुष्यंत का, सबसे था प्राचीन ।। 2
जरासंध इस वंश का, महा प्रतापी भूप ।
मगर **बहुत** था पातकी, यथा कंस का रूप ।। 3
जरासंध ने कृष्ण का, घोर किया अपमान ।
मल्ल युद्ध में भीम ने, ले ली उसकी जान ।। 4

बृहद्रथ राजघराना

मगध जनपद का सबसे पुराना राजवंश था बृहद्रथ राजघराना (महा. आदि. 30.63). बृहद्रथ राजा वसु के पुत्र थे और इस वंश का सबसे प्रतापी और कुविख्यात राजा था जरासंध. जरा देवी ने दो गर्भ साथ जोड़ कर इसको जन्म दिया था अत: इसका नाम जरासंध पड़ गया. श्रीकृष्ण का भरी सभा में जघन्य अपमान करने के पाप से पांडव वीर भीम ने जरासंध को मल्लयुद्ध मे मार डाला था. बृहद्रथ वंश का अंतिम राजा था रिपुंजय जिसका वध उसीके मंत्री पुलिक ने करवाया और उसने अपने पुत्र को गादी पर बिठाया था मगर उसको भी उसके सामंत भट्टीय ने मार कर अपने पुत्र बिंबिसार को मगध की सत्ता पर राजा बना दिया. सम्राट बिंबिसार ने अपना नया **हर्यक वंश** स्थापन किया.

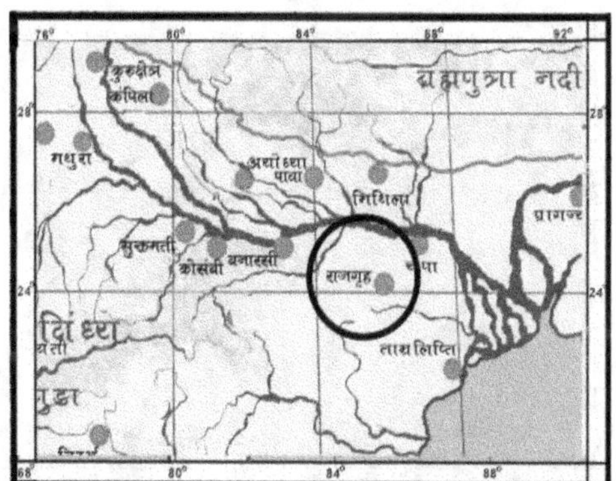

भ-अक्षरारंभ के राजप्रवाह

123. भरत राजवंश (सनातन काल)

पूर्व देखिए : पुरु राजवंश (सनातन काल)

1. दुष्यंत
2. भरत   ...
3. सुहोत्र
4. भृतक्षेत्र
5. हस्ति
6. अजमीढ़

आगे देखिए : अजमीढ़ राजवंश (सनातन काल)

दोहा छंद – भरत राजघराना

शकुंतला का पुत्र था, राजा भरत कुमार ।
उसी भरत के नाम से, भारत को सत्कार ।। 1

भरत वंश के होगए, भारतवासी लोग ।
वही सनातन संस्कृति, हम करते हैं भोग ।। 2

भरत राजघराना

भारतीय पुरातन इतिहास में भरत नाम के कम से कम पाँच महापुरुष पाए जाते हैं 1. भरत–1 : दुष्यंत और शकुंतला का पुत्र; भरत–2 : रघुवंश में दशरथ पुत्र भरत; भरत–3 : राजा ऋषभ का पुत्र (स्वायंभूवमनु, प्रियव्रत, अगिधर, नाभि, ऋषभ, भरत); भरत–4 : नाट्यशास्त्र रचेता महर्षि भरत; और 5. भरत–5 : अग्नि देव का एक पुत्र.

दुष्यंत और शकुंतला का पुत्र भरत–1 चक्रवर्ती राजा था और उसके नाम से ही उसका देश भारत अथवा भारतवर्ष कहा जाता है. इतिहास में सर्व प्रथम राजा भरत ने कहा था कि राजा केवल राजा का पुत्र ही हो यह आवश्यक नहीं है, राजा के घर ही राजा जन्मे यह भी सत्य नहीं होना चाहिए.

राजा भृतक्षेत्र के पुत्र महाराजा हस्ति ने भरत वंश की राजधानी प्रयागराज से स्थानांतरित करने के लिए नयी नगरी हस्तिनापुर बना कर उसे भारत की शाश्वत राजधानी बना दी थी.

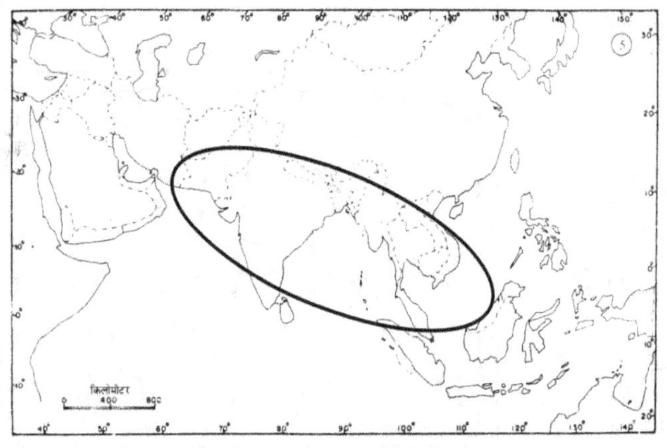

124. भाटी रावल राजवंश, जैसलमेर, राजस्थान (731-1948)

1.	भाटी	लाहोर में स्थापित
2.	मंगल	भाटी का पुत्र
3.	माजम राओ	मंगल का पुत्र
4.	केहर सिंह	731–806	माजम का पुत्र
5.	तानो सिंह	806–821	केहर का पुत्र
6.	विजय–1	821–853	तानो का पुत्र
7.	देवराज	853–908	विजय का पुत्र
8.	मुंध	908–979	देवराज का पुत्र
9.	विजय–2	979–1044	मुंध का पुत्र
10.	दुसज	1044–1123	विजय–2 का पुत्र
11.	भोजदेव	1123–1155	विजय–2 का पोता
12.	जैसाल	1155–1167	भोजदेव के चाचा
13.	शालिवाहन	1167–1189	जैसाल का पुत्र
14.	बलदेव	1189–1189	जैसाल का पुत्र
15.	कैलन	1189–1218	महाराणा मोकल का भाई
16.	चकचकदेव–1	1218–1242	बलदेव का पुत्र
17.	करन सिंह	1242–1270	चकचकदेव का पुत्र
18.	लक्ष्मणन सेन	1270–1274	करन सिंह का पुत्र
19.	पुण्यपाल	1274–1276	लखन सेन का पुत्र, चित्तौड़ की महारानी पद्मावती के पिता
20.	जैतसिंह–1	1276–1293	पुण्यपाल का भाई
21.	मूलराज–1	1293–1295	जैतसिंह का पुत्र
22.	दुदर	1295–1311	मूलराज का पुत्र
23.	विशालदेव	1311–1316	दुदर का भाई
24.	घरसिंह	1316–1334	
25.	केहर सिंह	1334–1394	दत्तक पुत्र
26.	लक्ष्मण	1394–1439	केहर सिंह का पुत्र

भाटी राजघराना

वीर भाटी अथवा भट्टी यदुवंशीय अर्थात् सोमवंशीय राजपूत थे. भाटी राजपूत रावल लाहोर में स्थित था. भाटी राजपूतों में जाट और गुर्जर समाज आते हैं. केहर सिंह भाटी ने सन 730 के बाद राजस्थान में तंतोत नगर बसा कर राजधानी बनाई. 853 में विजय रावल ने लोदुरवा में राजधानी बसाई. 1155 में जैसाल राजा ने जैसालमेर नामक राजधानी बसाई और जैसालमेर किला बनवाया.

आगे चल कर भाटी राजपूत अंबर, बिकानेर, बुंदी, जोधपुर, कनौज, मेवाड़, मालवा, आदि स्थानों में स्थापित होगए. चित्तौड़ की विख्यात रानी पद्मिनी राजा पुण्यपाल राजा (1274–1276) की सुपुत्री थी.

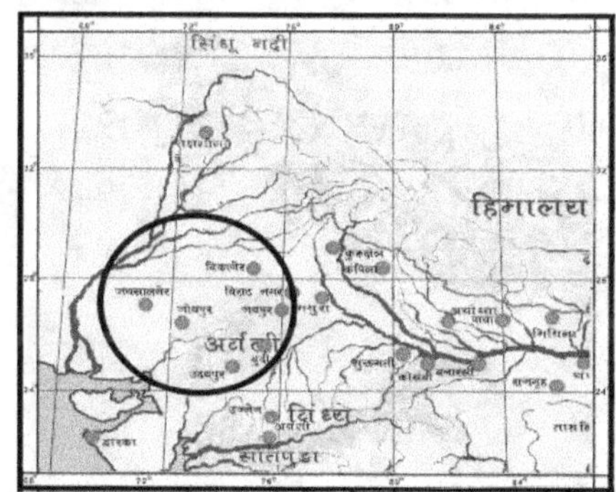

27.	बेर सिंह	1439–1449	लक्ष्मण सिंक का पुत्र
28.	चकचकदेव–2	1449–1455	बेर सिंह का पुत्र
19.	देवीदास	1455–1496	चकचकदेव–2 का पुत्र
20.	जैतसिंह–2	1496–1528	देवीदास का पुत्र
21.	करन सिंह	1528–1528	जैतसिंह–2 का पुत्र
22.	लूनकरन	1528–1550	करन सिंह का भाई
23.	मालदेव	1550–1561	लूनकरन का पुत्र
24.	हरराज	1561–1577	मालदेव का पुत्र
25.	भीम सिंह	1577–1613	हरराज का पुत्र
26.	कल्याण सिंह	1613–1627	भीम सिंह का भाई
27.	मनोहर दास	1627–1648	कल्याण सिंह का पुत्र
28.	रामचंद्र	1648–1651	
29.	सबल सिंह	1651–1661	
30.	अमर सिंह	1661–1702	सबल सिंह का पुत्र
31.	यशवंत सिंह	1702–1708	अमर सिंह का पुत्र
32.	बुध सिंह	1708–1720	यशवंत सिंह का पुत्र
33.	तेज सिंह	1720–1722	बुध सिंह का भाई
34.	सवाई सिंह	1722–1722	तेज सिंह का पुत्र
35.	अक्ष सिंह	1722–1762	यशवंत सिंह का पुत्र
36.	मूलराज–2	1762–1819	अक्ष सिंह का पुत्र
37.	गजसिंह	1819–1846	मूलराज–2 का पोता
38.	रणजीत सिंह	1846–1864	गज सिंह का पुत्र
39.	बैरीसाल	1864–1890	
40.	शालिवाहन	1890–1914	बैरीसाल का दत्तक पुत्र
41.	जवाहर सिंह	1914–1949	शालिवाहन का दत्तक पुत्र
42.	गिरिधर सिंह	1949–1950	जवाहर सिंह का पुत्र

भूटान और सिक्किम हिंदू राजवंश (1591-1948)

१. भूटान के देवराज और वांगचुक राजवंश (1591-1948)
२. सिक्किम का नामग्याल राजवंश (1642-1948)

125. भूटान का वांगचुक राजवंश, थिंफु (1907-1948)

1.	युगेन वांगचुक	1907–1926
2.	जिग्मे दोरजी वांगचुक	1926–1948 (1652)

126. सिक्किम का नामग्याल राजवंश, गंगटोक (1642-19

1.	फुंटसोग नामग्याल–1	1642–1670
2.	तेनसुंग नामग्याल	1670–1700
3.	चदोर नामग्याल	1700–1717
4.	गुरमेद नामग्याल	1717–1733
5.	फुंटसोग नामग्याल–2	1733–1780
6.	तेनसिंह नामग्याल	1780–1793
7.	सुगफुद नामग्याल	1793–1863
8.	सिदकंग नामग्याल–1	1863–1874
9.	थुतोब नामग्याल	1874–1914
10.	सिदकंग नामग्याल–2	1914–1914

नामग्याल राजघराना

फिलिपीन के चेबू द्रीप के खमेर साम्राज्य के हिंदू राजा राजमुदा लुमय (1621–1622) के वंश की एक शाखा ने सोलवीं सदी में भूटान का देवराज राजवंश (1591–1907) स्थापन किया या था.

इस देवराज वंश के अंतिम राजा को हरा कर भूटान के युगेन वांगचुक (1907–1926) राजा ने थिंफु राजधानी में भूटान का वांगचुक राजवंश (1907–1948) स्थापन किया.

इस वांगचुक घराने के राजा गवंग नामग्याल ने सत्रहवीं सदी में सिक्किम का नामग्याल अथवा चोगयाल याने सदाचारी उपाधि का राजघराना गंगटोक राजधानी में (1642–1948) स्थापन किया था.

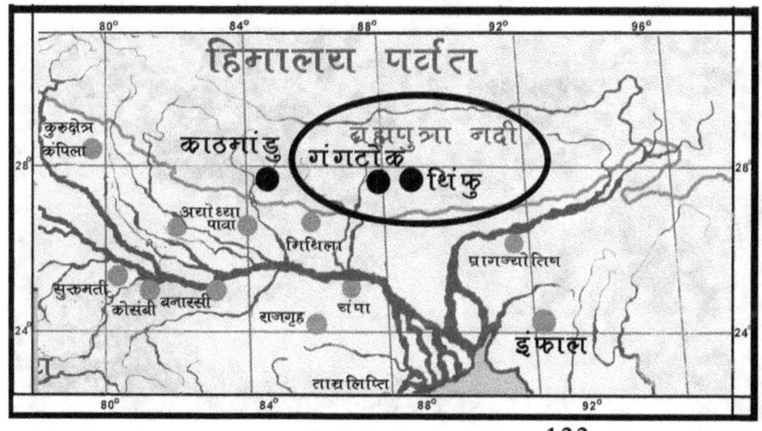

127. भोसले राजवंश, सातारा, महाराष्ट्र (1594-1848)

भैरोसिंह

मालोजी

शहाजी राजे   (1594–1664)

1.	शिवाजी छत्रपति	1674–1680	शहाजी का पुत्र
2.	संभाजी राजे	1680–1689	शिवाजी का पुत्र
3.	राजाराम	1689–1700	शिवाजी का पुत्र
4.	ताराबाई	1700–1708	राजाराम की पत्नी
5.	साहू–1 (शिवाजी)	1708–1749	संभाजी का पुत्र
6.	रामराजा	1749–1777	ताराबाई का पोता
7.	साहू–2	1777–1808	दत्तक पुत्र
8.	प्रताप सिंह	1808–1839	साहू–2 का पुत्र
9.	शहाजी	1839–1848	प्रतापसिंह का भाई

भोसले राजघराना, सातारा

मराठा वीर छत्रपति श्री शिवाजी की मृत्यु (1680) के पश्चात् रानी सईबाई (1640–1659) के वीर पुत्र संभाजी राजे (1656–1689) के वंश ने सातारा में राजधानी स्थित की, और रानी सोयराबाई (1650–1681) के पुत्र राजाराम (1670–1700) के वंश ने कोल्हापुर में राजधानी बसाई.

साहू-1 संभाजी राजे और यशवंता बाई का पुत्र था शिवाजी का सौतेला भाई एकोजी अथवा व्यंकोजी (1631–1685). उसने तंजावर में मराठा राज्य (1675–1855) स्थापन किया था.

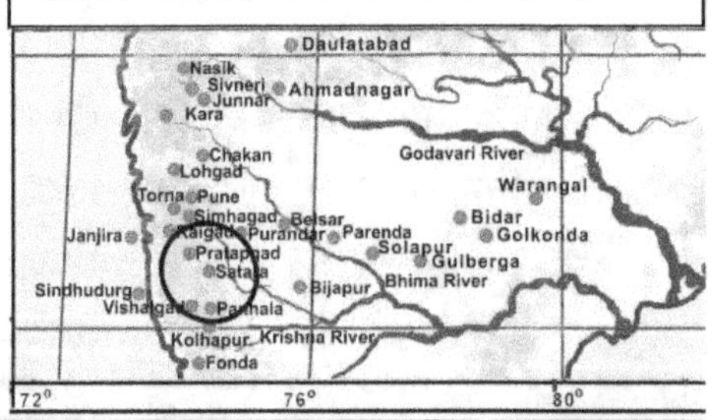

दोहा छंद - राजे शिवाजी भोसले

नश कर धर्म, अधर्म का, होता जब अधिकार ।
रक्षण करने धर्म का, लेता मैं अवतार ।। 1

रक्षण करने भद्र का, असुरों का संहार ।
आता समुचित काल में, लेकर मैं अवतार ।। 2

संत महाजन आगए, देने आशीर्वाद ।
मंगलतम पल आ रहा, कई युगों के बाद ।। 3

शिव की मूरत कक्ष में, कर दी विराजमान ।
वैद्य पुरोहित दाइयाँ, लाए सब सामान ।। 4

मंगल पल जब आगया, करने वर साकार ।
जन्म शिवाजी का हुआ, सुंदर शिव अवतार ।। 5

सुन कर प्रसूति-कक्ष से, रोने की आवाज ।
बजी तालियाँ मोद से, बजे सुमंगल साज ।। 6

विद्युत गति से मोद वो, बिखरा चारों ओर ।
शिवनेरी पर भर गया, जय! जय! शिव! का शोर ।।

ब्रह्मा-विष्णु-शिव आगए, देने को वरदान ।
संत समागम गा उठा, वेद मंत्र का गान ।। 8

शिवनेरी पर मावले, बजाने लगे ढोल ।
बच्चे नर नारी सभी, नाचे हिरदय खोल ।। 9

बालक का कर देख कर, ज्योतिष बोले बोल ।
बालक होगा विक्रमी, अर्जुन के समतोल ।। 10

(और)

सोलह-सौ-अस्सी बड़ा, निकला विशेष काल ।
महाराष्ट्र-इतिहास में, बना शिवाजीकाल ।। 11

स्वतंत्रता संग्राम का, शेष एक अध्याय ।
नियति-नियम के सामने, और न था पर्याय ।। 12

सोलह-सौ-चालीस में, बोया था जो बीज ।
किशोर ने दस साल के, मित्र वर्ग के बीच ।। 13

प्रथम विजय था तोरणा, किला बहुत मजबूत ।
यहाँ हुआ स्वात्रंय का, सवार उन पर भूत ।। 14

संकट नाना थे खड़े, सुल्तानी उत्पात ।
शिवबा को स्वात्रंय की, माता कहती बात ।। 15

(आगे) ...

उसने शिवबा को किया, स्वतंत्रता का वीर ।
घोर विपद भी आ पड़े, अडिग अचल रणधीर ।। 16

परदेसी सुल्तान को, कहते पिता "हुजूर" ।
शीश झुकाना पुत्र को, मगर न था मंजूर ।। 17

वीर बहादुर नर मिले, लड़ने को संग्राम ।
यदपि गुलामी चाहती, हिंदू जनता आम ।। 18

अद्भुत घटनाएँ घटी, किया सभी को पार ।
जिंजी तक बढ़ता गया, स्वराज्य का विस्तार ।। 19

कभी बगल में शत्रु के, कभी किले में बंद ।
कभी कैद सुल्तान की, सभी गले के फँद ।। 20

रामदास का शिष्य वो, शिवजी का अवतार ।
नीति नियम के राज्य का, छत्रपति सुखकार ।। 21

अनुरागी स्वातंत्र्य का, निर्भय वीर सुधीर ।
महा चतुर वह पुरुष था, पुरुषोत्तम बलबीर ।। 22

न्याय नीति से निरखता, प्रजा जनों के काम ।
कर्ग निपुण धर्मात्मा, जैसे थे श्रीराम ।। 23

(और भी)

राजा वह रणधीर था, योद्धा शूर महान ।
स्थिरमति संत सुशील था, सुबुद्धि सुजन सुजान ।।

मूर्ति-भंजक को दिये, योग्य दंड भरपूर ।
जीवन जोखिम में किये, संकट करता दूर ।। 25

साधु संतजन संग में, लेता वह आनंद ।
शुभ मधु सुंदर वचन से, देता परमानंद ।। 26

पूज्य पुण्य आचार से, रति-मदिरा से दूर ।
क्रूर कुकर्मों से परे, जनहित में नित चूर ।। 27

गो-ब्राह्मण प्रतिपाल था, सर्वधर्म सुखकार ।
शास्त्र-पठित विद्वान था, दयावान हितकार ।। 28

त्राता हिंदूधर्म का, महाराष्ट्र का नाथ ।
ऐसे अद्भुत व्यक्ति को, वंदन मन के साथ ।। 29

रक्षक हिंदू धर्म का, करके अरि-संहार ।
कभी शिवाजी को नहीं, भूलेगा संसार ।। 30

स्वातंत्र्यवीर छत्रपति शिवाजी महाराज (1630-1680)

गीत : कहरवा ताल 8 मात्रा

शिवलीलामृत

स्थायी

सुना रहा हूँ गायन सुंदर, शिवलीला का कथा समुंदर ।

♫ पध‍नि सांनिपर्मं मं– –मंध निध म–गग, –गमधपरेरे सा– साध– धनिधपपप ।

अंतरा–1

जन्म शिवा का शिव अवतारा, मातु–जिजा का नंदन न्यारा ।

स्वतंत्रता का अद्भुत नारा, महाराष्ट्र में पहिला नंबर ।।

♫ –गंगंगंरें गं–गं–, –गं–गंगं गंरेरें–, –निसांनिध निरेंरें– –निरेंगंरें निरेंसां– ।

–प–सांनि परंमंमंमं –मंमंधनिध म–गग, –गमधपरेरे सा – साध–ध निधपपप ।।

अंतरा–2

श्रीगणेश है विजय–तोरणा, जीते और रचे गढ़ नाना ।

अमर–कहानी जय–कोंढाणा, हर्ष से खिले धरती–अंबर ।।

अंतरा–3

ढेर किये अरि जाने–माने, दिल्लीपति को चकमे दीन्हे ।

सुलतानों के मुश्किल जीने, कूटनीति से कीन्हे संगर ।।

अंतरा–4

पर–नारी को माँ का आदर, भूप शिवाजी सद्गुण आगर ।

सुन कर अमर कथा का सागर, आनंदित हैं भवानी–शंकर ।।

गीत : कहरवा ताल 8 मात्रा

आदर्श शिवाजी

स्थायी

वीर शिवाजी, मंगल पावन, नीति परायण, नृपवर हैं – – – ।

दीनन बंधु, करुणा सिंधु, सद्गुण इंदु, सुधाकर हैं – – – ।।

♫ सारेसा साप–प–, पधनिसां पनिधप, ग–रे निसारेगम, रेगसारे सा – – – ।

सारेनिसा प–प–, पधनिसां पनिधप, गगरेनि सारेग, मरेगसारे सा – – – ।।

अंतरा-1

संकट त्राता, हैं सुख दाता, चंचल चतुर, सुधी नर हैं – – – ।

शूर शिवाजी, तान्हा बाजी, विघ्न विनाशक, शुभंकर हैं – – – ।।

♪ ग–मप ध–नि–, सां– सांसां निरेंसां–, नि–निनि सांसांसां, सांसांरे निसां ध प प प ।

म–प पप–प–, पधधनिसां पधधपम, गरेनि निसारेग, मरेगसारे सा – – –   ।।

अंतरा-2

भारत गौरव, कीर्ति सौरभ, अबला रक्षक, नृपवर हैं ।

कर्म अनेक महान किए हैं, चरित्र मंगल सुंदर है ।।

अंतरा-3

मर्द मराठा जनगण प्यारा, हिंदुधर्म का रक्षक है ।

भारत माँ का सुपुत्र न्यारा, शुचि अवतारी शंकर है ।।

गीत : कहरवा ताल 8 मात्रा

शिवाजी राजे

राग : भैरव, कहरवा ताल, 8 मात्रा

स्थायी

वीर शिवाजी, हैं सुख दाता, नीति परायण शासक हैं ।

दीनन बंधु, किरपा सिंधु, विपदा शत्रु विनाशक हैं ।।

♪ सारेसा साप–प–, पध निसां पनिधप, ग–रे निसारेगम रेगसारे सा – – – ।

सारेनिसा प–प पधधनिसां पनिधप, गगरे– सारेग मरेगसारे सा – – – ।।

अंतरा-1

कर्म अनेक महान किये हैं, संकट विघ्न निवारक हैं ।

सत्य सहायक अनुपम सज्जन, योगी तापस साधक हैं ।।

♪ ग–म मधध–नि निसां–सां निरें– सां–, नि–निनि सां–सां मांमांनिसां धपपप ।

ग–प पप–पप पधधनिसां पधधपम, गरेनि– सारेगम रेगसारे सा – – – ।।

अंतरा-2

पुत्र बहादुर भारत माँ का, धर्मध्वजा का पूजक है ।

राज्य हिंदवी स्वराज्य स्थापक, शिव अवतार शुभंकर है ।।

छत्रपति श्री शिवाजी महाराज को श्रद्धांजली

(सन 1680)

प्रार्थना

स्थायी

देना प्रभो! शांति इस आतमा को ।

तुमको हमारी, यह वंदना है ।।

♪ सारेग– पम– रेसानि गग रे–सासा–सा– ।

पपप– पपनिधपमरे रेम ध्–पग– रे–सा– ।।

अंतरा–1

आत्मा मिले ये परमात्मा से ।

लेना चरण में, यह प्रार्थना है ।।

♪ पध्नि– रेंसां– निधसांनिधनिध प– ।

सारेग– पमम रेसानि–, निग, ग–रेसा– सा– ।।

अंतरा–2

सारे जगत के, आनंद दाता ।

गोविंद! देना, सुख आतमा को ।।

अंतरा–3

हे कृष्ण! दामोदर! चक्रपाणि! ।

इसे मोक्ष देना, यह अर्चना है ।।

अंतरा–5

इसे पुण्य की तू, घनी छाँव देना ।

तुझसे भवानी! यही माँगना है ।।

अंतरा–6

नीति सदाचार का ये पुजारी ।

आजन्म इसकी, हृद् स्पंदना है ।।

128. भोसले राजवंश, कोल्हापुर, महाराष्ट्र (1689-1940)

भैरोसिंह

मालोजी

	शहाजी राजे	(1594–1664)	
	शिवाजी छत्रपति	1674–1680	शहाजी का पुत्र
	राजाराम	1689–1700	शिवाजी का पुत्र
1.	शिवाजी–1	1700–1712	ताराबाई का पुत्र
2.	शंभुजी–1	1712–1760	राजसबाई का पुत्र
3.	शिवाजी–2	1760–1813	शिवाजी का पुत्र
4.	शंभुजी–2	1813–1821	शिवाजी–2 का पुत्र
5.	शिवाजी	1821–1822	शंभुजी–2 का पुत्र
6.	शहाजी–1	1821–1837	शंभुजी–2 का भाई
7.	शिवाजी–3	1837–1866	शहाजी–1 का पुत्र
8.	राजाराम–1	1866–1870	दत्तक, राघोजी पटणकर
9.	शिवाजी–4	1870–1883	दत्तक, नारायण सावर्डे
10.	शाहू	1883–1922	शिवाजी–3 का पुत्र
11.	राजाराम–2	1922–1940	शाहू का पुत्र
12.	राजसबाई	1940–1942	राजाराम–2 की पत्नी
13.	शिवाजी–5	1942–1947	दत्तक पुत्र, प्रतापसिंह खानवटकर
14.	शहाजी–2	1947–1949	दत्तक, वज्रसेनी पवार

भोसले राजघराना, कोल्हापुर

मराठा वीर छत्रपति श्री शिवाजी महाराज की मृत्यु (1680) के पश्चात् रानी सोयराबाई (1650–1681) के पुत्र राजाराम (1670–1700) के वंश ने कोल्हापुर में राजधानी बसाई. राजाराम के बाद राजाराम–ताराबाई का पुत्र शिवाजी (1696–1726) राजा घोषित कर दिया गया.

सातारा के इस शिवाजी की मृत्यु के होने पश्चात् राजाराम की द्वितीय पत्नी रानी राजसबाई ने अपने पुत्र शंभु–1 (1696–1760) को गादी दी (1712–1760)..

1 मार्च 1949 पर कोल्हापुर संस्थान मुंबई प्रांत में विलीन होगया था.

दोहा छंद – कोल्हापुर भोसले राजघराना

संभाजी के वंश का, सातारा में धाम ।
कुटुंब राजाराम का, कोल्हापुर में स्थान ।। 1

कोल्हापुर का राज्य ये, संघर्षों से व्याप्त ।
वीर भोसलों ने किया, फिर भी यश को प्राप्त ।। 2

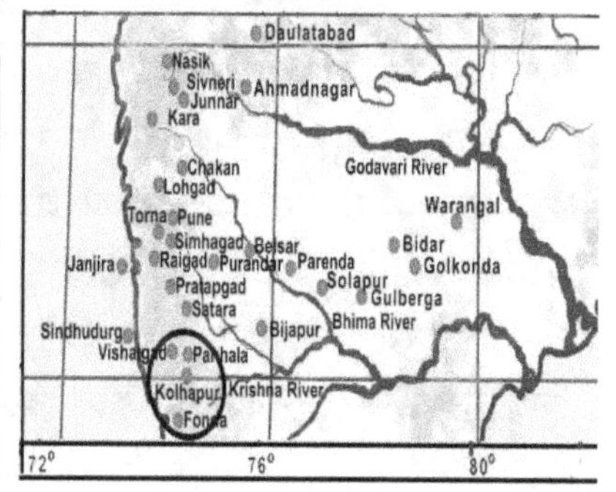

129. भोसले राजवंश, तंजावर, तामिल नाडु (1675-1855)

भैरोसिंह

मालोजी

शहाजी राजे — (1594-1664)

1.	एकोजी राजे	1675–1684	शहाजी का पुत्र
2.	शहाजी	1684–1712	एकोजी का पुत्र
3.	सरफोजी–1	1712–1728	शहाजी का भाई
4.	तुकोजी	1728–1735	सरफोजी का भाई
5.	बाबा साहेब	1735–1736	तुकोजी का पुत्र
6.	सुजनाबाई	1736–1738	बाबा साहेब की पत्नी
7.	सवाई शहाजी	1738–1738	बाबा साहेब का भाई
8.	सयाजी	1738–1739	बाबा साहेब का भाई
9.	प्रताप सिंह	1739–1763	बाबा साहेब का सौतेला भाई
10.	तुलजाजी	1763–1787	प्रताप सिंह का पुत्र
11.	अमर सिंह	1787–1798	तुलजाजी का भाई
12.	सरफोजी–2	1798–1824	तुलजाजी का पुत्र
13.	शिवाजी	1824–1855	सरफोजी–2 का पुत्र

भोसले राजघराना, तंजावर

शिहाजी राजे (1594–1664) की प्रथम पत्नी जिजाबाई (1595–1674) का पुत्र छत्रपति शिवाजी महाराज (1630–1680) था और द्वितीय पत्नी तुकाबाई मोहिते (विवाह. 1624) का पुत्र एकोजी अथवा व्यंकोजी (1631–1685) ने तंजावर में मराठा राज्य स्थापित किया।

इस खानदान के काम अभारतीय परदेसियों की सहायता से ही चलते थे और उनके सहारे ही यहाँ भोसले सत्ता कायम थी। अंतिम राजा सरफोजी भोसले (1824– 1855) कला का प्रेमी था और नृत्य संगीत का आश्रय दाता था।

दोहा छंद – तंजावर भोसले राजघराना

व्यंकोजी का वंश ये, तंजावर का नाथ ।
कई मराठा–शत्रु थे, व्यंकोजी के साथ ॥ 1
इसी ढंग के तंत्र से, चले राज्य का काम ।
परदेसी सहयोग से, चले भोसले नाम ॥ 2
तंजावर दरबार में, कला शास्त्र को स्थान ।
चित्र नृत्य संगीत का, यहाँ हुआ उत्थान ॥ 3

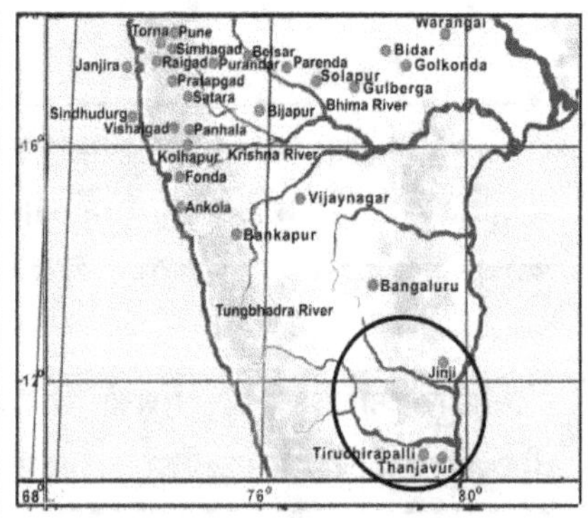

130. भोसले राजवंश, नागपुर, महाराष्ट्र (1675-1855)

बिंबाजी

मुधोजी–1, अमरावतीकर

बापूजी   मुधोजी का पुत्र

1. परसोजी–1 नागपुरकर   1699–1707   मुधोजी का पुत्र
2. कान्होजी   1709–1731   परसोजी का पुत्र
3. रघुजी–1   1731–1755   बापूजी का पोता
4. जानोजी–1   1755–1772   रघुजी–1 का पुत्र
5. रघुजी–2   1772–1775   रघुजी–1 का पुत्र
6. मुधोजी–2   1775–1778   4 का सौतेला भाई
7. रघुजी–3   1788–1816   मुधाजी का पुत्र
8. परसोजी–2   1816–1817   रघुजी–3 का पुत्र
9. आप्पा साहेब, मुधोजी   1817–1818   रघुजी–3 का भतीजा
10. रघुजी–4, बाजीबा   1818–1853   रघुजी–3 का पुत्र
11. जानोजी–2, यशवंतराव   1853–1854   रघुजी–3 का पुत्र

दोहा छंद – तंजावर भोसले राजघराना

नागपुर के भोसले, पाले मन में भूत ।
कहते, "हम रजपूत हैं," पर थे गोंडी पूत ।। 1
छत्रपति की फौज में होते थे सरदार ।
फौजी ये अति वीर थे, प्रसन्न थी सरकार ।। 2
स्वामी की सेवा किए, मिला बहुत सम्मान ।
मिली नियुक्ति विदर्भ में, किया वहीं पर स्थान ।। 4
विदर्भ चाँदा देवगढ़, गोंडवनादि प्रदेश ।
नागपुर में आगए, सत्ता हुई विशेष ।। 5
आपस में लड़ते हुए, मति होगई भ्रष्ट ।
कुल कलहों में होगई, सत्ता इनकी नष्ट ।। 6

भोसले राजघराना, नागपुर

छत्रपति श्री शिवजी महाराज की सेना में इनके व्पूर्वजों ने स्थान पाकर, अपनी वीरता से मराठा राज्य में नाम कमाया और विदर्भ में स्थान पा लिया था। मुधोजी–1 भोसले अमरावती में स्थित था।

परसोजी–1 छत्रपति शिवाजी राजे (1674–1680) की सेना में था. अत: छत्रपति शिवाजी की मृत्यु के पश्चात् परसोजी भोसले को सातारा के राजा राजाराम भोसले (1689–1700) द्वारा नागपुर की सनद प्राप्त हुई (1699–1707). 1867 में निवृत्त जानोजी–2 को राजा की पदवी मिली.आपसी लड़ाइयों में नागपुर के भोसलों ने अपने वंश का सत्यानाश करवा लिया और अपनी महत्वपूर्ण सत्तानाश भी नाश करवा लिया।

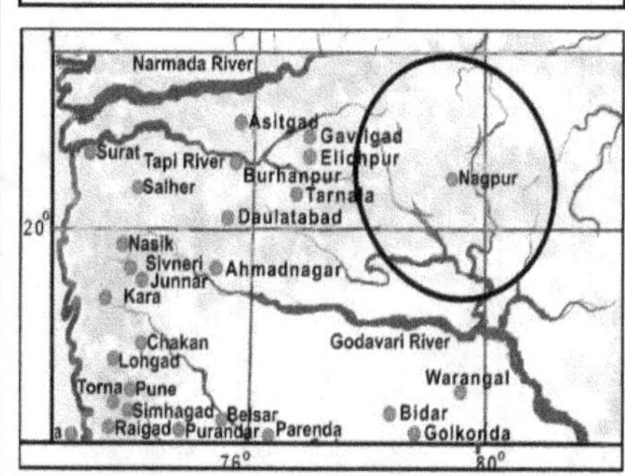

म-अक्षरारंभ के राजप्रवाह

131. मणिपुर का सिंह राजवंश, इंफाल (1821-1948)

1.	गंभीर सिंह-1	1821–1822
2.	जय सिंह	1822–1823
3.	जादू सिंह	1823–1823
4.	रघब सिंह	1823–1824
5.	भाग्य सिंह	1824–1825
6.	गंभीर सिंह-2	1825–1834
7.	चंद्रकीर्ति-1	1834–1844
8.	नरसिंह	1844–1850
9.	देवेंद्र सिंह	1850–1850
10.	चंद्रकीर्ति-2	1850–1886
11.	सुचंद्र सिंह	1886–1890
12.	कुलचंद्र सिंह	1890–1891
13.	चूड़ा चंद्र सिंह	1891–1941
14.	बोधचंद्र	1941–1948 मृत्यु 1955

मणिपुर का राजघराना

ई.पू. 1129 से 44 ई. तक मणिपुर प्रदेश पर किसी भी ज्ञात राजा का राज्य नहीं था.

वर्तमान मणिपुर राज्य की इंफाल (युम्फाल) राजधानी है.

राजा नोंगडा पखंबा (33–154) से ईसवी सन 1821 तक वर्तमान मणिपुर का लंबा मगर अपूर्ण और अस्पष्ट अहिंदू इतिहास लिखित है.

राजा गरीब निवाज सिंह ने सन 1714 हिंदू धर्म स्वीकार कर सन 1724 में इस राज्य को मणिपुर (हीरों का राज्य) नाम दिया. इंफाल का कांगला किला इस सिंह राजघराने की राजधानी बना था. तब मणिपुर की सीमा बर्मा के मंडाले तक विस्तृत होगई थी.

महाराजा चूड़ा चंद्र सिंह (1891-1941) के लंबे शासन काल में मणिपुर के भारतीय सांस्कृतिक और विविध कलात्मक विधाओं को भरपूर प्रोत्साहन मिला और अन्य प्रदेशों में उसका प्रचार भी हुआ.

आज मणिपुर की कला का कौशल्य काम संपूर्ण भारत में प्रसिद्ध तथा लोक प्रिय है.

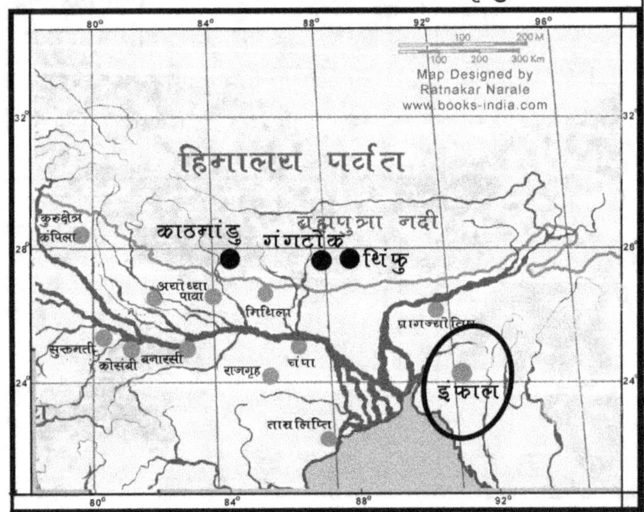

132. मद्र राजवंश (सनातन काल)

1. शल्य ...

दोहा छंद – मद्र राजघराना

झेलम के तट पर बसा, जनपद मद्र महान ।
माद्री का था मायका, शल्य राज का स्थान ।।

माद्री पत्नी पांडु की, पतिव्रता थी नार ।
पांडु भूप के मृत्यु पर, सती हुई यह दार ।।

महायुद्ध के समय में, माद्रीभ्राता शल्य ।
कौरवपक्षी था बना, बिवा स्वसावात्सल्य ।।

हुआ कर्ण का सारथी, कौरवसेनाधीश ।
धर्मराज से युद्ध में, मरा मद्रअवनीश ।। 4

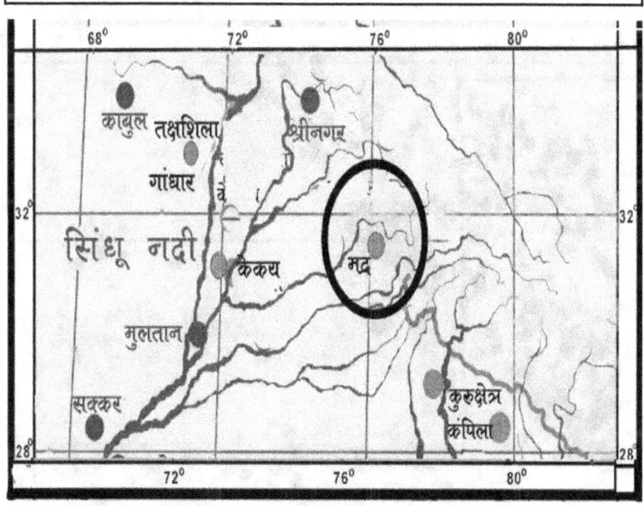

मद्र राजघराना

मद्र जनपद सनातन सोलह महाजनपदों में एक था. मद्र महाजनपद वितस्ता (झेलम) नदी के किनारे स्थित था.

मद्र नरेश शल्य पांडु नरेश की द्वितीय पत्नी मरानी माद्री का भाई था (महा. आदि. 112) फिर भी दुर्योधन के छल के कारण मद्र राजा शल्य कौरवों की ओर से महाभारतीय युद्ध में लड़ा था.

महायुद्ध में वह कर्ण का सारथी बना हुआ शा और कौरव सरसेनापति कर्ण की मृत्यु के पश्चात् शल्य कौरवों का सरसेनापति बन गया था (महा. कर्ण 32).

शल्य कौरव सेनापति बना उसी दिन वह धर्मराज युधिष्ठिर के हाथों मारा गया था (महा. शल्य. 17.52).

पांडवबंधु नकुल और सहदेव माद्री के जुड़वाँ पुत्र थे.

माद्री स्वामीनिष्ठ होने के कारण निवृत्त पांडु राजा की वनवास में मृत्यु होने पर महारानी माद्री अपने पति के साथ चिता चढ़ कर सती हो गई थी (महा. आदि. 115–126).

मलेशिया (मलाया, सिंगापुर) के हिंदू राजवंश

133. माजपहित राजवंश, मलाया (1299-1391)

1. श्री त्रिभुवन   1299–1347
2. श्री विक्रम बेसर   1347–1362
3. श्री राणा वीर विक्रम   1362–1375
4. श्री पादुका   1375–1388
5. श्री परमेश्वर   1388–1391

टिप्पणी : मलाया का माजपहित राजवंश जावा, सुमात्रा और बाली द्वीप समहों पर भी प्रचलित था.

मलाया, सिंगापुर का राजघराना

मलाया प्रायद्वीप अथवा (मलेशिया + सिंगापुर) द्वीप समूह पर हिंदू संस्कृति चोल–पल्लव साम्राज्य के तमिल लोग लाए और हिंदू लोग जहाँ भी जाते अपनी दैवी छाप मंदिरों, मूर्तियों और गुफा शिल्पकला के द्वारा डाल देते हैं.

मलाया में गुफा शिल्प का उत्तम उदाहरण उन्हों ने बातू गुफा मंदिर समुदाय में शाश्वत कर दिया है. मलाया में दीपावली, मुरुगन और नवरात्री के त्यौहारों से समाज को जोड़ कर चिरस्थायी कर दिया है.

खंडहारों से छादित और सर्पाकार मलाया प्रायद्वीप को भुजंगधारी भी कहा जाता है और शिवभक्ति से जोड़ा जाता है. मलाया का **गंगा नगर राजवंश** सन 1025 तक इतिहास के लिखित पृष्ठों में विद्यमान था, मगर उसका स्पष्ट विवेचन उपलब्ध नहीं है.

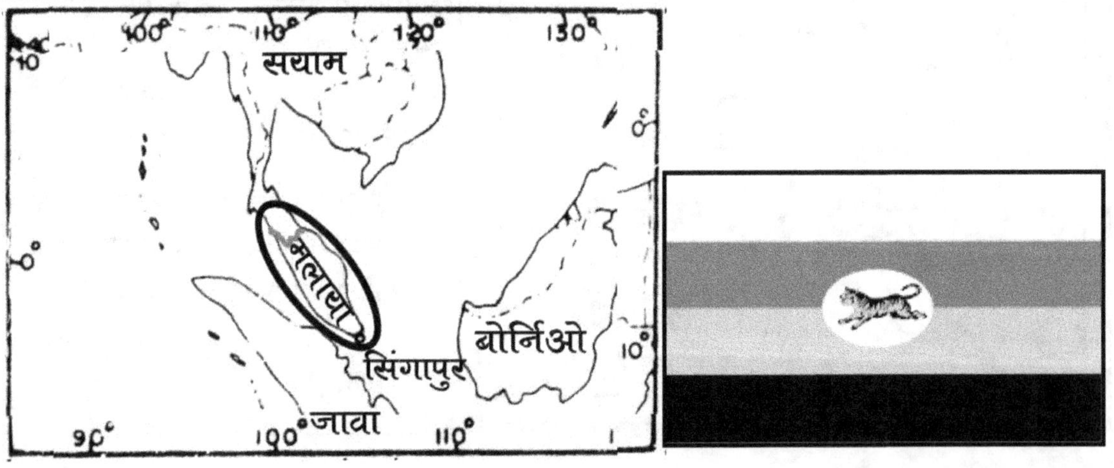

134. रानी मीरा बाई, मेवाड़ (1498-1573)

पूर्व देसिए : सिसोदिया राजवंश, चित्तौड़ (1303-1948)

1. **महाराणा संग**   1473-1527
2. राणा भोजराज   1495-1530 राणा संग का पुत्र
2. मीरा बाई   1498-1573 राणा भोजराज की पत्नी

भक्त मीरा

स्थायी

मीरा पी गई बिस का प्याला,

ना हुई उईमा ना भई पीरा ।

केसब की सब लीला ।।

♫ नि॒ध॒नि॒- सा- सासा रेग ग॒म॑ रेगरेसा,

ग- म॑प धध॒म॑ग ग- ग॒म॑ रेगरेसा ।

ग-म॑ध॒ सां- निध॒ ध॒निसांरें गरें सांनिधपरम॑गरेगरेसा ।।

अंतरा-1

राणा जी से नाता तोरा,

जग जन से मीरा मुख मोरा ।

मोहन संग मन जोड़ा ।।

♫ ध॒रम॑ग॒ म॑- ध॒- ध॒निसांसां- निरेंसां-,

निध॒ निनि सां- सां-सांरें गरें सांनिसांनिध॒ ।

ध॒-धग रेंसां सांसां ध॒निसांरेंगरें सांनिधपरम॑गरेगरेसा ।।

भक्त मीरा बाई

मीरा बाई (1498-1573) जोधपुर के मेड़ता महाराज के छोटे भाई रतन सिंह की कन्या थी. दो वर्ष की आयु में माँ की मृत्यु होने से कुड़की गाँव के राव दूदा ने उन्हें पाला था. मीरा का विवाह लगभग सन 1530 में मेवाड़ के सिसोदिया महाराणा संग (1509-1527) के पुत्र राणा भोजराज (1495-1530) से हुआ था. खानवा का प्रसिद्ध युद्ध इसी समय (1527) में हुआ था. विवाह के पश्चात् ही राणा भोजराज की मृत्य होगई, तब मीरा ने सती जाने से इनकार कर दिया और वह गिरिधर श्रीकृष्ण को अपना आध्यात्मिक पति मान कर विरक्त हुई और कृष्ण भक्ति में लीन होगई. संत तुलसी दास (1497-1624) जी ने मीराबाई को श्रीराम भक्ति का उपदेश दिया था और वह "मैंने राम रतन धन पायो" आदि रामभक्ति के गीत लिखने भी लगी. मीरा के भक्ति भाव से तंग आकर उसके घर वालों ने उसे विष पिलाने की चेष्टा की थी. मीरा घर छोड़ कर द्वारका-वृंदावन जा कर अपना समय कृष्ण भक्ति में तल्लीनता से बिताने लगी लगी. मीरा बाई के गीत गोविंद टीक, सोरठ के पद, राग गोविंद, नरसी जी रो मायरो, आदि रचनाएँ लोकप्रिय हैं.

135. मैत्रक राजवंश, वल्लभी, सौराष्ट्र (480-767)

पूर्व देखिए : पल्लव राजघराना (315–897)

1.	भट्टारक	480–492	
2.	धर्मसेन–1	492–500	
3.	द्रोणसिंह	500–526	धर्मसेन का भाई
4.	ध्रुवसेन–1	526–540	द्रोणसिंह का भाई
5.	धारपट्ट	540–559	ध्रुवसेन का पुत्र
6.	गुहसेन	559–571	धारपट्ट का पुत्र
7.	धर्मसेन–2	571–605	गुहसेन का पुत्र
8.	शीलादित्य–1	605–609	धर्मसेन–2 का पुत्र
9.	खड्गग्रह–1	609–623	शीलादित्य–1 का पुत्र
10.	धर्मसेन–3	623–629	खड्गग्रह–1 का भाई
11.	ध्रुवसेन–2	629–645	धर्मसेन का भाई
12.	धर्मसेन–4	645–653	ध्रुवसेन–4 का पुत्र
13.	ध्रुवसेन–3	653–656	शीलादित्य–1 का पोता
14.	खड्गग्रह–2	656—669	ध्रुवसेन–3 का भाई
15.	शीलादित्य–2	669–691	खड्गग्रह–2 का भतीजा
16.	शीलादित्य–3	691–722	शीलादित्य–2 का पुत्र
17.	शीलादित्य–4	722–760	शीलादित्य–3 का पुत्र
18.	शीलादित्य–5	760–766	शीलादित्य–4 का पुत्र
19.	शीलादित्य–6	766–767	शीलादित्य–5 का पुत्र

मैत्रक राजघराना

उज्जैन के गुप्त साम्राज्य (240–730) के सौराष्ट्र प्रांत के गुर्जर राज्यपाल भट्टारक (470–492) ने सन 480 में स्वातंत्र्य पुकार कर मध्य गुजरात में मैत्रक राजवंश (480–767) स्थापन कर दिया.

इस महान सेना नायक का अमर अविस्मरणीय सत्कार्य है कि इसने वेरावल बंदरगाह की भूमि पर सौराष्ट्र में परम पवित्र ऐतिहासिक सोमनाथ का दिव्य शिव मंदिर निर्माण किया. इसके अतिरिक्त मैत्रक राजाओं ने सौराष्ट्र में सोमनाथ महामंदिर की स्थापना के बाद सौ से अधिक सुंदर मंदिर शिल्प कला का निर्माण किया.

उसी स्फूर्ति से उत्साहित मैत्रकों ने नालंदा विश्वविद्यालय की तौर पर वल्लभी विश्वविद्यालय निर्माण करके वैदिक संस्कृति के प्रचार-प्रसार का पुण्य कार्य किया.

राग : भीमपलासी

सोमनाथ जी

सोमनाथ का पावन धाम, ज्योतिर्लिंग श्री शिव भगवान ।
एकलिंग जी! शुभ दो वरदान, शंकर भोले किरपावान ।।
तुमरा मंदिर स्वर्ग समाना, तुमरी मूरत स्वर्ण ललामा ।
पूजन कीर्तन तुमरे, भोले! भगतन को देता सुखदान ।। 1
शिव का मंदिर सर्वसनातन, ऋषि मुनियों ने कीन्हा स्थापन ।
नंदीश्वर! तुम भाते मोहे, सबसे मंगल तुमरा नाम ।। 2
त्रिशूलधारी तुम त्रिपुरारी! डमरूधर तुम जय गंगाधर! ।
विघ्नविनाशक तुमको माना, भव में ऊँचे तुमरे काम ।। 3

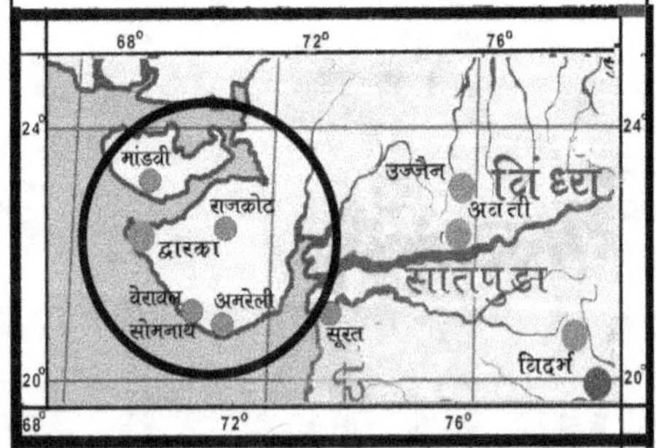

136. मौखरी राजवंश, कन्नौज (540-725)

पूर्व देखिए : गुप्त राजवंश (240–730)

1. हरिवर्मा   500-
2. आदित्यवर्मा
3. ईश्वरवर्मा   540–550
4. ईशान्यवर्मा
5. सुस्थितवर्मा
6. अवंतिवर्मा   580–600
7. ग्रहवर्मा   600–612
8. भोगवर्मा
9. यशोवर्मा   –725

आगे देखिए : प्रतिहार राजवंश (725-1036)

दोहा छंद – मौखरी राजघराना

मौखरी कुल कन्नौज का, गुप्तों का सामंत ।
मौखरी नृप ईशान्य ने, किया दास्य का अंत ।।

सार्वभौम अब होगयी, कनौज की सरकार ।
मगध राज्य तक होगया, मौखरी का अधिकार ।।

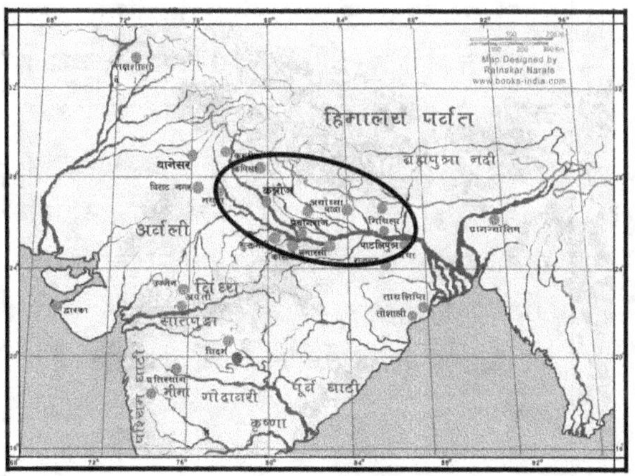

मौखरी राजघराना

गुप्त वंश (240–730) के पतन होते समय मौखरी वंश ने सामंत पद से स्वतंत्र शासन का पद प्राप्त करना आरंभ कर लिया था. मूलत: गया क्षेत्र के निवासी लोग गुप्त वंश के सामंत थे. गुप्त राजाओं की सेवा में मौखरी लोग कान्नौज और राजस्थान के बड़वा क्षेत्र में बस गए थे. मौखरी लोगों का प्रथम नेता हरिवर्मा कन्नौज क्षेत्र में सन 500 के लगभग गुप्त राजाओं का सामंत था और उसका वैवाहिक संबंध गुप्त राजघराने से जुड़ा हुआ था.

मौखरी राजा हरिवर्मा के पुत्र आदित्यवर्मा ने गुप्त सम्राट कृष्णगुप्त (530–540) की कन्या राजकुमारी हर्षगुप्ता से विवाह किया था. हरिवर्मा के वंशज ईश्वरवर्मा (540–550) ने भी गुप्त राजकन्या से विवाह किया था. अबतक मौखरी राज्य की सीमा कन्नौज क्षेत्र में ही सीमित थी.

ईश्वरवर्मा का छोटा भाई ईशान्यवर्मा प्रतापी राजा था. उसने महाराजाधिराज की संज्ञा धारण करके अपने सिक्के चलाए थे. राजा ग्रहवर्मा (600–612) ने गुप्तवंश के प्रभाकरगुप्त की कन्या से विवाह किया था. ईशान्यवर्मा के काल में मौखरी राज्य गुप्त राज्य से पूर्णतया स्वतंत्र होकर कन्नौज का सार्वभौम शासक होगया था. ईशान्यवर्मा ने गुप्त राम्राट दामोदगुप्त (560–562) को हरा कर मगध पर भी अधिकार स्थापन कर लिया था.

पूर्व देखिए : नंद राजवंश (344 ई.पू.–322 ई.पू.)

1. चंद्रगुप्त   322–298 ई.पू.
2. बिंदुसार   298–271 ई.पू.
3. अशोक   269–232 ई.पू.
4. कुणाल   232–228 ई.पू.
5. दशरथ   228–224 ई.पू.
6. संप्रति   224–215 ई.पू.
7. शालिशुक   215–202 ई.पू.
8. देववर्मा   202–195 ई.पू.
9. शतधन्वा   195–187 ई.पू.
10. बृहद्रथ   187–184 ई.पू.

आगे देखिए : शुंग राजवंश (185 ई.पू.–72 ई.पू.)

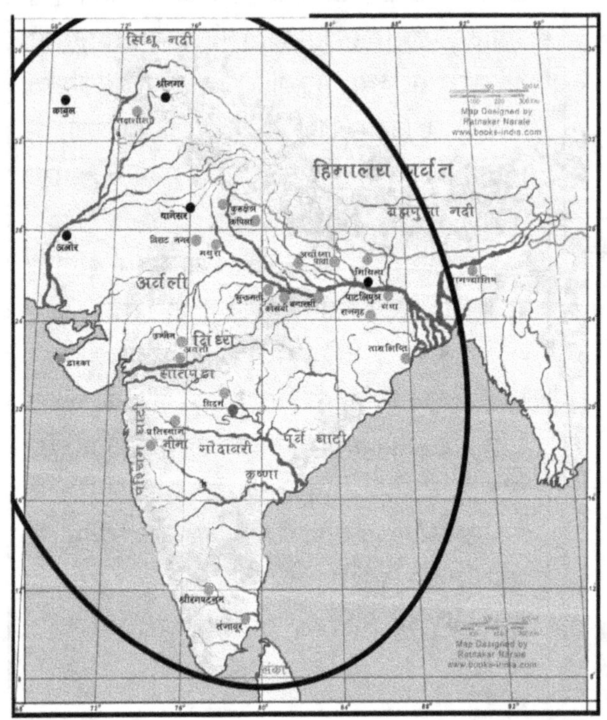

मौर्य राजघराना

पाटलिपुत्र मगध के प्राचीन नंद राजवंश (344–322 ई.पू.) को समाप्त करके भारतवर्ष का महाशक्तिशाली एवं विश्वख्यात राजवंश मौर्यवंश (322–184 ई.पू.) स्थापन हुआ जिसका श्रेय सम्राट चंद्रगुप्त मौर्य (340–298 ई.पू.) और उसका मुत्सद्दी युवक मंत्री चाणाक्य अथवा कौटिल्य अर्थात् विष्णुगुप्त (375–283 ई.पू.) को जाता है।

सत्ता में आते ही चंद्रगुप्त का साम्राज्य शीघ्र गति से पश्चिम में फैलता गया और वायव्य दिशा में चंद्रगुप्त की सेना ने सिकंदर (365–323 ई.पू.) के विरुद्ध मुहिम करके सिंध और पंजाब क्षेत्रों में अपना अधिकार जमा लिया. इस महान विजय के बाद चंद्रगुप्त और चाणाक्य युति ने नंद राजा धनानंद (329–322 ई.पू.) पर आक्रमण करके उसको मार डाला.

मगध साम्राज्य का अधिपति बनते ही चंद्रगुप्त ने सिकंदर की सेना पर पुन: चढ़ाई करके (305–303 ई.पू.) उसे पराजित किया और काबुल तक मौर्य सत्ता अधिकृत कर ली. तब सिकंदर का मंत्री सेल्यूकोस निकेटोर ने अपनी कन्या हेलेना का विवाह चंद्रगुप्त से कर दिया. अब मौर्य साम्राज्य में काबुल से बंगाल तक और काश्मीर से नर्मदा तक सर्व भूभाग आगया था.

चंद्रगुप्त मौर्य के बाद उसका पुत्र बिंदुसार (298–271 ई.पू.) सत्ता में आया. उसके दरबार में सिरिया और मिस्र (इजीप्त) के राजदूत विद्यमान होते थे. बिंदुसार के 25 वर्षों के शासन के बाद उसका और महारानी सुभद्रांगी का पुत्र अशोक मौर्य (304–232 ई.पू., सत्ता 269–232 ई.पू.) दूसरा महान मौर्य शासक के रूप में उभरा. सम्राट बिंदुसार और महारानी धर्मा का पुत्र देवानांप्रिय अशोक मौर्य अखंड भारतीय इतिहास का प्रभावशाली, प्रतिभाशाली और महाशक्तिमान विश्वप्रसिद्ध सम्राटों–का–सम्राट अर्थात् चक्रवर्ती राजा था. उसका साम्राज्य उत्तर दिशा में हिंदुकुश, पश्चिम में ईरान, पूर्व में आसाम और दक्षिण में कन्याकुमारी तक विशाल था.

सम्राट अशोक के राज्यकाल की सबसे महत्त्वपूर्ण घटना थी कलिंग पर आक्रमण (261 ई.पू.) जिसमें एक लाख व्यक्ति मारे गए थे. इस भीषण हत्या से अशोक का हृदय द्रवित होकर वह भगवान गौतम बुद्ध की शाँति मार्ग से प्रभावित और परिवर्तित होगया. इस घटना के बाद उसने बौद्ध मत स्वीकार कर लिया और अपने शिलालेखों में राजकीय आदेश लिखवा कर इतिहास का एक नया और शाश्वत दौर आरंभ कर दिया था.

मगध सम्राट चंद्रगुप्त मौर्य (322-298)

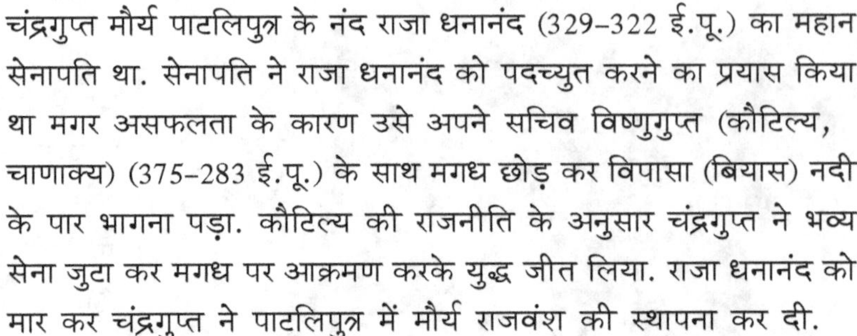

चंद्रगुप्त मौर्य पाटलिपुत्र के नंद राजा धनानंद (329–322 ई.पू.) का महान सेनापति था. सेनापति ने राजा धनानंद को पदच्युत करने का प्रयास किया था मगर असफलता के कारण उसे अपने सचिव विष्णुगुप्त (कौटिल्य, चाणाक्य) (375–283 ई.पू.) के साथ मगध छोड़ कर विपासा (बियास) नदी के पार भागना पड़ा. कौटिल्य की राजनीति के अनुसार चंद्रगुप्त ने भव्य सेना जुटा कर मगध पर आक्रमण करके युद्ध जीत लिया. राजा धनानंद को मार कर चंद्रगुप्त ने पाटलिपुत्र में मौर्य राजवंश की स्थापना कर दी.

चंद्रगुप्त (322–298 ई.पू.) ने मगध, अंग, कोशल, काशी और सिंधु नदी के पार अपना साम्राज्य विस्तृत कर दिया. राजमंत्री कौटिल्य ने राष्ट्र का राजनीति शास्त्र और दंडनीति सूत्रित करके मगध की सेना चतुरंगिणी और बलशाली कर दी थी.

कौटिल्य का अर्थशास्त्र राजा के शतप्रतिशत हित में लिखा हुआ 115 अध्यायों का महान ग्रंथ है. इसमें स्वयं राजा और उसके मंत्रियों की गुणवत्ता और क्षमता, सरकारी कार्यालय के नियम और कर्तव्य, सभ्यता के कानून, सम्यक् दंडनीति, राज्य और कोष की सुरक्षा, सेना के कायदे, पड़ौसी राज्यों के साथ व्यवहार, आक्रमण और प्रतिकार की प्रणाली आदि कौटिल्य ने अति सूक्ष्मता के साथ लिख दिए. कौटिल्य कहता है : यशस्वी राजा को प्रजा पर नियंत्रण करने से पहले आत्मनियंत्रण अनिवार्य है. उसे वैदिक ज्ञान, अर्थशास्त्र, राजनीति और गणित ज्ञान आवश्यक है. चंद्रगुप्त के बाद उसका पोता अशोक मौर्य (269–232 ई. पू.) इतिहास का महान सम्राट माना जाता है.

अशोक मौर्य (373–232 ई. पू.) : मौर्य सम्राट बिंदुसार (298–271 ई.पू.) का पुत्र सम्राट अशोक मौर्य (269–232 ई.पू.) का जीवनवृत्त राजा अशोक के ही शिलालिखित आदेशों से प्राप्त होता है. किसी राजा का आत्मचरित्र उसी राजा के शिलालेखों में जागतिक इतिहास में प्रथम बार देखने को मिलता है.

सन 269 ई.पू. में अशोक मौर्य का राज्याभिषेक हुआ. सन 261 ई.पू. में अशोक ने कलिंग देश जीता. कलिंग के युद्ध में जो भयानक हिंसाचार हुआ था उससे राजा अशोक का हृदय दहल गया और अहिंसा की ओर बढ़ गया. उसने सन 259 ई.पू. में शिकार करना छोड़ दिया. उसने शाक्यमुनि भगवान बुद्ध का शांतिमार्ग स्वीकार कर लिया.

य-अक्षरारंभ के राजप्रवाह

138. यदु राजवंश (सनातन काल)

पूर्व देखिए : ययाति राजवंश (सनातन काल)

1. ययाति
2. **यदु**
3. सहस्त्रजीत
4. सतजीत
5. हेहय
6. धर्म
7. कुंति
8. भद्रसेन
9. धनक
10. कार्तवीर्य
11. कार्तवीर्यार्जुन
12. मधु
13. वृष्णि

आगे देखिए : वृष्णि राजवंश (सनातन काल)

दोहा छंद – यदु राजघराना

बहुत ख्यात यदु वंश था,
यादव जिसका नाम ।
करते लोग समाज के,
गौ पालन का काम ।। 1

जन्मे थे यदु वंश में,
कृष्णचंद्र भगवान ।
जिनका मामा कंस था,
महा दुष्ट शैतान ।। 2

यदु राजघराना

महाराजा यदु का राजघराना यादव अथवा अहीर नाम से जाना गया है. प्रजापति कर्दम की कन्या अनसूया अत्री महर्षि की पत्नी थी जिनके पुत्र दत्तात्रेय और राजा चंद्र इतिहास में बहुत प्रसिद्ध हुए हैं. राजा चंद्र से ययाति राजवंश, यदु राजवंश, पुरु राजवंश और कुरु राजवंश हुए थे.

राजा चंद्र की पत्नी तारा देवी बृहस्पति की पुत्री थी. उनका पुत्र बुध था जिससे संपूर्ण सोम वंश निर्माण हुआ, जो प्रयागराज पर शासन करता था.

बुध से राजा नहुष और उनके महान पुत्र ययाति चक्रवर्ती राजा हुए, जिनसे भारतवर्ष के अनेक प्रख्यात राजवंश निर्माण होगए थे.

राजा ययाति की पत्नी देवयानी के पुत्र राजा यदु थे. राजा यदु के पुत्र कोष्ट्रा से वृष्णि कुल निर्माण हुआ. वृष्णि कुल में भगवान श्रीकृष्ण ने मथुरा में जन्म लिया.

राजा वृष्णि के बंधु राजा अंधक के कुल में राजा उग्रसेन हुए जिनका कुख्यात पुत्र मथुराधिपति कंस था. उग्रसेन के बंधु देवक की कन्या देवकी वसुदेव की पत्नी थी.

राजा चित्रथ के कुल में राजा शूरसेन की प्रख्यात कन्या कुंती राजा पांडु की पत्नी एवं पांडव माता थी.

139. ययाति राजवंश (सनातन काल)

पूर्व देखिए : अत्रि राजवंश (सनातन काल)

1. नहुष   ...
2. ययाति
3. यदु और पुरु

आगे दिखिए : यदु राजवंश (सनातन काल)
        पुरु राजवंश (सनातन काल)

दोहा छंद – ययाति राजघराना

यायाति जी के वंश में,
     नृप थे हुए महान ।
यदु, पुरु, कुरु कुल होगए,
     रविकुल श्रेष्ठ समान ।। 1

इक्ष्वाकु रवि वंश के,
     जैसे पुरुष प्रधान ।
वैसे भूप ययाति को,
     अग्रिम था सम्मान ।। 2

चंद्र वंश में होगए,
     नृप थे भरत सुजान ।
हरिश्चंद्र नृप थे तथा,
     सूर्य वंश की शान ।। 3

जैसे ययाति वंश में,
     हुए कृष्ण भगवान ।
इक्ष्वाकु के वंश में,
     रामचंद्र को स्थान ।। 4

सोम वंश में थे यथा,
     पांडव विराजमान ।
सूर्य वंश में जनक को,
     वरण स्थान प्रदान ।। 5

ययति राजघराना

राजा नहुष के पाँच सुपुत्र थे : पुरु, यदु, तुर्वसु, अनु और द्रुहु, जिन्हें वेदों में पंचनंद कहा गया है. महाराजा ययाति ने निवृत्त होने से पहले ही राजा पुरु को अपने पैतृक सत्ता का मध्य भारत विभाग, राजा यदु को राज्य दक्षिण-पचिम विभाग, राजा तुर्वसु को राज्य का दक्षिण-पूर्व विभाग, राजा अनु को राज्य का उत्तर विभाग और राजा द्रुहु को पश्चिम विभाग सौंप दिया था.

राजा पुरु के वंश में अनेक प्रतापी एवं प्रसिद्ध राजा होगए, उनमें राजा भरत के नाम पर ययाति के संपूर्ण राज्य को भारत वर्ष नाम प्राप्त हुआ. राजा पुरु के कुल में राजा शांतनु हुए जिनके पुत्र पितामह भीष्म सर्वश्रेष्ठ आचार्य थे. पुरु वंश में ही राजा युधिष्ठिर, अर्जुन, भीम, अभिमन्यु, परीक्षित, जन्मेजय हुए, जिन सबको **पौरव संज्ञा** प्राप्त थी.

राजा भरत के वंश में राजा कुरु हुए जिनके कुल में राजा हस्ति हुए जिन्हों ने हस्तिनापुर की नींव डाली थी. इस पुरु राजवंश में ही राजा कुरु हुए जिनसे पांडव और कौरव कुल निर्माण हुए.

राजा विचित्रवीर्य की पत्नी अम्बिका से अंधे राजा धृतराष्ट्र, अम्बालिका से राजा पांडु और दासीपुत्र ज्ञानी विदुर जन्मे थे.

140. यादव राजवंश, देवगिरि, महाराष्ट्र-कर्नाटक (850-1311)

पूर्व देखिए : 1. चालुक्य, कल्याणी राजवंश (696–1189); 2. राष्ट्रकूट, मालखेड राजवंश (620–973)

1.	द्विधाप्रहार	...
2.	सयूनचंद्र	850–874
3.	धदियप्पा –1	874–900
4.	अमरगंगा	900–925
5.	भिल्लम–1	925–950
6.	वदुगी–1	950–974
7.	धदियप्पा–2	974–975
8.	भिल्लम–2	975–1005
9.	वदुगी–2	1005–1020
10.	भिल्लम–3	1020–1055
11.	वदुगी–3	1055–1068
12.	सेयूनचंद्र–2	1068–1085
13.	ऐरमदेव	1085–1115
14.	सिंघण–1	1115–1145
15.	मल्लुगी–1	1145–1150
16.	अमरगंगा	1150–1160
17.	गोविंदराजा	1160–1160
18.	अमर मल्लुगी–1	1160–1165
19.	कालीया बल्लाळ	1165–1173
20.	भिल्लम–4	1173–1192
21.	जैतुगी–1	1192–1200
22.	सिंघण–2	1200–1247
23.	कन्नर	1247–1261
24.	महादेव	1261–1271
25.	अम्मन	1271—1271
26.	रामचंद्रदेव	1271–1311
27.	शंकरदेव	1311–1317

यादव राजघराना

यदुवंशी क्षत्रिय यादव राजवंश के पूर्व प्रधान मालखेड के राष्ट्रकूट (620-973) और कल्याणी के चालुक्य (696-1189) नरेशों के समृद्ध काल में सामंत के रूप में राज्य करते थे. आगे चल कर जब होयसळ राजवंश (1026-1348) के महान नरेश वीर बलाळ–2 (1173-1220) ने कल्याणी चालुक्य राजा सोमेश्वर–4 (1183-1189) पर आक्रमण करके चालुक्यों को दुर्बल कर दिया तब यादव नरेशों ने कल्याणी से स्वातंत्र्य प्राप्त कर लिया और सन 1203 में महान देवगिरि का किला बना कर वहाँ संपन्न राजधानी स्थापन कर दी.

यादवों का प्रथम महान राजा सयूनचंद्र (850-874) अपने कुल को मथुरा और द्वारका का कृष्णकुलोत्पन्न यदुवंशीय मानता था. सयूनचंद्र के पिता द्विधाप्रहार और उसके पिता सुबाहु कल्याणी के चालुक्य राजाओं के आधीनस्थ थे.

सन 1187 में यादव राजा भिल्लम–4 (1173–1192) ने चालुक्य राजा सोमेश्वर (1183-1189) को जीत कर कल्याणी पर अधिकार प्राप्त कर लिया था. यादव नरेश सिंघण–2 (1200-1247) ने बहुत राज्य विस्तार किया था. यादवों के राजा रामचंद्रदेव (1271-1311) ने अपने उत्कर्ष काल में यादव राज्य की सीमा दक्षिण में तुंगभद्रा नदी से उत्तर में नर्मदा नदी तर विशाल कर दी थी.

दोहा छंद – यादव राजघराना, देवगिरी

सोमवंश के पूत जो, राष्ट्रशांति के दूत ।
वंशज शुभ यदु वंश के, "यादव" कहे सुपूत ।। 1

अनेक शाखा में बँटा, यह यादव परिवार ।
"हैहय" शाखा का हुआ, असीम राज्य प्रसार ।। 2

राजा सेऊणचंद्र था, यादव कुल का इंद्र ।
पुण्य देवगिरि बन गया, यादव कुल का केंद्र ।। 3

नृप सिंघण विद्वान था, रत्न भरा दरबार ।
नाना पंडित बैठ कर, करते शास्त्र-विचार ।। 4

यादव थे इतिहास में, राजा जाने श्रेष्ठ ।
सुवर्ण-युग था यह कहा, यादव–काल वरिष्ठ ।। 5

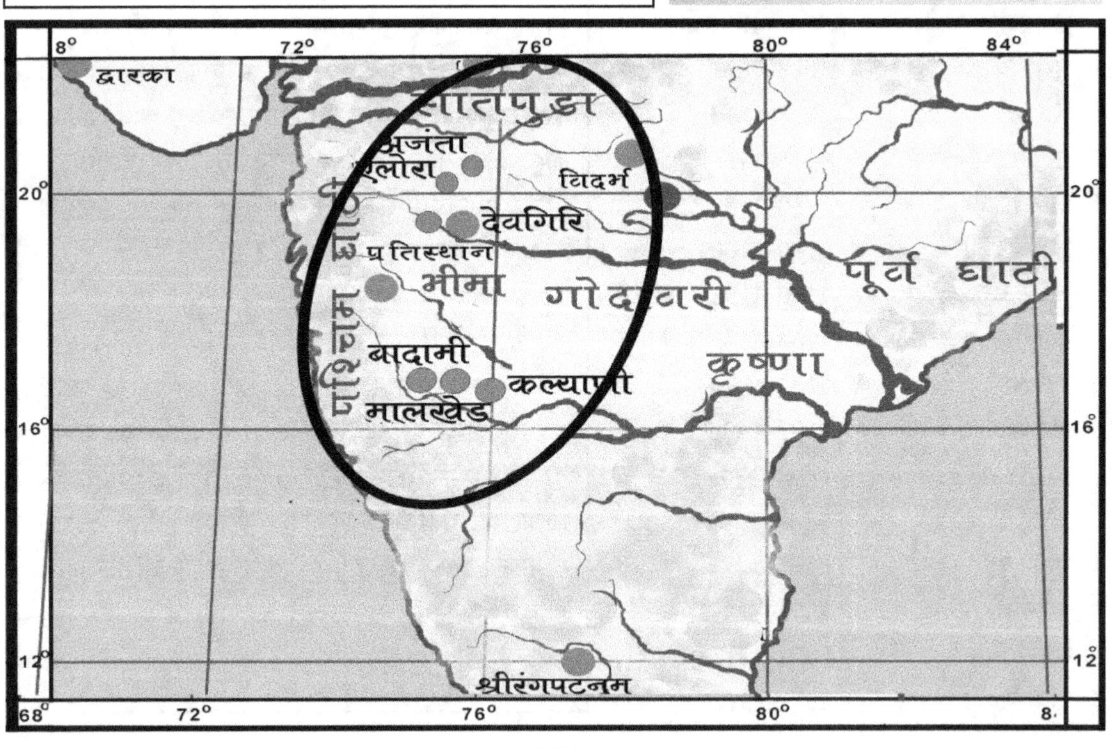

141. युधिष्ठिर राजवंश (सनातन काल)

पूर्व देखिए : पांडव राजवंश (सनातन काल)

1. युधिष्ठिर,   2. परीक्षित,   3. जन्मेजय,   4. अश्वमेध,   5. राम,   6. छत्रसाल,
7. चित्ररथ,   8. दुष्टशैल्य,   9. उग्रसेन,   10. शूरसेन–1,   11. भूवनपति,   12. रणजीत,
13. ऋक्षक,   14. सुखदेव,   15. नरहरि,   16. शुचिरथ,   17. शूरसेन–2,   18. पर्वतसेन,
19. मेधावी,   20. शोनचीर,   21. भीम–1,   22. नृहरि,   23. पूर्ण,   24. करदवी,
25. अलमिक,   26. उदयपाल,   27. संघराज,   28. दुवन,   29. दमात,   30. क्षेमक,
31. विश्रवा,   32. पुरसैनी,   33. वीरश्रेणी,   34. अंडगशायी,   35. हरिजित,   36. परमश्रेणी,
37. सुखपाताल,   38. कट्टु,   39. सज्ज,   40. अमरचूड,   41. अवनिपाल,   42. दशरथ,
43. वीरसाल–1,   44. वीरसाल–2,   45. महावीर,   46. अजीतसिंह,   47. सर्वदत्त,   48. भूवनपति,
49. वीरसेन–1,   50. महीपाल–1,   51. शत्रुशाल,   52. संघराज,   53. तेज:पाल,   54. मणिकचंद्र,
55. कामश्रेणी,   56. शत्रुमर्दन,   57. जीवलोक,   58. हरिराव,   59. वीरसेन–2,   60. आदित्यकेतु
61. धंधर,   62. महर्षि,   63. सनरची,   64. महायुद्ध,   65. दूरनाथ,   66. जीवनराज,
67. रुद्रसेन,   68. आरोंलोक,   69. राजपाल,   70. महानपाल,   71. विक्रमादित्य,   72. समुद्रपाल,
73. चंद्रपाल,   74. सहायपाल,   75. देवपाल,   76. नरसिंहपाल,   77. रामपाल,   78. अमृतपाल,
79. बलीपाल,   80. महीपाल 2,   81. हरिपाल,   82. शीषपाल,   83. मदनपाल,   84. कर्मपाल,
85. विक्रमपाल,   86. मुलखचंद्र,   87. विक्रमचंद्र, 88. अमीचंद्र,   89. रामचंद्र,   90. हरिचंद्र,
91. कल्याणचंद्र, 92. भीमचंद्र,   93. लोवचंद्र,   94. गोविंदचंद्र,   95. पद्मावती,   96. हरिप्रेम,
97. गोविंदप्रेम,   98. गोपालप्रेम,   99. महाबाहु,   100. अधीसेन,   101. बिलावलसेन 102. केशवसेन,
103. माद्यसेन,   104. मयूरसेन,   105. कल्याणसेन, 106. हरिसेन, 107. क्षेमसेन.   108. नारायणसेन,
109. लक्ष्मीसेन, 110. दामोदरसेन, 111. दो सिंह,   112. राजसिंह, 113. नरसिंह,   114. हरिसिंह,
115. जीवनसिंह, 116. अनंगपाल,   117. पृथ्वीराज चौहान.

आगे देखिए : चौहान राजवंश, साकंभरी–अजमेर (684–1192)

युधिठिर राजघराना

महाभारतीय महायुद्ध के पश्चात् राजा युधिष्ठिर निवृत्त होकर वनवास के लिए हिमालय पर जाने लगे तब उन्हों ने राज्य अभिमन्यु पुत्र परीक्षित को सौंप दिया. राजा परीक्षित अभिमन्यु और उत्तरा का पुत्र था. अर्जुन और सुभद्रा का पुत्र वीर अभिमन्यु चक्रव्यूह में फँस कर दु:शासन के हाथों मारा गया था. राजा परीक्षित ने हस्तिनापुर पर लगभग 60 वर्ष सदाचार से राज्य किया (महा. आदि. 49). परीक्षित के बाद उनका पुत्र जन्मेजय राजा बन गया. जन्मेजय की माता का नाम मद्रवती था. जन्मेजय की पत्नी का नाम वपुष्टमा था, जो काशीराज सुवर्णवर्मा की कन्या थी.

र-अक्षरारंभ के राजप्रवाह
142. रघुवंश (सनातन काल)

पूर्व देखिए : इक्ष्वाकु राजघराना (स्नातन काल)

1. भगीरथ   ...
2. श्रुतनाथ
3. नाभ
4. अंबरीष
5. सिंधुद्वीप
6. आयुताश्व
7. ऋतुपर्ण
8. आर्तपर्णि
9. सुदास
10. मित्रसखा
11. अश्मक
12. मूलक
13. शतरथ
14. एलावेल
15. विश्वसह
16. **दिलीप**
17. दीर्घबाहु
18. रघु
19. अज
20. दशरथ
21. श्रीराम
23. लव, कुश

आगे देखिए : कुश राजवंश
(सनातन काल)

रघुवंश

राजा अंशुमान के पुत्र राजा भगीरथ के गुरु महर्षि त्रितुल थे. राजा भगीरथ को शिवजी के वरदान प्राप्त थे (महा. वन. 180.1). राजा दिलीप का शासन आदर्श और लोकप्रिय था. दैत्य वीरसेन का पराभव और वध राजा दिलीप के राजकाल की बहुत बड़ी घटना थी. राजा दिलीप भारत के महान सोलह राजाओं में एक थे. राजा दिलीप की पत्नी सुदक्षिणा मगधराज की कन्या थी. राजा दिलीप को वसिष्ठ मुनि ने सभी तीर्थक्षेत्रों का महत्त्व समझाया था (पद्म पराण 10). राजा दिलीप का महापराक्रमी पुत्र सम्राट रघु था, जिसका कुल क्षत्रिय जगत में सर्व श्रेष्ठ माना जाता है और सत्य, मर्यादा पालन, वचन पालन, चारित्र्य, तप, त्याग, शौर्य, आदि का प्रतीक माना जाता है. सूर्यवंशी रघुकुल के सर्वश्रेष्ठ राजाओं में राजा दशरथ और उनके सुपुत्र श्रीराम के नाम अग्रगण्य हैं.

कुश राजवंश

वंशावली : कुश, अतिथि, निषध, नल, पुंडरीक, क्षेमधन्वा, देवानीक, अहीन, पारिपात्र, दल, बल, औंक, वज्रनाथ, शंखन, ध्युषिताश्च, विश्वसह, गिर्ण्यनाभ, पुष्य, ध्रुवसन्धि, सुदर्शन, अग्निवर्ण, शीघ्र, मरु, प्रसुश्रुत, सुसंधि, मर्ष, सहस्वान, विश्रुतवान्, बृहद्दल (महाभारत कालीन), बृहत्क्षय, ज्ञेय, वत्सव्यूह, दिवाकर, सहदेव, बृहदश्व, भानुरथ, प्रतीकाश्व, सुप्रतीक, मरुदेव, सुनक्षत्र, किन्नर, सुपर्ण, अनित्रजित्, बृहद्राज, धर्मी, कृतंजय, रणंजय, संजय, शुद्धोधन, शाक्य, राहुल, प्रसेनजीत, क्षुद्रक, रणक, सुरथ, सुमित्र. राजा सुमित्र के बाद पाटलिपुत्र के नंद वंश के राजा महापद्म राजवंश ने (344–322 ई.पू.) ने आयोध्या की गादी जीत ली थी.

आगे देखिए : नंद राजवंश, पाटलिपुत्र (344–322 ई.पू.)

रघुवंशी अयोध्यापति राजा दशरथ

राजा दशरथ की अयोध्या

केतुमाला छन्द[2]

ऽऽ ।, ऽऽ ।, ऽऽ

रानी पुरों की अयोध्या, इक्ष्वाकु की राजधानी ।
आरंभ होती यहीं से, श्री राम सीता कहानी ।। 1
श्रीमंत समृद्ध जो ही, वैकुंठ से श्रेष्ठ मानी ।
शिक्षा कला ज्ञान विद्या, विज्ञान विख्यात जानी ।। 2

श्लोक छंद

अयोध्या नगरी रम्या शरयूसरितस्तटे ।
इन्द्रपुर्या समा दिव्या सुन्दरी सुखदायिनी ।। 1
रविकुलस्य मूलं सा संस्थापिता विवस्वता ।
नगरीणां मता राज्ञी दशरथस्य गौरवम् ।। 2

चौपाई : सरयू तट पर जिसका धामा, महान जनपद कोसल नामा ।
बसा भुवन में बहुत पुराना, शीर्षक जिसका अवध सुनामा ।। 1
शीतल सुविमल शुचि सुखदाई, सरिता शोभित सरयू माई ।
शाँत सुहानी सुमधुर पानी, सरिताओं की सुंदर रानी ।। 2
तरह तरह की जल में मछली, रंग अनेकों की मन मचली ।
जगह जगह में कच्छप सीपी, बगुले कदंब खग बहु रूपी ।। 3
जलचर खग सब शोभा लाते, चहल पहल जन मन बहलाते ।
स्थान-स्थान उद्यान बगीचे, पुष्प वाटिका हरित गलीचे ।। 4

दोहा॰ सरयु सरित के नीर से, सिंचित शोभित देश ।
रघुकुल का चिर काल से, कोशल पुण्य प्रदेश ।। 1

---

[2] दोहा॰ चौदह मात्रा से बना, दो गुरु कल हों अंत ।
कहा केतुमाला जिसे, त त गण का वह छंद ।।

सरयु पवित्तर पूज्य है, निर्मल सुमधुर तोय ।
गंगा से जाकर मिली, संगम सुंदर होय ।। 2
अमृत नदिया नीर से, अवध नगर समृद्ध ।
फल-फूलों से थे भरे, घर-घर जन मन शुद्ध ।। 3

चौपाई :   उपवन विविध विधा से साजे, फूल फलों की महक बिराजे ।
रंग पुष्प से मोहित पंछी, मधु बैना से मुग्ध विरंची ।। 1
तुंबर किन्नर सुर गण सारे, आते उपवन साँझ सकारे ।
मधुरस पराग पीकर जाते, बचा कुचा फिर मधुकर पाते ।। 2
अलिदल पंछी रंग बिरंगे, पंख चंचु अरु तुर्रे सुढंगे ।
आम्र तरु पर कोयल मैना, मंजुल कलरव कूहू बैना ।। 3
मोर पपीहे नाचे थैया, रँभाते हैं वत्सन गैया ।
फुदक-फुदकते खरहे भाते, कूद कूद कर मृग इतराते ।। 4

दोहा॰   उपवन सुंदर नगर में, मधु फल के उद्यान ।
पंछी रंग बिरंग के, मंजुल गाते गान ।। 1
चौड़े सुथरे मार्ग थे, दीपक दोनों ओर ।
मंदिर-मंदिर आरती, ज्यों ही होती भोर ।। 2
सजे सदन थे पंक्ति में, भुट्टे पर ज्यों बीज ।
हर घर में था सुख भरा, कमी न कोई चीज ।। 3
निलय सुमंडित थे सभी, परिसर लगे निसर्ग ।
नगर अयोध्या का कहा, धरती पर है स्वर्ग ।। 4

चौपाई :   सरयू सरित् समीप सजेली, अयोध्या पुरी नित्य नवेली ।
अवध नगर की शोभा न्यारी, सजी विविध विधि लगती प्यारी ।। 1
सूर्य सुहाना गोला जैसे, अवध पुरी का चोला वैसे ।
प्रात: क्षितिज पर शीघ्र उभरता, सरयू तट पर द्रुत गति बढ़ता ।। 2
अवध पुरी की जनता ऐसी, घन संपद् धनकुबेर जैसी ।
नगरी में पथ सरल सुहाने, जिनके चौड़े चौक लुभाने ।। 3
गलियाँ कूचे निर्मल सुथरे, बाग बगीचे इत उत बिखरे ।

घर नगरी में सजीं कतारें, पूज्य वस्त्र पर जरी की तारें ।। 4

घर-घर आँगन अरु पिछवाड़े, पुष्प वाटिका अरु चौबारे ।

फूल चमेली रजनीगंधा, गुलाब चंपक जूहि सुगंधा ।। 5

तुलसी गेंदा कुन्द मालती, जवा कुसुम सूरज सेवंती ।

चंद्रकांत गुल, गुलबकावली, कमलिनि कैरव कुमुद चमेली ।। 6

दोहा० अवध पुरी के लोग थे, धन संपद् श्रीमंत ।

सबके मन आनंद था, सब थे सज्जन संत ।। 1

सरल सुहानी नगर की, चौड़ी थी हर बाट ।

सुंदर सुरचित थे सजे, विशाल सुथरे हाट ।। 2

बिखरे थे सब नगर में, फल-फूलों के बाग ।

पवित्र सरिता नीर से, सबके उजले भाग ।। 3

नगरी में गृह थे सजे, सर्व बनाय कतार ।

जैसीं पावन वस्त्र पर, बुनीं ज़री की तार ।। 4

घर-घर सुमन गुलाब के, जवा कुसुम कचनार ।

वनिता पहने मालती, कुमुद चमेली हार ।। 5

कृषि, प्रांगण घर के सभी, उपजाते फल-फूल ।

उज्ज्वल पावन नगरिया, लगी स्वर्ग अनुकूल ।। 6

चौपाई : पावन जल से उस सरिता के, भावन सुत थे हर वनिता के ।

हर कन्या थी कंचन गुड़िया, घर आँगन थे जग में बढ़िया ।। 1

सुविपुल निर्मल शीतल पानी, सिंचन प्राशन की आसानी ।

खेती बाड़ी हरित सुहानी, प्रचुर सभी को दानापानी ।। 2

क्रीड़ा कला पठन की शाला, खेलत कूदत बालक बाला ।

गुरुकुल में गुणी अंतेवासी, बनते पंडित अति विद्वांसी ।। 3

सुखी सभी थे, स्वस्थ सभी थे, भक्ति भाव में मस्त सभी थे ।

पर सेवा में व्यस्त सभी थे, देशोन्नति में हस्त सभी के ।। 4

जन-गण वर्तन नियमित चोखे, कहीं न चोर लुटेरे धोखे ।

सदाचार से रहता राजा, यथा हि राजा तथा थी प्रजा ।। 5

व्यथा जरा से नहीं दुखी थे, स्वर्ग भूमि सम सभी सुखी थे ।

भेद भाव से पराङ्मुखी थे, वेद वाक्य सर्वतोमुखी थे ।। 6

यहाँ सभी थे प्रसन्न जीवा, राम-राज्य की जानी नींवा ।

ऐसे देश भले को पाले, दशरथ जी नृप रघुकुल वाले ।। 7

दोहा॰   पूज्य नदी के नीर से, जनपद जन थे स्वस्थ ।

सबके पूत निरोग थे, सब थे सुखी गृहस्थ ।। 1

वनिता शुभ व्रतधारिणीं, कन्या विमल सुशील ।

माताएँ थीं देवियाँ, बालक कुशल निखिल ।। 2

प्रसन्न हिरदय थे सभी, कोमल सदय सुजान ।

वेद वाक्य सब वदन में, मंगल स्तुति के गान ।। 3

दशरथ के इस नगर में, सभी सुखी थे लोग ।

चोर लुटेरे थे नहीं, न ही छूत का रोग ।। 4

चौपाई :   त्रिभुवन में जो थी पहिचानी, अमरावती सम जानी मानी ।

रघुकुल की वह पुरी पुरानी, अवध पुरी थी सब जग जानी ।। 1

स्वर्ग तुल्य इस भू पर दानी, राज करी कौशल्या रानी ।

दशरथ राजा जन-दुख हारी, प्रजा निहारी अजिर बिहारी ।। 2

दोहा॰   स्वर्ग तुल्य इस राज्य के, दशरथ नृप थे तात ।

कौशल्या रानी सजी, देवी सम थी मात ।। 1

भू पर दूजी इन्द्र की, नगरी और न कोय ।

राम जनम अधिकारिणी, अवध पुरी शुभ होय ।। 2

गीत : राग रत्नाकर, कहरवा ताल 8 मात्रा

अवध पुरी

स्थायी

अवध पुरी जग से न्यारी, नर सुर ईश्वर की प्यारी ।

♪ रेरेरे रेग– रेसा रेग रेगम–, पप पप ध–पम गप मगरे– ।

अंतरा-1

सरयू नद के तट पर नगरी, अमृत जल की है गगरी ।

♪ रेगम– पप प– धध धनि धपप–, प–पप धप म– गप मगरे– ।

अंतरा-2

मातु प्रेम सम मंगलकारी, जनपद की प्राण पियारी ।

अंतरा-3

राम-राज्य की नींव सुनहरी, राम जनम की अधिकारी ।

अंतरा-4

भारत माँ की सुता दुलारी! हम तेरे हैं बलिहारी ।

राजा दशरथ की कथा

श्लोक छंद

चालयित्वा रणे युद्धे रथं दशायिनेषु स: ।

नेमी दशरथो ज्ञातो सोऽयोध्याया नृपो महान् ।। 1

दशरथो महाराजा क्षात्रधर्मस्य रक्षक: ।

महावीरो महायोद्धा कीर्तिर्यस्य जगत्त्रये ।। 2

दीर्घदर्शी महातेजा: पौरजनप्रियो नृप: ।

भुवनत्रयविख्यातो वीरो धर्मपरायण: ।। 3

सत्यप्रतिज्ञधर्मात्मा वेदविन्नीतिशासक: ।

धर्मार्थसैन्यसम्पन्नो जितेन्द्रिय: जगत्पति ।। 4

दोहा॰ नेमी राजा वीर थे, धनुधर धीर महान ।

चलाय रथ दश अयन पर, पाये "दशरथ" नाम ।। 1

दशरथ नृप निष्पक्ष थे, न्यायशील गुणवान ।

सूर्यवंश के सूर्य थे, वीर क्षात्र धीमान ।। 2

पक्षपात से थे परे, उनको सभी समान ।

सज्जन की रक्षा करें, शठ को दंड महान ।। 3

नीर क्षीर के भेद में, राजहंस थे आप ।

नृत अनृत विच्छेद में, किया कभी ना पाप ।। 4

उनका सचिव सुमंत्र था, धर्मपाल अरु धीर ।

नौ रत्नों में श्रेष्ठ था, शस्त्र कला में वीर ।। 5

रघुवंशी अयोध्यापति राजा श्रीराम

गुरुवर वसिष्ठ ने कहा

श्लोक

परम: पुरुषो रामो रामश्च पुरुषोत्तम: ।

रघुनाथो महाभागो रघुवीरो नरोत्तम: ।। 1

कार्यपरायण: शूर: स सद्गुणप्रभाकर: ।

जनप्रियो दयावांश्च धर्मगोप्ताश्च राघव: ।। 2

गुणरत्नाकरो विज्ञ: क्षात्रधर्मसुरक्षक: ।

सर्वदक्ष: शुचिर्भद्रो राघवो हितकारक: ।। 3

दु:खहारी सदाचारी चित्तहारी मनोरम: ।

धीरश्च प्रतिभाशाली बलशाली महाजन: ।। 4

वेदवेत्ता च शास्त्रज्ञो वीरभद्रो महाबल: ।

अन्तर्यामी पुरोगामी सत्यसन्धो दृढव्रत: ।। 5

क्षात्रवरो महावीर: कुशाग्रबुद्धिमांश्च स: ।

पण्डित: पादुकाधारी राघवो नृपतिर्भवेत् ।। 6

श्लोका:

राघव: शान्तमूर्तिश्च सीतापतिर्महामना ।

गुणेन्द्र: सत्यसन्धश्च रामो राजीवलोचन: ।। 1

दीननाथ: कृपावांश्च ज्ञानी दानी महाबल: ।

श्रीराम: सच्चिदानन्दो नीतिज्ञश्च धनुर्धर: ।। 2

पतितपावनो रामो राघव: प्रियदर्शन: ।

कृपालु: सत्यवानराम: परम: करुणाकर: ।। 3

सर्वमङ्गलमाङ्गल्य:–चारुरूपो मनोहर: ।

ज्ञानसूर्यो महाबाहु:–युवराजो हरिर्भवेत् ।। 4

दोहा० बोले विश्वामित्र जी, करने को सिध काज ।

यथा शास्त्र, श्री राम को, तिलक लगाओ आज ।। 1

शाँतमूर्ति श्री राम हैं, सीतानाथ महान ।

कमल नयन श्री राम हैं, गुणेन्द्र हैं श्री राम ।। 2

राघव दीन–दयाल हैं, कृपावान श्री राम ।

दानशील श्री राम हैं, सत् चित् आनँद राम ।। 3

नीति तज्ञ श्री राम हैं, प्रियदर्शन हैं राम ।

पतितपावन राम हैं, सुंदर हैं श्री राम ।। 4

सत्यवान श्री राम हैं, करुणाकर श्री राम ।

सर्वमंगल राम हैं, चारु रूप श्री राम ।। 5

ज्ञान सूर्य श्री राम हैं, महाबाहु हैं राम ।

श्री श्रीधर श्रीराम हैं, युवराजा हों राम ।। 6

दोहा० लखन बंधुवर ने कहा, तन–मन मेरे प्राण ।

राघव ही राजा बनें, सद्गुण की जो खान ।। 1

तन–मन में मम राम हैं, निश–दिन एक हि नाम ।

सपनन में मम राम हैं, मम अर्चन में राम ।। 2

हर धड़कन में राम हैं, मम कण–कण में राम ।

हर सुमिरण में राम हैं, मम चिंतन में राम ।। ३

बलिहारी मैं राम का, प्राण पियारे राम ।

मैं हरि की बायीं भुजा, स्वामी मेरे राम ।। ४

मैं राघव के चरण में, हर पंथन में राम ।

श्रीराघव युग पुरुष हैं, बनें अवध नृप राम ।। ५

दोहा०

दुर्गम कारज विश्व के, सुगम करत हैं राम ।

राम कृपा जिसको मिली, कठिन न कोई काम ।। १

कर्म कुशल श्री राम हैं, जनपद के आदर्श ।

जन अनुयायी राम के, राम जनों के हर्ष ।। २

नीति निपुण श्री राम हैं, सुख–दुख मोद न खेद ।

दृष्टिक्षेप से भाँपते, नर के मन का भेद ।। ३

राम ज्ञान के सिंधु हैं, विद्या के भँडार ।

क्षात्र–धर्म के विज्ञ हैं, ऋणि जिनका संसार ।। ४

तर्क चतुर श्री राम हैं, युक्तिवाद प्रवीण ।

तीव्र बुद्धि श्री राम की, जन हित में तल्लीन ।। ५

वाणी कोविद राम हैं, शस्त्र शास्त्र विद्वान ।

धनुर्वेद के तज्ञ हैं, उन्हें योग का ज्ञान ।। ६

वेद विदित श्री राम हैं, पंडित शास्त्र पुराण ।

अद्वितीय उनकी प्रभा, दान धर्म पटु राम ।। ७

मनोविनोदी राम हैं, तर्कशास्त्र निष्णात ।

दंभ कपट से हैं परे, सरल हृदय हर बात ।। ८

वीरों के हरि वीर हैं, धैर्यशील हैं धीर ।

कृपाशील श्री राम हैं, बलशाली बलबीर ।। ९

सद्गुण सागर राम हैं, अवगुण उनसे दूर ।

शुद्ध अग्नि सम राम हैं, समर नीति में शूर ।। १०

कर्मवीर श्री राम हैं, पावन गंगा नीर ।

रसना सुमधुर राम की, कामधेनु का क्षीर ।। ११

तेजस्वी छवि राम की, सूर्य चंद्र की ज्योत ।
मेधावी धी राम की, सत् चित आनँद स्रोत ।। 12
रामचंद्र सुख छाँव हैं, कल्पतरु सियराम ।
राघव हैं चिंतामणी, पारस राघव नाम ।। 13
करुणा वत्सल राम हैं, मातु-पिता की प्रीत ।
भवसागर से पार हैं, राम-नाम आश्रित ।। 14
राम देह, देही तथा, राम श्वास नि:श्वास ।
परमात्मा श्री राम हैं, जिन्हें राम विश्वास ।। 15
विद्या बुद्धि तेज बल, नर को देवें राम ।
बनता नर सुखभाग है, जपे राम का नाम ।। 16
सचिव सुमंतर ने कहा, राम प्रजा के पाल ।
राजतिलक के योग्य हैं, दशरथ नृप के लाल! ।। 17

उप महामंत्री ने कहा

दोहा० धर्म परायण राम हैं, जिन्हें ज्ञान का योग ।
कर्म परायण राम हैं, सदा करत उद्योग ।। 1
बैरी कोई ना उन्हें, सब नर एक समान ।
राघव के दरबार में, पाते सब सम्मान ।। 2
निर्दोषी नर को गले, सदा लगाते राम ।
दोषी नर के दंड में, यथा दोष, परिणाम ।। 3
लाभ हानि सब एक हैं, सुख-दुख एक समान ।
विजय पराजय ना लखें, कार्य परायण राम ।। 4
शुचिर्दक्ष श्री राम हैं, ध्येय परायण राम ।
उदासीन उनकी मति, ज्ञेय राम के काम ।। 5
असुरनिकंदन राम हैं, करते सुरजन त्राण ।
आत्मश्लाघ उनमें नहीं, पर हित उनके बाण ।। 6
शीश बिठावें वीर को, क्षात्र-धर्म के नाम ।
आदर देते शूर को, करत कर्म निष्काम ।। 7
निर्व्यसनी श्री राम हैं, दीनन के हैं नाथ ।

165

दुखिया के दुख झेलते, कृपा सिंधु रघुनाथ ।। 8

उपमंत्री ने फिर कहा, धर्म परायण राम ।

राज तिलक उनको लगे, यही न्याय्य है काम ।। 9

दोहा० मंत्री जन बोले सभी, नृप सोहे श्री राम ।

और कहीं कोई नहीं, जग में पावन नाम ।। 1

सबके स्नेही राम हैं, सर्वसहायक राम ।

परम हितैषी राम हैं, सच्चे साथी राम ।। 2

शब्दवेध श्री राम हैं, लक्ष्यवेध श्री राम ।

महाधनुर्धर राम हैं, वरेण्य नर हैं राम ।। 3

परम पवित्तर राम हैं, दया क्षमा के धाम ।

रघुकुल भूषण राम हैं, राम-नाम सत्नाम ।। 4

राज पुरुष श्री राम हैं, राज रत्न हैं राम ।

राज केसरी राम हैं, राज ईश श्री राम ।। 5

अनजाने जो भूल हो, राघव करते माफ ।

करते अत्याचार जो, उनका सुपड़ा साफ ।। 6

देते शरणन आर्त कों, बड़े कृपालु राम ।

स्तुति जिनकी गाते सभी, त्रिभुवन के भगवान ।। 7

ऋषि-मुनि जनों ने कहा

दोहा० ऋषि-मुनि जन सबने कहा, पूजनीय हैं राम ।

दुःख निवारक राम हैं, ध्यायनीय हर याम ।। 1

जन प्रिय, स्वामी! राम हैं, असुरनिकंदन राम ।

राघव सम दूजा नहीं, राजतिलक के काम ।। 2

दादरा ताल

राम-राज्याभिषेक

स्थायी

गीत शारद ने मंजुल है गाया, साज नारद मुनि ने बजाया ।

166

हिंदू राजतरंगिणी, सांस्कृतिक ज्ञानगंगा

रत्नाकर से है मंगल रचाया, रामायण को है सुंदर सजाया ।।

♪ म–ग म–म– म प–म– ग म–प–, रे–ग म–म– मध– प– मग–म– ।

रेगम–म म– म ध–प– गम–प–, रे–ग–म– म– म ध–प– मग–रे– ।।

अंतरा–1

राम राजा अवध का महाना, राम–का–राज जनपद ने माना ।

अभिषेचित भया रामराया, आज अवधेश राघव कहाया ।।

♪ सां–सां नि–रें– सांधध नि– धप–म–, सां–सां नि– रें–सां धधनिनि ध प–म– ।

मगम–मम मप– म–गम–प–, रे–ग ममम–म ध–पप मग–रे– ।।

अंतरा–2

दाँये सुग्रीऽव चँवरऽ डुलावे, बाँये विभीषण जी चमरऽ हिलावे ।

हार मोती का सुंदर बनाया, गले सीता के रामऽ पिन्हाया ।।

अंतरा–3

सिंहासन पर जब राघव बिराजे, बजे मोदऽ के मंगऽल बाजे ।

हाथ दक्षिण गुरुऽ ने बढ़ाया, शीश राघव के किरीट चढ़ाया ।।

श्लोक

श्रीरामचरितम्

चरितं रघुनाथस्य श्लोकपदैः सुभाषितम् ।

एकेनैवाक्षरेणास्य मुच्यते भवसागरात् ।। 1

♪ सासासा– रेरेरे–ग–रे–, ग–गगग– गम–मंम– ।

ग–ग–ग–ग–मर्म–म–ग–, ध–मंम– मंमंम–गरे ।।

रामायणं हि सर्वेषां भुक्तिमुक्तिफलप्रदम् ।

स्मरणं रघुवीरस्य सर्वमङ्गलकारकम् ।। 2

पापी च मुच्यते पापाद्–आर्तो दुःखात्प्रमुच्यते ।

निष्पुत्रो लभते पुत्रं भवति निर्धनो धनी ।। 3

एतं रामायणं नित्यं त्रिकाले यः पठेन्नरः ।

रामकृपां ततः प्राप्य सर्वपापाद्विमुच्यते ।। 4

इतीदं पावनं शास्त्रं रत्नाकरेण वर्णितम् ।

प्रतिदिनं स्मरेन्नित्यं विघ्नं तस्य न विद्यते ।। 5

गीत : राग मिश्र, कहरवा ताल
जै श्री राम

स्थायी

जै श्री राम भजो मन मेरे, नाम हरि के गारे ।
जनम–जनम के पाप उतारे, तन के ताप उबारे ।।
♪ ग- मप रे-नि निसा- साग रे-सा-, ग-प पध- ध- निसांधप ।
सांसांसां सांसांसां सांरें नि-ध पधसांसां-, सांसां सांरे निधम पग – – मरेसाग- ।।

अंतरा–1

घेरेंगे जब घोर अंधेरे, मेघ घनेरे कारे ।
या छेड़ेंगे भय दुस्तारे, मन वीणा की तारें ।
छोड़ेंगे यदि साथ पियारे, भव सागर मझधारे ।। जै श्री राम ...
♪ निसांसां-रें- सांसां निधप धनिसांसां-, निसांसां सांनि-ध- निसांसां- ।
नि- सां-सां-सां- निसां सां-निधप-, धनि धपम- पध निसांसां- ।
निसांसां-सां- सांरें निधप धनि-सां-, धसां सां-निध मपग – – मरेसाग- ।।

अंतरा–2

बोलेंगे जब शबद दुखारे, निर्दय दुनियावारे ।
या काटेंगे साँप विषारे, भूखे वदन पसारे ।
रोएँगे यदि गम के मारे, तेरे प्राण बिचारे ।। जै श्री राम ...

अंतरा–3

झेलेंगे तब रामजी प्यारे, दुख तन मन के सारे ।
खेलेंगे हरि खेल सुखारे, हरने ताप तुम्हारे ।
लेलेंगे प्रभु परम कृपारे, शरण में साँझ सकारे ।। जै श्री राम ...

143. रट्ट राजवंश, बेलगाँव, कर्नाटक (850-1240)

पूर्व देखिए : कल्याणी चालुक्य, राजघराना (696–1189)

1. नन्न	950–980	
2. कार्तवीर्य–1	980–	नन्ना का पुत्र
3. दावरी	–1000	कार्तवीर्य का पुत्र
4. कन्न–1	1000–1040	दावरी का भाई
5. एरग	1040–1048	कन्नरेगा–1 का पुत्र
6. अंक	1048–1060	इरेगा का भतीजा
7. कालसेन–1	1060–1076	अंक का पुत्र
8. कन्न–2	1076–1087	कालसेन–1 का पुत्र
9. कार्तवीर्य–2	1087–1102	कन्न–2 का भाई
10. कालसेन–2	1102–1143	कार्तवीर्य–2 का पुत्र
11. कार्तवीर्य–3	1143–1165	कालसेन–2 का पुत्र
12. लक्ष्मीदेव–1	1165–1190	कार्तवीर्य–3 का पुत्र
13. कार्तवीर्य–4	1190–1204	लक्ष्मीदेव–1 का पुत्र
14. मल्लिकार्जुन	1204–1228	कार्तवीर्य–3 का भाई
15. लक्ष्मीदेव–2	1228–1240	मल्लिकार्जुन का भतीजा

आगे देखिए : यादव राजवंश, देवगिरि (850-1311)

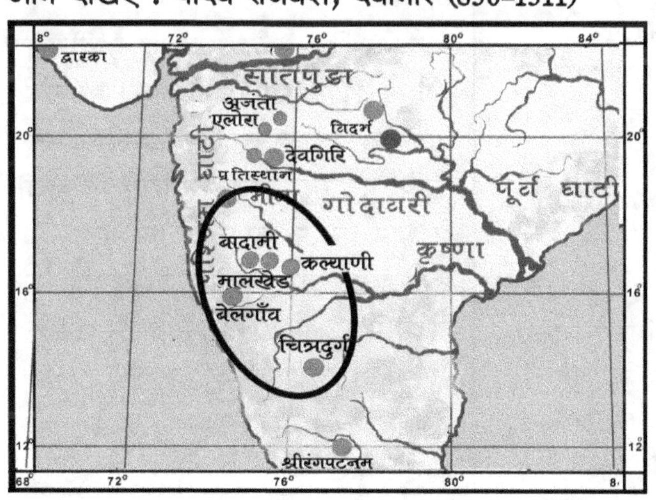

रट्ट राजघराना

कर्नाटक का यह प्राचीन राजघराना रट्ट, रट्टगुडी अथवा रट्टगुड्लू नामों से जाना जाता था. यह राजपरिवार सौंधती के मेरड राजा के पुत्र पृथ्वीराम ने सन 850 के लगभग सौंदती नामक स्थान में आरंभ किया था. तब यह कुल राष्ट्रकूट राजवंश (620–973) का मांडलिक (875–973) होता था. उसके बाद रट्ट कुल के राजा कल्याणी चालुक्य (696–1189) राजाओं के सामंत बन गए. तब रट्ट राजाओं की राजधानी बेलगाँव (बेलुग्राम) में स्थानांतरित हो गई थी.

बारहवीं सदी के मध्य गें राजा कार्तवीर्य–3 (1143–1165) ने रट्ट वंश को कल्याणी चालुक्य राजवंश से स्वतंत्र होने की घोषणा कर दी. अब रट्ट राजा महामंडलेश्वर, रट्टलु पूर्वरथीश्वर, लट्टनूर पूर्वरथीश्वर, रट्ट नारायण, रट्ट मार्तंड, चक्रवती, आदि उपाधियाँ धारण करने लगे थे. रट्ट राजा अपने रथ पर सुवर्णगरुडध्वज धारण करते थे. रट्ट राज्य नेसर्गी, सुगंधवर्त्र, हुबली, बनिहल्ली, बेलगाँव, बेलवोला, बनवासी आदि राजनैतिक क्षेत्रों में कार्य विभाजित था. अंतिम रट्ट राजा लक्ष्मीदेव–2 (1128–1240) का देवगिरि के यादव राजा सिंघण–2 (1200–1247) ने पराभव किया और रट्ट राज्य यादव साम्राज्य में विलीन होगया.

राठौड़ राजवंश, जोधपुर-बिकानेर-किशनगढ़ (1250-1948)

१. राठौड़ राजवंश, जोधपुर (1250-1948)
२. राठौड़ राजवंश, बिकानेर (1465-1948)
३. राठौड़ राजवंश, किशनगढ़ (1609-1948)

144. राठौड़ राजवंश, जोधपुर (1250-1948)

1.	राव सीहा	1250–1273	
2.	राव अस्थान	1273–1292	
3.	धूहड़ सिंह	1292–1309	
4.	रायपाल सिंह	1309–1313	
5.	कनपाल सिंह	1313–1323	
6.	जालाणसी	1323–1328	
7.	छाड़ा सिंह	1328–1344	
8.	तीड़ा सिंह	1344–1357	
9.	सलखा सिंह	1357–1374	
10.	विरम सिंह	1374–1394	
11.	राव चुण्डा सिंह	1394–1423	
12.	कान्हा सिंह	1423–1427	चुण्डा सिंह का पुत्र
13.	रणमल सिंह	1427–1427	कान्हा सिंह का भाई
14.	सता सिंह	1427–1438	कान्हा सिंह का पुत्र
15.	**राव जोधा सिंह**	**1438–1489**	**रणमल का पुत्र**
16.	सातल सिंह	1489–1492	राव जोधा सिंह का पुत्र
17.	सुजा सिंह	1492–1515	सातल सिंह का भाई
18.	गंगा सिंह	1515–1532	सुजा सिंह का पुत्र
19.	मालदेव सिंह	1532–1562	गंगा सिंह का पुत्र
20.	चंद्रसेन	1562–1582	
21.	राय सिंह	1582–1583	
22.	उदय सिंह	1583–1595	मालदेव सिंह का पुत्र
23.	शूर सिंह	1595–1619	उदय सिंह का पुत्र
24.	गज सिंह	1619–1638	शूर सिंह का पुत्र
25.	जसवंत सिंह-1	1638–1678	गज सिंह का पुत्र

राठौड़ राजघराना

कन्नौज नगर बसाने वाला सूर्यवंश का यह प्रतापी राजघराना जितना कीतिमान था उतना ही गहड़वाल राजा जयचंद राठौड़ (1170–1194) के कुलद्रोह, गद्दारी और कमीनेपन से इतिहास में चीरकाल के लिए बदनाम भी है. जयचंद की वंशावली में राजा चंद्रदेव (1080–100), मदन पाल (1100–1114), गोविंदचंद्र पाल (1114–1155), जयचंद (1170–1194) और हरिश्चंद्र (1194–1200) राजा थे. यही अंतिम राजा हरिश्चंद्र वाराणसी से जोधपुर, राजस्थान भाग गया था.

अजमेर-दिल्ली के महाराणा पृथ्वीराज चौहान (1177–1192) की घातक मृत्यु के बाद जब राजा जयचंद भी मारा गया तब उसके पुत्र मुँह छुपाने के लिए गढ़वाल से भाग कर राजस्थान में जा बसे.

आगेवाले समय में इस राठौड़ वंश के जोधपुर (1250–1948), बिकानेर (1465–1948) और किशनगढ़ (1609–1948) स्थित तीन राजघराने बन गए थे.

आगे देखिए ...

26.	दुर्गा सिंह	1678–1707	जसवंत सिंह का पुत्र
27.	अजित सिंह	1707–1724	दुर्गा सिंह का भाई
28.	अभय सिंह	1724–1749	अजीत सिंह का पुत्र
29.	राम सिंह	1749–1751	अभय सिंह का पुत्र
30.	बखत सिंह	1751–1752	राम सिंह का भाई
31.	विजय सिंह	1752–1793	बखत सिंह का पुत्र
32.	भीम सिंह	1793–1803	विजय सिंह का पोता
33.	मान सिंह	1803–1843	भीम सिंह का भाई
34.	तख्त सिंह	1843–1873	अजीत सिंह का रिश्तेदार
35.	जसवंत सिंह-2	1873–1895	तख्त सिंह का पुत्र
36.	सरदार सिंह	1895–1911	जसवंत सिंह-2 का पुत्र
37.	सुमेर सिंह	1911–1918	सरदार सिंह का पुत्र
38.	उम्मेद सिंह	1918–1947	सुमेर सिंह का भाई
39.	हनवंत सिंह	1947–1948	उम्मेद सिंह का पुत्र

145. राठौड़ राजवंश, बिकानेर (1465-1948)

1.	राव बिका	1465–1504	जोधपुर वाले जोधा का पुत्र
2.	नरसी सिंह	1504–1505	राव बाँका का पुत्र
3.	लूणकरण	1505–1526	नरसी सिंह का भाई
4.	जैतसी सिंह	1526–1542	लूणकरण का पुत्र
5.	कल्याणमल	1542–1573	जैतसी सिंह का पुत्र
6.	राय सिंह	1573–1612	कल्याणमल का पुत्र
7.	दलपत सिंह	1612–1613	राय सिंह का पुत्र
8.	शूर सिंह	1613–1631	दलपत सिंह का भाई
9.	कर्ण सिंह	1631–1669	शूर सिंह का पुत्र
10.	अनूप सिंह	1669–1698	कर्ण सिंह का पुत्र
11.	स्वरूप सिंह	1698–1700	अनूप सिंह का पुत्र
12.	सुजान सिंह	1700–1736	स्वरूप सिंह का भाई
13.	जोरावर सिंह	1736–1746	सुजान सिंह का पुत्र
14.	गज सिंह	1746–1787	जोरावर सिंज का भतीजा
15.	राज सिंह	1787–1787	गज सिंह का पुत्र

राठौड़ राजघराना, आगे

१. राठौड़ राजवंश, जोधपुर :
इस घराने का संस्थापक था राव सीहा (1250–1273). इसका वंशज राव चुण्डा सिंह (1394–1423) महा प्रतापी वीर था. उसने मंडोर (मांडू) का किला जीत कर वहाँ अपनी राजधानी बसाई.

राव चुण्डा के वंशज राव जोधा (1438–1489) ने अपना राजवंश जोधपुर में स्थापन किया. राव जोधा के पुत्र राव बीका (1465–1504) ने अपना अलग राजघराना (1465–1948) बिकानेर में स्थापन किया.

जोधपुर शाखा के राजा शूरसिंह (1595–1619) ने मुगलों की गुलामी स्वीकार कर ली थी. उसके बाद उसके पोते जसवंत सिंह (1638–1678) ने मराठा राजे छत्रपति शिवाजी (1630–1680) के विरोध में लड़ाइयाँ लड़ कर मुगलों की दक्षिण की सुभेदारी ली थी.

२. राठौड़ राजवंश, बिकानेर :
जोधपुर राठौड़ राजघराने (1250–1948) के राजा राव जोधा सिंह (1438–1489) के पुत्र राव बिका (1465–1504) ने सन 1465 में बिकानेर नगर स्थापन करके उसे अपनी राजधानी बनाया था.

आगे देखिए...

16. प्रताप सिंह	1787–1787	राज सिंह का पुत्र
17. सूरत सिंह	1787–1828	प्रताप सिंह का पुत्र
18. रतन सिंह	1828–1851	सूरत सिंह का पुत्र
19. सरदार सिंह	1851–1872	रतन सिंह का पुत्र
20. डुंगर सिंह	1872–1887	सरदार सिंह का रिश्तेदार
21. गंगा सिंह	1887–1943	डुंगर सिंह का भाई
22. शार्दूल सिंह	1943–1948	गंगा सिंह का पुत्र

146. राठौड़ राजवंश, किशनगढ़ (1609-1948)

1. हरि सिंह-1	1609–1611
2. **किशन सिंह**	**1611–1615**
3. साहस सिंह	1615–1618
4. जगमल सिंह	1618–1629
5. हरि सिंह-2	1629–1643
6. रूप सिंह	1643–1658
7. मान सिंह	1658–1706
8. राज सिंह	1706–1748
9. बहादुर सिंह	1748–1748
10. सामंत सिंह	1748–1765
11. सरदार सिंह	1765–1781
12. बीदर सिंह	1781–1788
13. प्रताप सिंह	1788–1798
14. कल्याण सिंह	1798–1839
15. मोखम सिंह	1839–1841
16. पृथ्वी सिंह	1841–1879
17. शार्दूल सिंह	1879–1900
18. मदन सिंह	1900–1926
19. यज्ञनारायण सिंह	1926–1929
20. सुमेर सिंह	1929–1948

राठौड़ राजघराना, आगे

२. राठौड़ राजवंश, बिकानेर : आगे ...
राव बिका सिंह का पोता लूनकरण सिंह (1505–1526) को कलियुग का कर्ण उपाधि प्राप्त थी. जोधपुर घराने के राजा मालदेव सिंह (1532–1562) का पुत्र उदय सिंह (1583–1595) सन 1596 में अजमेर में आकर बसा. उसका पोता किशन सिंह (1611–1615) सन 1609 में किशनगढ़ में आकर बसा और उसने अपना नया राजघराना (1609–1948) आरंभ किया.

3. राठौड़ राजवंश, किशनगढ़ :
महाराजा किशन सिंह (1611–1615) एक बहुत बुद्धिमान एवं कुशल शासक था. महाराजा रूप सिंह (1643–1658) ने सन 1649 में किशनगढ़ का किला बनवाया जिसे महाराजा के सम्मान में रूपनाथ गढ़ नाम मिला था.

किशनगढ़ राजाओं ने कला को बहुत प्राधान्य दिया था. उनकी बानी-थानी चित्रकला अमर होगई है.

147. राय राजवंश, आलोर, सिंध (489-631)

1. देवाज़   489 ...
2. मेहरसन–1
3. साहसी–1
4. मेहरसन–2
5. साहसी–2   ... 631

आगे देखिए : सिंध का चाच राजघराना (631–712)

दोहा छंद – राय राजघराना

राय राजकुल सिंध का, बहुत नहीं है ज्ञात ।
मगर राज्य विशाल था, पश्चिम में विख्यात ।। 1

सत्ता थी काश्मीर से, सौराष्ट्र तक विशाल ।
पश्चिम में गांधार तक, बंदर था देवाल ।। 2

नौ–सेना मजबूत थी, जबरदस्त थे वीर ।
लड़ते थे तलवार से, लेकर भाले तीर ।। 3

सिंध का राय राजघराना

अलोर सिंध के राय राजवंश का विशाल साम्राज्य पश्चिम में गांधार से लेकर उत्तर में काश्मीर सीमा तक और दक्षिण में सूरत बंदर तक बहुत विशाल भूभाग पर स्थापित था. राय राजाओं के पास सूरत और देबाल मुख्य बंदर थे और विस्तृत नौ-सेना राज्य सुरक्षा के लिए तत्पर खड़ी होती थी. इस वंश के राजाओं की काल गणना इतिहास में निश्चित रूप से लिखित नहीं है.

इस वंश के अंतिम राजा साहसी–2 से सत्ता छीन कर महाराजा चाच महारानी लाड़ी के साथ आलोर के सिंहासन पर आरूढ़ हुए थे.

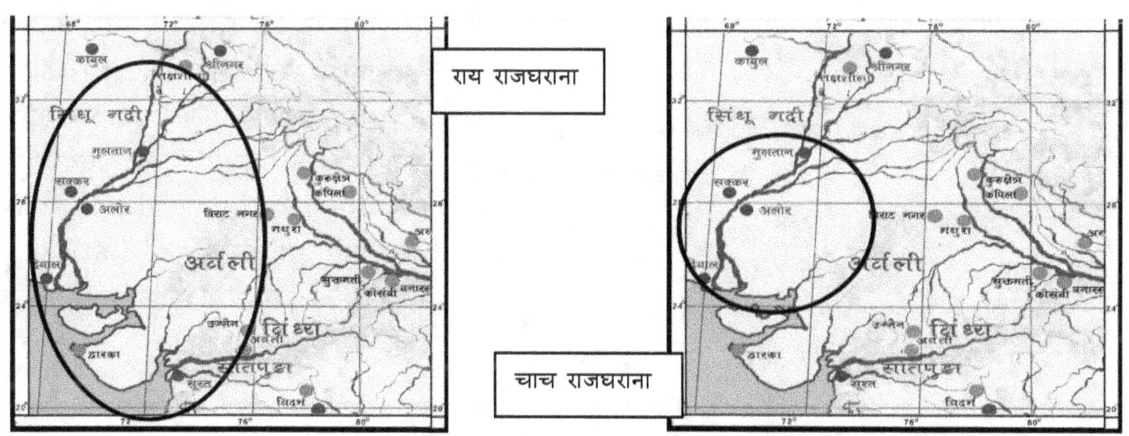

148. राष्ट्रकूट राजवंश, मालखेड़ (620-973)

1. दंतीदुर्ग–1	620–630	
2. इंद्रराजा–1	630–650	दंतीदुर्ग–1 का पुत्र
3. गोविंदराया–1	650–670	इंद्रराज–1 का पुत्र
4. कक्कराया–1	670–690	गोविंदराया–1 का पुत्र
5. इंद्रराया–2	690–713	कक्कराया–1 का पुत्र
6. दंतीदुर्ग–2	713–758	इंद्रराया–2 का पुत्र
7. कृष्णराया–1	758–773	दंतीदुर्ग–2 का पुत्र
8. गोविंदराया–2	773–774	कृष्णराया–1 का पुत्र
9. ध्रुवराया–1	774–793	गोविंदराया–2 का भाई
10. गोविंदराया–3	773–814	ध्रुवराया का पुत्र
11. अमोघवर्ष–1	814–877	गोविंदराया–3 का पुत्र
12. कृष्णराया–2	877–911	अमोघवर्ष–1 का पुत्र
13. जगतुंग	911–914	कृष्णराया–2 का पुत्र
14. इंद्रराया–3	914–916	जगतुंग का पुत्र
15. अमोघवर्ष–2	916–918	इंद्रराया–3 का भाई
16. गोविंदराया–4	918–936	अमोघवर्ष–2 का भाई
17. अमोघवर्ष–3	936–939	गोविंदराया–4 का पुत्र
18. कृष्णराया–3	939–968	अमोघवर्ष–3 का पुत्र
19. खोत्तिग	968–972	कृष्णराया–3 का भाई
20. कक्कराया–2	972–973	कृष्णराया–3 का भतीजा

149. राष्ट्रकूट राजवंश, लाट, गुजरात (806–888)

1. इंद्रराजा–3	800–812	गोविंदराया–3 का भाई
2. कक्कराजा सौवर्णवर्ष	712–835	इंद्रराजा–3 का पुत्र
3. ध्रुवराया—2 धारावर्ष	835–850	कक्कराजा का पुत्र
4. गोविंदराया–5 प्रभूतवर्ष	850–867	ध्रुवराया–2 का पुत्र
5. शुभतुंग अकालवर्ष	867–867	गोविंदराया–5 का पुत्र
6. दंतीवर्मा	867–888	शुभतुंग का पुत्र

राष्ट्रकूट राजघराना

प्राचीनतम राष्ट्रकूट वंश के शासक अशोक मौर्य (269–232 ई.पू.) के समय से ही या उससे भी पूर्व काल से महाराष्ट्र–आंध्र–कर्नाटक में स्थित थे. राजा मानांक (350–375) कुंतल देश में कृष्णा नदी की घाटी में स्थापन था और उसने अपने वंश को कुंतलेश्वर उपाधि दी थी यह इतिहास को ज्ञात है.

राजा मानांक ने सातारा क्षेत्र में मानांकपुर अथवा मानपुर नामक राजधानी बनाई थी. कहा जाता है कि मानांक के पुत्र राजा देवराज के दरबार में गुप्त सम्राट चंद्रगुप्त–1 (319–350) ने राजकवि कालिदास को दूत बना कर भेजा था. अत: महाकवि कालिदास ने कुन्तलेश्वरदौत्य काव्य रचा था.

मानपुर का यह दूसरा राजघराना बादामी चालुक्य के नरेश पुलकेशी–2 (608–642) ने परास्त किया और परिणामत: राष्ट्रकूट राजघराने की दूसरी शाखा विदर्भ के नंदिवर्धन में उभरा और फिर आगे चल कर अचलपुर (एलिचपुर) में (611–642) बादामी चालुक्य राजाओं के मांडलिक के रूप में स्थित हुआ था.

दोहा छंद – राष्ट्रकूट राजघराना

दक्षिण का जो श्रेष्ठ था, राष्ट्रकूट शुभ नाम ।
तीन वंश इनके बसे, तीन अलग थे धाम ।। 1

मानपूर का प्रथम था, राजवंश मतिमान ।
पाँचवीं शती में बसा, कर्नाटिक में स्थान ।। 2

छठी सदी में फिर फला, कुल दूसरा विशेष ।
अचलपूर में स्थित हुआ, विदर्भ में परिवेश ।। 3

इनके शासन काल में, बना विदर्भ महान ।
देश हुआ संपन्न था, भारत में सम्मान ।। 4

मालखेड का तीसरा, राष्ट्रकूट परिवार ।
आकर सप्तम शतक में, किया राज्य विस्तार ।। 5

दीर्घ काल तक यह चला, राष्ट्रकूट का राज ।
सार्वभौम राजा हुए, नीति नियम से काज ।। 6

शिल्पकाम इस काल में, हुए अनेकों भव्य ।
मूर्ति, मंदिर थे बने, कला-जगत में दिव्य ।। 7

कीर्ति विश्व में थी घनी, फैली चारों ओर ।
राष्ट्रकूट का राज्य था, रामराज्य की तौर ।। 8

बादामी, ऐहोल के, मंदिर महा विशाल ।
पट्टदकल, बेलूर की, शोभा करत कमाल ।। 9

इनसे बढ़ कर ना हुआ, कोई राज्य महान ।
भारत के इतिहास में, इतना प्रसिद्धिवान ।। 10

राष्ट्रकूट राजघराना, आगे

तीसरा और सबसे महान राष्ट्रकूट राजघराना (620–973) मालखेड़ को राजधानी बना कर बस गया. इस वंश के प्रथम नरेश दंतिदुर्ग-2 (713–758) ने चालुक्य अधिपत्य फेंक कर गुजरात का लाट, महाराष्ट्र का विदर्भ, मालवा, कलिंग, आदि जीत कर साम्रज्य विंध्य पर्वत से कन्याकुमारी तक विशाल कर दिया था. ये महान शिल्पज्ञ थे. राष्ट्रकूट राजा दंतिदुर्ग-1 (620–630) से इंद्रराया-2 (690–713) तक पाँच नरेश लत्तातूर में कल्याणी चालुक्य (696–1189) राजाओं के मांडलिक थे. राष्ट्रकूट ध्रुवराया- (774–793) ने राजधानी लत्तातूर से मालखेड (मान्यखेत्र) मे स्थानांतरित की थी. राष्ट्रकूट नरेश गोविंदराया (773–973) के भाई इंद्रराजा-3 (800–812) ने राज्यपाल बन कर लाट गुजरात में राष्ट्रकूट की एक शाखा (800–888) स्थापन की थी.

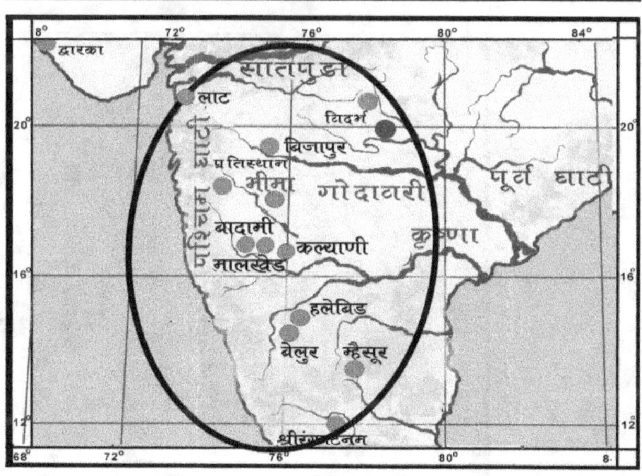

150. रोड़ राजवंश, रोरुक-सक्कर (सनातन काल)

1. धच कुमार	2. कुनक
3. रुरक	4. हरक
5. देवनिक	6. अहिनक
7. परिपत	8. भालशा
9. विजयभानु	10. खेंगार
11. बृहद्रथ	12. हरअंश
13. बृहद्दत्त	14. ईशमान
15. श्रीधर	16. मोहरि
17. प्रसन्न	18. अमृतवान
19. महासेन	20. बृहद्धौल
21. हरिकीर्त	22. सोमराजा
23. मित्रवान	24. पुष्यपत
25. सुदैव	26. विदृक
27. नहकमान	28. मंगल मित्र
29. सूरज	30. पुष्कर
31. अंतर	32. सुतजय
33. बृहध्वज	34. बाहुक
35. कम्पजयी	36. अग्नीश
37. कपीश	38. सुमन्त्र
39. लिंगलव	40. मानसजित
41. सुंदर	42. दद्रोड़

रोड़ राजघराना

क्षत्रिय रोड़ राजवंश को राजा धच ने सिंध में स्थापन किया था. धच राजा को रोड़ अथवा रोरुक शंकर, अथवा राय दियाच भी कहते थे, अत: रोड़ की राजधानी को रोरुक अथवा अथवा सख्खर या सक्कर नाम प्राप्त हुआ था.

इस वंश के बयालीस राजाओं के नाम कई आलेखों में भिन्न-भिन्न रीति से लिखित हैं, फिर भी इस वंश की अधिक विशेष ऐतिहासिक जानकारी उपलब्ध नहीं है.

रोड़ कुमार राजा ने रोड़ शंकर नामक शासन केन्द्र बनाया था जो आगे चल कर वही रोरुक अथवा सक्कर अथवा सख्खर नाम से विख्यात हो गया.

दोहा छंद – रोड़ राजघराना

रोड़ घराना सिंध का, स्थापक रोड़ कुमार ।
नृप बयालिस हो गए, लंबी बहुत कतार ।। 1
रोरुक-सक्कर केन्द्र था, शासन था विख्यात ।
मगर अधिक न विस्तरण, इतिहास को ज्ञात ।। 2

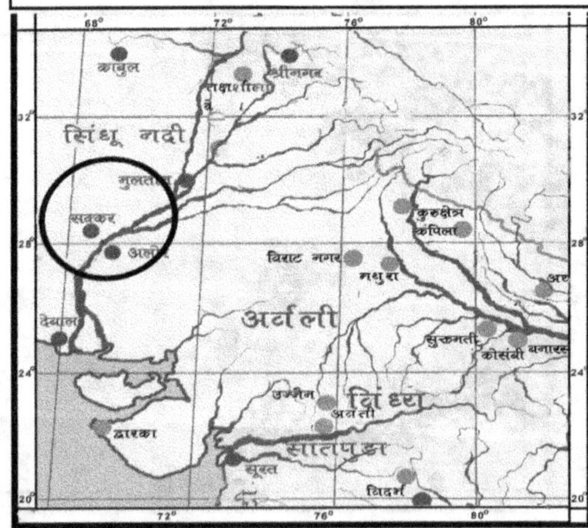

ल-अक्षरारंभ के राजप्रवाह

151. लोहर राजवंश, श्रीनगर, काश्मीर (1003-1172)

पूर्व देखिए : काश्मीर का प्रवरगुप्त राजवंश 949-1003)

1.	संग्रामराजा	1003–1028	उदयराजा का पुत्र
2.	हरिराजा	1028–1028	संग्रामराजा का पुत्र
3.	अनंतराजा	1028–1063	हरिराजा का भाई
4.	कलशराजा	1063–1089	अनंतराजा का पुत्र
5.	उत्कर्षराजा	1089–1089	कलशराजा का पुत्र
6.	हर्षराजा	1089–1101	उत्कर्षराजा का भाई
7.	उच्छराजा	1011–1111	दूसरा लोहर कुल
8.	राधाशंकर	1111–1112	उच्छराजा का भाई
9.	सलहण	1112–1112	8 का सौतेला भाई
10.	सुश्शलराजा	1112–1123	सलहण का भाई
11.	जयसिंह	1128–1155	सुश्शलराजा का पुत्र
12.	परमाणुक	1155–1165	जयसिंह का पुत्र
13.	वंतीदेव	1165–1172	परमाणुक का पुत्र
14.	वुप्पदेव	1172–	वंतीदेव का मंत्री

आगे देखिए : काश्मिर का वुप्पदेव राजवंश (1172-1286)

> **लोहर राजघराना**
>
> श्रीनगर के प्रवरगुप्त राजवंश की अंतिम रानी दिद्दा ने सन 1003 में अपने भतीजे संग्राम राजा को सत्ता देकर स्वयं निवृत्त हो गई और यहाँ से श्रीनगर काश्मीर का लोहर राजवंश आरंभ हुआ. उदयराजा दिद्दा रानी का भाई था.

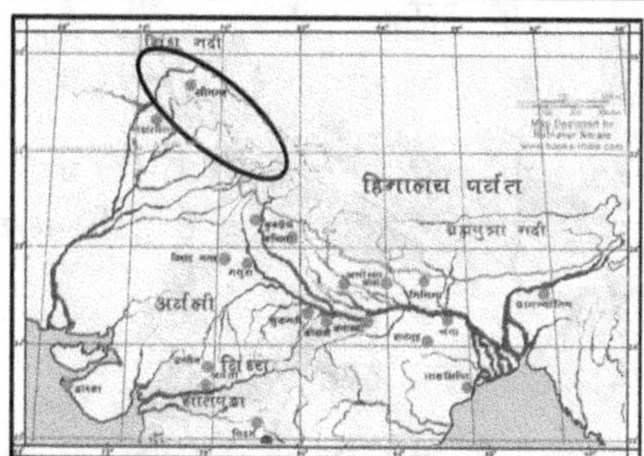

दोहा छंद – लोहर राजघराना

कल्हण कविवर ने लिखा, काश्मीरी इतिहास। बारह सदियों तक सभी, नृप के वर्णन खास ।। 1

आदि काल से हैं जहाँ, इतिहास के बखान। बयान नृप गोनंद से, संस्कृत श्लोक विधान ।। 2

विवरण पांडव वंश के, क्रम में वंश तमाम। कार्यकाल कुल के सभी, राजाओं के नाम ।। 3

पावन पांडव वंश के, दीर्घ समय के बाद। वंश प्रतापादित्य का, स्पष्ट सभी को याद ।। 4

कारकोट फिर वंश का, छह सदियों तक राज। दुर्लभवर्धन भूप से, सोलह थे कुल ताज ।। 5

उत्पल फिर राजा हुए, सत्रह जिनके भूप। प्रवरगुप्त फिर नृप बने, ब्राह्मण दिव्य स्वरूप ।। 6

रानी दिद्दा ने दिया, भाई को सिरताज। संग्रामराज को मिला, श्रीनगरी का राज ।। 7

लोहर कुल स्थापन हुआ, करने कला विकास। बिल्हण कवि आश्रित हुए, लिखा गया इतिहास ।। 8

व-अक्षरारंभ के राजप्रवाह

152. वर्मा कुलशेखर राजवंश, वेनाड, केरल (1102-1729)

पूर्व देखिए : चेर राजवंश, कोचीन (800–1102)

1.	कोठ मार्तंड वर्मा-1	1102-1125
2.	वीर केरळ वर्मा-1	1125-1145
3.	कोडै केरळ वर्मा-2	1145-1161
4.	वीर रवि वर्मा-1	1161-1164
5.	वीर केरळ वार्मा-3	1164-1167
6.	वीर आदित्य वर्मा-1	1167-1173
7.	वीर उदत मार्तंड वर्मा-2	1173-1192
8.	देवेंद्र वीर केरळ वर्मा-4	1192-1195
9.	रवि केरळ वर्मा-2	1195-1209
10.	वीर राम केरळ वर्मा तिरुवदी-5	1209-1214
11.	वीर रवि केरळ वर्मा तिरुवदी-6	1214-1240
12.	वीर पद्मनाभ मार्तंड वर्मा तिरुवदी-3	1240-1252
13.	जयसिंह देव वर्मा	1252-1299
14.	वीर रवि वर्मा-2	1299-1313
15.	वीर उदय मार्तंड वर्मा-4	1313-1333
16.	आदित्य वर्मा तिरुवदी-2	1333-1335
17.	वीर राम उदय मार्तंड वर्मा तिरुवदी-5	1335-1342
18.	वीर केरळ वर्मा तिरुवदी-7	1342-1363
19.	वीर मार्तंड वर्मा-6	1363-1366
20.	वीर राम मार्तंड वर्मा-7	1366-1382
21.	वीर रवि वर्मा-3	1382-1416
22.	वीर रवि वर्मा-4	1416-1417
23.	वीर केरळ मार्तंड वर्मा-8	1417-1433
24.	चेरा उदय मार्तंड वर्मा-9	1433-1444

वर्मा राजघराना, वेनाड

वेनाड संस्थान पेरुमल चेर राज्य के वेनाड, श्रीपादम, श्रीवलमकोण्डै और देविंगनाड आदि पाँच शासनीय विभागों में एक था.

ग्यारहवीं सदी के अंत में मदुरै के पांड्य (50-1463) राजाओं ने श्रावणकोर का दक्षिण भाग जीत लिया था. विजयनगर के तुलुव वीर सम्राट अच्युतराय (1530-1542) और सदाशिवराय (1543-1565) ने श्रावणकोर को मांडलिक बना लिया था.

तालीकोट की लड़ाई (1565) में श्रावणकोर की तुलुव नायक सत्ता के पतन के बाद वेनाड के राजा वीर उदय वर्मा ने वेनाड को स्वतंत्र राज्य घोषित कर दिया था.

केरल में नौवीं सदी तक पेरुमल चेर राजघराने की सत्ता थी. इस चेर वंश का राजा राजशेखर वर्मा (820-844) संस्कृत और तमिल भाषा का महान पंडित था.

25.	वीर रवि वर्मा–5	1444–1458
26.	शंकर श्री वीर राम मार्तंड वर्मा–10	1458–1468
27.	वीर कोडै श्री आदित्य वर्मा–3	1468–1484
28.	वीर रवि वर्मा–6	1484–1503
29.	**कुलशेखर मार्तंड वर्मा**	1503–1504
30.	वीर रवि केरळ वर्मा–7	1504–1514
31.	जयसिंह वर्मा	1514–1516
32.	भूतल वीर श्री वीर उदय मार्तंड वर्मा–11	1516–1535
33.	भूतल वीर रवि वर्मा–7	1535–
34.	राम केरळ वर्मा–8	–
35.	आदित्य वर्मा–4	–
36.	वीर केरळ वर्मा–9	1544–1545
37.	राम वर्मा–1	1545–1556
38.	उन्नी केरळ वर्मा	1556–
39.	वीर उदय वर्मा	–
40.	वीर रवि वर्मा–7	1595–1609
41.	आदित्य वर्मा–5	1609–1610
42.	राम वर्मा–2	1610–1610
43.	राम वर्मा–3	1610–1611
44.	रवि वर्मा–8	1611–1663
45.	रवि वर्मा–9	1663–1672
46.	आदित्य वर्मा–6	1672–1677
47.	रानी उम्मनारायण	1677–1684
48.	रवि वर्मा–10	1684–1714
49.	आदित्य वर्मा–7	1714–1721
50.	राम वर्मा–4	1721–1729
51.	मार्तंड वर्मा–12	1729–1757

आगे देखिए : वर्मा राजवंश, त्रावणकोर (1729–1947)

वर्मा राजघराना, वेनाड – आगे

केरल के पेरुमल चेर राजघराने का राजा राजशेखर वर्मा (820–844) ने सन 825 में कोल्लम धर्मसभा बुला कर शंकराचार्य (788–820) के वेदान्त तत्त्वों पर राज्यव्यवहार करने का निर्णय ले लिया और इस सभा के उपलक्ष्य में कोल्लम शक काल गणना आरंभ कर दी.

नवीं सदी से केरल में चेर राजघराने (800–1102) की सत्ता चली आई और उसके बाद वेनाड का वर्मा राजघराना (1102–1729) सत्ता में आया. फिर, उसके पश्चात् राजा मार्तंड वर्मा–12 (1729–1757) का त्रावणकोर में अलग राजघराना आरंभ हुआ था.

इस प्रकार से वेनाड के अंतिम राजा मार्तंड वर्मा–12 त्रावणकोर के प्रथम राजा बन गए और उन्हों ने राज्याभिषेक के उत्सव के समय में **कोलाम काल** गणना आरंभ कर दी थी.

वेनाड के राजा रविवर्मा–6 (1484–1503) को कोल्लम के राजा भी कहा जाता था और उनके वंशजों को **कुलशेखर राजवंश** माना जाता है.

राजा चेरमान पेरुमल (742–800) केरल के चेर पेरुमल राजघराने के महान शासक थे.

153. वर्मा राजवंश, कोचीन, केरल (1500-1947)

पूर्व देखिए : वर्मा राजवंश, वेनाड, (1102–1729)

<table>
<tr><td>

1.	उन्नी रामन कोइकल–1	1500–1503
2.	उन्नी रामन कोइकल–2	1503–1537
3.	वीर केरळ वर्मा–1	1537–1565
4.	केशव राम वर्मा–1	1565–1601
5.	वीर केरळ वर्मा–2	1601–1615
6.	रवि वर्मा–1	1615–1624
7.	वीर केरळ वर्मा–3	1624–1637
8.	गोडै वर्मा–1	1637–1645
9.	वीर रायिर वर्मा	1645–1646
10.	वीर केरळ वर्मा–4	1646–1650
11.	राम वर्मा–2	1650–1656
12.	रानी गंगाधरलक्ष्मी	1656–1658
13.	राम वर्मा–3	1658–1662
14.	गोडै वर्मा–2	1662–1663
15.	वीर केरळ वर्मा–5	1663–1687
16.	राम वर्मा–4	1687–1693
17.	रवि वर्मा–2	1663–1697
18.	राम वर्मा–5	1697–1701
19.	राम वर्मा–6	1701–1721
20.	रवि वर्मा–3	1721–1731
21.	राम वर्मा–7	1731–1746
22.	केरळ वर्मा–6	1746–1749
23.	राम वर्मा–8	1749–1760
24.	केरळ वर्मा–7	1760–1775
25.	राम वर्मा–9	1775–1790

</td><td>

वर्मा राजघराना, कोचीन

दोहा छंद – वर्मा राजवंश, केरल

केरल की भूमि बँटी, मुख्य भाग में तीन ।
समुद्र पर्बत वन सभी, कुदरत के आधीन ।। 1

भव्य किनारा सिंधु का, जलचर यहाँ अथाह ।
मछली मोती संपदा, सुंदर बंदरगाह ।। 2

निसर्ग शोभा और ना, बढ़ कर पाई जाय ।
दृश्य मनोहर स्वर्ग सा, केरल वह हकलाय ।। 3

पश्चिम घाटी में उगे, वनस्पति अनमोल ।
चाय, मसाले, रबड भी, औषध अमृत घोल ।। 4

वैदिक राजा थे यहाँ, महान पेरुमाल ।
लिखा गया इतिहास ना, पौराणिक जब काल ।। 5

चेरा फिर राजा हुए, जिनके अद्भुत काम ।
चेरल या केरल हुआ, इस प्रदेश का नाम ।। 6

पुर्तुगीज, फिर डच घुसे, केरल करने व्याप्त ।
अंग्रेजों को बाद में, शासन का पद प्राप्त ।। 7

परदेसी सत्ता बढ़ी, वर्मा हुए गुलाम ।
जैसा बाकी सब तरफ, होत रहा था काम ।। 8

</td></tr>
</table>

26.	राम वर्मा–10	1790–1805
27.	राम वर्मा–11	1805–1809
28.	केरळ वर्मा–8	1809–1828
29.	राम वर्मा–12	1828–1837
30.	राम वर्मा–13	1837–1844
31.	राम वर्मा–14	1844–1851
32.	केरळ वर्मा–9	1851–1853
33.	रवि वर्मा–8	1853–1864
34.	राम वर्मा–15	1864–1888
35.	केरळ वर्मा–10	1888–1895
36.	राम वर्मा–16	1895–1914
37.	राम वर्मा–17	1914–1932
38.	राम वर्मा–18	1932–1941
39.	केरळ वर्मा–11	1941–1943
40.	रवि वर्मा–9	1943–946
41.	केरळ वर्मा–12	1946–1947

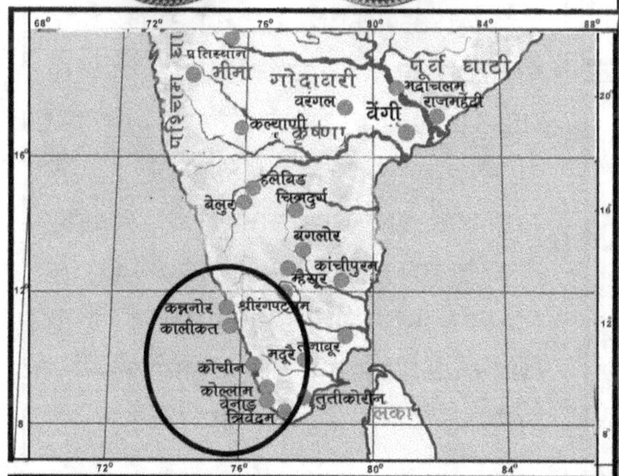

वर्मा राजघराना, कोचीन

केरल के कोची अथवा कोचीन के वर्मा राजवंश का राजा राम वर्मा–16 (1895–1914) कला-वाङ्मय का आश्रय दाता था.

उसके दरबार में संस्कृत और मलयालम महाकवि पंडित केरळवर्मा कोइत्तुंपुरान (1845–1914) राजाश्रय में था. केरळवर्मा ने अनेक काव्य, नाटक, आख्यायिका, आट्टकथा, स्फूट काव्य, अलंकार साहित्य ग्रंथ लिखे थे और व्याकरण, तर्क, मीमांसा शाखा पर साहित्य रचा था.

पंडित केरळवर्मा का संस्कृत और मलयालम भाषाओं मे लिखा हुआ मयूरसंदेश नामक खंडकाव्य केरल वाङ्मय की एक अमर रचना है : उदाहरण देखिए –

श्रीमान्वञ्चिक्षितिपति
भुजङ्गक्षर्जल्लक्ष्मियांकुम् ।
सामान्यं विट्टेडु मुरुगुणाभोगयां भागिनेयीं ॥
प्रेमावासप्रियतमवियोगत्तिनालार्तयाक्वि–
सीमातीते कवनजलधौ केरळं
तल्लिविट्टान् ॥

भारत के दक्षिण तट पर पश्चिम घाटी और पश्चिम समुद्र के बीच में स्थित यह भूमि निसर्ग की रानी माना जा सकता है. वर्मा राजघराने की देवता तिरुपल्कडल श्रीकृष्णस्वामी की मूर्ति मंदिर में पूजी जाती है. केरल के सभी राजघराने दक्षिण प्रदेश के 1 से 4 थी सदी **अय राजघराने** के वंशज माने जाते हैं.

154. वर्मा राजवंश, त्रावणकोर, केरल (1729-1948)

दोहा छंद – त्रावणकोर राजघराना

अंतिम नृप वेनाड का, श्री वर्मा मार्तंड ।
राजा त्रावणकोर का, कुल को रखा अखंड ।। 1
सत्ता त्रावणकोर की, धर्मकर्म आधार ।
महान मंदिर की कला, केरल में साकार ।। 2

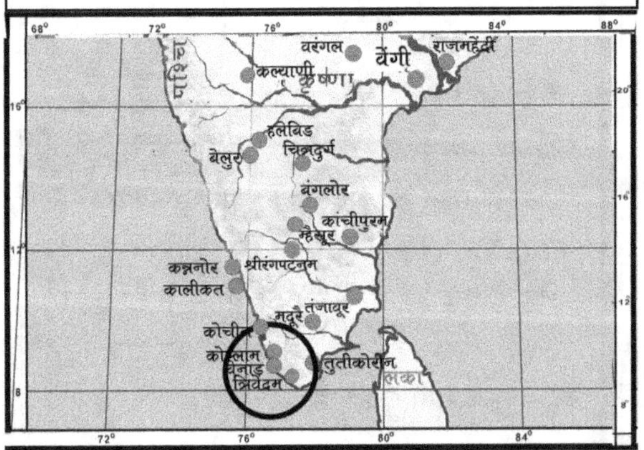

वर्मा राजघराना, त्रावणकोर

केरल के वेनाड राज्य (1102-1729) के अंतिम राजा मार्तंड वर्मा-12 (1729-1757) ने त्रावणकोर (तिरुवितांकुर) संस्थान की स्थापना करके स्वयं त्रावणकोर संस्थान का महाराजा बन गया था. अत: उसको त्रावणकोर संस्थान का शिल्पकार माना जाता है.

राजा मार्तंड वर्मा ने अपनी फौजें आधुनिक रीति से सुसज्ज करके नगर के चारों और तटबंदी डाल कर नगर में अनेकों राजमहल और भव्य मंदिरो की स्थापना की थी. मार्तंड वर्मा ने पद्मनाभ देवी का दास बन कर धार्मिक वृत्ति से शासन किया.

मार्तंड वर्मा के बाद उसका पुत्र कार्तिक वर्मा (1757-1798) ने कोचीन संस्थान से मैत्री दिखा कर कोचीन के अनेक भेदियों को राजाश्रय दिया था. राजा राम वर्मा (1880-1885) को धर्मराज की उपाधि प्राप्त थी. राजा मूलमतिरुमल रामवर्मा (1885-1924) ने तिरुवंतिपुरम के श्री नारायणगुरु अलवार (1856-1924) के सामाजिक कार्य को चालना दी थी. राजा श्री चित्र तिरुमल बलराम वर्मा (1931-1948) के दीवान चेपत पट्टाभिरामन् रामस्वामी अथ्यर (1879-1947) ने सर्व जाति के लोगों को मंदिर प्रवेश का आंदोलन त्रावणकोर में किया था.

155. वर्मा राजवंश, कामरूप, असम (350-650)

और देखिए : आहोम राजवंश, असम (355-1826)

1.	पुष्यवर्मा	350–374	
2.	समुद्रवर्मा	374–398	पुष्यवर्मा का पुत्र
3.	बालवर्मा	398–422	समुद्रवर्मा का पुत्र
4.	कल्याणवर्मा	422–446	बालवर्मा का पुत्र
5.	गणपतिवर्मा	446–470	कल्याणवर्मा का पुत्र
6.	महेंद्रवर्मा	470–494	गणपतिवर्मा का पुत्र
7.	नारायणवर्मा	494–518	महेन्द्रवर्मा का पुत्र
8.	भूतिवर्मा	518–542	नारायणवर्मा का पुत्र
9.	चंद्रमुखवर्मा	542–566	भूतिवर्मा का पुत्र
10.	स्थितवर्मा	566–590	चंद्रमुखवर्मा का पुत्र
11.	सुस्थितवर्मा	590–595	स्थितवर्मा का पुत्र
12.	सुप्रस्थितवर्मा	595–600	सूस्थितवर्मा का पुत्र
13.	भास्करवर्मा	600–650	सुप्रस्थितवर्मा का भाई

आगे देखिए : आहोम राजवंश, असम (355-1826)

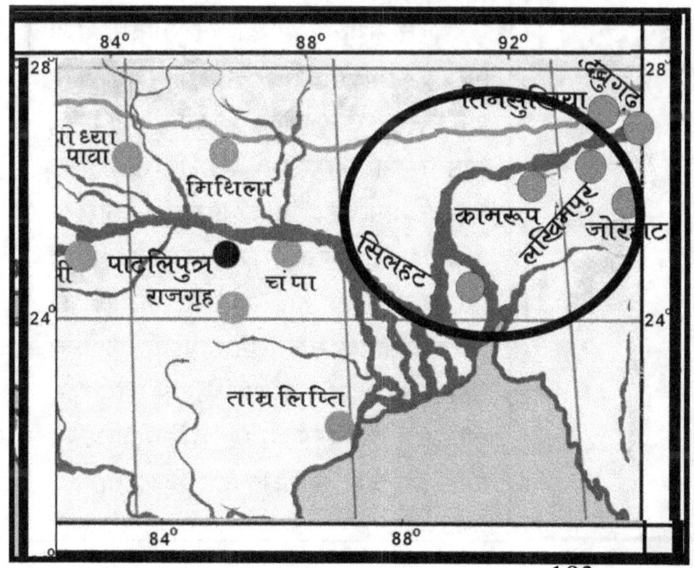

वर्मा राजघराना, कामरूप, असम

कामरूप (प्रागज्योतिषपुर) के राजा समुद्रवर्मा (374–398) ने सभी भीतर के और बाहर के शत्रु जीत कर अपना स्वतंत्र वर्मा राजवंश (350–650) स्थापन किया. राजा समुद्रवर्मा गुप्त सम्राट समुद्रगुप्त पराक्रमांक (350–375) के समकालीन एवं सम व्यक्तित्व के होने के कारण समुद्रवर्मा को समुद्र उपाधि प्राप्त हुई थी.

राजा भूतिवर्मा (518–542) ने राज्य की सीमा दक्षिण में सिलहट तक विशाल कर दी थी.

इस घराने का सबसे महान राजा था भास्करवर्मा (600–650) जिससे पुष्यभूति सम्राट हर्षवर्धन–2 शीलादित्य (606–647) ने साझेदारी करके थानेसर (कन्नौज) के मौखरी राज्य (540–725) पर वर्चस्व पा लिया था. और उधर, कामरूप के राजा भास्करवर्मा ने कर्णसुवर्ण के अंतिम शशांक राजा मानव (625–625) पर विजय प्राप्त कर लिया और असम के कामरूप राज्य की सीमा दक्षिण में कर्णसुवर्ण तक विस्तृत कर ली थी.

156. वाकाटक राजवंश, नंदिवर्धन (नांदेड), विदर्भ (250-510)

पूर्व देखिए : सातवाहन राजवंश (271 ई.पू.–195 ई.)

1.	विंध्यशक्ति	250–270
2.	प्रवरसेन	270–330 विंध्यशक्ति का पुत्र
3.	रुद्रसेन–1	330–350 प्रवरसेन का पोता
4.	पृथ्वीसेन–1	350–400 रुद्रसेन–1 का पुत्र
5.	रुद्रसेन–2	400–405 पृथ्वीसेन–1 का पुत्र
6.	दिवाकरसेन	405–420 रुद्रसेन–2 का पुत्र
7.	दामोदरसेन	420–450 दिवाकरसेन का पुत्र
8.	नरेंद्रसेन	450–470 दामोदरसेन का पुत्र
9.	पृथ्वीसेन–2	470–490 नरेंद्रसेन का भतीजा
10.	हरिषेण	490–510

आगे देखिए : कलचुरी राजवंश (550–1745)

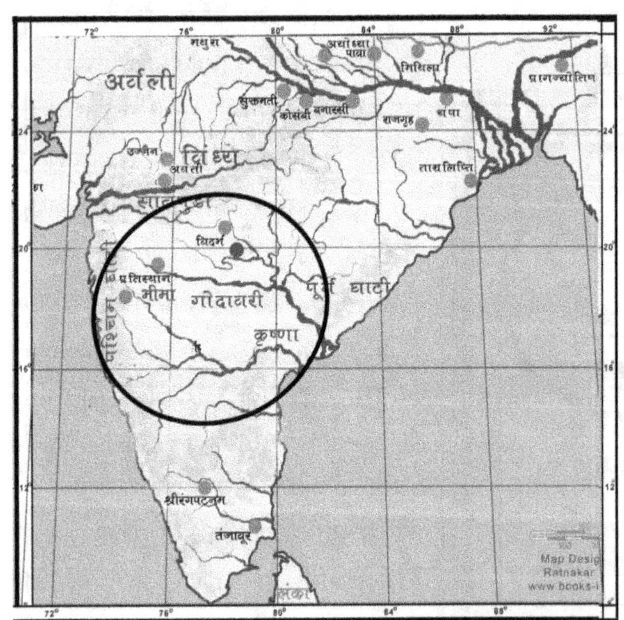

वाकाटक राजघराना

वाकाटक राजवंश का प्रथम शासक विंध्यशक्ति (250–270) विंध्य पर्वतीय विभाग पर सर्वमान्य होने के कारण वह विंध्यशक्ति उपाधि से अलंकृत था. उसके पुत्र प्रवरसेन (270–330) ने वाकाटक वंश की प्रतिष्ठा मध्य भारत से आंध्र प्रदेश तक विशाल कर दी थी. इस शाखा की राजधानी प्रवरपुर-नंदिवर्धन (नांदेड) में थी.

वाकाटक की मुख्य शाखा (250–510) के राजा प्रवरसेन (270–330) की मृत्यु के बाद उसके पुत्र रुद्रसेन–1 (330–350) ने धर्मराज उपाधि धारण करके अपनी अमुख्य शाखा वत्सगुल्म में बसाई थी.

इस वत्सगुल्म शाखा के अंतिम राजा हरिषेण (490–510) को अजंता के शीलालेख में कुन्तल, अवन्ति (उज्जैन), लाट, कोशल, कलिंग और आंध्र प्रदेश का विजेता माना गया है. वाकाटक के काल में अजंता की भित्ति चित्र कला को बहुत प्रोत्साहन मिला था. महाराजा हरिषेण का काल वाकाटक राजघराने के लिए परमोच्च उत्कर्ष का काल कहा गया है. इसके पश्चात् कलचुरी वंश (550–1745) के राजाओं ने वाकाटक वंश का अंत कर दिया था.

दोहा छंद – वाकाटक राजघराना

मुख्य पुरातन दूसरा, विदर्भ का यह वंश ।
"वाकाटक" शुभ नाम का, महाश्रेष्ठ निश्शंक ।। 1

चमत्कार इस वंश के, और नृपों के नाम ।
खुदे हुए हैं अश्म पर, महान जिनके काम ।। 2

विंध्यकीर्ति नृप आदि था, नंदीवर्धन स्थान ।
विदर्भ में वह था बसा, "विष्णुवृद्ध" उपनाम ।। 3

विंध्यकीर्ति नृप को मिला, विंध्यशक्ति अभिधान ।
जिसका विंध्यप्रदेश में, सर्वमान्य था नाम ।। 4

वाकाटक नृप वीर थे, ज्ञानी दानी भूप ।
प्रजा सुखी थी राज्य में, धन संपन्न अनूप ।। 5

विदर्भ का सच था यही, "सुवर्णयुग" का काल ।
ग्राम–ग्राम उन्मेष था, लगभग दो–सौ साल ।। 6

संस्कृत–प्राकृत काव्य का, यहाँ हुआ उत्कर्ष ।
इस शैली को था किया, कालिदास ने स्पर्श ।। 7

वैदर्भी यह ढंग है, मेघदूत में व्यक्त ।
वाकाटक का काल था, कला–काव्य संपृक्त ।। 8

वाकाटक के काल के, भित्तिचित्र विख्यात ।
अमर अजंता में हुए, शिल्पशास्त्र को ज्ञात ।। 9

157. वाघेला राजवंश, अन्हिलवाड, गुजरात (1243-1304)

पूर्व देखिए : सोलंकी राजवंश (942-1244)

1.	व्याघ्रदेव	
2.	वीरधवल	...
3.	बीसलदेव	1243–1261
4.	अर्नुनदेव	1261–1274
5.	रामदेव	1274–1275
6.	सारंगदेव	1275–1280
7.	कर्णदेव	1280–1304
8.	...	

आगे देखिए : रीवा, वाघेला राजवंश (1618-1948)

वाघेला राजघराना

राजपूत चौलुक्य सोलंकी वंश की वाघेला अथवा बघेल एक गुजराती शाखा है. वाघेला वंश को व्याघ्रदेव ने आरंभ किया अतं वाघेला नाम प्राप्त हुआ.

अन्हिलवाड के भीमदेव-2 सोलंकी (1178-1223) के दरबार में व्याघ्रदेव के पूर्वज सामंत थे. उन सामंतों में वीरधवल एक वीर सरदार थे जिसने अपनी शूरता से राजा भीमदेव की सत्ता का सूत्र अपने हाथों में ले लिया और आगे चल कर वीरधवल पुत्र बीसलदेव अन्हिलवाड का नरेश बन गया (1243–1261).

इसी वंश की एक दीर्घ शाखा मध्यभारत के बघेलखंड में रीवा प्रदेश मे स्थापित हुई (1648–1948).

दोहा छंद – गुजरात वाघेला राजघराना

वाघेला चौलुक्य थे, सोलंकी थी जात ।
बघेल भी संज्ञा जिन्हें, राजपूत बहु ज्ञात ।। 1

व्याघ्रदेव नृप आदि थे, अत: बघेला नाम ।
वीरधवल पूर्वज जिसे, महावीर अभिधान ।। 2

बघेल कुल की शाख थी, रीवा जिसका स्थान ।
जिसके कारण राज्य को, बघेलखंड था नाम ।। 3

वाघेला रजपूत थे आदि धाम गुजरात ।
राजस्थानी मूल के, वीर पुरुष थो ज्ञात ।। 4

विशाल इनका राज्य था, रीवा तक विस्तार ।
रीवा के राजा बने, बघेल राजकुमार ।। 5

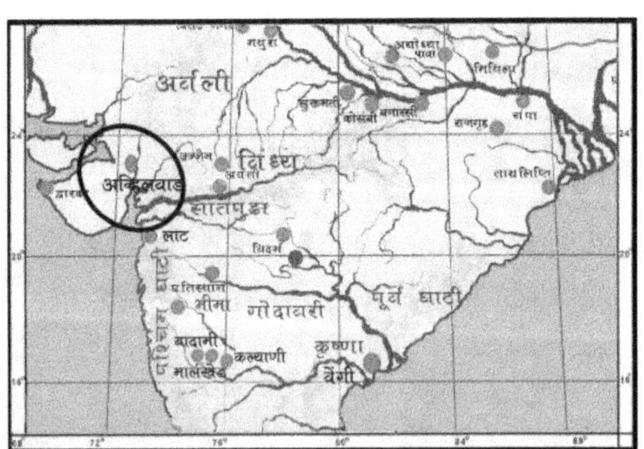

158. वाघेला राजवंश, रीवा, बघेलखंड (1648-1948)

पूर्व देखिए : सोलंकी राजवंश (942–1244)

1.	विक्रमादित्य	1618–1630
2.	अमरसिंह	1630–1643
3.	अनूपसिंह	1643–1660
4.	भावसिंह	1660–1704
5.	अनिरुद्धसिंह	1704–1709
6.	अवधूतसिंह	1709–1758
7.	अजीतसिंह	1758–1808
8.	जयसिंह	1808–1835
9.	विश्वनाथसिंह	1835–1854
10.	ऋद्धराजसिंह	1854–1880
11.	व्यंकटरमण	1880–1918
12.	गुलाबसिंह	1918–1946
13.	मार्तंडसिंह	1946–1948
14.	पुष्पराजसिंह	1948.

वाघेला राजघराना

वाघेला या बघेला वंश सोलंकी राजवंश की मध्यभारत में बसी हुई एक शाखा है. इनके पूर्वज अन्हिलवाड के चालुक्य सोलंकी राजपूत थे. व्याघ्रदेव का यह सोलंकी वंश रीवा के आसपास राज्य करता था अत: उस प्रदेश को बघेलखंड नाम पड़ गया. इस बघेल वंश की 35 पुस्तों ने रीवा में शासन किया. 14 राजाओं के नाम रीवा राजवंशावली में दिए जाते हैं.

बघेल वंश की अयोध्या पुरुषोत्तम श्रीराम के अनुज बंधु श्री लक्ष्मण जी को कुल देवता मानते हैं और उन्हीं के नाम पर शासन करते हैं. सत्रहवीं सदी से भारत देश के 1948 में स्वतंत्र होने तक रीवा के वाघेला वंश को राजघराने की मान्यता थी.

दोहा छंद – रीवा राजघराना

सोलंकी की शाख के, अन्य बघेल नरेश ।
रीवा में स्थापन हुए, उत्तर मध्यप्रदेश ।। 1

लक्ष्मण थे कुल देवता, रामचंद्र के भ्रात ।
लखन लला के नाम पर, चले राज्य की बात ।। 2

रीवा वाला आखरी, वाघेला परिवार ।
शासन था करता रहा, जब तक था अधिकार ।। 3

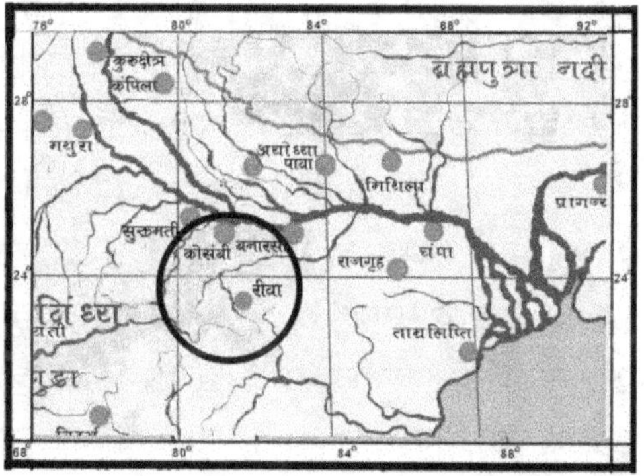

159. वाडियार राजवंश, मैसूर, कर्नाटक (1399-1947)

पूर्व देखिए : तुलुव नायक राजघराना, विजयनगर (1503-1565)

<table>
<tr><td>1.</td><td>यदु देवराय</td><td>1399-1423</td><td></td></tr>
<tr><td>2.</td><td>हिरिय बेट्टद चामराज-1</td><td>1423-1459</td><td>यदु देवराय का पुत्र</td></tr>
<tr><td>3.</td><td>तिम्मराज-1</td><td>1479-1479</td><td>हिरिय बेट्टद का पुत्र</td></tr>
<tr><td>4.</td><td>हिरिय बेट्टद चामराज-2</td><td>1479-1513</td><td>तिम्मराज-1 का पुत्र</td></tr>
<tr><td>5.</td><td>हिरिय बेट्टद चामराज-3</td><td>1513-1533</td><td>चामराज-2 का पुत्र</td></tr>
<tr><td>6.</td><td>तिम्मराज-2</td><td>1553-1572</td><td>चामराज-3 का पुत्र</td></tr>
<tr><td>7.</td><td>बोळ चामराज-4</td><td>1572-1576</td><td>तिम्मराज-2 का भाई</td></tr>
<tr><td>8.</td><td>बेट्टद चामराज मुम्मडी</td><td>1576-1578</td><td>बोळ का भाई</td></tr>
<tr><td>9.</td><td>राज-1</td><td>1578-1617</td><td>मुम्मडी का भाई</td></tr>
<tr><td>10.</td><td>चामराज-5</td><td>1617-1637</td><td>राज-1 का पोता</td></tr>
<tr><td>11.</td><td>इम्मडि राज</td><td>1637-1638</td><td>राज-1 का पुत्र</td></tr>
<tr><td>12.</td><td>कण्ठीरव नरसराज-1</td><td>1638-1659</td><td>राज-1 का भाई</td></tr>
<tr><td>13.</td><td>कम्प देवराज</td><td>1659-1673</td><td>कण्ठीराव का भाई</td></tr>
<tr><td>14.</td><td>चिक्क देवराज</td><td>1673-1704</td><td>कम्प का भाई</td></tr>
<tr><td>15.</td><td>कण्ठीरव नरसराज-2</td><td>1704-1714</td><td>चिक्क का भाई</td></tr>
<tr><td>16.</td><td>दोड्ड कृष्णराज</td><td>1714-1732</td><td>कण्ठीराव-2 का पुत्र</td></tr>
<tr><td>17.</td><td>चामराज-6</td><td>1732-1734</td><td>दोड्ड का दत्तक पुत्र</td></tr>
<tr><td>18.</td><td>इम्मडि कृष्णराज-2</td><td>1734-1766</td><td>चामराज-6 का भाई</td></tr>
<tr><td>19.</td><td>खासा चामराज-1</td><td>1766-1770</td><td>इम्मडि का पुत्र</td></tr>
<tr><td>20.</td><td>बेट्टद चामराज-7</td><td>1770-1776</td><td>खासा का भाई</td></tr>
<tr><td>21.</td><td>खासा चामराज-8</td><td>1776-1796</td><td>इम्मडि का दत्तक पुत्र</td></tr>
<tr><td>22.</td><td>-</td><td>1796-1799</td><td>टिपू सत्ता</td></tr>
<tr><td>23.</td><td>मुम्मडि कृष्णराज-3</td><td>1799-1868</td><td>चामराज-8 का पुत्र</td></tr>
<tr><td>24.</td><td>मुम्मडि चामराज-9</td><td>1868-1895</td><td>कृष्णराज-3 का दत्तक</td></tr>
<tr><td>25.</td><td>नाल्वडि कृष्णराज-10</td><td>1895-1940</td><td>चामराज-9 का पुत्र</td></tr>
<tr><td>26.</td><td>जयचामराज-10</td><td>1940-1947</td><td>नाल्वडि का भतीजा</td></tr>
</table>

वाडियार राजघराना

विजयनगर साम्राज्य के पतन के पश्चात् (1565) मैसूर के राजा तिम्मराज-2 (1553-1572) ने मैसूर राज्य को स्वतंत्र घोषित कर दिया था. राजा यदु देवराय (1399-1423) के काल से मैसूर राज्य विजयनगर का मांडलिक था.

वाडियार राजा कर्नाटक संस्कृति और कला, संगीत के आश्रयदाता थे. यादवों की राजमाता चिक्कादेवी सम्मानी ने सन 1399 में अपनी कन्या दोवाजम्मन्री का विवाह देवराय वाडियार से कर दिया और मैसूर की गादी पर यदु देवराय का अभिषेक कर दिया. इस भाँति राजा देवरात मैसूर के प्रथम यदुवंशी नृप बने (1399-1423).

सन 1610 में राज-1 (1578-1617) ने मैसूर से राजधानी श्रीरंगपटनम में स्थानांतरित कर दी थी, मगर सन 1799 में मुम्मडि कृष्णराज-3 (1799-1868) ने मैसूर में राजधानी पुन: पूर्ववत स्थिर कर दी. उस काल से मैसूर के स्वर्ग तुल्य उद्यान और सौंदर्य भारत में और कहीं भी नहीं बना.

मैसूर के महाराजा नाल्वडी कृष्णराज वाडियार (1895-1940)

दोहा छंद – मैसूर का वृन्दावन उद्यान

वृन्दावन की वाटिका, फूली-फली अपार ।
सिंचित नीर विमल से, पादप खड़े कतार ।। 1

भूमि छादित घास से, कहीं नहीं है धूल ।
नील नीर में हैं खिले, लाल कमल के फूल ।। 2

कमल दलों पर गूँजते, भ्रमर अली के साज ।
सलिल अमल में मीन का, चलता निर्भय राज ।। 3

रंग रंग की मछलियाँ, कछुए जलचर जीव ।
उछल–उछल कर खेलते, मनहर लगत अतीव ।। 4

दादुर टर-टर बोलते, दादुरियों के साथ ।
आहट पा कर उछलते, लगा सको ना हाथ ।। 5

शीतल झोंके पवन के, हर्षित करते गात ।
तरु पर बेलें झूमती, मंद पवन के साथ ।। 6

पथ पत्थर से हैं सजे, भली भाँति की तौर ।
पुष्प वृक्ष की क्यारियाँ, पथ की दोनों ओर ।। 7

बाग सुहाने पुष्प के, रंगित खुशबूदार ।
जल फव्वारों से उड़े, इन्द्र-धनुष तुषार ।। 8

लता चमेली मंडवे, कंज कुसुम के कुंज ।
मँडराते रस चूमने, विहंग अलि के पुंज ।। 9

उपवन सुंदर है बना, सजा बहुत अभिराम ।
पंछी रंग-बिरंग के, मंजुल गाते गान ।। 10

वृक्ष सुमंडित हैं सभी, प्रस्तुत यहाँ निसर्ग ।
गुलशन यह मैसूर का, धरती पर ज्यों स्वर्ग ।। 11

कर्नाटिक संगीत के, मृदंग वीणा साज ।
कला प्रेम आदर्श है, वाडियार का राज ।। 12

राजमहल मैसूर के, अलीशान उद्यान ।
वृन्दावन का बाग भी, भारत माँ की शान ।। 13

मौसूर के महाराजा कृष्णराज

मैसूर के महाराजा नाल्वडी कृष्णराज-10 (1895–1940) महान शक्तिशाली एवं कला प्रेमी शासक थे.

महाराजा कृष्णराज-10 के समय में मैसूर में कावेरी नदी के किनारे पर कृष्णराजसागर बाँध-तालाब का कार्य आरंभ हुआ और साथ में वृन्दावन उद्यान का महा प्रकल्प भी. प्रमुख जर्मन शिल्पकार व वनस्पति शास्त्रज्ञ गुस्ताव हरमन कुम्बिगल (1865–1956) का सजाया हुआ यह भव्य उद्यान विश्व में अग्रगण्य है. कावेरी सिंचित इस उद्यान को तालाब, फव्वारे, फलों के पौधे, फूलों के पौधे, सुंदर बेल बूटे, आदि के साथ मनोरम सजाया गया. यह उद्यान सन 1927 में बनवाया गया था और अभी तक वर्ष-प्रतिवर्ष लगातार सुंदरतर होता जा रहा है.

160. विवस्वान राजवंश (सनातन काल)

1. ब्रह्मा
2. मरीचि प्रजापति
3. कश्यप प्रजापति
4. विवस्वान
5. वैवस्वत मनु
6. इक्ष्वाकु

आगे देखिए : इक्ष्वाकु राजवंश (सनातन काल)

दोहा छंद – विवस्वान राजघराना

भृगु, शेष, संस्त्रय, नेमी, मनु, दो सनत्कुमार ।
दक्ष, क्रतु, विकृत, धर्मा, सृष्ट किए संसार ।। 1
आदि काल में ब्रह्म ने, किए प्रजापति सृष्ट ।
इक्किस परम प्रजा पिता, यथा अध: निर्दिष्ट ।। 2
कश्यप, कर्दम, यम, स्थाणु, अत्रि, अंगिरस, हेति ।
वसिष्ठ, मरीचि, प्रचेता, नारद, पुलह, प्रहेति ।। 3
भृगु, शेष, संस्त्रय, नेमी, मनु, दो सनत्कुमार ।
दक्ष, क्रतु, विकृत, धर्मा, सृष्ट किए संसार ।। 4
सुपुत्र कश्यप अदिति के, बारह थे आदित्य ।
उनमें मनु विवस्वान था, रूप सूर्य का सत्य ।। 5
संस्थापक था योग का, यज्ञ प्रवर्तक ज्ञात ।
वैवस्वत, मनु का लला, सूर्य वंश का तात ।। 6
मनु वैवस्वत धर्म्य था, राजनीति विद्वान ।
इक्ष्वाकु उसका लला, अवध महीप महान ।। 7
त्रेता युग के पूर्व था, मनु को दीन्हा योग ।
मनु से वैवस्वान ने, सीखा योग प्रयोग ।। 8
योगेश्वर! तुमरे करूँ, सुमिरण बारंबार ।
विवस्वान को था दिया, योग अमर हितकार ।। 9

विवस्वान राजघराना

ब्रह्मा का मानस पुत्र प्रजापति मरीचि सप्तर्षियों में एक था. मरीचि का पुत्र कश्यप सब जीव-जंतुओं का आदि पुरुष माना जाता है.

प्रजापति कश्यप और उसकी पत्नी अदिति का पुत्र विवस्वान था, जिसको भगवान श्रीकृष्ण ने योग प्रथम बतलाया था (गीता 4.1). पुराणों में विवस्वान को सूर्य संज्ञा प्राप्त है. प्रजापति कश्यप और अदिति के बारह आदित्य (सूर्य) पुत्रों में एक विवस्वान था. विवस्वान की राजधानी कोसल (अयोध्या) थी. विवस्वान और उसकी पत्नी संज्ञा का पुत्र वैवस्वत चौदह मनुओं में एक मनु था. वैवस्वत मनु से सूर्यवंश का आरंभ माना जाता है.

विवस्वान का दूसरा पुत्र विकुक्षी था जिससे मिथिला का जनक राजवंश आरंभ हुआ था. वैवस्वत मनु का भाई यमराज था. वैवस्वत मनु को सातवाँ मनु माना जाता है. चोदह मनु की सूची के लिए देखिए स्वायंभूव राजवंश. वैवस्वत मनु के समय में ऐतिहासिक महा जलप्रलय हुआ था. वैवस्वत मनु का बड़ा पुत्र इक्ष्वाकु था. राजा इक्ष्वाकु की राजधानी अयोध्या थी. देखिए इक्ष्वाकु राजवंश.

161. वुप्पदेव राजवंश, श्रीनगर, काश्मीर (1172–1301)

पूर्व देखिए : लोहर राजवंश (1003–1172)

1.	वुप्पदेव	1172–1181	वंतीदेव का मंत्री
2.	जश्शकदेव	1181–1199	वुप्पदेव का भाई
3.	जगदेव	1199–1212	जश्शकदेव का पुत्र
4.	राजदेव	1212–1235	जगदेव का पुत्र
5.	संग्रामदेव	1235–1252	राजदेव का पोता
6.	रामदेव	1252–1273	राजदेव का भाई
7.	लक्ष्मणदेव	1273–1286	रामदेव का मंत्री
8.	सिंहदेव	1286–1301	लक्ष्मणदेव का पुत्र
9.	सहदेव	1301–1339	सिंहदेव का भाई
10.	कोटा रानी	1339–1389	सहदेव की विधवा

आगे देखिए : डोगरा राजवंश (1812–1947)

NOTE : काश्मीर के सभी राजवंशों की दोहावली
के लिए ऊपर देखिए – लोहर राजवंश (1003–1165).

वुप्पदेव राजघराना

श्रीनगर के लोहर राजवंश के अंतिम राजा वंतीदेव (1165–1172) को पदच्युत करके उसका मंत्री वुप्पदेव काश्मीर की सत्ता पर आया और श्रीनगर में नया वुप्पदेव राजवंश स्थापित कर दिया.

वुप्पदेव के बाद में उसका भाई जश्शकदेव (1181–1199) सत्ता में आया परंतु उसके विचित्र व्यवहार के कारण मंत्रियों ने उसे राज्य से निष्कासित कर दिया और और जश्शकदेव के पोते राजदेव (1212–1235) को सत्ता दे दी. उसके बाद उसका पोता संग्राम देव गादी पर आया (1235–1252) मगर उसे भी राज्य से निष्कासित किया गया.

अंतिम शासक कोटा रानी ने 50 वर्ष शासन किया (1339–1389).

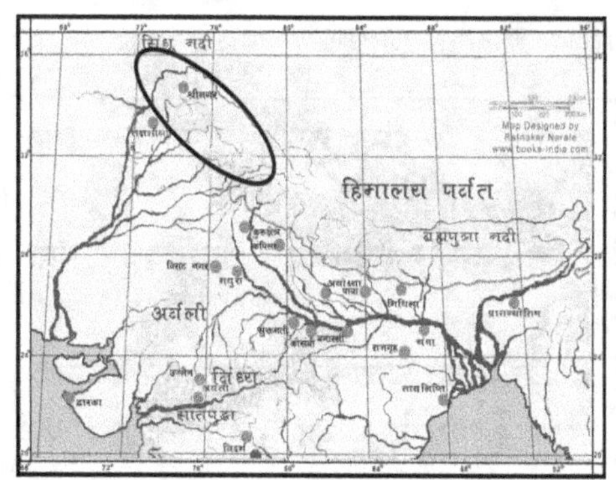

162. वृष्णि राजवंश (सनातन काल)

(पूर्व देखिए : यदु राजवंश (सनातन काल)

1. वृष्णि ...
2. सुधाजित
3. शिनि
4. सत्यक
5. सात्यकी
6. जय
7. कुणी
8. अनामित्र
9. प्रशिन
10. **चित्ररथ**
11. विदुरथ
12. शूर
13. सिनि
14. भोज
15. ह्रदिक
16. शूरसेन
17. वसुदेव
18. वासुदेव श्रीकृष्ण

दोहा छंद – वृष्णि राजघराना

वृष्णि वंश में होगए, माधव श्री यदुनाथ ।
पिता जिन्हें वसुदेव थे, और देवकी मात ।। 1

देवक कन्या देवकी, कान्हा की थी मात ।
उग्रसेन पितु कंस का, देवक का था भ्रात ।। 2

वृष्णि राजघराना

ययाति के यदु कुल के महान यादव राजा वृष्णि थे, जिनके कुल में भगवान श्रीकृष्ण ने अवतारी जन्म लिया था. वृष्णि कुल के लोगों को यादव अथवा अहीर भी कहा जाता है. राजा यदु के वंशज कार्तवीर्यार्जुन की राजधानी महीष्मती थी. कार्तवीर्यार्जुन ने नर्मदा नदी के तीर पर भद्रदीप प्रतिष्ठा का अधिष्ठान किया था. कार्तवीर्यार्जुन दत्तात्रय को गुरु मानता था (ब्रह्माण्ड पुराण 1.44). महीष्मती के सभी पड़ोसी राजा कार्तवीर्यार्जुन को चक्रवर्ती महाराजा मानते थे (ब्रह्माण्ड. 1.16).

ऐतिहासिक स्यमंतक मणि श्रीकृष्ण ने चुराया है इस असमंजस में कार्तवीर्यार्जुन ने वासुदेव श्रीकृष्ण से शत्रुता मोल ली थी (ब्रह्माण्ड. 3.71.1).

राजा वृष्णि की दो पत्नियाँ थी, माद्री और गांधारी (वायु पुराण 1.94). रानी माद्री का पुत्र राजा देवमीढ़ था, जिसके कुल में श्रीकृष्ण पिता वसुदेव जन्मे थे. देवमीढ़ का पुत्र शूरसेन था. शूरसेन के पुत्र वासुदेव थे. उग्रसेन के भाई देवक की कन्या कृष्ण की माता देवकी थी.

वृष्णि यदुवर द्वारकाधीश श्रीकृष्ण

विद्युन्माला-छन्द

$$ SS\,S,\,S\,S\,S,\,S\,S $$

द्वारिकाधीश श्रीकृष्ण

कंसध्वंसं दुष्टारिं तं, गोपीनाथं कृष्णं वन्दे ।

ऋत्वा पुष्पं तोयं धूपं, गन्धं क्षौद्रं नारीकेलम् ।। 1

वन्दे सर्वज्ञं धातारं, देवेशं योगेशं श्रीशम् ।

गोपालं गोविन्दं विष्णुं, राधानन्दं गोपीनाथम् ।। 2

वन्दे सानन्दं श्रीकृष्णं, लक्ष्मीकान्तं भक्ताधीनम् ।

सर्वाधारं सर्वात्मानं, राधाप्राणं सर्वानन्दम् ।। 3

ऊरू जानू पादौ बाहू, कोष्ठं स्कन्धौ ग्रीवां कण्ठम् ।

वक्त्रं कर्णौ नेत्रे शीर्षं, जिह्वां चित्तं मे रक्षेत्सः ।। 4

मत्तमयूर छन्द[3]

$$ S\,S\,S,\,S\,S\,I,\,I\,S\,S,\,I\,I\,S,\,S $$

---

[3] दोहा०   मत्त बाईस का बना, गुरु कल से हो अंत ।

   म त य स गण से जो सजा, "मत्तमयूरा" छंद ।।

(सुदामा)

कैसे जाऊँ मैं मिलने कृष्ण सखा से ।

वो राजा मैं रंक, मिलेगा वह कैसे ।। 1

ऊँचा मंदिर देख सुदामा चकराया ।

कान्हा ने है पास सुदामा बिठलाया ।। 2

द्वारिका नगरी

स्थायी

हरि चरणन की अमृत गगरी ।

धाम द्वारिका पावन नगरी, मथुरा कांची अवध पुरी ।।

♪ निरे गरेनिरे ग– रे–गर्म पपध– ।

नि–ध प–धनि– ध–पर्म गर्मप–, पपर्म– ग–र्म– गरेग रेसा– ।।

अंतरा–1

राज महल माधव का सुनहरा, यादव का भगवा ध्वज फहरा ।

सागर तट पर लावण्य खड़ी, स्वागत करती जल की परी ।।

♪ निरे गर्मर्म ग–रेग रे गरेरेसा–, रे–गर्म प– धधनि– धप गर्मप– ।

ग–गग रेरे गग र्म–ग–रे गर्म–, प–र्मग र्मगरे– गरे ग रेसा– ।।

अंतरा–2

पँच धाम पावन जग जाने, हरि दरशन के जो हैं दीवाने ।

भगत जनन की भीड़ बड़ी, पावन नगरी जादू भरी ।।

अंतरा–3

मथुरा से हरि गोकुल आयो, राधा मिलन वृंदावन लायो ।

मधुबन से द्वारिका नगरी, आयो सुदामा मिलन हरि ।।

दोहा॰ करके मुक्त माता–पिता, गिरिधर हरि जगदीश ।

आशिष उनके पाइके, बने द्वारिकाधीश ।। 1

कृष्ण द्वारिका हैं चले, राधा चली न साथ ।

चले दार के संग ही, कृष्णरुक्मिणीनाथ ।। 2

"पत्नी हरि की रुक्मिणी, राधा मन की मीत ।

अपना–अपना स्थान है, यथा पद तथा प्रीत" ।। 3

मिलन जुदाई संग है, यही जगत की रीत ।

जुदा हुए भी अजर है, राधावर की प्रीत ।। 4

कृष्ण द्वारिका जब गए, राधा हुई उदास ।

राधा बरसाने गई, अपनी माँ के पास ।। 5

धन्य–धन्य तू राधिके! तुझे पूज्य है स्थान ।

कृष्ण नाम के सामने, होगा तेरा नाम ।। 6

निर्मल माया कृष्ण की, श्रेष्ठ यही सम्मान ।

जहाँ भजन हो कृष्ण का, तेरा भी हो गान ।। 7

गीत : राग मालकंस, कहरवा ताल

नरा–नारायण कृष्ण–सुदामा

स्थायी

जग अलग–अलग कहता दोनों, जो अलग कहत उसे रहने दो ।

♪ मम– गमग सानिसा धनिसा– म–म–, म– –गमग सानिसा धनि सा–म– म– ।

अंतरा–1

बचपन के हैं दोनों साथी, भव सागर में, बिछुड़े हैं ।

कृष्ण सुदामा रूप अलग हैं, नर नारायण, एक हि हैं ।।

♪ –गगमम ध– नि– –सां–सां गंनिसां–, –निनि नि–निनि निध, –धनिसांनि ध–म– ।

–धनिसां गंगं–गंसां– सांमंगं सांनिनि सां–, –सांमं मंगंगंसां निध, –धनिसां नि धम ।।

अंतरा–2

आर है गोकुल पार मथुरा, दोनों जमुना तीर पे हैं ।

राधा सखी है सखा सुदामा, सखी सखा सब, एक हि हैं ।।

अंतरा–3

रंक सुदामा राजा हरि हैं, केवल मौखिक, अंतर है ।

अंतर तन का, नहीं है मन का, दो तन दो मन, एक ही हैं ।।

163. रानी वेलु नाच्चियार, रमंद, तमिलनाडु (1730-1790)

1. चेल्लमुतु सेतुपति   –1780
2. रानी वेलु नाच्चियार 1780–1790 चेल्लमुतु की कन्या

दोहा छंद – रानी वेलु नाच्चियार

तामिल की वीरांगना, वेलु नाच्चियार ।
अंग्रेजों की दासता, उसे न थी स्वीकार ।। 1
मर्दानी वह लड़ पड़ी, लेकर कर तलवार ।
प्राण न्योछावर कर दिए, मगर न मानी हार ।। 2

वेलु नाच्चियार

तामिलनाडु की वीरांगना (वीरमंगई) शूर रानी वेलु नाच्चियार (1703–1790) रामनाद के राजा चेल्लमुतु विजयरगुंत सेतुपति की कन्या और शिवगंगै के राजा मधुवसुगंध पेट्टियादु नाच्चियार की पत्नी थी. 1772 में राजा मधुवसुगंध परदेसियों से लडते-लड़ते मारा गया था. राजा की मृत्यु के पश्चात् रानी ने सत्ता अपने हाथ में ले ली और विदेशियों के विरुद्ध आत्मघाती हमले करना आरंभ कर दिया था.

सन 1780 में अंग्रेजों से बदला लेने के लिए उसने अंग्रेजों के बारूद गोदामों पर आत्मघाती हमला भेज कर उनका भारी नुकसान करवाया और लोहा लेती रही थी.

अंग्रेजों ने शिवगंगै को घेर लिया और अंतिम संग्राम में रानी वेलु नाच्चियार का राज्य छीन लिया मगर रानी उनकी पकड़ में नहीं आयी.

वेलु नाच्चियार ने अपनी लड़ाई आखरी साँस तक कायम रखी. लोग उसे वीरमंगै (वीरांगना) नाम से जानने लगे. अंत में सन 1790 में रानी वेलु नाच्चियार ने आखरी साँस ली और स्वर्गति प्राप्त की.

श-अक्षरारंभ के राजप्रवाह

164. शशांक राजवंश, कर्णसुवर्ण, बंगाल (600-625)

पूर्व देखिए : गुप्त राजवंश, पाटलिपुत्र (240–730)

1. शशांक   600–625
2. मानव   625–625   शशांक का पुत्र

आगे देखिए : पुष्यभूति राजवंश, पाटलिपुत्र (505–647)

दोहा छंद – शशांक राजवंश

गौड़ राज्य बंगाल का, दूजा नाम शशांक ।
निवास कर्णसुवर्ण में, राजा प्रथम क्रमांक ।। 1

एकजूट सबको कियो, पड़ोस वाले राज्य ।
सेना भारी की खड़ी, स्वाभिमान था त्याज्य ।। 2

शशांक नृप के बाद में, राजा उनका पुत्र ।
मानव जिसका नाम था, लियो राज्य का सूत्र ।। 3

पुष्यभूति नृप हर्ष ने, उससे दोस्ती जोड़ ।
शीघ्र आक्रमण कर दिया, मैत्री डाली तोड़ ।। 4

छीनी सत्ता मित्र की, करके द्रोह अनंत ।
पुष्यभूति नृप बन गए, शशांक कुल का अंत ।। 5

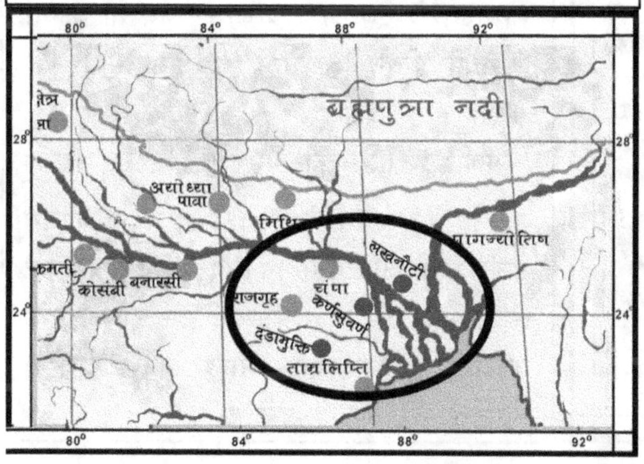

शशांक राजघराना

शशांक राजघराने को **पुंड्रवर्धन घराना** भी कहा जाता है. गुप्त साम्राज्य (240–730) के पतन काल में बंगाल के अनेक मांडलिक राज्य स्वतंत्र होने लगे. परिणामतः शीघ्र ही बंगाल का गौड़ राज्य, दंडभुक्ति (दण्डभुक्ति) बांकुरा राज्य, कर्णसुवर्ण राज्य, वरेंडा राज्य, राथ राज्य, वंग राज्य, हारिकेला राज्य, लखनौटी राज्य, आदि सब संघटित होकर एक नया पौंड्रवर्धन साम्राज्य स्थापन हुआ था. कर्णसुवर्ण (कर्णसूवर्ण) अथात् पौंड्रनगर इस राज्य की राजधानी थी.

इस पौंड्रवर्धन साम्राज्य के महाराजा शशांक (600–625) को बंगाल नरेश और गौड़ नरेश उपाधियाँ प्राप्त थी. राजा शशांक मगध देश का मूल निवासी था. राजा शशांक पुष्यभूति नरेश हर्षवर्धन शीलादित्य (606–647) के समकालीन था.

राजा हर्षवर्धन ने राजा शशांक की मृत्यु के पश्चात् शशांक पुत्र राजा मानव (625–625) को जीत कर शशांक साम्राज्य समाप्त कर दिया था. शशांक राजघराना मात्र दो ही राजाओं के बाद अस्त होगया.

पूर्व देखिए : रघुवंश वंश (सनातन काल)

1. ओकामुख गौतम
2. शिवसंजय गौतम
3. श्रीहस्सर गौतम
4. जयसेन गौतम
5. श्रीहाहनु गौतम
6. शुद्धोधन गौतम
7. **सिद्धार्थ गौतम**
8. राहुल गौतम
9. अंगदेव गौतम
10. बलिभद्र गौतम
11. श्रीमान गौतम
12. ध्वजमान गौतम
13. शिवमान गौतम

आगे देखिए : नंद राजवंश (344–322 ई.पू.)

दोहा छंद – गौतम बुद्ध

शुद्धोधन का पुत्र था, राजा गौतम बुद्ध ।
दूटा अहिंसा का बना, कर न सका फिर युद्ध ॥ 1
पुनर्जन्म से मुक्ति का, करने खोज उपाय ।
निकला राज कर राज्य वो, सबका हृदय दुखाय ॥ 2

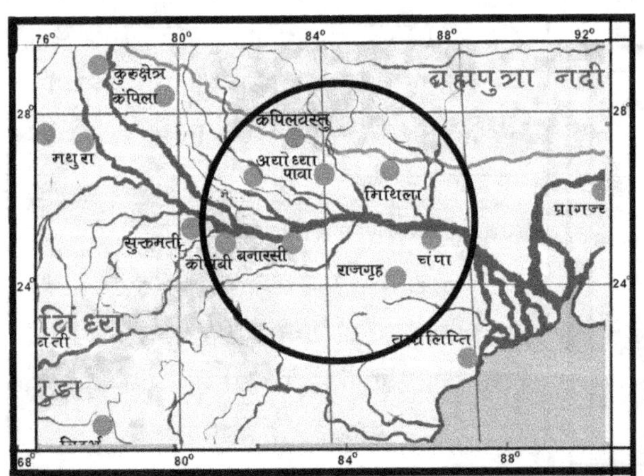

शाक्य राजघराना

विष्णुपुराण, ब्रह्मपुराण और भागवत में राजा इक्ष्वाकु के सूर्य वंश में शाक्य राजा तक शाक्य क्षत्रिय राजवंश की वंशावली कही गई है. शाक्य राजवंश का अपना स्वतंत्र राज्य था जिसकी राजधानी कपिलवस्तु थी.

राजा ययाति के राजवंश में राजा मांधाता, राजा सगर, आदि महान नृप हो गए थे. इस राजवंश में शाक्य कुल का प्रथम राजा था ओकामुख. उसका पुत्र शिवसंजय और पोता श्रीहस्सर जिनके वंशज शाक्य लोग जाने जाते हैं. श्रीहस्सर का पुत्र जयसेन और उसका पुत्र था राजा श्रीहाहनु गौतम, जिसका पुत्र था महाविख्यात महाराजा शुद्धोधन.

महाराजा शुद्धोधन के राज्य में नेपाल से मगध तक विशाल प्रदेश आता था. इस विस्तृत साम्राज्य में एक महा प्राचीन राज्य था काशी जिसकी पावन राजधानी थी वाराणसी.

राजा शुद्धोधन का गोत्र था अंगिरस. उसका महान पुत्र सिद्धार्थ (653–483 ई.पू.) जो गौतम राजवंश का अंतिम महान हिंदू सम्राट था. सम्राट सिद्धार्थ गौतम ने संन्यास लिया और उसके पश्चात् क्षत्रिय गौतम राज्य की राजकीय महानता को विराम लग गया.

हिंदू सम्राट सिद्धार्थ गौतम, कपिलवस्तु, मगध (653-483 BC)

सम्राट सिद्धार्थ गौतम

हिंदू सम्राट सिद्धार्थ गौतम मगध देश के कपिलवस्तु राजधानी के शाक्य महाराजा शुद्धोधन गौतम और महारानी मायावती के अकेले पुत्र थे. जन्म के बाद कुछ ही दिनों में सिद्धार्थ की माता की मृत्यु होगई अत: उनकी मौसी द्वितीय महारानी महाप्रजापति गौतमी ने उन्हें पाला था. जन्म पर राजपुरोहित कौण्डिन्य ने भविष्यवाणी बताई थी कि यह बालक या तो एक महान चक्रवर्ती सम्राट बनेगा या एक महान सिद्ध संन्यासी बनेगा. सिद्धार्थ ज्यों ज्यों बढ़ने लगा और लड़ाइयों में भाग लेने लगा त्यों त्यों उसको जगत की वस्तुओं की और जीवन की क्षणभंगुरता सताने लगी. उसने जाना की विश्व में कुछ भी शाश्वत नहीं है. प्राणी जरा और आवागमन के चक्र में फँसे हैं. इन सब से मोक्ष पाने के तरीके पर वह अहोरात्र चिंतन करने लगा. अंत में एक रात वह समाधान ढूँढने के लिए अपनी निद्रस्थ पत्नी यशोधरा और नवजात बालक राहुल को त्याग कर घर से संन्यस्थ चल पड़ा.

निर्वाण की खोज में 35 वर्ष तपस्या करते हुए एक रात उरुबिल्व वन में सिद्धार्थ ने मध्यपथ का तथ्य जाना. फिर. लगभग सन 528 में एक पूर्णिमा की रात में पीपल वृक्ष के नीचे ध्यानस्थ बैठे हुए सिद्धार्थ को बुद्धि प्राप्त हुई. उसने जीवन के चार सत्य जाने. 1. जीवन में दु:ख है, 2. दु:ख तृष्णा से उत्पन्न होता है, 3. तृष्णा का निवारण शक्य है, 4. और यह सब संभव करने का एक विशेष मार्ग है.

इस विशेष मार्ग का विश्लेषण करते हुए सिद्धार्थ ने बारह क्रमबद्ध स्थितियों की शृंखला जानी : 1. पहली कड़ी है अविद्या, 2. जिसे जन्म होता है संस्कार का, 3. उससे निर्माण होता है नाम और रूप, 4. उसके बाद उत्पन्न होता है यातनाओं का ज्ञान, 5. जिससे स्पर्श ज्ञान, 6. स्पर्शज्ञान से बौद्धिक वेदना ज्ञान, 7. वेदना से तृष्णा ज्ञान, 8. तृष्णा से उपादान, 9. उपादान जीवन पाने का भाव उत्पन्न करता है, 10. जीवन पाने की चाह से होता है पुनर्जन्म, 11. जिससे आरंभ होता है जन्म-जरा-मरण का चक्र, 12 जो देता है दु:ख.

इस बारह आरों वाले चक्र से मुक्ति पाने के लिए सिद्धार्थ ने आठ बिंदुओं वाला निर्वाण मार्ग आविष्कृत किया : 1. सम्यक् दृष्टि, 2. सम्यक् कल्पना, 3. सम्यक् वाचा, 4. सम्यक् कर्मान्त, 5. सम्यक् जीवन चर्या, 6. सम्यक् स्मृति, 7. सम्यक् बुद्धि, 8. और सम्यक् व्यायाम. इस मार्ग के आचरण से प्राणी जन्म-मरण चक्र से छुटकारा पा सकता है. इस परम बुद्धि की प्राप्ति से सिद्धार्थ गौतम को बुद्ध और अर्हंत या सिद्ध पुरुष संज्ञाएँ मिली

गौतम बुद्ध का प्रथम अनुयायी था उनका भतीजा आनंद और फिर मगध सम्राट बिंबिसार (522-494 ई.पू.). हिंदू सम्राट सिद्धार्थ गौतम बुद्ध की मृत्यु कुशिनारा में 483 ई.पू. मे हुई और उसी वर्ष आनंद ने राजगृह में पहली बुद्ध अनुयायी सभा बुलाई और बुद्ध मत के पाँच निकायों को संकलित किया. इस परिषद् के बाद अनुयायी प्रचारक बुद्ध मत को धर्म का स्वरूप देने लगे. हिंदू मत के अनुसार भगवान बुद्ध विष्णु का नौवाँ अवतार हैं.

166. शालस्तंभ राजवंश, कामरूप, असम (665-990)

पूर्व देखिए : आहोम राजवंश, कामरूप (355–1826)

1. शालस्तंभ	665–675	
2. –	675–725	
3. श्रीहर्षदेव	**725–750**	
4. बालवर्मा-1	750–765	
5. बालवर्मा-2	765–810	
6. प्रोलंभ	810–815	
7. हर्जरवर्मा	815–835	प्रोलंभ का पुत्र
8. वनमालवर्मा	835–865	
9. जयमलवर्मा	865–885	
10. बालवर्मा-3	885–910	
11. –	910–970	
12. त्यागसिंह	970–990	

आगे देखिए : आहोम राजवंश, कामरूप (355–1826)

दोहा छंद – शालस्तंभ राजवंश

शालस्तंभ असम के, राजा थे बहुख्यात ।
हर्षदेव इस वंश का, राजा था विख्यात ।। 1
कलिंग से नेपाल तक, कोशल से बंगाल ।
वज्जी से भी मगध तक, प्रभाव बहुत विशाल ।। 2

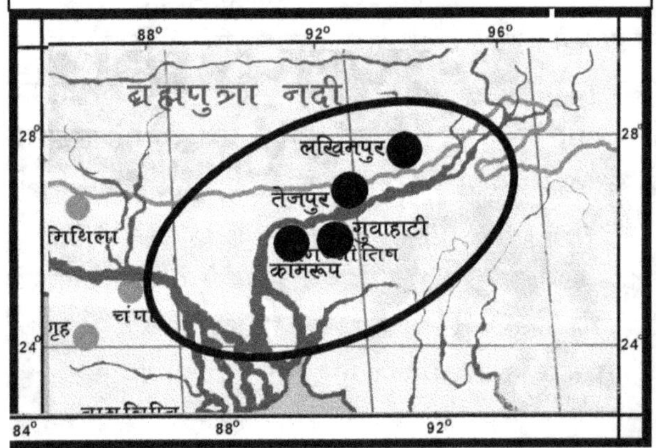

शालस्तंभ राजघराना

आहोम राजा भास्करवर्मा (594–650) के बाद कामरूप पर शालस्तंभ राजा (665–675) ने अधिकार प्राप्त कर लिया था.

राजा शालस्तंभ ने स्थापन किए हुए शालस्तंभ राजघराने (665–990) का महा प्रतापी और सर्वश्रेष्ठ राजा था श्रीहर्षदेव (725–750). हर्षदेव की सत्ता असम से बंगाल (गौड़) और कोसल तक विशाल फैली थी.

राजा हर्षदेव की भगिनी नेपाल के ठाकुर राजा जयदेव–2 (705–729) की पत्नी थी. लिच्छवी सत्ता का प्रभाव नेपाल से मगध और वज्जी महाजनपद तक विस्तृत था.

राजा हर्जरवर्मा (815–835) को महा राजाधिराज, परमेश्वर, आदि उपाधियाँ प्राप्त थी. शालस्तंभ राजा शिवभक्त थे. उनका बनाया हुआ शोणितपुर का महाभैरव मंदिर उनकी शैवभक्ति का एक प्रमाण है.

शिलाहार राजवंश, थाना, महाराष्ट्र (765-1265)

१. उत्तर कोंकन (800-1265)
२. दक्षिण कोंकन (765-1024)
३. कोल्हापुर-सातारा (940-1212)

167. शिलाहार राजवंश, उत्तर कोंकन (800-1265)

पूर्व देखिए : राष्ट्रकूट राजवंश, मालखेड (620-973)

1. विद्याधर जिमूतवाहन	...	
2. कपर्दी-1	800-825	
3. पुलशक्ति	825-850	
4. कपर्दी-2	850-880	
5. वप्पुवन	880-910	कपर्दी-2 का पुत्र
6. झंझ	910-930	वप्पुवन का पुत्र
7. गोग्गीराज	930-945	झंझ का भाई
8. वज्जडदेव-1	945-965	गोग्गीराज का पुत्र
9. छद्रीदेव	965-975	वज्जडदेव-1 का भतीजा
10. अपराजित	975-1010	वज्जडदेव-1 का पुत्र
11. वज्जडदेव-2	1010-1015	अपराजित का पुत्र
12. अरिकेसरी	1015-1020	वज्जडदेव-2 का भाई
13. छित्तराज	1020-1035	
14. नागार्जुन	1035-1045	छित्तराज का भाई
15. मुम्मिनीराज	1045-1070	नागार्जुन का पुत्र
16. अनंतपाल-1	1070-1110	मुम्मिनीराज का पुत्र
17. अपरार्क	1110-1139	
18. हरिपालदेव	1139-1155	
19. मल्लिकार्जुन	1155-1170	
20. अपरादित्य	1170-1195	
21. अनंतदेव-2	1195-1200	
22. केशीदेव	1200-1245	अनंतदेव-2 का भाई
23. अनंतदेव-3	1245-1255	
24. सोमेश्वर	1255-1265	

शिलाहार राजघराना

शिलाहार राजघराने की तीन शाखाएँ महाराष्ट्र में बसी थी. एक उत्तर कोंकन के थाना-कुलाबा प्रदेश में, दूसरी शाखा दक्षिण कोंकन के गोवा-रत्नागिरी प्रदेश में और तीसरी शाखा दक्षिण महाराष्ट्र के कोल्हापुर-सातारा-बेलगाँव प्रदेश में बसी थी. ये तीनों शाखा नगरपुर के विद्याधर जिमूतवाहन ने स्थापन की थी. शिलाहार राजा कन्नड भाषी थे मगर पाँच सौ साल के महाराष्ट्र में वास्तव से मराठी भाषी होगए थे.

1. उत्तर कोंकन के शिलाहार :

इस शाखा की राजधानी स्थानक अर्थात् थाना में थी. इस शाखा का उदय मालखेड के राष्ट्रकूट (620-973) राजघराने के मांडलिक के रूप में हुआ था. इस घराने का प्रथम राजा कपर्दी-1 (800-825) राष्ट्रकूट सम्राट गोविंद-3 (773-814) का मांडलिक था.

उत्तर कोंकन के शिलाहार राजाओं का योगदान कान्हेरी की गुफाओं में शिलालिखित विद्यमान पाया जाता है. राजा छित्तराज (1020-1035) कला और विद्या का आश्रयदाता था. उसने अनेक मंदिर बनवाए थे. राजा अपरार्क (1110-1139) विविध कला और धर्मशास्त्र का निपुण था. इसने याज्ञवल्क्यस्मृति पर टीका लिखी थी. शिलाहार मंदिरों में बह्म, विष्णु, महेश, महिषासुरमर्दिनी की मूर्तियाँ पाई जाती हैं.

आगे देखिए ...

168. शिलाहार, दक्षिण कोंकन (765-1024)

पूर्व देखिए : राष्ट्रकूट राजवंश, मालखेड (620–973)

1.	विद्याधर जिमूतवाहन	...	
2.	सणफुल्ल	765–785	
3.	धम्मियर	785–820	
4.	ऐयपराज	820–845	
5.	अवसर–1	845–870	
6.	आदित्यवर्मा	870–895	
7.	अवसर–2	895–920	
8.	इन्द्रराज	920–945	अवसर–2 का पुत्र
9.	भीम	945–970	इन्द्रराज का पुत्र
10.	अवसर–3	970–995	
11.	रट्टराज	995–1024	

169. शिलाहार, कोल्हापुर (940-1212)

पूर्व देखिए : राष्ट्रकूट राजवंश, मालखेड (620–973)

1.	जतिग–1	940–960	
2.	न्यायवर्मा	960–980	जतिग–1 का पुत्र
3.	चंद्र	980–1000	न्यायवर्मा का पुत्र
4.	जतिग–2	1000–1020	चंद्र का पुत्र
5.	गोंक	1020–1050	जतिग–2 का पुत्र
6.	मारसिंह	1050–1075	गोंक का पुत्र
7.	गुहल	1075–1085	मारसिंह का पुत्र
8.	भोजराज–1	1085–1100	
9.	बलाळ	1100–1110	
10.	गंडरादित्य	1110–1135	बल्लाळ का पुत्र
11.	विजयादित्य	1135–1175	गंडरादित्य का पुत्र
12.	भोजराज–2	1175–1212	

2. दक्षिण कोंकन के शिलाहार :

यह शिलाहार राजघराना भी राष्ट्रकूट राजाओं का मांडलिक था। इनकी राजधानी गोवा प्रदेश के चांदोरा नामक गाँव में थी। ये लोग रट्ट (850-1240) राजाओं के वंशज थे। शिलाहार राजा सणफुल्ल (765-785) ने रत्नागिरी नगर बसाया था। राजा भीम (945-970) को अजातशत्रु उपाधि प्राप्त थी। इसकी सत्ता के काल में राष्ट्रकूट सत्ता नष्ट होगई थी और शिलाहार स्वतंत्र होगए थे।

3. कोल्हापुर के शिलाहार :

उत्तर कोंकन के शिलाहार राजाओं की तरह कोल्हापुर के शिलाहार भी नरेश विद्याधर जिमूतवाहन के ही वंशज थे और ये भी राष्ट्रकूट राज्य के सामंत थे।

कोल्हापुर शिलाहारों की कुल देवता श्री महालक्ष्मी थी और वे मानते थे कि उन्हें महालक्ष्मी देवी के कृपा प्रसाद से ही सत्ता प्राप्त हुई है।

इस शाखा का मूल पुरुष जतिग–1 (940–960) राष्ट्रकूट राजा कृष्णराया–3 (939–968) के कार्नाटक स्थित गोमंथ किले का किलेदार होता था। शिलाहार राजा गंडरादित्य (1110–1135) ने अनेक मंदिर और तालाब बनवा कर जनसेवा की थी। कृष्णा नदी के किनारे खिद्रापुर का महान कोपेश्वर मंदिर इसी राजा की देन है। शिलाहारों के लेखों में श्री महालक्ष्मी के साथ ही शिवजी, विष्णु, भगवती, दिग्पाल, सरस्वती, आदित्य आदि देवताओं का निर्देश पाया जाता है। राजा मारसिंह (1050–1075) का बनाया हुआ अंबरनाथ का मंदिर इस काल का सर्वोत्कृष्ट मंदिर है।

170. शिशुनाग राजवंश, पाटलिपुत्र (413-344 BC)

पूर्व देखिए : हर्यक राजवंश (544-413 ई.पू.)

1. शिशुनाग   413–394 ई.पू.
2. कालशोक   394–366 ई.पू.   शिशुनाग का पुत्र
3. दशपुत्र   366–344 ई.पू.   कालशोक के दस पुत्र

आगे देखिए : नंद राजवंश (344-322 ई.पू.)

दोहा छंद – शिशुनाग राजघराना

काशी के शिशुनाग ने, जीता हर्यक राज्य ।
बना मगध सम्राट वो, बड़ा किया साम्राज्य ।। 1

एक शतक शासन किया, उत्कर्ष किया निर्माण ।
दस बंधु संगी हुए, कहता मत्स्य पुराण ।। 2

शिशुनाग राजघराना

सन 413 में काशी शिशुनाग राजवंश के काशी के राजा शिशुनाग (413–394 ई.पू.) ने अवंती के प्रद्योत राजवंश (546–413 ई. पू.) के राजा नंदिवर्धन को मारा और सत्ताधीश होकर अपना स्वतंत्र राजघराना मगध देश के पाटलिपुत्र नगरी में स्थापित किया था. मगध देश की महान ऐतिहासिक पाटलीपुत्र नगरी हर्यक राजवंश (544–413 ई. पू.) के सम्राट अजातशत्रु (494–462 ई.पू.) ने स्थापित की थी.

आगे चल कर इस घराने की सत्ता अवंति (उज्जैन) और मालवा तक विस्तृत होगई थी.

मत्स्यपुराण (272.6–17) में कहा गया है कि राजा शिशुनाग ने अपने निवास के लिए गिरिव्रज नगर चुना था और अपने पुत्र काकवर्ण को वाराणसी राज्य का राज्यपाल नियुक्त किया था. (**वाराण्स्यां सुतं स्थाप्य, संयास्यति गिरिव्रजम् ।।**)

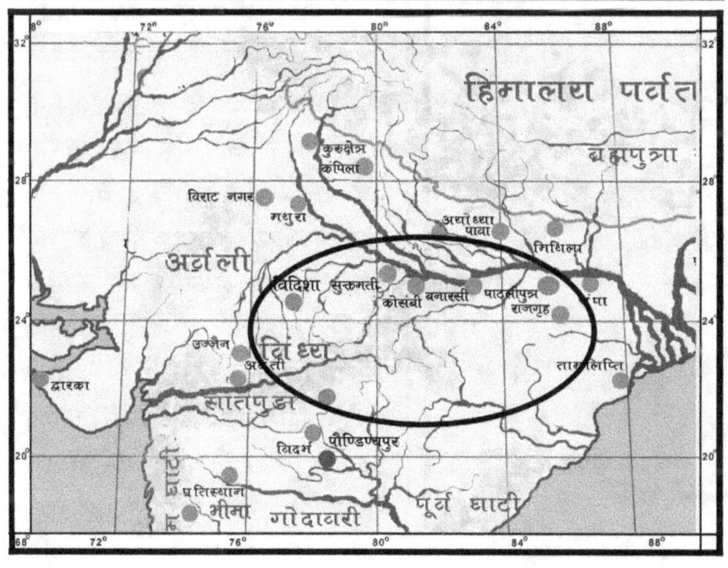

171. शुंग राजवंश, विदिशा (185-72 BC)

1.	पुष्यमित्र	185–149 ई.पू.	
2.	अग्निमित्र	149–141 ई.पू.	पुष्यमित्र का पुत्र
3.	वसुज्येष्ठ	141–131 ई.पू.	अग्निमित्र का पुत्र
4.	वसुमित्र	131–124 ई.पू.	वसुज्येष्ठ का पुत्र
5.	भद्र	124–122 ई.पू.	वसुमित्र का पुत्र
6.	पुलिंदक	122–118 ई.पू.	वसुमित्र का पुत्र
7.	घोषवसु	118–116 ई.पू.	पुंदलिक का पुत्र
8.	वज्रमित्र	116–103 ई.पू.	
9.	भागवत	103–82 ई.पू.	
10.	देवभूति	82–72 ई.पू.	भागवत का पुत्र

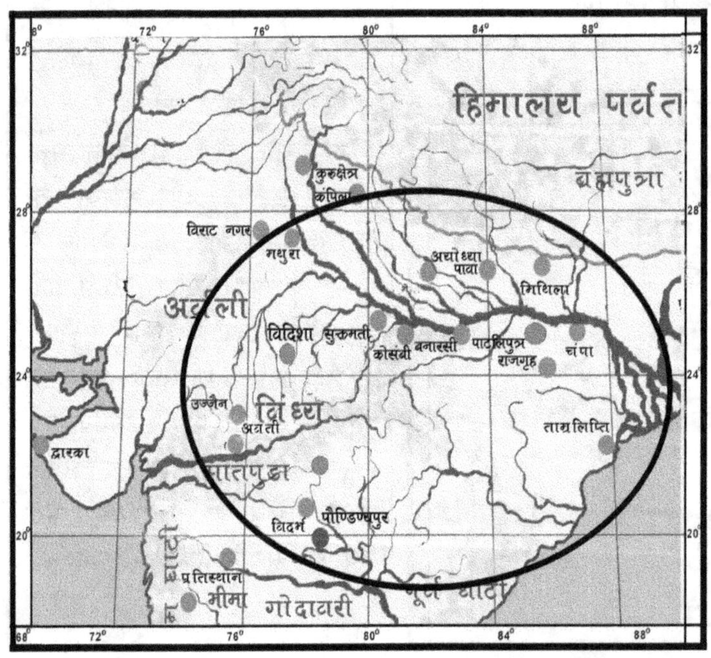

शुंग राजघराना

प्रतापशाली मौर्य साम्राज्य शासन के मध्य काल से आगे दुर्बल शासकों के चलते धीरे धीरे क्षीण होता गया और अंतिम राजा बृहद्रथ (187–184 ई.पू.) को उसी के सेनापति पुष्यमित्र ने मार डाला और मगध राज्य हस्तगत कर लिया. राजा पुष्यमित्र शुंग (185–149 ई.पू.) ने शुंग राजघराने राजधानी विदिशा मे स्थापन कर ली. इस नए राज्य में गंगा घाट से पश्चिम में चंबल और दक्षिण में वर्धा नदी तक वृद्धिंगत होगया.

संस्कृत व्याकरसूत्रकार महर्षि पतंजलि पुष्यमित्र के समकालीन थे और पतंजलि ने पुष्यमित्र के राज्याभिषेक के समय अश्वमेधादि यज्ञों का अधिष्ठान किए थे.

मौर्य काल की तरह पुष्यमित्र को भी यूनानियों के अक्रमण का सामना करना पड़ा था. संस्कृत महाकवि कालीदास ने अपने मालविकाग्निमित्र नाटक में इसका उल्लेख किया है. पुष्यमित्र ने विदर्भ क्षेत्र पर भी अधिकार प्राप्त किया था.

172. शूरसेन राजवंश, मथुरा (सनातन काल)

पूर्व देखिए : वृष्णि राजवंश (सनातन काल)

1. शूरसेन — वसुदेव और कुंती का पिता
2. उग्रसेन — आहुक का पुत्र
3. कंस — उग्रसेन का पुत्र
4. उग्रसेन — दूसरी बार

आगे देखिए : बृहद्रथ राजवंश (सनातन काल)

गीत

उग्रसेन की मथुरा

स्थायी

मथुरा नगरी भव में प्यारी,
स्नेह शाँति की फुलवारी ।
सुंदर मंगल जग में न्यारी,
स्वर्ग सेती सुखकारी है ।।
सारेग– गगग– मग रे– रे–रे–,
म–म म–म म– पध्धप–म– ।
सां–निध नि–धप पप धप मगम–,
प–म प–ध पमपमगरे सा– ।।

अंतरा–1

यहाँ न कोई चोरी लड़ाई, ना कुल द्रोही ना हरजाई ।
यहाँ सभी हैं भाई–भाई, सब मुख मीठी वाणी है ।।
गम– म ध–नि– सां–नि धनि–सां–, सां– निधनि–सां– नि–धपम–प–
मप– धनि– ध– प–म– प–म–, मम मम प–म– ग–रे– सा– ।।

अंतरा–2

सभी हैं दानी, सभी हैं ज्ञानी, सभी हैं स्नेही, सभी हैं प्रेमी
कोई न इनका कहीं है सानी, मथुरा जग की रानी है ।।

शूरसेन राजघराना

प्राचीन यादव नरेश शूरसेन मथुरा का भूप था. शूरसेन का पुत्र वसुदेव और कन्या कुंती महाभारतीय तिहास में विशेष थे. वसुदेव पुत्र वासुदेव श्रीकृष्ण थे. कुंती पांडव माता थी.

मथुरा का यदुवंशीय राजा शूरसेन राजा देवमीढ़ का पुत्र था (महा. अनु. 147.29). इसके पूर्व मथु राज्य सूर्यवंशी राजाओं की सत्ता में था (देवी भागवत 4).

कहा गया है कि, मधुबन में कालिंदी नदी की घाटी में लवण नाम का राक्षस रहता था, जिसे रघुवंशी शत्रुघ्न ने मार कर मथुरा पर सत्ता जमाई थी. इस रघुवंश के मथुरा राज्य को शूरसेन ने जीत कर मथुरा में यदुवंशी सत्ता स्थापन की.

यादवाधिपति शूरसेन की मृत्यु के पश्चात् वसुदेव गौधनधारी बने रहे और उग्रसेन जी मथुरा के राजा बने. आहुक पुत्र राजा उग्रसेन वृष्णि कुल के युधाजित के वंशज थे.

उग्रसेन पुत्र कंस ने अपने पिता को कैद में डाल कर स्वयं मथुराधिपति बन गया था. कंस की मृत्यु उग्रसेन की अनुमति से श्रीकृष्ण के हाथ से हुई तब उग्रसेन पुन: मथुरा के राजा बन गए.

श्र-अक्षरारंभ के राजप्रवाह

२. श्रीलंका के हिंदू राजघराने, जाफना (429-1815)

१. पांड्य शासन (429-455)
२. चोल शासन (1029-1055)
३. आर्य चक्रवर्ती राजवंश (1262-1619)
४. नायक शासन (1739-1815)

173. श्रीलंका का पांड्य शासन (429-455)

पूर्व देखिए : पांडय राजवंश, मदुरै (50–1310)

1.	पंडु	429–434
2.	परिंडु	434–437
3.	परिंद	437–452
4.	दधिया	452–455

174. श्रीलंका का चोल शासन (1029-1055)

पूर्व देखिए : चोल राजवंश, तंजावर (50–1279)

1.	कष्यप–1	1029–1040
2.	महालना	1040–1042
3.	विक्रम	1042–1043
4.	जगतपाल	1043–1046
5.	पराक्रम	1046–1048
6.	लोक	1048–1054
7.	कष्यप–2	1054–1055

175. श्रीलंका का आर्य चक्रवर्ती शासन, जाफना (1262-1619)

पूर्व देखिए : पांडय राजवंश, मदूरै (50-1422)

1.	कुलशेखर प्रजाशेखरन	1262–1284
2.	कुलोत्तुंग सागरशेखरन	1284–1292
3.	विक्रम प्रजाशेखरन	1292–1302
4.	वरोदय सागरशेखरन	1302–1325
5.	मार्तंड प्रजाशेखरन	1325–1348
6.	गुणभूषण प्रजाशेखरन	1348–1371
7.	वीरोदय प्रजाशेखरन	1371–1380
8.	जयवीर सागरशेखरन	1308–1410
9.	गुणवीर प्रजाशेखरन	1410–1440
10.	कनकसूर्य सागरशेखरन	1440–1478
11.	सिंगई प्रजाशेखरन-1	1478–1519
12.	सिंगली सागरशेखरन	1519–1561
13.	पूवीराजा सागरशेखरन	1561–1565
14.	कासी नायीनार	1565–1570
15.	पेरीया पिल्लाई सागरशेखरन	1570–1582
16.	पूर्वीराजा सागरशेखरन	1582–1591 दूसरी बार
17.	एथीरीमन प्रजाशेखरन	1591–1617
18.	सिंगली प्रजाशेखरन-2	1617–1619

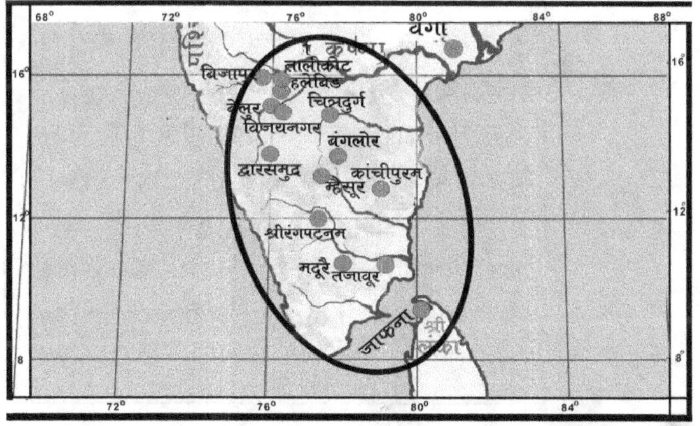

आर्य चक्रवर्ती राजघराना

श्रीलंका में बुद्ध धर्म सब ओर शीघ्र गति से फैलता गया, केवल उत्तर श्रीलंका के जाफना क्षेत्र में तमिलनाडु से आए हुए तमिल लोग हिंदू धर्म के सेवक बचे रहे. उस हिंदू समाज का आर्य चक्रवर्ती राजघराना सन 1262 से 1619 तक राज करता रहा.

श्रीलंका के हिंदू लोग अधिकतर शिव सिद्धांत का अनुसरण करते हैं. क्यी लोग शक्ति सिद्धांत पर विश्वास रखते हैं. श्रीलंका में शिव भगवान के पाँच धाम हैं. श्रीलंका में श्री मुरुगन सबसे अधिक लोकप्रिय हिंदू देवता है.

पौराणिक लेखों मे श्रीलंका में सनातन काल में नाग लोग और यक्ष लोग रहते थे इसका उल्लेख पाया जाता है.

नाग लोग शिव भक्त थे और वे सापों की पूजा करते थे. झारडांड के आदिवासी नाग राजवंशियों से (83–1948) या बस्तर के छिंदक नाग राजवंशियों से (760–1324) श्रीलंका के नाग लोगों का कोई संबंध था या नहीं था इसका कोई ठोस प्रमाण नहीं पाया जाता है.

176. सातवाहन राजवंश, महाराष्ट्र-कर्नाटक-आंध्र (271 BC-195 AD)

पूर्व देखिए : कण्व राजवंश (72–27 ई.पू.)

1.	सिमुक	271–248 ई.पू.
2.	कृष्ण	248–230 ई.पू. सिमुक का भाई
3.	सातकर्णी-1	230–220 ई.पू. सिमुक का पुत्र
4.	पूर्णोत्संग	220–202 ई.पू.
5.	स्कंदस्तंभी	202–184 ई.पू.
6.	सातकर्णी-2	184–128 ई.पू.
7.	लंबोदर	128–110 ई.पू.
8.	अपिलक	110–98 ई.पू.
9.	मेघस्वाति	98–80 ई.पू.
10.	स्वाति	80–62 ई.पू.
11.	स्कन्दस्वाति	62–55 ई.पू.
12.	मृगेंद्र स्वातिकर्ण	55–52 ई.पू.
13.	कुंतल स्वातिकर्ण	52–44 ई.पू.
14.	स्वातिकर्ण	44–43 ई.पू.
15.	पुलुमावी-1	43–07 ई.पू.
16.	मेघवासित	07 ई.पू.–31 ई.
17.	गौरकृष्ण	31–56
18.	हाल	56–61
19.	मंडुलक	61–66
20	पुरिंद्रसेन	66–71
21.	सुंदर स्वातिकर्णी	71–72
22.	राजदस्वाति	72–72
23.	शिवस्वाति	72–100
24.	गौतमीपुत्र सातकर्णी	100–121
25.	पुलुमावी-2	121–149
26.	शिव श्री सातकर्णी	149–156
27.	शिवस्कंद सातकर्णी	156–163
28.	यज्ञ श्री सातकर्णी	163–178
29.	विजय	178–188
30.	चंद्र श्री सातकर्णी	188–195

सातवाहन राजघराना

पुराणों के अनुसार आंध्र-महाराष्ट्र क्षेत्र के सातवाहन राजवंश का प्रथम राजा सिमुक (271–248 ई.पू.) दक्खन पर राज्य करता था. उसकी राजधानी महाराष्ट्र में गोदावरी नदी के किनारे प्रतिस्थान (पैठन) में थी. सातवाहनों की राजकीय भाषा प्राकृत थी और लिपी ब्राह्मी होती थी. भिन्न-भिन्न पुराणों में राजा सिमुक को शिशुक (मत्स्य पुराण), वृषल (भागवत), चिश्मक (ब्रह्माण्ड), सिंधुक (वायु), शिप्रक (विष्णु), आदि नाम प्रयुक्त किए गए हैं. राजा सिमुक के बाद उसका छोटा भाई कृष्ण अथवा कान्हा शातकर्णी संज्ञा धारण करके सत्ता में आया.

राजा कृष्ण (248–230 ई.पू.) के बाद राजा सिमुक का पुत्र सातकर्णी-1 (230–220) राजा बना. उसने राज्य का बहुत विस्तार किया. उसे दक्षिणापथ और अप्रतिहतचक्र संज्ञाएँ थी. वह यज्ञों का भोक्ता था. चक्रवर्ती अशोक मौर्य की मृत्यु (232 ई.पू.) के पश्चात् सातकर्णी-1 ने मौर्य वंश से अलग होकर स्वातंत्र्य घोषित कर दिया. उसके बाद सातवाहन राजा पुलुमावी-1 (43–07 ई.पू.) ने पाटलिपुत्र के कण्व राजवंश के अंतिम राजा सुशर्मा (37–27 ई.पू.) को मार कर मगध क्षेत्र पर सातवाहन राज्य का अधिकार जमा लिया था.

दोहा छंद – सातवाहन राजघराना

राजा पोरस ने जभी, किया युद्ध घमसान ।
लौट सिकंदर था गया, वापस अपने धाम ।। 1
खड़ा रहा वह दिन कई, झेलम परले तीर ।
पार नहीं वह कर सका, उस सरिता का नीर ।।
बढ़ न सका वैरी, जहाँ, दृढ़ था भारत–नाथ ।
हिंदू सेना ने उसे, भेजा खाली हाथ ।। 3
उसी समय की बात है, बतलाता इतिहास ।
दक्षिण में राजा हुए, दक्खन जिन्हें निबास ।।
सतवाहन कुल में हुए, सार्वभौम थे वीर ।
लड़ते थे तलवार से, पड्डा भाला तीर ।। 5
ना तब क्रिस्ती लोग थे, ना मुगलों के बाप ।
ना धर्मों का थोपना, ना परिवर्तन–पाप ।। 6
ना धर्मों के एलची, ना था भ्रष्टाचार ।
लोग सनातन थे सभी, संस्कृति का आधार ।।
सेवा ही सत्कर्म था, सदाचार था धर्म ।
गीता में जो था कहा, वही "धर्म" का मर्म ।।
शूर धुरंधर ख्यात था, सिमुक नाम का वीर ।
प्रतिस्थान में वह बसा, गोदावरि के तीर ।। 9
सतवाहन का पुत्र था, सिमुक जगत विख्यात ।
तीस–अधिप उस वंश के, इतिहास को ज्ञात ।।
सतवाहन नृप वीर थे, दान–धर्म में लीन ।
सद्धर्मी चारित्र्य के, सत्त्वशीलशालीन ।। 11

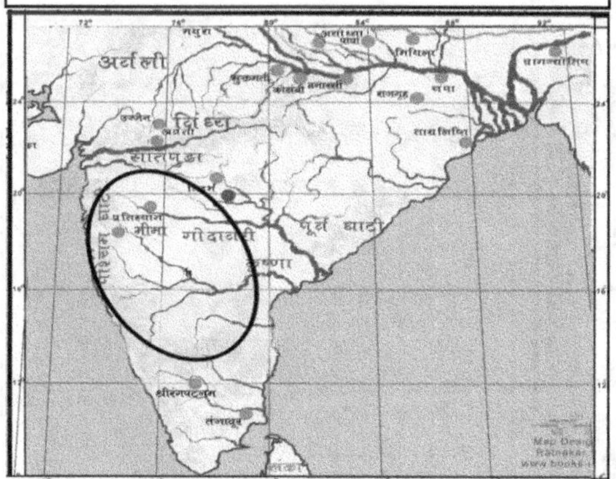

सातवाहन राजघराना, आगे

...

महान सातवाहन वंश में सम्राट गौतमीपुत्र सातकर्णि (100–121) सबसे महान राजा माना गया था. उसे त्रिसमुद्रतोयपीतवाहन उपाधि प्राप्त थी. सम्राट गौतमीपुत्र सातकर्णि के समान महाराजा हाल (56–61) एक अग्रणी शांतिदूत के रूप में महत्त्वपूर्ण शासक साबित हुआ था, उसका का कार्यकाल मात्र पाँच वर्ष का ही था. राजा हाल जितना राजनैतिक पंडित था उतना ही वह स्वयं एक साहित्यिक सम्राट भी था. उसके राजाश्रय में गुणाढ्य महाकवि ने विख्यात बृहत्कथा संग्रह लिखा था.

हाल राजा के पश्चात् वाला 72 वर्षों का राज्यकाल सातवाहन साम्राज्य का समितिंजय काल माना जाता है. जिसमें उन्हों ने एक भी युद्ध हारा नहीं था.

सातवाहन राजाओं ने सीसा धातू के भारी सिक्के चलाए थे. इस राज्य के कार्यकाल में कार्ली के प्रसिद्ध चैत्य बनवाए गए थे और अमरावती के सफेद संगमरमरी स्तूप निर्माण किए गए थे.

सातवाहन के तीस राजाओं की सूचि हमें विष्णु पुराण, वायु पुराण, मत्स्य पुराण, ब्रह्माण्ड पुराण और भागवत पुराण से प्राप्त होती है. प्रस्तुत आलेख में मत्स पुराण के आधार पर सूची दी गई है, जिसमें 30 सातवाहन राजाओं के नाम निर्देशित किए गए हैं, मगर यहाँ हमने राजाओं के नाम पाँचों पुराणों के आधार से सम्मिलित करके देवनागरी के रूप में दिए हैं.

177. सिख राजवंश, पंजाब (1799-1849)

1. रणजीत सिंह	1799–1839	
2. खड़क सिंह	1839–1839	रणजीत सिंह का पुत्र
3. नौनिहाल सिंह	1839–1840	खड़क सिंह का पुत्र
4. चाँद कौर	1841–1841	खड़क सिंह की पत्नी
5. शेर सिंह	1841–1843	रणजीत सिंह का का पुत्र
6. दुलीप सिंह	1843–1849	रणजीत सिंह का पुत्र
7. जिंदन कौर	1843–1849	रणजीत सिंह की पत्नी

आसावरी छंद – सिख राजघराना

(रत्नाकर रचित)

राग : आसावरी

गुरु नानक अमृत वाणी

स्थायी

अमृत वाणी, देन सबद की, आदिगुरु को, वाहेगुरु की

अंतरा 1–4

"दीपा मेरा एकु नामु," सीख ले बंदे, बात शुरू की.

"ऐहु मेरा एकु आधारु," पीयूश बानी, बाबेगुरु की.

"अंजन माही निरंजन रहिये, ऐहु जोगु," बोले गुरु जी.

"नानक दुखिया सब संसारु," सुनो भई साधो, बात गुरु की

सिख राजघराना

पाँच नदियों के दोआब की पंजाब की भूमि पर महाराजा रणजीत सिंह (1780–1839) ने भारत के पश्चिमोत्तर क्षेत्र में सन 1799 में लाहौर शहर में सिख साम्राज्य की नींव डाली. रणजीत सिंह ने अन्यान्न सिख मिस्लों को एकजूट करके विशाल सिख खालसा राज्य गठित किया था, जो पश्चिम में खैबर घाटी से पूर्व में तिब्बत की सीमा तक और उत्तर में काश्मीर से दक्षिण में मिथान कोट तक फैल गया था. मगर दुर्भाग्य वश सिख वीरों का स्वल्पजीवित साम्राज्य लगातार खून खराबा और पदत्याग के कारण मात्र 50 वर्ष तक ही अस्तित्व में रह सका.

हिंदू मत में जन्मे श्री गुरु नानकदेव (1469–1539) को सिख मत के संस्थापक माना जाता है. उनके बाद गुरु अंगद (1504–1552), गुरु अमरदास (1479–1574), गुरु रामदास (1534–1581), गुरु अर्जुन देव (1563–1606), गुरु हरगोविंद सिंह (1595–1664), गुरु हरराय (1630–1661), गुरु हरकिशन (1565–1664), गुरु तेगबहादुर (1621–1675), और गुरु गोविंद सिंह (1666–1708) ने आगे चलाया.

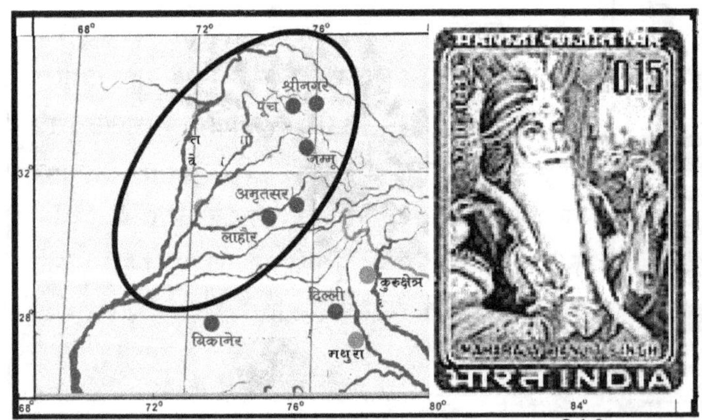

178. सिंधिया राजवंश, ग्वालियर (1716-1948)

पूर्व देखिए : पेशवा राजवंश (1713–1818)

1. दत्ताजी शिंदे
2. जनकोजी–1 — दत्ताजी का पुत्र
3. राणोजी–1 — 1716–1745 — जनकोजी का पुत्र
4. जयप्पा — 1745–1755 — राणोजी का पुत्र
5. दत्ताजी — 1755–1760 — जयप्पा का भाई
6. जनकोजी–2 — 1760–1763 — दत्ताजी का भाई
7. कदराजी — 1763–1763 — तुकोजी का पुत्र
8. मानाजी — 1764–1768
9. **महादजी — 1768–1794 — राणोजी का पुत्र**
10. दौलतराव — 1794–1827 — राणोजी का पुत्र
11. जनकोजी–3 — 1827–1843 — दौलतराव का दत्तक पुत्र
12. जयाजीराव — 1843–1886 — जनकोजी का दत्तक पुत्र
13. माधवराव — 1886–1925 — जयजीराव का पुत्र
14. जिवाजीराव — 1925–1948 — माधवराव का पुत्र

दोहा छंद – सिंधिया राजघराना

तीन युद्ध इतिहास में, "पानीपत" के नाम ।
हुए बहुत विशेष हैं, घोर जिन्हें परिणाम ।। 1
"लोदी–बाबर" नाम से, पहिला जाना जाय ।
"हीमू–अकबर" दूसरा, मुगल राज्य बनवाय ।। 2
लड़े "दुराणी–पेशवे," तीजा युद्ध कहाय ।
कटे मराठे युद्ध में, महाराष्ट्र पछताय ।। 3

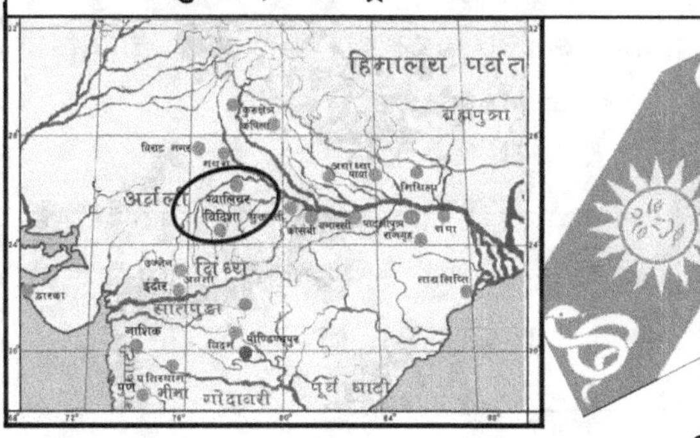

सिंधिया राजघराना

जनकोजी सिंधिया (शिंदे) बालाजी विश्वनाथराव पेशवे (1713–1720) की सेना में नियुक्त था और उसका पुत्र राणोजी सन 1716 में एक पैदल सैनिक था. राणोजी की मृत्यु 1745 में हुई और उसके पश्चात् जयाप्पा (1745–1755), दत्ताजी (1755–1760) और जनकोजी–2 (1760–1763) ने अपनी प्रकांड वीरता से इतिहास में बहुत नाम कमाया.

सिंधिया परिवार का सबसे प्रख्यात राजा था राणोजी और चिमाबाई का महा प्रतापी योद्धा पुत्र महादजी सिंधिया (1768–1794). महादजी ने तीस वर्ष के राज्य काल में अतुल्य पराक्रम किए थे. उसने तळेगाव, औरंगाबाद, साखरखेड, आदि अनेक युद्ध जीत कर उत्तर भारत और दिल्ली शासन पर मराठों के नाम से डर पैदा कर दिया था.

महादजी ने सन 1761 के पानीपत–3 के युद्ध में भाऊ साहेब सदाशिवराव पेशवे (1730–1761) के साथ भाग लिया था. भाऊ साहेब की मृत्यु के पश्चात् महादजी सिंधिया (1727–1794) और जनकोजी सिंधिया–2 (1760–1763) भी थे. युद्ध से महादजी निकल आए, मगर 16 वर्ष आयु का जनकोजी पकड़ा गया था जिसको 1763 में अब्दाली दुराणी ने मार डाला था.

179. सिंधु राजवंश, सिंध (सनातन काल)

पूर्व देखिए : महाभारतीय विशाल वंशवृक्ष

1. शिबि   ...

2. वृषदर्भ   ...

3. वृद्धक्षेत्र

4. जयद्रथ

आगे देखिए : कौरव राजवंश (सनातन काल)

दोहा छंद – सिंधु राजघराना

जयद्रथ सिंधुराज था, वृद्धक्षत्र का पुत्र ।

राजा होकर सिंध का, उसकी मति थी क्षुद्र ।। 1

प्रतिवेशी नृप राज्य सब, लीन्हे उसने छीन ।

आकांक्षा उसकी बढ़ी, करने कारज हीन ।। 2

हरण करी थी द्रौपदी, बुरी नजर के साथ ।

अभिमन्यू के रक्त से, रंगे उसके हाथ ।। 3

अर्जुन ने बदला लिया, करके दृढ़ संकल्प ।

महायुद्ध में मार कर, उसे समय में अल्प ।। 4

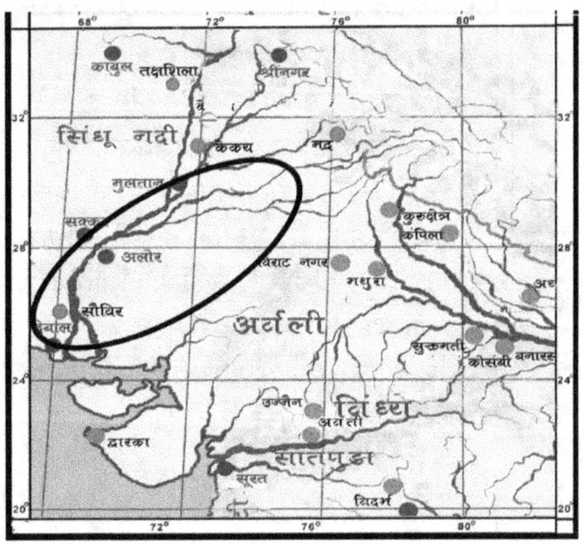

सिंधु राजघराना

महाभारत (आदि. 11.22) एवं हरिवंश पुराण (2.56.26) में निर्देश किया हुआ सिंध देश का सिंधु राजघराना शिबि राजा के पुत्र वृषदर्भ ने सनातन काल कें स्थापित किया था. सिंधवासियों को सैंधव संज्ञा प्राप्त थी. इस सभ्यता के पुरातन काल के पाँच नगर महेनजोदरो, हडप्प, चन्हूदंगो, लोथल और कालिबांगा वर्तमान समय में भलीभाँति ज्ञात हैं.

सिंधु वंश का प्रमुख और प्रख्यात राजा वृद्धक्षत्र का पुत्र जयद्रथ था (महा. 3.262). जयद्रथ राजा कौरव नृपति अंध धृतराष्ट्र की एकमेव पुत्री दुश्शला का पति था.

वनवास गमन के काल में, जयद्रथ ने द्रौपदी पर बुरी नजर डाल कर उसे अपहृत करने का दुस्साहस किया था और महाभारतीय महायुद्ध के समय चक्रवयूह में फँसे हुए निहत्थे वीर अर्जुनपुत्र अभिमन्यु पर प्रहार करके मार डालने के दुष्कर्म करने के लिए पांडव वीर अर्जुन ने प्रतिज्ञा करके पापी जयद्रथ को मार डाला था.

महाभारत से जाना जाता है कि महायुद्ध में सिंधु राज जयद्रथ के मारे जाने के पश्चात् उसकी पत्नी दुःशला सिंधु देश में वापस लौट गई थी.

पूर्व देखिए : गुहिल राजवंश, चितौड़, मेवाड (550–1303)

	रत्नसिंह (गुहिल)	1301–1303	
1.	लक्ष्मणसिंह	1303–1314	
2.	अरिसिंह	1314–1326	
3.	**हम्मीर–1**	1326–1364	लक्ष्मणसिंह का पोता
4.	क्षेत्रसिंह	1364–1382	हम्मीर–1 का पुत्र
5.	लाखासिंह	1382–1421	क्षेत्रसिंह का पुत्र
6.	**मोकल**	1421–1433	लाखासिंह का पुत्र
7.	**कुंभ**	1433–1468	महाराणा मोकल का पुत्र
8.	रायमल	1468–1473	महाराणा कुंभ का भाई
9.	**संग्रामसिंह–1 (संग)**	1473–1527	रायमल का पुत्र
10.	रतनसिंह	1527–1531	संग्रामसिंह–1 का पुत्र
11.	बिक्रमजीतसिंह	1531–1536	रतनसिंह का भाई
12.	उदयसिंह	1537–1572	बिक्रमजीतसिंह का भाई
13.	**प्रतापसिंह –1**	1572–1597	उदयसिंह का पुत्र
14.	अमरसिंह–1	1597–1620	प्रतापसिंह–1 का पुत्र
15.	कर्णसिंह	1620–1628	अमरसिंह–1 का पुत्र
16.	जगतसिंह–1	1628–1652	कर्णसिंह का पुत्र
17.	राजसिंह–1	1652–1680	जगतसिंह–1 का पुत्र
18.	जयसिंह	1680–1699	राजसिंह–1 का पुत्र
19.	अमरसिंह–2	1699–1716	जयसिंह का पुत्र
20.	संग्रामसिंह–2	1716–1734	अमरसिंह–2 का पुत्र
21.	जगतसिंह–2	1734–1752	संग्रामसिंह–2 का पुत्र
22.	प्रतापसिंह–2	1752–1755	जगतसिंह–2 का पुत्र
23.	राजसिंह–2	1755–1762	प्रतापसिंह–2 का पुत्र
24.	अरिसिंह–2	1762–1773	प्रतापसिंह–2 का भाई
25.	हम्मीर–2	1773–1778	अरिसिंह–2 का पुत्र
26.	भीमसिंह	1778–1828	हम्मीर–2 का भाई
27.	जवानसिंह	1828–1838	भीमसिंह का पुत्र
28.	सरदारसिंह	1838–1842	जवानसिंह का पुत्र

सिसोदिया महाराणा राजघराना, चित्तौड़

सन 1303 की चित्तौड़ के गुहिलोत राजपूतों की कत्लेआम और रानी पद्मिनी के साथ 16000 राजपूत वीरांगनाओं के जौहर के बाद सन 1326 में महाराणा लक्ष्मणसिंह का पोता राणा हम्मीर सिंह (1326–1364) सिसोदिया साम्राज्य का संस्थापक माना जाता है.

माहाराणा हम्मीर को उस समय के सबसे प्रबल राजपूत राणा माना जाता है.

राणा मोकल (1421–1433) ने परमार राजवंश की राजकुमारी सौभाग्य देवी से विवाह करके दो राजघरानों में संबंध बनाए थे.

राणा मोकल का पुत्र महाराणा कुंभ अथवा कुंभकर्ण सन 1433 में महाराणा बनाया गया. कुंभकर्ण का जन्म 1423 में हुआ था और उसको केवल दस वर्ष की आयु का था तब में पिता की मृत्यु के बाद लंबे अरसे के लिए कुंभकर्ण के शीर्ष पर महाराणा का मुकुट चढ़ाया गया था (1433–1465).

महाराणा कुंभ एक अच्छा शासक तथा राजनीतिज्ञ भी था. महाराणा कुंभ ने मालवा विजय के उपलक्ष्य में चित्तौड़ का कीर्ति स्तभं निर्माण किया था. उसके बाद महाराणा संग्रामसिंह (1473–1527) और महाराणा प्रताप सिंह (1572–1597) भारतीय इतिहास के दो दिव्य सितारे हैं.

29.	स्वरूपसिंह	1842–1861	सरदारसिंह का भाई
30.	शंभूसिंह	1861–1874	स्वरूपसिंह का भतीजा
31.	सज्जनसिंह	1874–1884	शंभूसिंह का भतीजा
32.	फतहसिंह	1884–1930	शंभूसिंह का रिश्तेदार
33.	भूपालसिंह	1930–1948	फतहसिंह का पुत्र

दोहा छंद – सिसोदिया राजघराना

सिंध प्रांत जब आगया, उन अरबों के हाथ ।
नये आक्रमण होगये, शुरू जोश के साथ ।। 1

हमले राजस्थान पर, किये अनेकों बार ।
मगर हमेशा ही उन्हें, मिली युद्ध में हार ।। 2

बप्पा रावल ने उन्हें, पीटा बारंबार ।
अराबों ने फिर हार कर, छोड़ दिया अविचार ।। 3

राजपूत गुहिलोत यह, महा धुरंधर वीर ।
बप्पा रावल नाम का, महान नृप गंभीर ।। 4

रक्षण कीन्हा धैर्य से, उसने अपना देश ।
राजा वह मेवाड़ का, राजस्थान नरेश ।। 5

चितौड़ उसका नगर था, सुख वैभव संपन्न ।
अमन चैन सब राज्य में, सदा हुए निष्पन्न ।। 6

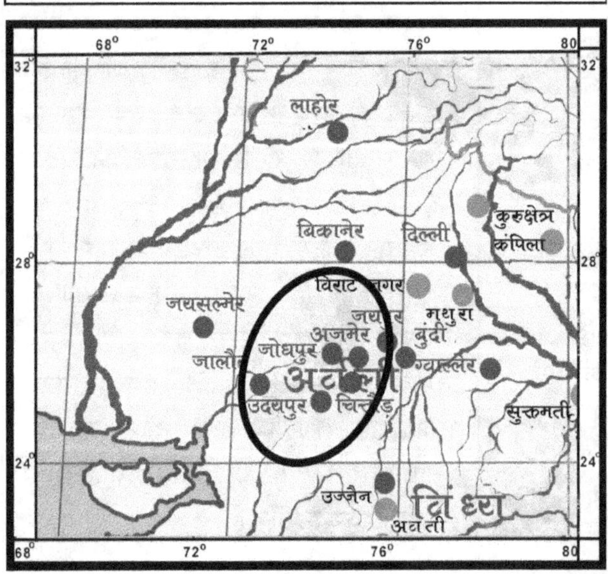

महाराज मेवाड का, योद्धा राणा संग ।
धुरंधरों में धीर था, रणवीरों में सिंह ।। 1

महाप्रतापी ख्यात था, सिसोदिया का वंश ।
अनन्य भट निष्णात था, राजपूत शिव अंश ।। 2

निशान जिसके देह पर, सिर से लेकर पाँव ।
लगे विविध विध शस्त्र के, रण में अस्सी घाव ।।

देशभक्त उस वीर के, सदा जयश्री साथ ।
फूटा लोचन एक था, एक टाँग अरु हाथ ।। 4

समितिंजय इस वीर ने, कभी न पायी हार ।
लोदी सम सुलतान को, दीन्हीं इसने मार ।। 5

जीते इसने रण सभी, खातोली, गुजरात ।
इदार, अहमदनगर भी, विराम–बिन दिन रात ।। 6

बिजली सम चंचल बड़ा, अश्व–सवार अनूप ।
अचल शैल सम दृढ़ खड़ा, चितौड़गढ़ का भूप ।।

अतुल मनोबल धैर्य का, प्रबल भुजा का वीर ।
उदार हिरदय कर्ण सा, गहरा सागर नीर ।। 8

उसकी सेना पर उसे, अटल सदा विश्वास ।
किसी समस्या घोर से, हुआ कभी न उदास ।। 9
आगे देखिए ...

लीन प्रजा उसकी सदा, देश प्रेम के नाम ।। 10
मतृभूमि का भक्त वो, सदय प्रजा का पाल ।

वीर पूर्वजों का करे, आदर समग्र काल ।। 11
धीरज का वह मेरु था, वदन तेज मार्तंड ।
नस–नस में बहती सदा, सरिता–स्फूर्ति अखंड ।।

कीर्ति गान इस सिंह के, गाते वीर अनंत ।
घर–घर में स्तुति संग की, जिसे न कोई अंत ।।

महा विक्रमी संग था, बाप्पा रावल रूप ।
वही उसे आदर्श था, राणा सूर्य स्वरूप ।। 14

घोड़ा उसका शुभ्र था, धौला सफेद रंग ।
विद्युत गति से दौड़ता, सवार राणा संग ।। 15

ऊँचा तगड़ा अश्व वो, चिकना उसका अंग ।
चलता सुंदर चाल से, शानदार सा ढंग ।। 16

रानी राणा संग की, करुणावति प्रख्यात ।
रूपमती लावण्य थी, सरस्वती साक्षात ।। 17

माता वह चितौड़ की, राजनीति विद्वान ।
देवी वह मेवाड़ की, राणा जी की शान ।। 18

घोड़ा उसका दौड़ता, वायु वेग, सह जोश ।
वैरी डरते संग से, निहार उसका रोष ।। 19

राजपूत क्षत्रिय वीर इतिवृत्त

आदि काल में ब्रह्म ने, किए प्रजापति सृष्ट ।
इक्किस परम प्रजा पिता, यथा अधः निर्दिष्ट ।। 1

कश्यप, कर्दम, यम, स्थाणु, अत्रि, अंगिरस, हेति ।
वसिष्ठ, मरीचि, प्रचेता, नारद, पुलह, प्रहेति ।। 2

भृगु, शेष, संस्त्रय, नेमी, मनु, दो सनत्कुमार ।
दक्ष, क्रतु, विकृत, धर्म ने, सृष्ट किए संसार ।। 3

सुनिये भारत वासियों, राजपूत इतिहास ।
जैसा पुरखे कह गए, लिखा यहाँ है खास ।। 4

सुंदर दोहा छंद है, और अनेकों गीत ।
भाषा इसमें मधुर है, राग युक्त संगीत ।। 5

विविध ताल के राग हैं, अनेक छंद-प्रकाश ।
भाषा सादी-सरल है, फिर भी बहुत मिठास ।। 6

जो पढ़ता यह शाँति से, इतिहास का विधान ।
इस को दृढ़ विश्वास से, उसे सत्य का ज्ञान ।। 7

रत्नाकर है लिख रहा, यथा उसे आदेश ।
शिव शंकर से है मिला, उसे यथा संदेश ।। 8

पूर्ववृत्त संपूर्ण है, अधूरा न इतिहास ।
देश प्रेम से है भरा, अनुपम काव्य विलास ।। 9

पार्श्वभूमि कहती हमें, कहाँ किया क्या कौन ।
सबक सिखाती है हमें, खुद रह कर भी मौन ।। 10

बिना जान कर सबक ये, जो पढ़ता है पाठ ।
ठोकर वो खाता सदा, खुले न उसकी गाँठ ।। 11

अंधेरे में वह चले, उसे न सत्य विवेक ।
कार्याकार्य विमूढ़ वो, मति भ्रम उसे अनेक ।। 12

एक बार की बात है, हुआ शुभ चमत्कार ।
प्रसन्न-मन थे ध्यान में, सृष्टि के करतार ।। 13

अंत हुआ तूफान जब, दूर हुआ सब ध्वांत ।

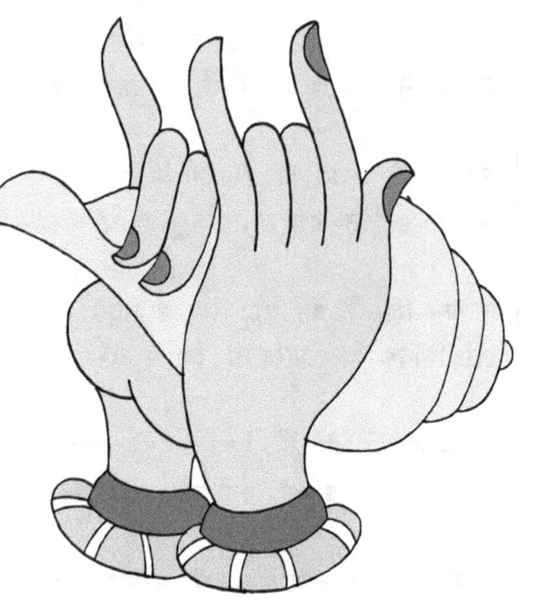

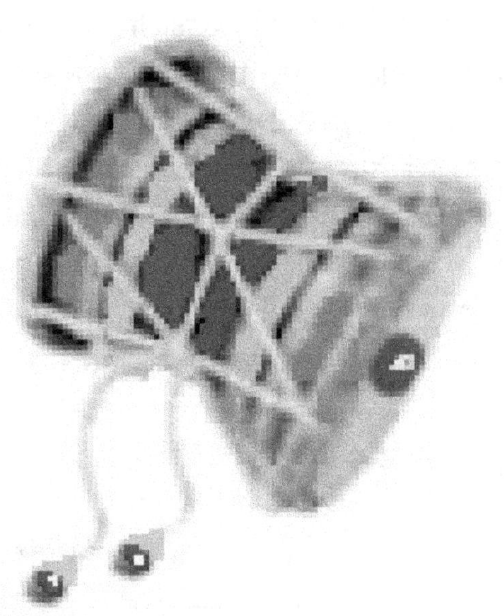

मिटा प्रभंजन गगन का, भवसागर था शाँत ।। 14
आसमान भी नील था, सागर नीला रंग ।
लक्ष्मी जी संतुष्ट थी, नारायण के संग ।। 15
शेषनाग की सेज पर, लेटे थे भगवान ।
बैठी थी नारायणी, करत सृष्टि का ध्यान ।। 16
लक्ष्मी बोली विष्णु को, अनहद है शुभ नाद ।
शिव का डमरू बज रहा, बहुत काल के बाद ।। 1
नारायण ने हाँ कही, किया ओम् पर ध्यान ।
प्रणव नाद ब्रह्मांड में, मंगल जिसकी तान ।। 18

(सृष्टि)

आया क्षण जब प्रसव का, ग्रह सारे अनुकूल ।
महाविष्णु की नाभि से, उगा पद्म का फूल ।। 19
बढ़ा नाल उस पुष्प का, बहुत दीर्घ आकार ।
बना पद्म के मध्य में, आसन गोलाकार ।। 20
आसन पर आरूढ़ थे, ब्रह्मदेव भगवान ।
चार वदन, दिश चार में, करत वेद का गान ।। 21
हुई विलक्षण बात फिर, अद्भुत एकाएक ।
भंग हुआ तन ब्रह्म का, गात्र-गात्र प्रत्येक ।। 22

(प्रजा)

बने ब्रह्म के गात्र से, प्रजापति इक्कीस ।
प्रजा सृष्ट जिनसे हुईं, हम जिनके वारिस ।। 23
प्रजापिताओं ने करीं, विविध प्रजाएँ सृष्ट ।
बरत कर चौंसठ कला, यथा काल था इष्ट ।। 24
भूमंडल में होगए, जीव जंतु सब सृष्ट ।
निहार कर उस घटित को, भूमाता थी हृष्ट ।। 25
सर्वश्रेष्ठ नर योनि थी, वर्ण जिन्हें कुल चार ।
नैसर्गिक रचनाकृति, गुणत्रय के आधार ।। 26
क्षत्रिय वो रणवीर है, बलिष्ठ जिसका गात्र ।

वही क्षात्र राजा बने, सिंहासन के पात्र ।। 27
क्षत्रिय पुरुषोत्तम कहा, दाशरथी श्रीराम ।
न्याय नीति जिसकी सदा, सर्वोत्तम शुभ काम ।। 28
धरती राजस्थान की, "सर्वश्रेष्ठ" अभिधान ।
महाराष्ट्र का था यथा, भारत में सम्मान ।। 29
ढारस श्रद्धा चतुरता, रण में निर्भय धीर ।
तेज दान बल शूरता, "क्षात्र-वर्ण" का वीर ।। 30
प्राण हथेली पर धरे, रण में देना जान ।
रक्षा तीनों वर्ण की, क्षात्र वर्ण का मान ।। 31
वसिष्ठ मुनि ने यज्ञ से, कीन्हे थे निर्माण ।
क्षात्र छत्तीस गोत्र के, राजपूत गुणवान ।। 32
नामध्येय उन वंश के, यहाँ करूँ निर्देश ।
राजपुताना देश का, सुवर्ण भूमि निवेश ।। 33
ककुत्स्थ मट गुहिलोत भी, राजपाल चौहान ।
कोटपाल धनपाल भी, राजपाल मकवान ।। 34
मरूड़ सैंधव गौर भी, चालुक्य छंद परमार ।
अनिग कारट्टपाल भी, गोहिल हुल अभिचार ।। 35
चापोत्कट राठौड़ भी, निकुम्भवर प्रतिहार ।
हैहय यौतिक टाँक औ, हरितट दधिष्ट सिलार ।। 36
कविनीस रोसजुत तथा, सदावर परिहार ।
देवर कलाप महान थे, राजपूत परिवार ।। 37

मेवाड़ की वीरांगना महारानी पद्मिनी (d. 1303)

सन तेरह-सौ-तीन की, निंदनीय है बात ।
दिल्ली के सुलतान की, निर्घृण जिसकी जात ।। 1
चौदहवाँ सुलतान वो, नाम अलाउद्दीन ।
खिलजी शठ अश्लील वो, बर्बर लज्जाहीन ।। 2
सुनी खबर उसने जभी, "चितौड़ नृप की दार ।
मन मोहक है पद्मिनी, विश्व सुंदरी नार" ।। 3

हवास उसका जग पड़ा, लाने उसको छीन ।
बुरी नज़र पर–दार पर, विचार उसका हीन ।। 4
पाजी लंपट दुष्ट वो, कपटी काला साँप ।
कूटकूट मन में भरा, कालकूट सा पाप ।। 5
हँसनिया पर वह मरा, कपटी काला काग ।
राजपूत की स्त्री मिले, उसके मन में आग ।। 6
खिलजी ने हमला किया, चितौड़ पर घमसान ।
राजपूत लड़ने लगे, वीर जिन्हें अभिधान ।। 7
कट कर धरती पर गिरे, मगर न माने हार ।
स्त्रीयाँ कूदी आग में, करने को जौहार ।। 8
जल कर सारी मर गयीं, मगर न आयीं हाथ ।
स्वर्ग गयीं वीरांगना, दिया शरण जगनाथ ।। 9
खिलजी लौटा हार कर, बुझ ना पायी प्यास ।
मर कर जीते वीर वे, उज्ज्वल वह इतिहास ।। 10

मेवाड़ की महारानी पद्मिनी

स्थायी

राजस्थानी, देवी पावन, रानी पद्मावती ।
श्री लक्ष्मी का प्रतिरूप वो, जैसी, न दूजी कोई ।।

♪ सां–रेंसांसां–सांध, सां–रेंसां सां–सानि, निरेंसानि, धपगमपनि– – – – ।
धप, म–म– ममप मनिप–म ग– – – – । सासा, ध–ध–प धपनिध पम– – – – – – ।।

अंतरा–1

पतिव्रता वो सुशील अनुपम, जग में सुंदर नारी ।
उसकी कीर्ति त्रिभुवन गामी, जैसी अन्य न कोई ।।

♪ धध ध– ध–धध, ध–ध– निनिनिप, पनिपम गगपम म– – – म– – – ।
सां–रें सां–सांसांध सांसां रेंसां सां–सानि, निरेंसानि धपगम पनि– – – ।। धप...

अंतरा–2

दीनकरुण वो, नीति निपुण वो, प्रजाप्रिय वो माता ।
उसकी माया ममता न्यारी, वैसी धन्य न कोई ।।

मेवाड का महावीर महाराणा संग्राम सिंह (1509-1527)

महाराज मेवाड का, योद्धा राणा संग ।
धुरंधरों में धीर था, रणवीरों में सिंह ।। 1
महाप्रतापी ख्यात था, सिसोदिया का वंश ।
अनन्य भट निष्णात था, राजपूत शिव अंश ।। 2
निशान जिसके देह पर, सिर से लेकर पाँव ।
लगे विविध विध शस्त्र के, रण में अस्सी घाव ।। 3
देशभक्त उस वीर के, सदा जयश्री साथ ।
फूटा लोचन एक था, एक टाँग अरु हाथ ।। 4
समितिंजय इस वीर ने, कभी न पायी हार ।
लोदी सम सुलतान को, दीन्हीं इसने मार ।। 5
जीते इसने रण सभी, खातोली, गुजरात ।
इदार, अहमदनगर भी, विराम–बिन दिन रात ।। 6
(और)

बिजली सम चंचल बड़ा, अश्व–सवार अनूप ।
अचल शैल सम दृढ़ खड़ा, चितौड़गढ़ का भूप ।। 7
अतुल मनोबल धैर्य का, प्रबल भुजा का वीर ।
उदार हिरदय कर्ण सा, गहरा सागर नीर ।। 8
उसकी सेना पर उसे, अटल सदा विश्वास ।
किसी समस्या घोर से, हुआ कभी न उदास ।। 9
राज्य सुरक्षा ही उसे, सबसे बढ़ कर काम ।
लीन प्रजा उसकी सदा, देश प्रेम के नाम ।। 10
मतृभूमि का भक्त वो, सदय प्रजा का पाल ।
वीर पूर्वजों का करे, आदर समग्र काल ।। 11
(और भी)

धीरज का वह मेरु था, वदन तेज मार्तंड ।
नस–नस में बहती सदा, सरिता–स्फूर्ति अखंड ।। 12

कीर्ति गान इस सिंह के, गाते वीर अनंत ।
घर–घर में स्तुति संग की, जिसे न कोई अंत ।। 13
जुझार राणा संग था, बाप्पा रावल रूप ।
वही उसे आदर्श था, प्रचंड सूर्य स्वरूप ।। 14
घोड़ा उसका शुभ्र था, धौला सफेद रंग ।
विद्युत गति से दौड़ता, सवार राणा संग ।। 15
ऊँचा तगड़ा अश्व वो, चिकना उसका अंग ।
चलता सुंदर चाल से, शानदार सा ढंग ।। 16
(तथा ही)
रानी राणा संग की, करुणावति प्रख्यात ।
रूपमती लावण्य थी, सरस्वती साक्षात ।। 17
माता वह चितौड़ की, राजनीति विद्वान ।
देवी वह मेवाड़ की, राणा जी की शान ।। 18
घोड़ा उसका दौड़ता, वायु वेग, सह जोश ।
वैरी डरते संग से, निहार उसका रोष ।। 19
फिर सन सत्ताईस में, आया संकट घोर ।
राजपूत–इतिहास में, आये मुगल अघोर ।। 20
दिल्ली के लोदी गए, हुए पूर्ण बरबाद ।
आया बाबर तख्त पर, मुगल हुए आबाद ।। 21
मुगलों ने मेवाड पर, तानी जब थी तोप ।
तुरंत राणा संग ने, उनको दीन्हा रोक ।। 22
युद्ध भूमि थी खानवा, करने को संग्राम ।
चार और नृप आगये, मातृ भूमि के नाम ।।23
अंबर, चंदेरी तथा, बुंदीगढ़, अजमेर ।
राजस्थानी सैन्य ने, रण को लीन्हा घेर ।। 24
राजपूत तलवार से, लड़े खूब रणवीर ।
मुगल तोप बंदूक से, किये वार गंभीर ।। 25
हुआ युद्ध घमसान था, बारुद की बौछार ।

गोले तोपों के गिरे, रण पर हाहाकार ।। 26
साथी राणा के डरे, छोड़ दिया संग्राम ।
राणा लड़ता रह गया, बिना किये विश्राम ।। 27
काटाकाटी फिर हुई, गिरे धनाधन वीर ।
युद्ध विसर्जित होगया, राणा बचा सुधीर ।। 29
राणा आहत था हुआ, गया राज्य से दूर ।
करने को सेना नयी, रणवीरों की शूर ।। 30
मगर देह वह तज गया, कुछ ही वर्षों बाद ।
जग ऐसे बलवीर को, रखे हमेशा याद ।। 31
दिल्ली में अब होगया, बाबर का अधिकार ।
बचा न कोई सूरमा, करने को प्रतिकार ।। 32

गीत – राग : यमन कल्याण

राणा संग

स्थायी

महावीर मेरा, महा संग राणा ।

अंतरा–1

किसी शस्त्र से ना, गिरा सूरमा ये ।
किसी दुक्ख से ना, दुखा आत्मा ये ।
खुशी से इसी के, स्तुति गीत गाना ।।

अंतरा–2

इसे देह पर घाव अस्सी हुए थे ।
यदि पाँव, कर, आँख आहत भए थे ।
तभी जंग में जीतता ये शहाणा ।।

अंतरा–3

इसे धर्मवीरों का है वीर माना ।
इसे कर्मवीरों का भी वीर माना ।
महा शूर योद्धा यही एक जाना ।।

मेवाड़ का महावीर महाराणा प्रताप सिंह (1572-1597)

राणा प्रताप सिंह था, वीरों में आदर्श ।
गौरव उसकी कीर्ति का, नभ को करता स्पर्श ।। 1

उदयपूर का वीर वो, रुद्ररूप बजरंग ।
सिसोदिया के वंश का, दादा राणा संग ।। 2

राणा वर मेवाड़ का, महामना रणवीर ।
चंड प्रतापी बाँकुरा, राजपूत रणधीर ।। 3

रक्षक हिंदू धर्म का, तन मन धन के साथ ।
महावीर नक्षत्रेष्ठ था, राजपुताना नाथ ।। 4

म्लेच्छ आक्रमक धूर्त का, किया प्रखर विरोध ।
लड़ा प्राण के अंत तक, लेने को प्रतिशोध ।। 5

बाहुबली यह वीर था, तेजस्वी आकार ।
अटल उसे विश्वास था, योद्धा था दमदार ।। 6

सुदृढ़ सुगठित गात्र थे, माथा भाल विशाल ।
कर में भाला लोह का, शिरस्त्राण असि ढाल ।। 7

उसकी स्फूर्ति अखंड थी, मातृभूमि से प्यार ।
गाता गाने जग सभी, प्रताप के सुखकार ।। 8

(हल्दीघाटी की लड़ाई)

पन्द्रह-सौ-छिहत्तर में, दिल्ली के सुलतान ।
अकबर ने हमला किया, राणा पर घमसान ।। 9

अपार सेना मुग़ल की, करत घोर उत्पात ।
हाथी घोड़ों से सजी, बंदूक तोप तैनात ।। 10

राज्य-राज्य को जीतती, मार-काट घनघोर ।
जन गण के सिर फोड़ती, चली, संपदा चोर ।। 11

मंदिर-मूरत फोड़ती, भ्रष्ट करत सत् लोग ।
स्त्री-लज्जा को लूटती, विषय वासना भोग ।। 12

आये मुग़ल मेवाड़ में, करने कलुषित भ्रष्ट ।
सुषमा राजस्थान की, जड़ से करने नष्ट ।। 13

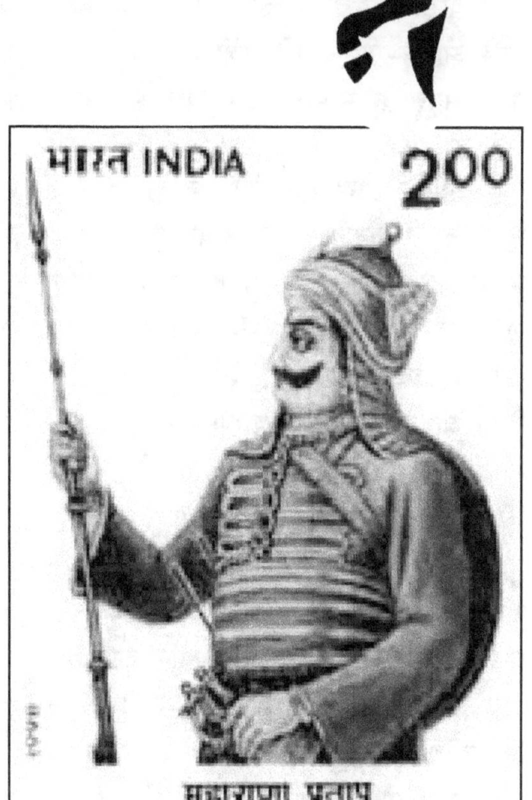

एक लाख से अधिक थे, मुग़ल सिपाही दुष्ट ।
अंधे पागल धरम के, नृशंसता–संतुष्ट ।। 14

(इधर से)

राजपूत भी चल पड़े, करने दो–दो हाथ ।
सेना नायक शूर जो, प्रताप उनके साथ ।। 15

हल्दी घाटी में हुआ, दो सेना संघर्ष ।
दस हजार परताप के, बीरों के मन हर्ष ।। 16

काट–छाट भारी हुई, भीषण नर संहार ।
मुग़ल धनाधन गिर पड़े, कटे पचास–हजार ।। 17

अकबर का हाथी खड़ा, दिखा सैन्य के बीच ।
राणा दौड़ा उस तरफ, हय की लगाम खींच ।। 18

खड़े आमने–सामने, दो राजा उस वक्त ।
नृत, अनृत के सामने, खड़ा धैर्य से युक्त ।। 16

(तब)

एक–टकी से देख कर, राणा ने सुलतान ।
भाला ताना फेंकने, लेने उसकी जान ।। 20

प्रचंड लख कर कुन्त वो, डरा मुग़ल सुलतान ।
झुका बचाने प्राण को, माँगा जीवन दान ।। 21

राणा भी दिल का बड़ा, धैर्य वीर महान ।
रोका भाला, देख कर, शरणागत सुलतान ।। 22

अकबर की वह याचना, नम्र, किये स्वीकार ।
लौटा राणा समर से, चेतक अश्व सवार ।। 23

नीति युद्ध के नियम का, कहा कृष्ण ने सार ।
डरे थके निःशस्त्र पर, करे न योद्धा वार ।। 24

धर्मक्षेत्र पर सम सभी, लाभ–हानि जय हार ।
आज्ञा है यह शास्त्र की, नीति–युद्ध का सार ।। 25

नियम नीति के कृष्ण ने, बोले सभी विशाल ।
और कहा, सब सैनिकों! पालन हो हर काल ।। 26

जिसका छूटा अस्त्र हो, या टूटी तलवार ।

जो आहत या शरण हो, उस पर करो न वार ।। 27

<u>जो आया हो शरण में, या नहिं लगता ढीठ ।</u>

उस भट पर ना वार हो, जो दिखलावे पी ।। 28

इसी नीति के युद्ध को, कहा धर्म का युद्ध ।

जीना मरना सम जहाँ, समबुद्धि है शुद्ध ।। 29

<u>जिने झुकाया शीश है, माँगे शरण तिहार ।</u>

<u>राजा हो या रंक हो, उस पर ना हो वार ।। 30</u>

<u>उसने माँगी जब क्षमा, दोनों कर को जोड़ ।</u>

<u>शरणागत पर कर दया, निकला वह रण छोड़ ।। 31</u>

क्षात्र धर्म संग्राम में, मिली तुझी को जीत ।

गायेंगे हम भारती, तेरे यश के गीत ।। 32

गीत – दादरा ताल

राणा प्रताप

स्थायी

तूने स्वातंत्र्य का बीज बोया, और चलाई प्रणाली अमर है ।

♪ ध्निनि सा–सा–सा रे– सा–निनि सा–रे–, सा– रेग–ग– गम–ग रेनि़नि़ सा– ।

अंतरा–1

तेरे पथ पर चला है शिवाजी, उसने तुझको ही आदर्श माना ।

तूने सीनों में गौरव पिरोया, तेरे कर्मों का अद्भुत असर है ।।

♪ पप म– प– मग– म–ग रे–सा–, पप मप– म ग–म– रे–सा– ।

ध्निनि सा–सा– सा रे–सा– निसा–रे– सारे ग़–ग़– ग म–ग़– रेनि़नि़ सा– ।।

अंतरा–2

राजपूतों ने है तुझको पूजा, तुमसे आदर्श ना कोई दूजा ।

तू ही अर्जुन यथा पांडवों का, तेरी कीर्ति धरा पर अजर है ।।

अंतरा–3

शूर वीरों ने तुझको है माना, तुझको वीरों का भी वीर जाना ।

तुझको भूलें कभी ना जमाना, एहसानों की जिसको कदर है ।।

181. सिंह राजवंश, भरतपुर, राजस्थान (1722-1948)

1. सुआ ...
2. महाराजा बदन सिंह — 1722–1756
3. महाराजा ब्रजेन्द्र सूरज मल — 1756–1763
4. महाराजा जवाहर सिंह — 1763–1768
5. महाराजा रतन सिंह — 1768–1769.
6. महाराजा राजा केशरी सिंह — 1769–1771
7. महाराजा नवल सिंह — 1771–1776
8. महाराजा रणजीत सिंह — 1776–1805
9. महाराजा रणधीर सिंह — 1805–1823
10. महाराजा बलदेव सिंह — 1823–1825
11. महाराजा दुर्जन सिंह — 1825–1826
12. महाराजा बलवंत सिंह — 1826–1853
13. महाराजा जसवंत सिंह — 1853–1893
14. महाराजा राम सिंह — 1893–1900
15. महाराजा किशन सिंह — 1900–1929
16. महाराजा ब्रजेंद्र सिंह — 1929–1947

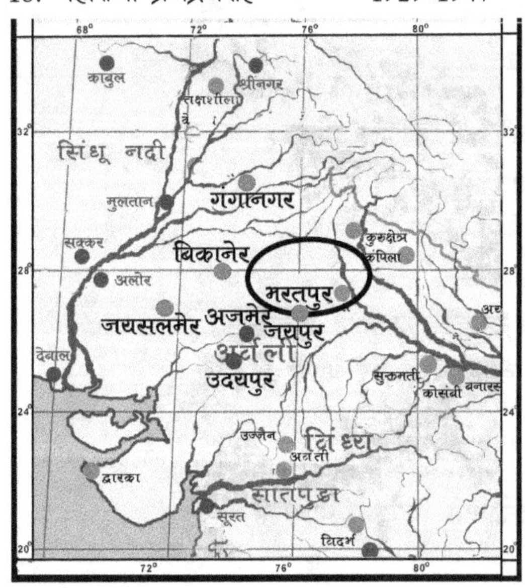

भरतपुर सिंह राजघराना

चौदहवीं सदी में राजस्थान का महान जाट सरदार सुआ भरतपुर क्षेत्र में बड़ा जमींदार था. अठारहवीं सदी में उसके वंशज महाराजा बदन सिंह (1722–1756) ने स्वतंत्र भरतपुर संस्थान स्थापन किया था.

महाराजा ब्रजेन्द्र सूरजमल (1756–1763) ने सन 1761 में मुगलों से आगरा का किला हस्तगत कर लिया और वह किला महाराजा की मृत्यु (1774) तक भरतपुर के जाटों के हाथ में था. महाराजा सूरजमल भरतपुर के सबसे प्रतापी एवं महान शासक माने जाते हैं. महाराजा सूरजमल से महाराजा रणजीत सिंह (1776–1805) तक भरतपुर के शासक गवालियर के सिंधिया शासन (1776–1948) के साथ लड़ाइयों में साझेदार थे.

महाराजा बदन सिंह को जयपुर के कछवाहा महाराजा सवाई जयसिंह-2 (1853–1893) ने सन 1722 में ब्रजराज की उपाधि प्रदान की थी.

महाराजा ब्रजेन्द्र सूरज मल ने कई लड़ाइयों में मराठों का साथ दिया था, मगर महाराजा जसवंत सिंह (1853–1893) ने अंग्रेजों का दास्य स्वीकार कर सन 1857 के स्वतंत्रता संग्राम में भारतीयों के विरोध में अंग्रेजों के पक्ष में लड़ाइयाँ लड़ी थीं.

उसके बाद भरतपुर संस्थान अंग्रेजों का मांडलिक बन कर राज्य करता रहा. सन 1947 में महाराजा ब्रजेंद्र सिंह (1929–1947) ने भारत सरकार को भरतपुर संस्थान सौंप दिया और निवृत्ति वेतन स्वीकार कर लिया था.

पूर्व देखिए : पाल राजघराना (750–1174)

1.	भीष्मक	550–
2.	वीरपाल	1187–1210
3.	**गौरी नारायण**	**1210–1250**
4.	शिव नारायण	1250–1270
5.	जगत नारायण	1270–1585
6.	प्रमो नारायण	1285–1305
7.	हरि नारायण	1305–1325
8.	गोकुल नारायण	1325–1343
9.	ब्रिज नारायण	1343–1360
10.	नंदेश्वर नारायण	1360–1380
11.	सत्य नारायण	1380–1400
12.	लक्ष्मी नारायण	1400–1420
13.	धर्म नारायण	1420–1440
14.	प्रत्यक्ष नारायण	1440–1465
15.	यश नारायण	1465–1480
16.	पूर्णध्व नारायण	1480–1500
17.	धीर नारायण	1500–1522
18.	चंद्र नारायण	1522–1524

आगे देखिए : आहोम राजघराना (355–1826)

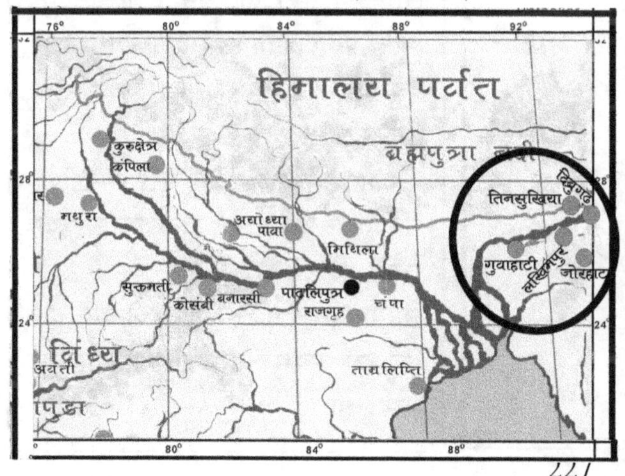

सुतीया राजघराना

पाल साम्राज्य (750–1174) के पतन के समय में असम के लखिमपुर, तिनसुखिया, दिब्रुगढ़, गुवाहाटी, आदि प्रदेशों पर सुतीया राजा वीरपाल (1187–1210) ने ब्रह्मपुत्रा नदी के दोनों किनारे अपना सुतीया राज्य स्थापन कर दिया था.

सुतीया राजा शिव–विष्णुभक्त थे. उनको सरस्वती के मयूर वाहन पर श्रद्धा थी. अत: उनके नृपों के नाम शिव–विष्णु भगवान पर होते थे.

मयूरध्वज बीरपाल की मृत्यु के बाद उसका पुत्र गौरी नारायण (1210–1250) रत्नद्विजपाल उपाधि धारण करके राजा बना. यह राजा शक्तिशाली और सदा विजयी था. उसने अनेक सुतीया घरानों को एकजूट किया और सेना विशाल कर ली थी. परिणामत: बंगाल के अंतिम गौड़ नरेश केशवसेन (1220–1250) ने सुतीया घराने से मैत्री जोड़ कर वैवाहिक संबंध बनाए थे. गौरी नारायण के समय में सुतीया साम्राज्य असम का सब से विशाल राज्य था. राजा गौरी नारायण ने सादीया में नई राजधानी बसा कर वैभव प्रदर्शित किया था.

राजा चंद्र नारायण (1522–1524) के समय में आहोम राजा स्वर्ग नारायण (1494–1539) ने सुतीया राज्य पराजित करके अपने राज्य से जोड़ लिया था.

183. सेन राजवंश, लखनौटी (नादीया), बंगाल (1074-1230)

पूर्व देखिए : पाल राजघराना, मुदागिरी, बंगाल (750–1174)

1.	सामंतसेन	1074–1095
2.	हेमंतसेन	1095–1096	सामंतसेन का पुत्र
3.	विजयसेन	1096–1159	हेमंतसेन का पुत्र
4.	बल्लालसेन	1159–1179	विजयसेन का पुत्र
5.	लक्ष्मणसेन	1179–1205	बल्लालसेन का पुत्र
6.	विश्वरूपसेन	1205–1220	लक्ष्मणसेन का पुत्र
7.	केशवसेन	1220–1250	विश्वरूपसेन का भाई

दोहा छंद – सेन राजघराना

सेन भूप बंगाल के, जाने थे शिव भक्त ।
हिंदुधर्म के स्तंभ थे, जब था प्रतिमुख वक्त ।। 1

लेखक थे साहित्य के, वरेण्य सेन नरेश ।
मूल स्थान इस वंश का, कर्नाटक था देश ।।

सेन राजघराना

बंगाल के पाल राजघराने (750–1174) के पतन के बाद सेन राजघराने के बल्लाल सेन (1159–1179) ने लखनौटी में अपना स्वातंत्र्य घोषित कर दिया.

पाल राजघराने के राजा देवपाल (815–850) के समय में कई राज्याधिकारी कर्नाटक प्रदेश से आकर पाल साम्राज्य में नियुक्त हुए थे जो पाल साम्राज्य के पतन के बाद बंगाल के शासक बन गए थे.

इन कर्नाटकी वीरों में प्रथम राजा था सामन्तसेन (1074–1095) जिसने अपना स्वामीत्व नादिया जिले के लखनौटी में सजाया था. फिर भी, सेन राजघराने के राजा विजयसेन (1096–1159) को सेन राजघराने का आदि माना जाता है. राजा विजयसेन ने देवपाड़ा का विमल प्रद्युम्नेश्वर मंदिर बनवाया था.

राजा बल्लाल सेन (1159–1179) साहित्यक था, जिसने दानसागर ग्रंथ की रचना की थी. और फिर, राजा लक्ष्मणसेन (1179–1205) ने बल्लाल सेन का अद्भुतसागर नामक ग्रंथ पूर्ण किया था.

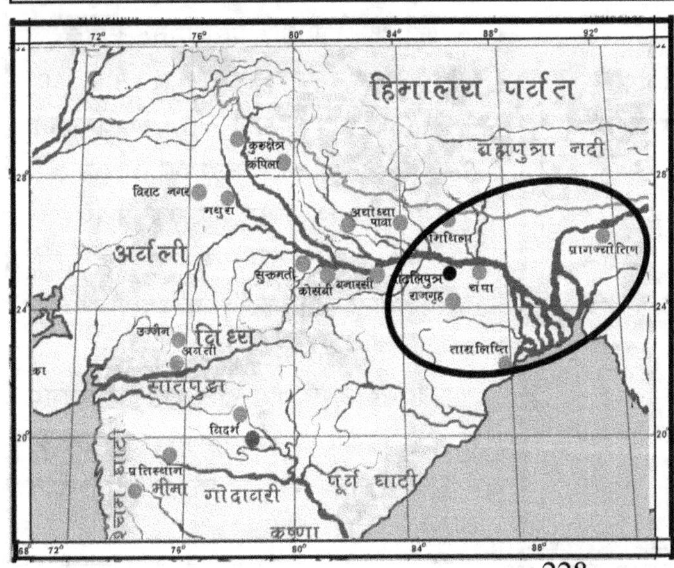

184. सैंधव राजवंश, घुमली, सौराष्ट्र (734-920)

पूर्व देखिए : सिंधु राजवंश (सनातन काल)

1. अहिवर्मा-1
2. पुष्येन
3. अहिवर्मा-2
4. पुष्यदेव   734–754
5. कृष्णराज   754–774
6. अगुक-1   774–794
7. राणक-1   794–814
8. कृष्णराज-2   814–824
9. जैका-1   824–849
10. अगुक-2   849–870
11. राणक-2   870–880
12. चामुण्डराज   880–885
13. अगुक-3   885–900
14. जैका-2   900–920

आगे देखिए : चुडासमा राजवंश, जुनागड (875–1505)

दोहा छंद – सैंधव राजघराना

वंशज सिंधु कुटुंब के, सैंधव जिनका नाम ।
आन बसे सौराष्ट्र में, नया बना कर धाम ॥ 1
मैत्रक इनके पूर्व थे, हुए चुडासम बाद ।
नौसेना इस वंश की, रहे सदा ही याद ॥ 2

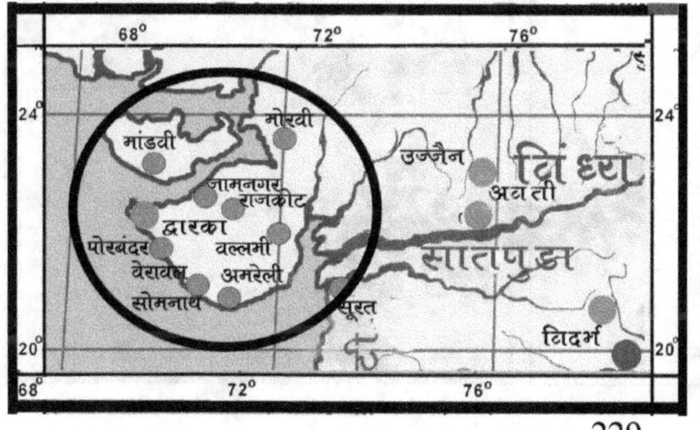

सैंधव राजघराना, सौराष्ट्र

सनातन पौराणिक सिंध के राजा वृद्धक्षत्र (देखिए सिंध) के पुत्र जयद्रथ (महा. 3.262) के वंशज जो सैंधव नाम से जाने जाते थे, वे सोरठ (सौराष्ट्र) में आकर पश्चिम विभाग में वल्लभी के मैत्रक (480–767) राजवंश के पश्चात् बरदा पहाड़ी के घुमली (वल्लभी) क्षेत्र में स्थापन होगए. उनकी सत्ता का क्षेत्र सौराष्ट्र के जामनगर, द्वारका, राजकोट, मोरवी, पोरबंदर, आदि जिलों में था. एक लंबी अज्ञात वंशावली के बाद राजा पुष्यदेव (734–754) से इस वंश की गणना इतिहास को ज्ञात है.

सैंधव राजा पुष्यदेव मैत्रक राजा शीलादित्य-4 (722-760) के समकालीन था. घुमली (पोरबंदर) क्षेत्र सौराष्ट्र के पश्चिम समुद्र किनारे पर होने से नौ-सेना का राजचिन्ह वरुण देव की मछली का चित्र था.

सैंधव राजाओं के बाद उत्तर सौराष्ट्र का मोरवी संस्थान जाडेजा (1203–1948) राजपूतों की सत्ता में आगया था.

सैंधव राज्य की व्यवहारिक भाषा संस्कृत अथवा प्राकृत थी. सैंधव राजघराने के बाद सौराष्ट्र में चुडासमा (875–1505) राजघराने का शासन आगया था. चुडासमा वंश की राजधानी जुनागड में स्थित हुई थी.

185. सोलंकी राजवंश, अन्हिलवाड (पाटण), गुजरात (942-1244)

पूर्व देखिए : चापोत्कट राजवंश, अन्हिलवाड (690–942)

भूराज
कर्णादित्य
चंद्रादित्य
सोमादित्य
भुवनादित्य

1.	मूलराज–1	942–995	
2.	चामुंडराज	695–1010	मूलराज–1 का पुत्र
3.	वल्लभराज	1010–1011	चामुंडराज का पुत्र
4.	दुर्लभराज	1011–1022	वल्लभराज का पुत्र
5.	भीमदेव–1	1022–1064	दुर्लभराका का भतीजा
6.	कर्णदेव	1064–1094	भीम–1 का पुत्र
7.	जयसिंह–1	1094–1143	कर्णदेव का पुत्र
8.	कुमारपाल	1143–1172	जयसिंह का प्रपौत्र
9.	अजयपाल	1171–1176	कुमारपाल का भतीजा
10.	मूलराज–2	1176–1178	अजयपाल का पुत्र
11.	भीम–2	1178–1223	अजयपाल का पुत्र
12.	जयसिंह–2	1223–1241	भीम–2 का पुत्र
13.	त्रिभुवनपाल	1241–1244	जयसिंह–2 का पुत्र

आगे देखिए : वाघेला राजवंश, अन्हिलवाड (1243–1304)

पाटण का सोलंकी राजघराना

चापोत्कट वंश का अतिम सामंत नरेश (935–942) जब पुत्र हीन चल बसा तब राज्य में उत्तराधिकारी की सोच से खलबली मच गई. सामंतसिंह की पत्नी रानी लीलावती और उसके पतिदेव राजी सोलंकी ने अपने सुयोग्य पुत्र मूलराज को पाटन (अन्हिलवाड) की सत्ता का संकेत किया. महावीर मूलराज ने चापोत्कट सत्ता हाथ में लेकर अपना सोलंकी वंश पाटन में स्थापित कर दिया.

ढाई सौ वर्ष शासन करने के बाद प्रतिकूल काल वश अन्हिलवाड की सोलंकी सत्ता वाघेला राजाओं के हाथ में चली गई और पाटन के सोलंकी राजपूत वंश का अंत होगया.

दोहा छंद – सोलंकी राजघराना

चापोत्कट का आखरी, राजा था सामंत ।
पुत्रहीन वह मर गया, हुआ वंश का अंत ॥ 1
बड़ी बहिन सामंत की, लीलावती सुजान ।
पति उसका राजी, जिसे, सोलंकी कुलनाम ॥ 2
राजी का सुत मूलराज, योद्धा महान वीर ।
पाटन उसने जीत कर, किया राज्य फिर स्थिर ॥ 3
सोलंकी का वंश था, चला ढाई-सौ साल ।
वाघेला फिर आगए, ज्यों ही बदला काल ॥ 4

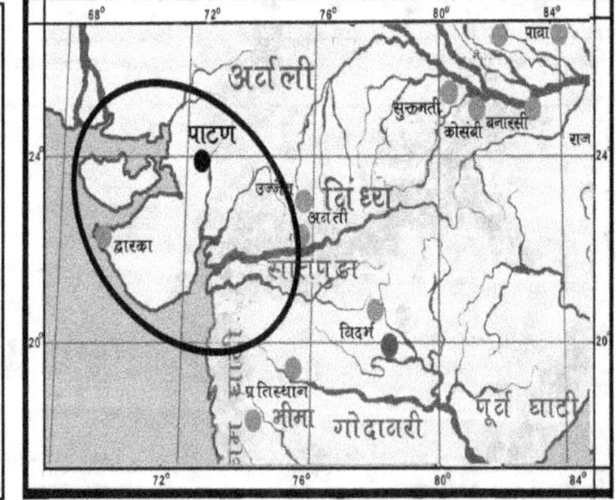

186. सौविर राजवंश, सिंध (सनातन काल)

पूर्व देखिए : महाभारतीय विशाल वंशवृक्ष

1. राहुगण
2. सौविर   शिबि राजा का पुत्र

आगे देखिए : सिंधु राजवंश, (सनातन काल)

दोहा छंद – सौविर राजघराना

सौविर था सुत शैब्य का, शिबि राज्य का नाथ ।
प्रसिद्ध सौविर राज्य था, सिंधु राज्य के पास ।। 1

सिंधु राजा प्रबल था, बहुत आक्रमक दुष्ट ।
सौविर, शिबि को छीन कर, नहीं हुआ संतुष्ट ।। 2

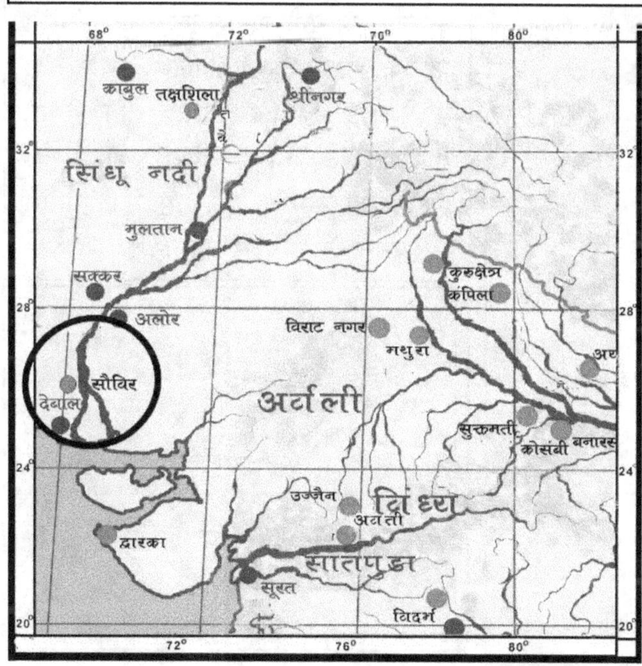

सौविर राजघराना

महाभारत और वैदिक वाङ्मय में कथित सनातन सौविर राजवंश की राजधानी सिंध में रोरुक नगर थी. रोरुक नगरी रोड़ राजवंश (देखिए) के रोड़ कुमार राजा ने स्थापन की थी. आलेखों मे यह कहा गया है कि रोरुक नगरी द्वारका नगरी से बहुत दूर नहीं थी.

महाभारत के अनुसार, सिंधु राजवंश का महाभारतीय महान खलनायक था राजा जयद्रथ, जो कि दर्बुद्धि दुर्योधन कौरव का साला था. सिंधुराज जयद्रथ राजा ने सौविर और शिबि के राज्यों को जीत कर अपने सिंधु राज्य से मिला लिया था. महाभारतीय युद्ध में वह दुर्योधन के साथ कौरव पक्ष में लड़ा था.

राजा सौविर सिंध के शिबि राजा का सुपुत्र था. शिबि राजा के अन्य तीन पुत्र थे : मद्रक, केकय और विषधर जो मद्र, केकय और सिंधु राज्य के अधिपति हुए थे. शिबि राजा का उल्लेख श्रीमद् भगवद् गीता के प्रथम अध्याय में (गीता 1.5, शैब्यश्च नरपङ्गवः) संजय के मुख से गौरव के साथ "पुरुषों का ऋषभ" कह कर गाया हुआ देखने को मिलता है.

ह-अक्षरारंभ के राजप्रवाह

187. हर्यक राजवंश, पाटलिपुत्र (544-413 BC)

दोहा छंद – हर्यक राजघराना

बिंबिसार नृप मगध का, श्रेणिक जिसका नाम ।
राजगृह में शुरू किया, हर्यक वंश महान ।। 1

बिंबिसार के पुत्र ने, बनवाया नूतन स्थान ।
जाना पाटलिपुत्र था, वैभव जिसे महान ।। 2

नूतन हर्यक वंश का, हुआ यही फिर धाम ।
बहुत ख्यात इतिहास में, पाटन हुआ प्रधान ।। 3

हर्यक राजघराना, मगध

राजगृह मगध के मंत्री भट्टीय का पुत्र बिंबिसार ने बृहद्रथ वंश समाप्त करके हर्यक अथवा हर्यंक राजवंश स्थापन किया। राजा बिंबिसार महात्मा गौतम बुद्ध (563-483) तथा 24 वे तीर्थंकर वर्धमान महावीर स्वामी (540-468) के सम कालीन था।

हर्यक सम्राट बिंबिसार के पुत्र अजातशत्रु ने पाटलीपुत्र (पाटन) नगरी बसाई और उसके पुत्र उदायी (462-442 ई.पू.) ने अपनी राजधानी पाटलिपुत्र में स्थानांतरित कर दी. इस राजा के काल में हर्यक वंश की सत्ता चंपा, कौशांबी, विदिशा, वाराणसी, उज्जैन तक विस्तृत होगई थी. हर्यक वंश की सत्ता 413 ई.पू. में शिशुनाग राजघरानें के हाथ में आगई।

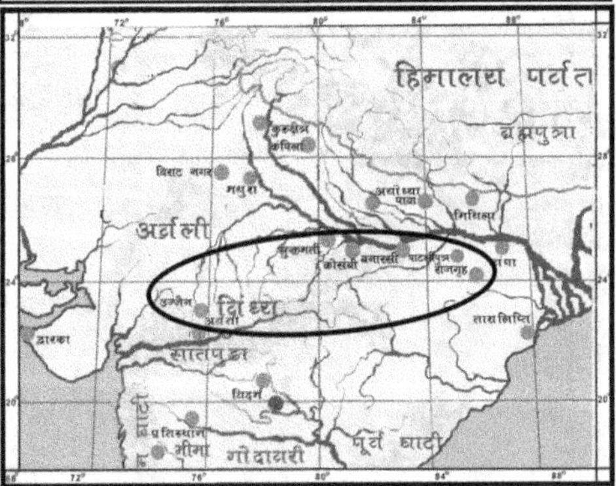

मगध देश का महान सम्राट अजातशत्रु (494-462 BC)

सम्राट अजातशत्रु, मगध

हर्यक राजवंश का नृप अजातशत्रु (494–642 ई.पू.) मगध साम्राज्य का विख्यात राजा था. अजातशत्रु को कूणिक अथा कूणिय संज्ञाएँ थी. सम्राट बिंबिसार (546–494 ई.पू.) और उसका पुत्र अजातशत्रु 24 वे तीर्थंकर महावीर स्वामी (540–468 ई.पू.) और महात्मा गौतम बुद्ध (563–483 ई.पू.) के समकालीन थे. राजा अजातशत्रु भगवान बुद्ध से प्रत्यक्ष मिला हुआ था. अजातशत्रु की माता वैशाली राज्य की राजकुमारी चेल्लना वर्धमान महावीर के रिश्ते में थी. महात्मा गौतम बुद्ध और वीतराग महावीर की मृत्यु अजातशत्रु के कार्यकाल में ही हुई थी.

राजा अजातशत्रु सम्राट बिंबिसार के अंग देश का राज्यपाल होता था. पिता की मृत्य के पश्चात् सम्राट अजातशत्रु ने तिरहत का लिच्छवी राज्य जीत कर अंग देश से हिमालय तक अपना राज्य विशाल कर दिया था. नेपाल से लिच्छवी आक्रमण की संभावना रोकने के लिए अजातशत्रु ने शोण नदी के किनारे गंगा नदी के संगम पर पाटल नामक गाँव बसा कर वहाँ सदृढ़ किला बनबाया था. यही पाटल नगर आगे चल कर इतिहास प्रसिद्ध राजधानी का नगर पाटलीपुत्र बन गया था.

233

188. हिंदू शाही राजवंश, काबुल-गांधार (867-1026)

पूर्व देखिए : गांधार राजवंश (सनातन काल)

1. कहार   867–870
2. सामंत   870–895
3. कमलवर्मा   895–921   कहार का पुत्र
4. भीम जेतृपाल   921–960   कमलवर्मा का पुत्र
5. जयपाल   960–1002   भीम का पुत्र
6. आनंदपाल   1002–1021   जयपाल का पुत्र
7. त्रिलोचनपाल   1021–1026   आनंदपाल का पुत्र

दोहा छंद – हिंदू शाही राजघराना

हिंदू शाही राज वो, नृप थे जिसके सात ।
काबुल पर हकदार था, साल एक-सौ-साठ ।। 1

हिंदू शाही राजघराना

काबुल–गांधार के बुद्ध राजा लागतुर्मा से सत्ता छीन कर उसके मंत्री स्पलपति कहार ने कन्नौज के प्रतिहार राजा मिहिर भोज (843–893) की सहायता से काबुल–गांधार पर हिंदू शाही राजवंश स्थापन कर दिया. कहार के राज्यसत्ता केन्द्र काबुल, उद्धांडपुर और नगरकोट थे. कहार राजा के राजनैतिक संबंध काश्मीर के कारकोट वंश (631–855) और उसके बाद उत्पल (855–949) वंश से घनिष्ट थे.

कहार की मृत्यु के पश्चात् सामंत (870–895) और फिर कहार का पुत्र कमलवार्मा (895–921) राजा बना. कमलवर्मा की मृत्य के बाद उसका पुत्र जोतृपाल भीम (921–960) सत्ता में आया. राजा भीम ने नगरकोट को भीम नगर नाम दिया था. उसने अपनी कन्या काश्मीर के उत्पल राजकुमार सिंहराज को विवाह में दे कर काश्मिर से काबुल के राजनैतिक संबंध दृढ़ किए थे. राजा आनंदपाल की मृत्य के पश्चात् उसके पुत्र त्रिलोचनपाल ने भी अपनी कन्या बिंबा काश्मीर के लोहर राजवंश (1003–1172) के संग्रामराजा (1003–1028) के प्रधान मंत्री के पुत्र कंदर्पसिंह को विवाह में दी थी.

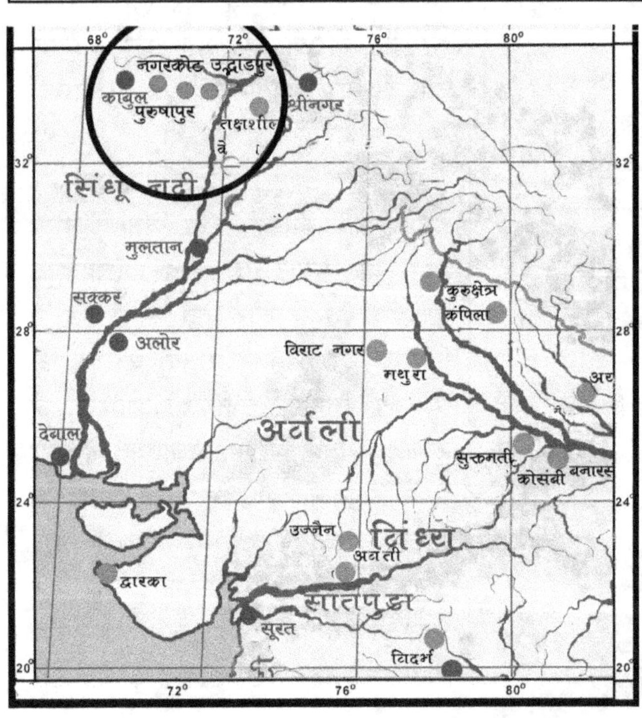

पूर्व देखिए : चौहान राजवंश, साकंभरी (648-1192)

दोहा छंद – हेमचंद्र विक्रमादित्य

पानीपत का पहला युद्ध (1526)

पन्द्रह-सौ-छब्बीस में, पानीपत का युद्ध ।

दो अफ़गानों मे हुआ, लोदी-मुग़ल विरुद्ध ।। 1

दिल्ली में सुलतान था, लोदी इब्राहीम ।

काबुल से **बाबर** चला, लिये धैर्य निस्सीम ।। 2

पानीपत में रण हुआ, युद्ध हुआ घमसान ।

लोदी जब मारा गया, मुग़ल बना सुलतान ।। 3

पानीपत का दूसरा युद्ध (1556)

शाह सिकंदर सूर के, हीमू सचिव महान ।

दिल्ली के राजा बने, शिकस्त कर सुलतान ।। 4

हीमू ब्राह्मण वीर थे, प्रखर तेज आदित्य ।

दिल्ली के राजा बने, नाम विक्रमादित्य ।। 5

पन्द्रह छप्पन्न वर्ष में, आया फिर तूफान ।

पानीपत में रण हुआ, "युद्ध-दूसरा नाम" ।। 6

सुन दिल्ली की क्रांति को, काबुल का सुलतान ।

अकबर भारत आगया, करने काम तमाम ।। 7

पानीपत में जब रुका, अफ़गानी सुलतान ।

हीमू लड़ने चल पड़ा, लेकर सब सामान ।। 8

हीमू-अकबर का हुआ, घमासान जब युद्ध ।

हीमू आहत होगया, और हुआ बेशुद्ध ।। 9

हीमू जब पकड़ा गया, उस अकबर के हाथ ।

सिर उसका उड़वादिया, कुत्सितता के साथ ।। 10

हुमायून फिर से बना, दिल्ली का सुलतान ।

उसी साल वह मर गया; अकबर पाया स्थान ।।

अकबर नव सुलतान का, शुरू वही फिर काम ।

मुग़ल राज्य को लादना, जिसे लगा न लगाम ।।

सम्राट हेमचंद्र विक्रमादित्य

अलवर का वीर पुरुष हेमचंद्र अथवा हेमू (1501-1156) मिर्जांपूर में स्थित सेनापति था. हुमायूँ (1555-1555) की मृत्यु की खबर सुनते ही तुरंत सेना लेकर दिल्ली पर बढ़ गया. आगरा और दिल्ली पर अधिकार जमा कर स्वयं सम्राट हेमचंद्र विक्रमादित्य दिल्लीपति बन गया और महाराणा पुथ्वीराज चौहान (1166-1169) के बाद पहली बार भारतीय स्वतंत्रता का भगवा झंडा गाड़ दिया. महाराजा हेमू के पास 1500 हाथियों से सजी विशाल सेना थी.

हेमू के दिल्लीपति बनने की खबर सुनते ही, काबुल से अकबर (1542-1605) चल पड़ा और हेमू के साथ पानीपत की दूसरी लड़ाई (1556) छिड़ गई. लड़ते-लड़ते दुर्भाग्यवश एक तीर हाथी पर आरूढ महाराजा हेमू को लग गया और युद्ध तथा भारतीय स्वतंत्रता की बाज़ी पलट गई.

विक्रमादित्य हेमचंद्र एक प्रभावशाली शासक, चतुर सरानीतिज्ञ, सफल सेनानी और कूटनीति का दूरदृष्टा था. अलवर के पुरोहित राय पूर्णदास के यहाँ एक गरीब कुल में जन्म लेकर जीवन यात्रा आरंभ की थी. हेमचंद्र संस्कृत और गणित ज्ञान के पंडित तथा तलवारबाजी और घुड़सवारी के पटु बन गए थे. दिल्लीपति बनते ही उन्हों ने पांडवों के पुराने किले में वैदिक राज्याभिषेक करके चक्रवर्ती की उपाधि धारण की. उन्हों ने राज्य में गोहत्या पर प्रबंध लगा दिया. उनके बाद फिर चिंता, अपेक्षा और समस्या थी कि ऐसा महान चक्रवर्ती राजा दिल्ली पर फिर से कब शासन करेगा.

190. होल्कर राजवंश, इंदौर (इंदूर) (1730-1948)

पूर्व देखिए : पेशवे राजवंश, पुणे (1713–1818)

1. हिंगोजी होल्कर ...
2. खंडेराव (खंडोजी)
3. मल्हारराव–1 | 1731–1766 | खंडोजी का पुत्र
4. तुकोजीराव–1 | 1766–1767 | मल्हारराव का मानस पुत्र
5. मालेराव | 1767–1767 | खंडेराव का पुत्र
6. **अहल्याबाई** | **1767–1795** | **खंडेराव की पत्नी**
7. तुकोजीराव–2 | 1795–1797 | तान्होजी का पुत्र
8. मल्हारराव–2 | 1797–1797 | तुकोजी–2 का दत्तक पुत्र
9. काशीराव | 1797–1798 | मल्हारराव–2 का भाई
10. यशवंतराव–1 | 1798–1807 | मल्हारराव–2 का पुत्र
11. – | 1807–1811 | अराजकता-अनागोंदी
12. मल्हारराव–3 | 1807–1833 | मल्हारराव–2 का पुत्र
13. मार्त्तण्डराव | 1834–1834 | यशवंतराव–1 का गोद पुत्र
14. हरिराव | 1834–1843 | विठोजीराव का पुत्र
15. खंडेराव | 1843–1844 | यशवंतराव–1 का गोद पुत्र
16. तुकोजीराव–3 | 1844–1886 | यशवंतराव–1, दत्तक पुत्र
13. शिवाजीराव | 1886–1903 | तुकोजीराव–3 का पुत्र
14. तुकोजीराव–4, | 1903–1926 | शिवजीराव का पुत्र
15. यशवंतराव–2 | 1926–1948 | तकोजीराव–4 का पुत्र

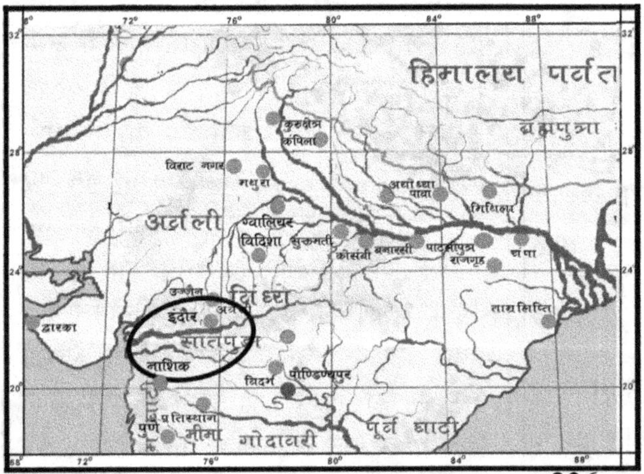

होळकर राजघराना

होळकर (होल्कर) राजवंश के आदि पुरुष वाफगाव के हिंगोजी तथा खंडोजी होल्कर थे मगर मल्हारराव (1693–1766) को संस्थापक माना जाता है. सन 1730 में पेशवे बाजीराव–1 (1720–1740) ने मल्हारराव को मालवा प्रांत का सुभेदार नियुक्त किया और मल्हारराव ने इंदौर (इंदूर) को अपनी राजधानी बनाया. मल्हारराव ने सन 1733 में महाराष्ट्र के जामखेड के माणकोजी शिंदे की कन्या अहल्याबाई (1725–1795) से अपने पुत्र खंडेराव (1723–1754) का विवाह कर दिया. सन 140 से अहल्याबाई ने अनेकों लड़ाइयों में सशस्त्र भाग लेना आरंभ कर दिया. सन 1754 में खंडेराव कुंभेर की लड़ाई में मारा गया और मल्हारराव का मानस पुत्र तुकोजीराव–1 (1766–1776) इंदौर की गादी पर आया. सन 1767 में तुकोजीराव–1 की मृत्यु हुई और अहिल्याबाई सत्ता में (1767–1795) आगई. सन 1795 में अहल्याबाई निवृत्त होगई और शीघ्र ही उनकी मृत्यु होगई. सन 1795 में तुकोजी–2 सत्ता में आया. तुकोजी–2 ने पेशवे बाजीराव–1 (1720–1740) से माधवराव–2 (1774–1795) तक 1. रोहिलायुद्ध (1769), 2. बाराभाई कारस्थान (1174), 3. टिपु युद्ध (1786), 4. अंग्रेजयुद्ध (1778–1779), 5. निजाम युद्ध (1795), आदि में मदद की थी.

इंदौर की वीरांगना महारानी अहल्याबाई होल्कर (१७२५-१७९५)

रानी अहल्याबाई होल्कर (1767–1795)

अहल्याबाई होल्कर (होळ्कर) एक कुशल, कर्तव्यतत्पर और धर्ममरायण हिंदू रानी थी. उस युद्धवीरांगना और धार्मिक नारी ने युद्ध अयोध्या, नाशिक, द्वारका, पुष्कर, हृषिकेश, जेजुरी, पंढरपूर, गया, उदयपूर, आदि तीर्थ क्षेत्रों में मंदिर बनवाए; सोरटी सोमनाथ, ओंकारेश्वर, मल्लिकार्जुन, विश्वेश्वर, काशी, विष्णुपाद, महाकालेश्वर, आदि भग्न मंदिरों का जीर्णोद्धार किया था; और वाराणसी, प्रयागराज, पन्तांबे, चौंढ़ी, नाशिक, इंदौर, त्र्यंबकेश्वर, आदि पावन स्थानों की नदियों में यात्रियों के लिए विशाल तीर्थ घाट बनवाए थे.

इंदौर के वीर महाराजा मल्हारराव होल्कर (१६९३-१७६६)

मल्हारराव होळकर

जय बोल, जय बोल, जय बोल,
जय जय बो – – – ल ॥

देशभक्ति का जुनून जिस पर,
सवार हो बचपन से ।
सैनिक बन कर सब अर्पण कर,
लड़ता जो तन मन से ।
ऐसा सेनानी हो या राजा,
जीवन वो अनमोल ॥ जय बोल

खेला बावन युद्ध समर वो,
श्री होलकर मल्हार ।
मातृभूमि की सेवा करता,
जीत मिले या हार ।
आओ गीत स्तुति के उसकी,
गाएँ हिरदय खोल ॥ जय बोल

महाराजा मल्हारराव होळकर (1731-1766)

इतिहास में प्रथम बार शकुन्तला पुत्र राजा भरत ने कहा था कि "राजा केवल राजा का पुत्र ही होना आवश्यक नहीं है, राजा के घर ही राजा जन्मे यह सत्य नहीं होना चाहिए' उसी राजनीति का एक आदर्श उदाहरण है इंदौर के राजा मल्हारराव होल्कर (होळकर) (1731-1767).

महाराष्ट्र के होल नामक गाँव के गरीब मराठा गडियारे किसान खंडोजी होल्कर का बेटा मल्हारी (1693-1766) देशभक्ति और जन्मभूमि की सेवा की प्यास से स्वयंस्फूर्त सेनानी बन गया. छत्रपति शिवाजी (1630-1680) के बचपन के पदचिन्हों पर चल कर मल्हारी ने भी अपने मित्रों के साथ एक छोटी सी सैनिक फौज बना कर परदेसियों के विरुद्ध लड़ना आरंभ कर दिया.

मल्हारी का ढारस और साहस देख कर महान पेशवे बाजीराव-1 (1720-1740) ने उसे सन 1721 में अपनी घुड़सवार सेना में स्थान दे दिया. फिर, मल्हारी का युद्ध कौशल्य और यश देख कर बाजीराव पेशवे ने 1725 में मल्हारराव को पाँच-सौ के अश्वदल का सेनानी और उत्तर खानदेश का मुखिया सरदार बना दिया. मल्हारराव ने कुल 52 विविध युद्ध लड़े और पेशवे बाजीराव-1 और पेशवे नाना साहेब (1740-1761) की अनमोल सेवा की.

सन 1761 में मल्हारराव ने ग्वालियर के महादजी सिंधिया (1727-1794) के साथ पानीपत-3 के संग्राम में सदाशिवराव पेशवे (1730-1761) के साथ भाग लिया था. महाराजा मल्हारराव और गैतमीबाई होल्कर का एक मात्र पुत्र खंडेराव (1723-1754) महारानी अहिल्याबाई होल्कर (1725-1795) का पति था.

191. होयसळ राजवंश, द्वारसमुद्र (हलेबिड), कर्नाटक (1026-1348)

पूर्व देखिए : यादव राजवंश, देवगिरि (850–1311)

1.	सळ	1006–1022
2.	नृपकाम	1022–1047
3.	विनयादित्य	1047–1063 नृपकाम का पुत्र
4.	एरेयंग	1063–1100 विनयादित्य का पुत्र
5.	वीर बल्लाळ–1	1100–1110 ऐरेयंग का पुत्र
6.	**विष्णुवर्धन त्रिभुवनमल्ल**	**1110–1152** बल्लाळ–1 का भाई
7.	नरसिंह–1	1152–1173 विष्णवर्धन का पुत्र
8.	वीर बल्लाळ–2	1173–1220 नरसिंह–1 का पुत्र
9.	नरसिंह–2	1220–1233 बल्लाळ–2 का पुत्र
10.	सोमेश्वर	1233–1254 नरसिंह–3 का पुत्र
11.	नरसिंह–3	1254–1291 सोमेश्वर का पुत्र
11.	वीर बल्लाळ–3	1291–1342
12.	वीर बल्लळ–4 (वीरुपक्ष)	1342–1348 बल्लाळ–3 का पुत्र

आगे देखिए : नायक राजवंश, विजयनगर (1336–1565)

दोहा छंद – होयसळ राजघराना

कर्नाटक में होगया, परम होयसल वंश ।
कुलभूषण थे अधिप वे, जैसे पंछी हंस ।। 1
शिल्प काम इस राज्य में, पाया बहु सम्मान ।
तरह तरह की मूर्तियाँ, स्तंभ शिखर, कमान ।। 2
इनके मंदिर भव्य थे, सुंदर शोभावान ।
इतिहास में है मिला, उच्च कोटि का स्थान ।। 3

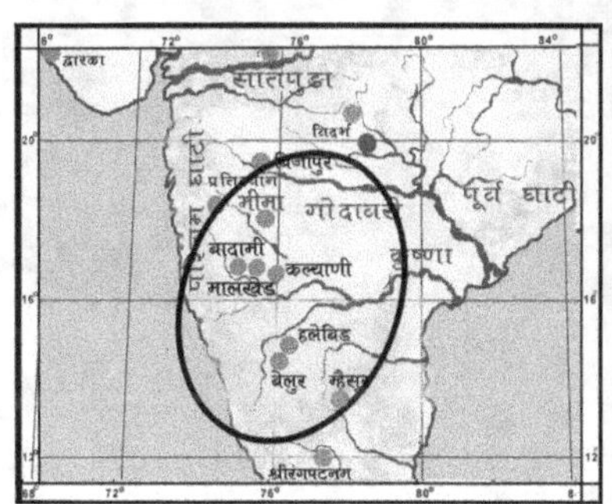

होयसळ राजघराना

होयसोळ राजवंश (1024–1348) देवगिरि के यादव राजवंश (850–1311) की एक चंद्रवंशी शाखा है. होयसल प्रधान कल्याणी के पश्चिम चालुक्य (696–1189) राजाओं के सामंत रूप में शासन करते थे.

कल्याणी चालुक्य राजा सोमेश्वर–3 (1127–1138) के समय में होयसळ नरेश विष्णुवर्धन त्रिभुवनमल्ल (1110–1152) चालुक्य प्रदेश को जीत कर स्वातंत्र्य पुकार दिया था और अपनी राजधानी द्वारसमुद्र (हलेबिड) में स्थापन कर दी थी. राजा विष्णुवर्धन वैष्णव रामानुजाचार्य (1017–1137) का अनुयायी था. उसने अपने महान विजय के उपलक्ष्य में बेलुर में चेन्नाकेशव मंदिर और हलेबिड में होयसलेश्वर का महान मंदिर बनवाया था.

राजा वीर बल्लाळ–2 (1173–1220) होयसळ वंश का सबसे प्रसिद्ध नरेश हुआ. उसने राज्य को विशाल और समृद्ध कर दिया था. उसके प्रभावी आक्रमणों से चालुक्यों की क्षमता क्षीण होगई और उसका लाभ उठा कर यादव राजा भिल्लम–5 (1173–1192) ने चालुक्य राजा सोमेश्वर–4 (1183–1189) को जीत कर कल्याणी पर अधिकार प्राप्त कर लिया था.

होयसळ राजा विष्णुवर्धन त्रिभुवनमल्ल (1110-1152)

द्वारसमुद्र (हलेबिड) के होयसळ राजा त्रिभुवनमल्ल विष्णुवर्धन (1110-1152) एक समय पर कल्याणी के पश्चिम चालुक्य राजा विक्रमात्य त्रिभुवनमल्ल अथवा बित्तिदेव (1076-1127) का मांडलिक था. राजा विष्णुवर्धन वैष्णव आचार्य रामानुजाचार्य (1017-1137) के प्रभाव में आया और वैष्णव भक्त बन गया. परिणामतः, तब से विष्णुभक्त राजा त्रिभुवनमल्ल विष्णुवर्धन नाम से जाना गया. विष्णुवर्धन ने प्रचंड विष्णु मंदिर बनाना आरंभ कर दिया.

होयसळ राजा विष्णुवर्धन की राजधानी बेलुर में थी. विष्णुवर्धन का बेलुर में बनाया हुआ चेन्नकेशव त्रिमंदिर इस कला की पराकाष्ठा का प्रमाण है. चेन्नकेशव मंदिर के सुंदर अपसराओं और यक्ष मूर्तियों से सजे मिहराब, कमान और खूबसूरत स्तंभ शिल्पकला की उच्च कोटि जाने जाते हैं.

राजा विष्णुवर्धन ने फिर द्वारसमुद्र (हलेबिड) नगरी बसाई और वहाँ सोलह कोनों वाला तारे के आकार वाला महान केदारेश्वर मंदिर बनाय. इसके बाद श्रीरंगपटनम के पास सोमनाथपुरम में दूसरा भव्य केशव मंदिर बना कर होयसळ राजवंश की महानता इतिहास में शाश्वत कर दी.

REFERENCES

Aiyangar, S.K.; *Ancient India;* Madras, 1911

Banerji, R.D.; *Age of Imperial Guptas;* Benaras, 1933

Bhandarkar, *R.G.; Early History of the Dekkan;* Calcutta, 1928

Bhave, V.L.; *Maharashtra Sarasvat*; Poona 1919

Bhuyan, S.K.; *Assam Buranjis*; Gauhati, 1962

Gopalan, R.; *History of the Pallavas of Kanchi*; Madras, 1928

Goyal, S.R.; *A History of Imperial Guptas*; Allahabad, 1967

Gupta, Hari Ram; *Marathas and Panipat*; Chandigarh, 1961

Iyergar, P.T.S.; *History of the Tamils to 600 A.D.*; Madras, 1929

Kanakasabhai, V.; *The Tamils Eighteen Hundred Years Ago*; Madras, 1956

Kaul, S.; *Rajtarangini*; Hoshiarpur 1966

Lajpatrai, Lala (Trans. by Prasad S.N.); *Shivaji the Great Patriot*; Delhi, 1980

Langer, William L. *An Encyclopedia of the World History*; Boston, 1975

Majumdar, A.K.; *The Chalukyas of Gujrat*; Bombay, 1955

Majumdar, R.C.; *History of Ancient Bengal*; Calcutta, 1971

Majumdar, R.C.; *History of Mediaval Bengal*; Calcutta, 1973

Majumdar, R.C.; *The History and Culture of the Indian People*, 11 Volumes; Calcutta, 1979

Menon, P.K.K.; *Journal of Indian History*; Trivendrum, 1963

Namdar, J.N.; *The Glories of Magdha;* Calcutta, 1927

Pagdi, Setu Madhavarao; *Chhatrapati Shivaji;* Pune 1974

Palsokar, R.D.; *Shivaji the Great Guerrilla*; Pune, 1973

Pathak, Vishvanabh Sharan; *Ancient History of India*; Bombay, 1926

Pawar, A.G.; *Studies in Indian History*; Kolhapur 1968

Prothero, M and Vidyabhushan; *A History of India;* London, 1915

Puri, B.N. *History of Gurjar-Pratihars*; Bombay, 1957

Ray, H.C.; *Dynastic History of Northern India*; Calcutta 1931

Ray, H.C.; *Dynastic History of Northern India;* Calcutta, 1931

Raya, Panchanan; *A Historical Review of Hindu India, 300 B.C. to 1200 A.D.;* Delhi, 1939

Sarkar, Jadunath; *House of Shivaji*; Calcutta, 1929

Sarkar, Jadunath; *Shivaji and His Times*; Calcutta, 1929

Shastri K.A.N.; *A History of South India*; Bombay 1958

Shastri, K.A.N.; *The Pandyan Kingdom;* London, 1929.

Srinivasachari C.S. and Ayanger R.; *History of India;* Madras, 1934

Tapsell, RF; *Monarchs Rulers Dynasties and Kingdom of the World*; Oxford, 1983

Tripathi, R.S.; *History of Kannauj*; Benaras, 1937

Tripathi, Rama Shankar; *History of Ancient India;* Delhi, 1942

Vaidya, C.V.; *Mediaeval Hindu India; 3 Volumes;* Bombay, 1921

गायधनी, रं ना.; प्राचीन भारताचा इतिहास, Pune. 2001

गायधनी, रं ना.; मध्ययुगीन भारताचा इतिहास, Pune. 2001

जोशी, पं. महादेवशास्त्री; भारतीय संस्कृतिकोश, दहा खंड; Pune. 1997

पारसनीस, दत्तात्रय बळवंत; इतिहास संग्रह-9 खंड; सातारा, 1908–1916

शेजवळकर, त्र्यंबक शंकर; श्री शिवछत्रपति, मुंबई 1964

http://archaeology.mp.gov.in/en-us/Archives/Holkar-State-Indore

http://bharatkhoj.org/india/%E0%A4%97%E0%A4%82%E0%A4%97%E0%A4%B5%E0%A4%82%E0%A4%B6_(%E0%A4%AA%E0%A5%82%E0%A4%B0%E0%A5%8D%E0%A4%B5%E0%A5%80)

http://en.banglapedia.org/index.php?title=Pala_Dynasty

http://en.banglapedia.org/index.php?title=Sena_Dynasty

http://gopalakri.blogspot.com/2013/01/pradyota-dynasty.html

http://historicalsaga.com/%E0%A4%97%E0%A5%81%E0%A4%B9%E0%A4%BF%E0%A4%B2/

http://historicalsaga.com/%E0%A4%9A%E0%A5%8C%E0%A4%B9%E0%A4%BE%E0%A4%A8-%E0%A4%B0%E0%A4%BE%E0%A4%9C%E0%A4%B5%E0%A4%82%E0%A4%B6/

http://kalgati.wikidot.com/rajput

http://photos.geni.com/p13/9c/fe/a6/c5/5344483a182dd852/ikshvaku_dynasty_lineage_original.pdf

http://rdxfbgrtj.blogspot.com/2018/11/ratta-dynasty.html

http://royalnepal.synthasite.com/the-lichhavi-dynasty.php

http://self.gutenberg.org/articles/eng/Manikya_Dynasty

http://shakya-caste.blogspot.com/

http://togawask.blogspot.com/2017/02/52_18.html

http://worldcat.org/identities/viaf-316577233/

http://worldwidehistory.com/index.php/2020/05/03/kalyanis-chalukya-era-culture/

http://www.factshindi.com/history-in-hindi/information-about-chera-dynasty-in-hindi.html

http://www.gloriousindia.com/history/hoysala_dynasty.php

http://www.gurjarweb.com/GurjarVani/NOTES.pdf

http://www.indianrajputs.com/dynasty/Narayan

http://www.indianrajputs.com/history/chandel.php

http://www.indianrajputs.com/history/jadeja.php

http://www.indianrajputs.com/history/parmar.php

http://www.indianrajputs.com/history/rathore.php

http://www.indianrajputs.com/history/sisodia.php

http://www.mahavidya.ca/2010/06/07/the-hoysala-dynasty/

http://www.memorablehistoryofindia.com/%E0%A4%97%E0%A5%81%E0%A4%AA%E0%A5%8D%E0%A4%A4-%E0%A4%B5%E0%A4%82%E0%A4%B6-gupt-dynasty/

http://www.memorablehistoryofindia.com/%E0%A4%9A%E0%A4%BE%E0%A4%B2%E0%A5%81%E0%A4%95%E0%A5%8D%E0%A4%AF-%E0%A4%B5%E0%A4%82%E0%A4%B6-%E0%A4%95%E0%A4%BE-%E0%A4%87%E0%A4%A4%E0%A4%BF%E0%A4%B9%E0%A4%BE%E0%A4%B8-chalukya-dynasty/

http://www.memorablehistoryofindia.com/%E0%A4%AE%E0%A4%97%E0%A4%A7-%E0%A4%B0%E0%A4%BE%E0%A4%9C%E0%A4%B5%E0%A4%82%E0%A4%B6-varhdrath-to-nanda-dynasty/

http://www.royalark.net/India4/satara2.htm

http://www.thevedicfoundation.org/bhartiya_history/chronology.htm

http://www.vivacepanorama.com/provincial-dynasty-bengal/

http://www.vivacepanorama.com/provincial-dynasty-kamrup-and-assam/

http://www.vskgujarat.com/%E0%A4%A6%E0%A4%BF%E0%A4%B2%E0%A5%8D%E0%A4%B2%E0%A5%80-%E0%A4%95%E0%A5%87-%E0%A4%85%E0%A4%82%E0%A4%A4%E0%A4%BF%E0%A4%AE-%E0%A4%A4

%B9%E0%A4%BF%E0%A4%A8%E0%A5%8D%E0%A4%A6%E0%A5%82-%E0%A4%B8%E0%A4%AE/

http://yadavgatha.blogspot.com/2014/08/blog-post_70.html

https://abhipedia.abhimanu.com/Article/State/MTQ5Nzc4/Dynasties-of-Ancient-Kashmir---An-Overview-Jammu-and-kashmir-State

https://asia.si.edu/learn/india-shiva-nataraja-lord-of-the-dance/chola-dynasty/

https://bharatdiscovery.org/india/%E0%A4%95%E0%A4%B0%E0%A5%8D%E0%A4%A8%E0%A4%BE%E0%A4%9F%E0%A4%95

https://bharatdiscovery.org/india/%E0%A4%95%E0%A4%B0%E0%A5%8D%E0%A4%A8%E0%A4%BE%E0%A4%9F_%E0%A4%B5%E0%A4%82%E0%A4%B6

https://bharatdiscovery.org/india/%E0%A4%97%E0%A5%81%E0%A4%9C%E0%A4%B0%E0%A4%BE%E0%A4%A4_%E0%A4%95%E0%A4%BE_%E0%A4%87%E0%A4%A4%E0%A4%BF%E0%A4%B9%E0%A4%BE%E0%A4%B8

https://bharatdiscovery.org/india/%E0%A4%97%E0%A5%81%E0%A4%AA%E0%A5%8D%E0%A4%A4_%E0%A4%B0%E0%A4%BE%E0%A4%9C%E0%A4%B5%E0%A4%82%E0%A4%B6

https://bharatdiscovery.org/india/%E0%A4%97%E0%A5%81%E0%A4%B0%E0%A5%8D%E0%A4%9C%E0%A4%B0_%E0%A4%AA%E0%A5%8D%E0%A4%B0%E0%A4%A4%E0%A4%BF%E0%A4%B9%E0%A4%BE%E0%A4%B0_%E0%A4%B5%E0%A4%82%E0%A4%B6

https://bharatdiscovery.org/india/%E0%A4%9A%E0%A4%BE%E0%A4%B2%E0%A5%81%E0%A4%95%E0%A5%8D%E0%A4%AF_%E0%A4%B5%E0%A4%82%E0%A4%B6

https://bharatdiscovery.org/india/%E0%A4%9A%E0%A5%8C%E0%A4%B9%E0%A4%BE%E0%A4%A8_%E0%A4%B5%E0%A4%82%E0%A4%B6

https://bharatdiscovery.org/india/%E0%A4%AC%E0%A4%98%E0%A5%87%E0%A4%B2%E0%A4%96%E0%A4%82%E0%A4%A1

https://bharatdiscovery.org/india/%E0%A4%AD%E0%A5%8B%E0%A4%82%E0%A4%B8%E0%A4%B2%E0%A5%87_%E0%A4%B5%E0%A4%82%E0%A4%B6

https://bharatdiscovery.org/india/%E0%A4%B9%E0%A4%BF%E0%A4%A8%E0%A5%8D%E0%A4%A6%E0%A5%82_%E0%A4%B6%E0%A4%BE%E0%A4%B9%E0%A5%80_%E0%A4%B5%E0%A4%82%E0%A4%B6

https://books.google.ca/books?id=coFCAAAAIAAJ&pg=PA7&lpg=PA7&dq=Guttal+dynasty&source=bl&ots=CjKWFbt39T&sig=ACfU3U2dFssMHORZ2pH_ZuCGD1xelGt5CA&hl=en&sa=X&ved=2ahUKEwiCudWDgMTtAhXWQs0KHTzpASUQ6AEwCXoECAoQAg#v=onepage&q=Guttal%20dynasty&f=false

https://books.google.ca/books?id=IhLN2I9yTTkC&pg=PA567&lpg=PA567&dq=Pradyot+dynasty&source=bl&ots=2X3HkokIWb&sig=ACfU3U2rIl3QnQhZkOi41dZaKJBf_uL4DQ&hl=en&sa=X&ved=2ahUKEwjb2OfwxsTtAhWWWM0KHRUgDAwQ6AEwCHoECA8QAg#v=onepage&q=Pradyot%20dynasty&f=false

https://books.google.ca/books?id=RpD5DwAAQBAJ&pg=PT156&lpg=PT156&dq=%E0%A4%9A%E0%A4%BE%E0%A4%AA%E0%A5%8B%E0%A4%A4%E0%A5%8D%E0%A4%95%E0%A4%9F+%E0%A4%B0%E0%A4%BE%E0%A4%9C%E0%A4%B5%E0%A4%82%E0%A4%B6&source=bl&ots=NgQVALg5Dc&sig=ACfU3U0gq8bnE_XhaUEMk9LLahqSu9ppxw&hl=en&sa=X&ved=2ahUKEwivivac7cPtAhUbWs0KHfkzCzUQ6AEwCXoECAgQAg#v=onepage&q=%E0%A4%9A%E0%A4%BE%E0%A4%AA%E0%A5%8B%E0%A4%A4%E0%A5%8D%E0%A4%95%E0%A4%9F%20%E0%A4%B0%E0%A4%BE%E0%A4%9C%E0%A4%B5%E0%A4%82%E0%A4%B6&f=false

https://brewminate.com/the-hoysala-empire-of-medieval-india/

https://byjus.com/free-ias-prep/ncert-notes-sakas/

https://cbkwgl.wordpress.com/2019/10/12/saindhavas-of-bhutambilika/

https://cdn1.byjus.com/wp-content/uploads/2019/09/NCERT-Notes-Rise-Growth-Of-Magadha-Empire.pdf

https://cdn1.byjus.com/wp-content/uploads/2019/09/NCERT-Notes-Rise-Growth-Of-Magadha-Empire.pdf

https://charleslefroy.wordpress.com/2015/12/19/shakya-caste/

https://commons.wikimedia.org/wiki/Category:Angre_Family

https://courses.lumenlearning.com/boundless-arthistory/chapter/the-nayak-dynasty/

https://courses.lumenlearning.com/boundless-worldhistory/chapter/the-maurya-empire/https://www.nationalgeographic

हिंदू राजतरंगिणी, सांस्कृतिक ज्ञानगंगा

.org/encyclopedia/mauryan-empire/
https://dilipchandel.wordpress.com/2017/05/25/%E0%A4%9A%E0%A4%82%E0%A4%A6%E0%A5%87%E0%A4%
B2-%E0%A4%9A%E0%A4%82%E0%A4%A6%E0%A5%8D%E0%A4%B0%E0%A4%B5%E0%A4%82%E0%A
4%B6%E0%A5%80-%E0%A4%B5%E0%A4%82%E0%A4%B6/
https://en.wikipedia.org/wiki/Ahom_dynasty
https://en.wikipedia.org/wiki/Ahom_kingdom
https://en.wikipedia.org/wiki/Avantivarman_(Utpala_dynasty)
https://en.wikipedia.org/wiki/Ban_(medieval)
https://en.wikipedia.org/wiki/Bhonsle
https://en.wikipedia.org/wiki/Brihadratha
https://en.wikipedia.org/wiki/Chahamanas_of_Shakambhari
https://en.wikipedia.org/wiki/Chalukya_dynasty
https://en.wikipedia.org/wiki/Chandelas_of_Jejakabhukti
https://en.wikipedia.org/wiki/Chaudayyadanapura
https://en.wikipedia.org/wiki/Chauhan
https://en.wikipedia.org/wiki/Chera_dynasty
https://en.wikipedia.org/wiki/Chola_dynasty
https://en.wikipedia.org/wiki/Chudasama_dynasty
https://en.wikipedia.org/wiki/Deva_dynasty
https://en.wikipedia.org/wiki/Dhana_Nanda
https://en.wikipedia.org/wiki/Dogra_dynasty
https://en.wikipedia.org/wiki/Early_history_of_Cambodia
https://en.wikipedia.org/wiki/Gaekwad_dynasty
https://en.wikipedia.org/wiki/Gandhara
https://en.wikipedia.org/wiki/Gohil_dynasty
https://en.wikipedia.org/wiki/Guhila_dynasty
https://en.wikipedia.org/wiki/Gupta_Empire
https://en.wikipedia.org/wiki/Gurjara-Pratihara_dynasty
https://en.wikipedia.org/wiki/Gurjara-Pratihara_dynasty
https://en.wikipedia.org/wiki/Gwalior_State
https://en.wikipedia.org/wiki/Haryanka_dynasty
https://en.wikipedia.org/wiki/Haveri
https://en.wikipedia.org/wiki/Hinduism_in_Indonesia
https://en.wikipedia.org/wiki/Hinduism_in_Malaysia
https://en.wikipedia.org/wiki/Hinduism_in_Southeast_Asia
https://en.wikipedia.org/wiki/Hinduism_in_Sri_Lanka
https://en.wikipedia.org/wiki/Hinduism_in_the_Philippines
https://en.wikipedia.org/wiki/History_of_Jaisalmer
https://en.wikipedia.org/wiki/History_of_Kashmir
https://en.wikipedia.org/wiki/Holkar
https://en.wikipedia.org/wiki/Hoysala_Empire
https://en.wikipedia.org/wiki/Indian_Filipino
https://en.wikipedia.org/wiki/Jadeja
https://en.wikipedia.org/wiki/Jaffna_Kingdom
https://en.wikipedia.org/wiki/Jodhpur_State
https://en.wikipedia.org/wiki/Kachchhapaghata_dynasty
https://en.wikipedia.org/wiki/Kachhwaha
https://en.wikipedia.org/wiki/Kakatiya_dynasty
https://en.wikipedia.org/wiki/Kalachuri_dynasty

हिंदू राजतरंगिणी, सांस्कृतिक ज्ञानगंगा

https://en.wikipedia.org/wiki/Kalachuris_of_Tripuri
https://en.wikipedia.org/wiki/Kanhoji_Angre
https://en.wikipedia.org/wiki/Kanva_dynasty
https://en.wikipedia.org/wiki/Karkota_Empire
https://en.wikipedia.org/wiki/Karkota_Empire
https://en.wikipedia.org/wiki/Kashmir
https://en.wikipedia.org/wiki/Khmer_Empire
https://en.wikipedia.org/wiki/Konbaung_dynasty
https://en.wikipedia.org/wiki/Kuru_Kingdom
https://en.wikipedia.org/wiki/Kushan_Empire
https://en.wikipedia.org/wiki/Licchavi_(kingdom)
https://en.wikipedia.org/wiki/List_of_dynasties
https://en.wikipedia.org/wiki/List_of_Ikshvaku_dynasty_kings_in_Hinduism
https://en.wikipedia.org/wiki/List_of_Jadeja_states
https://en.wikipedia.org/wiki/List_of_Tamil_monarchs
https://en.wikipedia.org/wiki/Madurai_Nayak_dynasty
https://en.wikipedia.org/wiki/Maitraka_dynasty
https://en.wikipedia.org/wiki/Majapahit
https://en.wikipedia.org/wiki/Manikya_dynasty
https://en.wikipedia.org/wiki/Maratha_Empire
https://en.wikipedia.org/wiki/Maratha_Empire
https://en.wikipedia.org/wiki/Maukhari_dynasty
https://en.wikipedia.org/wiki/Maurya_Empire
https://en.wikipedia.org/wiki/Melayu_Kingdom
https://en.wikipedia.org/wiki/Mularaja
https://en.wikipedia.org/wiki/Nagas_of_Padmavati
https://en.wikipedia.org/wiki/Nagpur_kingdom
https://en.wikipedia.org/wiki/Nanda_Empire
https://en.wikipedia.org/wiki/Narayan_dynasty
https://en.wikipedia.org/wiki/Nayaka_dynasties
https://en.wikipedia.org/wiki/Nayaks_of_Kandy
https://en.wikipedia.org/wiki/Nimi_(Vedic_king)
https://en.wikipedia.org/wiki/Pala_dynasty_(Kamarupa)
https://en.wikipedia.org/wiki/Pala_Empire
https://en.wikipedia.org/wiki/Pallava_dynasty
https://en.wikipedia.org/wiki/Pandya_dynasty
https://en.wikipedia.org/wiki/Paramara_dynasty
https://en.wikipedia.org/wiki/Parivrajaka_dynasty
https://en.wikipedia.org/wiki/Peshwa
https://en.wikipedia.org/wiki/Pradyota_dynasty
https://en.wikipedia.org/wiki/Pratapaditya
https://en.wikipedia.org/wiki/Puru_and_Yadu_Dynasties
https://en.wikipedia.org/wiki/Puru_and_Yadu_Dynasties
https://en.wikipedia.org/wiki/Pushyabhuti_dynasty
https://en.wikipedia.org/wiki/Rashtrakuta_dynasty
https://en.wikipedia.org/wiki/Rathore
https://en.wikipedia.org/wiki/Ratta_dynasty
https://en.wikipedia.org/wiki/Saindhava
https://en.wikipedia.org/wiki/Saka

https://en.wikipedia.org/wiki/Sanjaya_dynasty
https://en.wikipedia.org/wiki/Satavahana_dynasty
https://en.wikipedia.org/wiki/Sauvira_Kingdom
https://en.wikipedia.org/wiki/Scindia
https://en.wikipedia.org/wiki/Sena_dynasty
https://en.wikipedia.org/wiki/Seuna_(Yadava)_dynasty
https://en.wikipedia.org/wiki/Shailendra_dynasty
https://en.wikipedia.org/wiki/Shaishunaga_dynasty
https://en.wikipedia.org/wiki/Shaishunaga_dynasty
https://en.wikipedia.org/wiki/Shaishunaga_dynasty
https://en.wikipedia.org/wiki/Shakya
https://en.wikipedia.org/wiki/Shilahara
https://en.wikipedia.org/wiki/Shunga_Empire
https://en.wikipedia.org/wiki/Sikh_Empire
https://en.wikipedia.org/wiki/Sindhu_Kingdom
https://en.wikipedia.org/wiki/Sisodia
https://en.wikipedia.org/wiki/Solanki_(clan)
https://en.wikipedia.org/wiki/Solar_dynasty
https://en.wikipedia.org/wiki/Solar_dynasty
https://en.wikipedia.org/wiki/Sri_Lankan_Tamils
https://en.wikipedia.org/wiki/Srivijaya
https://en.wikipedia.org/wiki/Thanjavur_Nayak_kingdom
https://en.wikipedia.org/wiki/Tomara_dynasty
https://en.wikipedia.org/wiki/Traikutaka_dynasty
https://en.wikipedia.org/wiki/Travancore
https://en.wikipedia.org/wiki/Travancore_royal_family
https://en.wikipedia.org/wiki/Tripura_(princely_state)
https://en.wikipedia.org/wiki/Uchchhakalpa_dynasty
https://en.wikipedia.org/wiki/Unchehara
https://en.wikipedia.org/wiki/Vaghela_dynasty
https://en.wikipedia.org/wiki/Vakataka_dynasty
https://en.wikipedia.org/wiki/Vakataka_dynasty
https://en.wikipedia.org/wiki/Wadiyar
https://en.wikipedia.org/wiki/Wadiyar_dynasty
https://en.wikipedia.org/wiki/Western_Chalukya_Empire
https://en.wikipedia.org/wiki/Western_Satraps
https://en.wikipedia.org/wiki/Yadava
https://en.wikipedia.org/wiki/Yadu
https://en.wikipedia-on-ipfs.org/wiki/Solanki_dynasty.html
https://en.wikipedia-on-ipfs.org/wiki/Vaghela_dynasty.html
https://exampariksha.com/rashtrakuta-dynasty-history-study-material-notes/
https://generalstudies4u.com/2020/07/25/maukhari-dynasty-ancient-history/
https://gkchronicle.com/ancient-history/Pushyabhuti-dynasty.php
https://gkchronicle.com/ancient-history/Shakas.php
https://gondsamajmahasabhamp.wordpress.com/2018/06/15/%E0%A4%97%E0%A5%8B%E0%A4%82%E0%A4%A1
    %E0%A4%B5%E0%A4%BE%E0%A4%A8%E0%A4%BE-%E0%A4%95%E0%A4%BE-%E0%A4%87%E0%A4
    %A4%E0%A4%BF%E0%A4%B9%E0%A4%BE%E0%A4%B8/
https://hi.unionpedia.org/%E0%A4%9A%E0%A4%BE%E0%A4%B2%E0%A5%81%E0%A4%95%E0%A5%8D%E0
    %A4%AF_%E0%A4%B0%E0%A4%BE%E0%A4%9C%E0%A4%B5%E0%A4%82%E0%A4%B6

246

हिंदू राजतरंगिणी, सांस्कृतिक ज्ञानगंगा

https://hi.unionpedia.org/%E0%A4%A1%E0%A5%8B%E0%A4%97%E0%A4%B0%E0%A4%BE_%E0%A4%B0%E0%A4%BE%E0%A4%9C%E0%A4%B5%E0%A4%82%E0%A4%B6

https://hi.unionpedia.org/%E0%A4%AE%E0%A4%B0%E0%A4%BE%E0%A4%A0%E0%A4%BE_%E0%A4%B0%E0%A4%BE%E0%A4%9C%E0%A4%B5%E0%A4%82%E0%A4%B6_%E0%A4%8F%E0%A4%B5%E0%A4%82_%E0%A4%B0%E0%A4%BE%E0%A4%9C%E0%A5%8D%E0%A4%AF%E0%A5%8B_%E0%A4%95%E0%A5%80_%E0%A4%B8%E0%A5%82%E0%A4%9A%E0%A5%80

https://hi.unionpedia.org/i/%E0%A4%97%E0%A4%BE%E0%A4%82%E0%A4%A7%E0%A4%BE%E0%A4%B0

https://hi.unionpedia.org/i/%E0%A4%9A%E0%A5%87%E0%A4%B0_%E0%A4%B0%E0%A4%BE%E0%A4%9C%E0%A4%B5%E0%A4%82%E0%A4%B6

https://hi.unionpedia.org/i/%E0%A4%A8%E0%A4%BE%E0%A4%97%E0%A4%B5%E0%A4%82%E0%A4%B6%E0%A5%80

https://hi.wikipedia.org/wiki/%E0%A4%85%E0%A4%B8%E0%A4%AE_%E0%A4%95%E0%A4%BE_%E0%A4%87%E0%A4%A4%E0%A4%BF%E0%A4%B9%E0%A4%BE%E0%A4%B8

https://hi.wikipedia.org/wiki/%E0%A4%85%E0%A4%B9%E0%A5%8B%E0%A4%AE

https://hi.wikipedia.org/wiki/%E0%A4%95%E0%A4%B0%E0%A5%8D%E0%A4%A8%E0%A4%BE%E0%A4%9F%E0%A4%95_%E0%A4%95%E0%A4%BE_%E0%A4%87%E0%A4%A4%E0%A4%BF%E0%A4%B9%E0%A4%BE%E0%A4%B8

https://hi.wikipedia.org/wiki/%E0%A4%97%E0%A4%9C%E0%A4%AA%E0%A4%A4%E0%A4%BF_%E0%A4%B0%E0%A4%BE%E0%A4%9C%E0%A4%B5%E0%A4%82%E0%A4%B6

https://hi.wikipedia.org/wiki/%E0%A4%97%E0%A5%81%E0%A4%AA%E0%A5%8D%E0%A4%A4_%E0%A4%B0%E0%A4%BE%E0%A4%9C%E0%A4%B5%E0%A4%82%E0%A4%B6

https://hi.wikipedia.org/wiki/%E0%A4%97%E0%A5%81%E0%A4%B0%E0%A5%8D%E0%A4%9C%E0%A4%B0_%E0%A4%AA%E0%A5%8D%E0%A4%B0%E0%A4%A4%E0%A4%BF%E0%A4%B9%E0%A4%BE%E0%A4%B0_%E0%A4%B0%E0%A4%BE%E0%A4%9C%E0%A4%B5%E0%A4%82%E0%A4%B6

https://hi.wikipedia.org/wiki/%E0%A4%97%E0%A5%81%E0%A4%B9%E0%A4%BF%E0%A4%B2_%E0%A4%B0%E0%A4%BE%E0%A4%9C%E0%A4%B5%E0%A4%82%E0%A4%B6

https://hi.wikipedia.org/wiki/%E0%A4%97%E0%A5%8B%E0%A4%82%E0%A4%A1_(%E0%A4%9C%E0%A4%A8%E0%A4%9C%E0%A4%BE%E0%A4%A4%E0%A4%BF)

https://hi.wikipedia.org/wiki/%E0%A4%9A%E0%A4%A8%E0%A5%8D%E0%A4%A6%E0%A5%87%E0%A4%B2

https://hi.wikipedia.org/wiki/%E0%A4%9A%E0%A4%BE%E0%A4%B2%E0%A5%81%E0%A4%95%E0%A5%8D%E0%A4%AF_%E0%A4%B0%E0%A4%BE%E0%A4%9C%E0%A4%B5%E0%A4%82%E0%A4%B6

https://hi.wikipedia.org/wiki/%E0%A4%9A%E0%A5%87%E0%A4%B0

https://hi.wikipedia.org/wiki/%E0%A4%9A%E0%A5%8B%E0%A4%B2_%E0%A4%B0%E0%A4%BE%E0%A4%9C%E0%A4%B5%E0%A4%82%E0%A4%B6

https://hi.wikipedia.org/wiki/%E0%A4%9A%E0%A5%8C%E0%A4%B9%E0%A4%BE%E0%A4%A8_%E0%A4%B5%E0%A4%82%E0%A4%B6

https://hi.wikipedia.org/wiki/%E0%A4%A1%E0%A5%8B%E0%A4%97%E0%A4%B0%E0%A4%BE_%E0%A4%B0%E0%A4%BE%E0%A4%9C%E0%A4%B5%E0%A4%82%E0%A4%B6

https://hi.wikipedia.org/wiki/%E0%A4%A8%E0%A4%BE%E0%A4%97%E0%A4%B5%E0%A4%82%E0%A4%B6%E0%A5%80_%E0%A4%B0%E0%A4%BE%E0%A4%9C%E0%A4%B5%E0%A4%82%E0%A4%B6

https://hi.wikipedia.org/wiki/%E0%A4%A8%E0%A5%87%E0%A4%AA%E0%A4%BE%E0%A4%B2_%E0%A4%95%E0%A4%BE_%E0%A4%87%E0%A4%A4%E0%A4%BF%E0%A4%B9%E0%A4%BE%E0%A4%B8

https://hi.wikipedia.org/wiki/%E0%A4%A8%E0%A5%87%E0%A4%AA%E0%A4%BE%E0%A4%B2_%E0%A4%95%E0%A5%87_%E0%A4%B6%E0%A4%BE%E0%A4%B8%E0%A4%95

https://hi.wikipedia.org/wiki/%E0%A4%AA%E0%A4%B6%E0%A5%8D%E0%A4%9A%E0%A4%BF%E0%A4%AE_%E0%A4%97%E0%A4%82%E0%A4%97_%E0%A4%B5%E0%A4%82%E0%A4%B6

https://hi.wikipedia.org/wiki/%E0%A4%AC%E0%A4%82%E0%A4%97%E0%A4%BE%E0%A4%B2_%E0%A4%95%E0%A4%BE_%E0%A4%87%E0%A4%A4%E0%A4%BF%E0%A4%B9%E0%A4%BE%E0%A4%B8

https://hi.wikipedia.org/wiki/%E0%A4%AC%E0%A4%BF%E0%A4%B9%E0%A4%BE%E0%A4%B0_%E0%A4%9

5%E0%A4%BE_%E0%A4%AA%E0%A5%8D%E0%A4%B0%E0%A4%BE%E0%A4%9A%E0%A5%80%E0%A4%A8_%E0%A4%87%E0%A4%A4%E0%A4%BF%E0%A4%B9%E0%A4%BE%E0%A4%B8

https://hi.wikipedia.org/wiki/%E0%A4%AC%E0%A5%81%E0%A4%82%E0%A4%A6%E0%A5%87%E0%A4%B2%E0%A4%96%E0%A4%82%E0%A4%A1_%E0%A4%95%E0%A4%BE_%E0%A4%87%E0%A4%A4%E0%A4%BF%E0%A4%B9%E0%A4%BE%E0%A4%B8

https://hi.wikipedia.org/wiki/%E0%A4%AD%E0%A4%BE%E0%A4%B0%E0%A4%A4_%E0%A4%95%E0%A5%87_%E0%A4%B0%E0%A4%BE%E0%A4%9C%E0%A4%B5%E0%A4%82%E0%A4%B6%E0%A5%8B%E0%A4%82_%E0%A4%94%E0%A4%B0_%E0%A4%B8%E0%A4%AE%E0%A5%8D%E0%A4%B0%E0%A4%BE%E0%A0%A4%9F%E0%A5%8B_%E0%A4%95%E0%A5%80_%E0%A4%B8%E0%A5%82%E0%A4%9A%E0%A5%80

https://hi.wikipedia.org/wiki/%E0%A4%AD%E0%A5%82%E0%A4%9F%E0%A4%BE%E0%A4%A8_%E0%A4%95%E0%A4%BE_%E0%A4%87%E0%A4%A4%E0%A4%BF%E0%A4%B9%E0%A4%BE%E0%A4%B8

https://hi.wikipedia.org/wiki/%E0%A4%AE%E0%A4%97%E0%A4%A7_%E0%A4%B8%E0%A4%BE%E0%A4%AE%E0%A5%8D%E0%A4%B0%E0%A4%BE%E0%A4%9C%E0%A5%8D%E0%A4%AF

https://hi.wikipedia.org/wiki/%E0%A4%AE%E0%A4%B0%E0%A4%BE%E0%A4%A0%E0%A4%BE_%E0%A4%B8%E0%A4%BE%E0%A4%AE%E0%A5%8D%E0%A4%B0%E0%A4%BE%E0%A4%9C%E0%A5%8D%E0%A4%AF

https://hi.wikipedia.org/wiki/%E0%A4%AE%E0%A5%87%E0%A4%B5%E0%A4%BE%E0%A4%A1%E0%A4%BC_%E0%A4%95%E0%A5%80_%E0%A4%B6%E0%A4%BE%E0%A4%B8%E0%A4%95_%E0%A4%B5%E0%A4%82%E0%A4%B6%E0%A4%BE%E0%A4%B5%E0%A4%B2%E0%A5%80

https://hi.wikipedia.org/wiki/%E0%A4%AE%E0%A5%87%E0%A4%B5%E0%A4%BE%E0%A4%A1%E0%A4%BC_%E0%A4%95%E0%A5%80_%E0%A4%B6%E0%A4%BE%E0%A4%B8%E0%A4%95_%E0%A4%B5%E0%A4%82%E0%A4%B6%E0%A4%BE%E0%A4%B5%E0%A4%B2%E0%A5%80

https://hi.wikipedia.org/wiki/%E0%A4%B0%E0%A4%BE%E0%A4%9C%E0%A4%AA%E0%A5%82%E0%A4%A4

https://hi.wikipedia.org/wiki/%E0%A4%B0%E0%A4%BE%E0%A4%9C%E0%A4%A4%E0%A4%B0%E0%A4%82%E0%A4%97%E0%A4%BF%E0%A4%A3%E0%A5%80

https://hi.wikipedia.org/wiki/%E0%A4%B0%E0%A5%80%E0%A4%B5%E0%A4%BE_%E0%A4%B0%E0%A4%BF%E0%A4%AF%E0%A4%BE%E0%A4%B8%E0%A4%A4

https://hi.wikipedia.org/wiki/%E0%A4%B5%E0%A4%A1%E0%A4%BC%E0%A5%8B%E0%A4%A6%E0%A4%B0%E0%A4%BE

https://hi.wikipedia.org/wiki/%E0%A4%B8%E0%A4%BF%E0%A4%95%E0%A5%8D%E0%A4%95%E0%A4%BF%E0%A4%AE_%E0%A4%95%E0%A4%BE_%E0%A4%87%E0%A4%A4%E0%A4%BF%E0%A4%B9%E0%A4%BE%E0%A4%B8

https://hi.wikipedia.org/wiki/%E0%A4%B8%E0%A4%BF%E0%A4%95%E0%A5%8D%E0%A4%95%E0%A4%BF%E0%A4%AE

https://hi.wikipedia.org/wiki/%E0%A4%B8%E0%A5%87%E0%A4%A8_%E0%A4%B0%E0%A4%BE%E0%A4%9C%E0%A4%B5%E0%A4%82%E0%A4%B6

https://hindi.gktoday.in/gk-in-hindi/%E0%A4%9A%E0%A4%82%E0%A4%A6%E0%A5%87%E0%A4%B2-%E0%A4%B5%E0%A4%82%E0%A4%B6/

https://hindi.gktoday.in/gk-in-hindi/%E0%A4%AC%E0%A5%9C%E0%A5%8C%E0%A4%A6%E0%A4%BE-%E0%A4%95%E0%A5%87-%E0%A4%97%E0%A4%BE%E0%A4%AF%E0%A4%95%E0%A4%B5%E0%A4%BE%E0%A5%9C/

https://hindi.gktoday.in/gk-in-hindi/%E0%A4%B8%E0%A4%BF%E0%A4%95%E0%A5%8D%E0%A4%95%E0%A4%BF%E0%A4%AE-%E0%A4%95%E0%A4%BE-%E0%A4%87%E0%A4%A4%E0%A4%BF%E0%A4%B9%E0%A4%BE%E0%A4%B8/

https://hindi.speakingtree.in/blog/%E0%A4%B6%E0%A4%BF%E0%A4%B5%E0%A4%BE%E0%A4%9C%E0%A5%80-%E0%A4%AD%E0%A5%8C%E0%A4%82%E0%A4%B8%E0%A4%B2%E0%A5%87-%E0%A4%95%E0%A0%A4%BE-%E0%A4%B5%E0%A4%82%E0%A4%B6-%E0%A4%B5%E0%A5%83%E0%A4%95%E0%A5%8D%E0%A4%B7

https://hindi.webdunia.com/article/sanatan-dharma-history/%E0%A4%B9%E0%A4%BF%E0%A4%A8%E0%A5%8D

हिंदू राजतरंगिणी, सांस्कृतिक ज्ञानगंगा

%E0%A4%A6%E0%A5%82-%E0%A4%A7%E0%A4%B0%E0%A5%8D%E0%A4%AE-%E0%A4%95%E0%A5%87-%E0%A4%AE%E0%A4%B9%E0%A4%BE%E0%A4%A8-%E0%A4%B0%E0%A4%BE%E0%A4%9C%E0%A4%BE%E0%A4%93%E0%A4%82-%E0%A4%95%E0%A5%80-%E0%A4%B2%E0%A4%BF%E0%A4%B8%E0%A5%8D%E0%A4%9F-1-114021000017_1.htm

https://hindi.webdunia.com/sanatan-dharma-history/

https://hindi.webdunia.com/sanatan-dharma-history/gandhar-janapad-114123100018_1.html

https://hindi.webdunia.com/sanatan-dharma-history/hindu-dynasty-or-caste-history-116051700021_9.html

https://hindi.webdunia.com/sanatan-dharma-history/history-of-nagvansh-112100300085_1.html

https://hindi.webdunia.com/shri-krishna?utm_source=Top_Nav_Listing&utm_medium=Site_Internal

https://historyliterature.wordpress.com/2015/12/14/%E0%A4%9C%E0%A5%82%E0%A4%A8%E0%A4%BE%E0%A4%97%E0%A5%9D-%E0%A4%B0%E0%A4%BE-%E0%A4%9A%E0%A5%81%E0%A4%A1%E0%A4%BE%E0%A4%B8%E0%A4%AE%E0%A4%BE-%E0%A4%B0%E0%A4%BE%E0%A4%9C%E0%A4%B5%E0%A4%82%E0%A4%B6-jun/

https://lincogle.wordpress.com/2015/02/19/the-house-of-guhila/

https://mr.vikaspedia.in/education/childrens-corner/92d93e93092494092f-90792493f93993e938/92d94b938932947-91893093e923947

https://myvoice.opindia.com/2020/05/the-naga-dynasties-in-ancient-india/

https://pscexpert.com/%E0%A4%9A%E0%A4%BE%E0%A4%B2%E0%A5%81%E0%A4%95%E0%A5%8D%E0%A4%AF/

https://religion.wikia.org/wiki/Hinduism_in_the_Philippines

https://roar.media/hindi/main/viral/indias-great-hindu-kings

https://sites.google.com/site/shrivinodbannamaharoli/about-us?tmpl=%2Fsystem%2Fapp%2Ftemplates%2Fprint%2F&showPrintDialog=1

https://sound.codes/ahom/

https://stellariasacademy.online/chola-dynasty/10/10/

https://theculturetrip.com/asia/cambodia/articles/a-brief-history-of-cambodias-hindu-heritage/

https://thelistacademy.com/list/popular-and-great-ruler-of-india/

https://travel2karnataka.com/kadamba_dynasty.htm

https://unacademy.com/lesson/tomar-dynasty-in-hindi/WGCJDD37

https://vishwakosh.marathi.gov.in/19489/

https://wordsimilarity.com/en/chapotkata

https://www.adda247.com/jobs/kakatiya-dynasty-and-rulers-explained

https://www.ancient.eu/Gupta_Empire/

https://www.ancient.eu/Maukhari_Dynasty/https://www.britannica.com/topic/Maukhari-dynasty

https://www.ancient.eu/Mauryan_Empire/

https://www.ancient.eu/Pushyabhuti_Dynasty/

https://www.ancient.eu/Shishunaga_Dynasty/

https://www.anywhere.com/myanmar/travel-guide/history

https://www.booksfact.com/history/list-kashmir-kings-since-3450-bce.html

https://www.booksfact.com/history/list-magadha-kings-4159-bce.html

https://www.britannica.com/place/Mauryan-Empire

https://www.britannica.com/topic/Cera-dynasty

https://www.britannica.com/topic/Chalukya-dynasty

https://www.britannica.com/topic/Chola-dynasty

https://www.britannica.com/topic/Gurjara-Pratihara-dynasty

https://www.britannica.com/topic/Hoysala-dynasty

https://www.britannica.com/topic/Kakatiya

https://www.britannica.com/topic/Kalachuri-dynasty-Indian-dynasty-of-Mahishmati-550-620

https://www.britannica.com/topic/Kanva-dynasty

हिंदू राजतरंगिणी, सांस्कृतिक ज्ञानगंगा

https://www.britannica.com/topic/Kushan-dynasty
https://www.britannica.com/topic/Nanda-dynasty
https://www.britannica.com/topic/Pala-dynasty
https://www.britannica.com/topic/Pallava-dynasty
https://www.britannica.com/topic/Pandya-dynasty
https://www.britannica.com/topic/Rashtrakuta-dynasty
https://www.britannica.com/topic/Sena-dynasty
https://www.britannica.com/topic/Shaishunaga-dynasty
https://www.britannica.com/topic/Shaka-satrap
https://www.britannica.com/topic/Tomara-dynasty
https://www.britannica.com/topic/Vaghela-dynasty
https://www.britannica.com/topic/Vakataka-dynasty
https://www.britannica.com/topic/Yadava-dynasty
https://www.buddhistdoor.net/features/the-shakya-clan-in-india-a-rediscovered-heritage
https://www.cggk.in/2019/10/chhattisgarh-me-chhindak-aur-faninagvansh-ka-shasan-kaal.html
https://www.chhattisgarhgyan.in/2016/09/ban-dynasty-chhattisgarh.html
https://www.chhattisgarhgyan.in/2017/07/chhindak-naaga-vansh.html
https://www.facebook.com/1429222197406280/photos/origin-of-rathore-clan-of-rajputsrashtrakut-was-a-mighty-dynasty-of-deccan-who-r/1821268198201676/
https://www.facebook.com/1447559532215958/posts/1491221754516402/
https://www.facebook.com/1530824977145055/posts/the-salastambha-dynastynaraka-of-the-asura-synasty-who-conquered-kamrup-and-took/1689548511272700/
https://www.facebook.com/240665962668266/posts/rathodabout-rathod-history-based-on-khyats-traditional-accounts-written-in-seven/411308505604010/
https://www.facebook.com/456119181461768/posts/602413016832383/
https://www.facebook.com/459473864257081/posts/459501734254294/
https://www.facebook.com/bhattisqabilla/posts/443127859203332/
https://www.facebook.com/brahminrajkula/posts/parivrajaka-dynasty-a-bharadwaja-brahmana-dynasty-which-ruled-central-india-duri/253609725300739/
https://www.facebook.com/GujaratHistory/posts/in-470-ad-maitrak-senapati-bhatark-throw-away-gupta-dynasty-rule-over-gujarat-be/2485034184867383/
https://www.facebook.com/historyofgurjar/posts/chawda-dynastythe-chavda-kingdom-or-chapa-dynasty-also-known-as-gujar-chapas-was/928610663877464/
https://www.facebook.com/notes/world-of-shakya-bajracharyan/history-of-shakya-dynasty/184363678290446/
https://www.facebook.com/weTheKurmi/posts/312602529363747/
https://www.firstpost.com/living/the-vakatakas-a-forgotten-empire-tracing-the-history-of-a-once-powerful-kingdom-that-mysteriously-faded-away-6814501.html
https://www.firstpost.com/living/the-vakatakas-a-forgotten-empire-tracing-the-history-of-a-once-powerful-kingdom-that-mysteriously-faded-away-6814501.html
https://www.gktoday.in/gk/brihadrath-dynasty/
https://www.gloriousindia.com/history/haryanka_dynasty.php
https://www.gloriousindia.com/history/kalachuri_dynasty.php
https://www.gloriousindia.com/history/nanda_dynasty.php
https://www.gloriousindia.com/history/shishunaga_dynasty.php
https://www.gloriousindia.com/history/western_kshatrapas.php
https://www.google.ca/search?dcr=0&biw=1270&bih=883&sxsrf=ALeKk01csHHlFptsY5AiON2XnOFdEi4Uvw%3A1607622569600&ei=qV_SX7WGJIPdtQbZoJ3YBw&q=Lohara+dynasty&oq=Lohara+dynasty&gs_lcp=CgZwc3ktYWIQAzIECCMQJzIFCAAQkQIyAggAMgIIADIFCAAQywEyBQgAEMsBMgUIABDLAToECAAQRzoKCC4QsQMQQxCTAjoICAAQsQMQkQI6BAgAEEM6BggAEAcQHjoHCAAQsQMQQzoHCC4QsQMQQzoICAAQCB

हिंदू राजतरंगिणी, सांस्कृतिक ज्ञानगंगा

AHEB46BwgjELACECc6BAgAEA1Q0jdYpWVg-XFoAHACeACAAakCiAGdEJIBAzItOJgBAKABAaoBB2d3cy
13aXrIAQjAAQE&sclient=psy-ab&ved=0ahUKEwj1_sXh_MPtAhWDbs0KHVlQB3s4ChDh1QMIDQ&uact=5
https://www.google.ca/search?dcr=0&biw=1270&bih=883&sxsrf=ALeKk028n2ttOudmyJGVQhVR8lZYn8yFOg%3A
1607624552084&ei=aGfSX47UBIyGtQaJio6oAg&q=Sumatra+Hindu+dynasty&oq=Sumatra+Hindu+dynasty&gs_l
cp=CgZwc3ktYWIQAzoECAAQRzoECCMQJzoECAAQQzoGCAAQBxAeOgIIADoICAAQCBAHEB5Qm0pY1
mFgkXRoAHACeACAAXeIAdUFkgEDNS4zmAEAoAEBqgEHZ3dzLXdpcesgBB8ABAQ&sclient=psy-ab&ved=0
ahUKEwiOqO-ShMTtAhUMQ80KHQmFAyUQ4dUDCA0&uact=5
https://www.google.ca/search?dcr=0&biw=1270&bih=883&sxsrf=ALeKk03-hLgHBVtPEAIeIDM2M3l0s_yCcQ%3A
1607624375642&ei=t2bSX5XXJom_tQbM_YmYDw&q=Chalukya+a+dynasty&oq=Chalukya+a+dynasty&gs_lcp=
CgZwc3ktYWIQAzoECAAQRzoECAAQQzoGCAAQBxAeOggIABAHEAoQHjoICAAQCBAHEB46BwgjELAC
ECc6BAgAEA06BwgjELECECc6BAgAEAo6AggAUOg7WN2KAWC8jQFoAnABeACAAcsBiAHwCZIBBTcuN
C4xmAEAoAEBqgEHZ3dzLXdpcesgBCMABAQ&sclient=psy-ab&ved=0ahUKEwjVjt6-g8TtAhWJX80KHcx-Av
MQ4dUDCA0&uact=5
https://www.google.ca/search?dcr=0&sxsrf=ALeKk02jVVi4lG8oFpcbpX9XmZqUc9L8lw:1607644102915&q=Tomar
a+dynasty&stick=H4sIAAAAAAAAAONgVuLWT9c3NDIyMDE1sHzEaMYt8PLHPWEp3UlrTl5jVOfiCs7IL3fN
K8ksqRSS5GKDsvileLmQ9fEsYuULyc9NLEpUSKnMSywuqQQAxO1PB1kAAAA&biw=1270&bih=883
https://www.google.ca/search?dcr=0&sxsrf=ALeKk03Buqny49N3yeBJ5PgbFX8h530j0g:1607643657061&q=Shishun
aga+dynasty&stick=H4sIAAAAAAAAAONgVuLUz9U3ME4pj896xGjCLfDyxz1hKe1Ja05eY1Tl4grOyC93zSvJL
KkUEudig7J4pbi5ELp4FrEKBWdkFmeU5iWmJyqkVOYlFpdUAgDGCaAGWQAAAA&biw=1270&bih=883
https://www.helpingguru.xyz/2019/07/Salastambha-Dynasty-of-Assam-Ancient-Assam-History-Assam-Dynasty-Major
-Dynasties-of-Assam.html
https://www.hindi.rajras.in/mewad-ke-guhil/
https://www.hindilibraryindia.com/history/%E0%A4%B0%E0%A4%BE%E0%A4%9C%E0%A4%AA%E0%A5%82
%E0%A4%A4-%E0%A4%B0%E0%A4%BE%E0%A4%9C%E0%A4%B5%E0%A4%82%E0%A4%B6-%E0%A4
%95%E0%A4%BE-%E0%A4%87%E0%A4%A4%E0%A4%BF%E0%A4%B9%E0%A4%BE%E0%A4%B8-%E0
%A4%94/22236
https://www.hindilibraryindia.com/history/%E0%A4%B8%E0%A5%8B%E0%A4%B2%E0%A4%82%E0%A4%95%
E0%A5%80-%E0%A4%B0%E0%A4%BE%E0%A4%9C%E0%A4%B5%E0%A4%82%E0%A4%B6-%E0%A4%9
5%E0%A4%BE-%E0%A4%B0%E0%A4%BE%E0%A4%9C%E0%A4%A8%E0%A5%80%E0%A4%A4%E0%A4
%BF/22250
https://www.history.com/topics/landmarks/angkor-wat
https://www.historydiscussion.net/inhindi/history-of-india/rajputs/rajput-dynasties-of-northern-india-indian-history/652
8
https://www.historydiscussion.net/inhindi/history-of-india/the-chalukyas-kingdom-rule-and-culture-of-chalukyas/2533
https://www.historyfiles.co.uk/KingListsFarEast/IndiaCheras.htm
https://www.historyfiles.co.uk/KingListsFarEast/IndiaMarathasPeshwas.htm
https://www.hopnepal.com/about-nepal/history-of-nepal
https://www.indianmirror.com/dynasty/chalukyadynasty.html
https://www.indianmirror.com/dynasty/pallavadynasty.html
https://www.indianmirror.com/dynasty/vardhandynasty.html
https://www.indiaolddays.com/cher/
https://www.indiaolddays.com/chol-raajavansh-ka-itihaas/
https://www.indiaolddays.com/solankee-vansh-ke-shaasak-moolaraaj-ka-itihaas/
https://www.insightsonindia.com/2020/09/21/kakatiya-dynasty/
https://www.jagran.com/blogs/chandelrajput/chandel-rajput-india/
https://www.jagranjosh.com/general-knowledge/%E0%A4%9A%E0%A5%87%E0%A4%B0-%E0%A4%B0%E0%A4
%BE%E0%A4%9C%E0%A5%8D%E0%A4%AF-1405772226-2
https://www.jagranjosh.com/general-knowledge/%E0%A4%AA%E0%A5%8D%E0%A4%B0%E0%A4%BE%E0%A4
%9A%E0%A5%80%E0%A4%A8-%E0%A4%AD%E0%A4%BE%E0%A4%B0%E0%A4%A4%E0%A5%80%E0

%A4%AF-%E0%A4%B0%E0%A4%BE%E0%A4%9C%E0%A4%B5%E0%A4%82%E0%A4%B6-%E0%A4%94
%E0%A4%B0-%E0%A4%89%E0%A4%A8%E0%A4%95%E0%A5%87-%E0%A4%AF%E0%A5%8B%E0%A4
%97%E0%A4%A6%E0%A4%BE%E0%A4%A8-%E0%A4%95%E0%A4%BE-%E0%A4%B8%E0%A4%82%E0
%A4%95%E0%A5%8D%E0%A4%B7%E0%A4%BF%E0%A4%AA%E0%A5%8D%E0%A4%A4-%E0%A4%B5
%E0%A4%BF%E0%A4%B5%E0%A4%B0%E0%A4%A3-1479730918-2
https://www.jagranjosh.com/general-knowledge/list-of-chalukya-rulers-and-their-contributions-1509096631-1
https://www.jagranjosh.com/general-knowledge/list-of-hoysala-rulers-and-their-contributions-1512559845-1
https://www.jagranjosh.com/general-knowledge/list-of-kakatiya-rulers-and-their-contributions-1512387861-1
https://www.jagranjosh.com/general-knowledge/the-kalachuris-of-tripuri-1445230469-1
https://www.jagranjosh.com/general-knowledge/the-senas-of-bengal-1445229527-1
https://www.jagranjosh.com/general-knowledge/utpala-dynasty-1445231234-1
https://www.jagranjosh.com/general-knowledge/utpala-dynasty-1445231234-1
https://www.jatland.com/home/Ajamidha
https://www.jatland.com/home/Brihadratha
https://www.jatland.com/home/Chauhan_Dynasty
https://www.jatland.com/home/Chudasama
https://www.jatland.com/home/Ikshvaku
https://www.jatland.com/home/Lichhavi_Dynasty
https://www.jatland.com/home/Maitraka
https://www.karnataka.com/history/hoysalas/
https://www.karnataka.com/mysore/the-wodeyar-kings-of-mysore/
https://www.kashmirforum.org/kashmirs-glorious-pas/
https://www.livehistoryindia.com/amazing-india/2019/05/11/the-forgotten-temples-of-the-hoysalas
https://www.livehistoryindia.com/history-of-india-2000-years/2020/06/14/satavahanas
https://www.metmuseum.org/toah/hd/kush/hd_kush.htm
https://www.mintageworld.com/history/detail/220-Pallava/
https://www.newspuran.com/ancient-history-of-gondwana/
https://www.newworldencyclopedia.org/entry/Kadamba_Dynasty
https://www.newworldencyclopedia.org/entry/Kushan_Empire
https://www.newworldencyclopedia.org/entry/Pandyan_Kingdom
https://www.newworldencyclopedia.org/entry/Rashtrakuta_Dynasty
https://www.newworldencyclopedia.org/entry/Western_Chalukya_Empire
https://www.pinterest.ca/pin/444308319466493662/
https://www.pustak.org/index.php/books/bookdetails/3495
https://www.quora.com/What-is-the-chronology-of-Indian-dynasties-in-Ancient-India
https://www.rajasthanhistory.com/blog/articles-on-history-of-india/prominent-rajput-clans-of-india
https://www.rajasthanhistory.com/blog/articles-rajasthan/rise-of-chouhan-parmaras-kachhawahas-and-other-rajput-clan
s-in-rajasthan
https://www.rajras.in/rulers-of-mewar/
https://www.researchgate.net/publication/342247854_Bappa_Rawal-the_origin_of_Guhilot-Sisodiya_History_The_Gu
hilot-Sisodia_clan_of_Mewar_describes_their_descent_from_Ikshvaku_Kshatriya_clan_of
https://www.royalark.net/India/indore4.htm
https://www.shiveshpratap.com/20-all-time-great-hindu-kings-history-of-india-indian-kings-history-in-hindi/
https://www.thebetterindia.com/154265/kanhoji-angre-maratha-admiral-shivaji-british/
https://www.tutorialspoint.com/ancient_indian_history/ancient_indian_history_kadamba_dynasty.htm
https://www.tutorialspoint.com/ancient_indian_history/ancient_indian_history_maurya_dynasty.htm
https://www.ugtabharat.com/4727/
https://www.ustjdp.com/nag-dynasty-in-bastar/
https://www.utsavpedia.com/fashion-cults/royalty-revisited-holkars-of-indore/

हिंदू राजतरंगिणी, सांस्कृतिक ज्ञानगंगा

https://www.vokal.in/question/3EK5-punjab-ke-hindu-shaahi-rajvansh-ko-kisne-sthapit-kiya
https://www.vokal.in/question/5MCCC-odisha-ke-gajapati-rajvansh-ka-shasak-kaun-tha
https://www.wikiwand.com/en/Ahom_dynasty
https://www.wikiwand.com/en/Origin_of_Rashtrakuta_Dynasty
https://www.wikiwand.com/en/Thanjavur_Nayak_kingdom
https://www.wikiwand.com/hi/%E0%A4%AE%E0%A4%B0%E0%A4%BE%E0%A4%A0%E0%A4%BE_%E0%A4%B0%E0%A4%BE%E0%A4%9C%E0%A4%B5%E0%A4%82%E0%A4%B6%E0%A5%8B%E0%A4%82_%E0%A4%8F%E0%A4%B5%E0%A4%82_%E0%A4%B0%E0%A4%BE%E0%A4%9C%E0%A5%8D%E0%A4%AF%E0%A5%8B%E0%A4%82_%E0%A4%95%E0%A5%80_%E0%A4%B8%E0%A5%82%E0%A4%9A%E0%A5%80
https://www.wisdomlib.org/hinduism/compilation/puranic-encyclopaedia/d/doc241640.html
https://www.wisdomlib.org/south-asia/book/the-history-of-andhra-country/d/doc220000.html
https://www.google.ca/search?q=Mahavir+Post+stamps&tbm=isch&ved=2ahUKEwjkiojK8dftAhWDRc0KHbSRBXMQ2-cCegQIABAA&oq=Mahavir+Post+stamps&gs_lcp=CgNpbWcQA1C2lg1Ync0NYMvPDWgAcAB4AIABX4gB2wWSAQE5mAEAoAEBqgELZ3dzLXdpei1pbWfAAQE&sclient=img&ei=StDcX-S9E4OLtQa0o5aYBw&bih=883&biw=1270#imgrc=0F_M4TXqWfNxpM
https://www.google.ca/search?q=Mahavir+Post+stamps&tbm=isch&ved=2ahUKEwjkiojK8dftAhWDRc0KHbSRBXMQ2-cCegQIABAA&oq=Mahavir+Post+stamps&gs_lcp=CgNpbWcQA1C2lg1Ync0NYMvPDWgAcAB4AIABX4gB2wWSAQE5mAEAoAEBqgELZ3dzLXdpei1pbWfAAQE&sclient=img&ei=StDcX-S9E4OLtQa0o5aYBw&bih=883&biw=1270#imgrc=4-3ERAJQCW0tlM
https://www.facebook.com/TheHinduWarriors/photos/a.103761384693990/211735557229905/
https://www.facebook.com/wakeupsleepinghindus/photos/a.104727547727602/189102762623413/
https://www.facebook.com/photo?fbid=10222742906628780&set=gm.1501189950076038
https://www.indiapost.gov.in/Philately/Pages/Content/Stamps.aspx - Indian Post Stamps
https://www.stampworld.com/cn/stamps/India/ - Indian Post Stamps from 1852 t0 2020
https://en.wikipedia.org/wiki/List_of_postage_stamps_of_India - Indian Post Stamps
https://stampsofindia.com/shop/available.html- Indian Post Stamps
https://www.indiapost.gov.in/vas/Pages/IndiaPostHome.aspx - Indian Post Stamps
http://postagestamps.gov.in/Stamps.aspx : A Complete Catalogue of Images of all Indian Postage Stamps published by Govt. of India, from 1854 to 2020.